보육과정

송연숙 · 최애경 · 유수경 지음

도서출판 파란마음

머리말

최근 우리 아이들의 보육 및 교육은 개인이나 가정 내의 문제가 아니라 사회 및 국가 경쟁력의 문제가 되고 있는 상황이다. 더불어 우리 사회의 저출산 실태는 전반적인 사회 분위기를 바꾸어 놓고 있다. 세계 최고의 '저출산율' 은 보육의 책임을 가정으로부터 벗어나 정부나 사회 공적 책임으로 돌려놓았으며, 실제로 이러한 이슈는 젊은 가임부부만의 문제가 아니라 일반 국민들의 보육에 대한 전반적인 인식을 제고시켜 놓고 있다. 더불어 유치원과 어린이집에서 독립적으로 이루어지던 교육 제반에 대한 계획이 이제는 공통과정인 누리과정으로 제정 · 시행되고 있다.

이러한 시점에서 이 책은 현 보육의 추세를 반영하여 앞으로 어린이집에서 근무하게 될 예비보육교사뿐만 아니라 일선의 어린이집 교사들에게 필요한 보육과정에 대한 이해와 함께 보육입문서로서의 길잡이 역할을 위해 쓰여졌다. 이에 따라 영유아에게 무엇을, 어떻게 가르칠 것인지에 역점을 두고 가급적 이해하기 쉬운 내용으로 구성하고자 노력하였다.

본 서는 총 9장으로 구성되었다. 제1장은 보육과정의 이해를 다루었으며, 제2장은 보육과정의 기초, 제3장은 보육과정의 구성 즉 목적, 목표, 내용 및 방법, 평가를 다루었다. 그리고 제4장은 보육과정의 내용으로 전체 표준보육과정의 구성으로 0-1세, 2세, 3-5세 누리과정의 내용을, 제5장은 이러한 보육과정의 계획과 운영을 다루었다. 제6장은 보육과정과 연계되어 이루어지는 가정 및 지역사회와의 협력을, 제7장은 국내 · 외의 대표적인 영유아 프로그램, 제8장은 보육환경, 제9장은 어린이집 평가인증을 포함하여 보육 평가를 다루었다.

이상의 내용들은 보육과정의 이론과 실제에 대한 종합적인 안목을 가질 수 있도록 집필되었다. 그러나 여전히 부족한 부분이 많아 부끄러움이 앞서는 게 사실이지만, 유아교육 · 보육을 전공하는 예비 교사들과 현장의 교사들에게 많은 도움이 되리라고 기대해 본다. 더 좋은 책이 되기 위한 많은 조언과 질책을 바라며, 이러한 부분은 계속 수정 · 보완해 나가고자 한다. 마지막으로 이 책의 출판을 흔쾌히 응해 주신 도서출판 파란마음 황호철 대표님과 관계자 여러분들께 진심으로 감사의 말씀을 드린다.

저자

차 례

Chapter 1

보육과정의 이해

1. 보육과정의 개념
2. 보육과정의 특성
3. 보육과정의 변천과정

본 장에서는 보육과정에 대한 전반적인 이해를 돕기 위하여 보육과정의 개념, 특성과 동향을 차례로 살펴본 후에, 어린이집에서 적용 · 실행되고 있는 보육과정의 변천과정에 대해 알아보고자 한다.

1 보육과정의 개념

교육과정을 학교 급별에 따라 유치원교육과정, 초등교육과정, 중등교육과정으로 구분하면, 보육과정은 '어린이집을 위한 교육과정'으로 볼 수 있다. 그러나 보육과정은 대상연령과 일과 운영에서 차이가 있지만, 유아교육과정과 거의 유사한 개념으로 받아들여진다. 보육과정, 유아교육과정 모두 영유아의 교육과 보호를 중시하고 영유아들에게 무엇을, 어떻게 가르쳐야 하는가에 대한 핵심적인 내용을 의미하는 '교육과정'이라는 점에서 공통점을 갖기 때문이다.

달려야 할 코스를 의미하는 라틴어인 큐레레(currere)에서 유래된 교육과정(curriculum)은 교수요목, 교육계획, 경험의 총체 등 학자에 따라 다양한 정의가 내려진다. 교육과정의 개념을 교육과정의 구성 요소를 중심으로 보면, 교육과정은 교육 목적, 교육 내용, 교육 방법, 교육 평가로 구성된 교육 활동에 대한 사전설계도를 의미한다. 보육과정의 개념도 이러한 교육과정의 개념 틀에서 영유아들에게 왜, 무엇을, 어떻게 가르칠 것인지에 대한 고민으로 생각하면 이해하기가 더 쉽다.

「영유아보육법」에 명시된 '보육'과 '보육과정'에 대한 규정을 살펴보는 것도 보육과정의 개념을 이해하는 데 도움이 된다. '보육'은 '영유아를 건강하고 안전하게 보호 · 양육하고 영유아의 발달 특성에 맞는 교육을 제공하는 어린이집 및 가정양육 지원에 관한 사회복지 서비스'라고 기술되어 있다. 이는 보육이 영유아의 단순한 보호 · 양육뿐만 아니라 교육의 기능까지 포함된 개념이라는 것을 의미한다. 그리고 동법은 영유아의 신체 · 정서 · 언어 · 사회성 및 인지적 발달을 도모할 수 있는 내용을 '보육과정'에 포함해야 한다고 규정하고 있다.

이러한 내용을 종합해 볼 때, '보육과정'은 영유아들의 보호, 교육 그리고 전인적 발달을 위해 어린이집에서 실행 가능한 형태로 계획 · 운영되는 교육과정을 의미하는 것으로 정리될 수 있다.

2 보육과정의 특성

보육과정은 취업여성의 증가, 출산율 저하, 다양한 가족구조의 출현 등 영유아를 둘러싸고 있는 보육환경의 변화와 이에 따른 보육정책의 변화에 따라 관점과 성격이 변해 왔다. 보육과정은 이러한 사회 · 문화적 맥락을 반영할 수밖에 없다. 이러한 입장에서 보육과정의 특성을 최근 보육과정에서 나타나는 동향을 반영하여 살펴보면 다음과 같다.

1) 돌봄과 보살핌 그리고 가르침의 보육과정

어린이집에서 이루어지는 보육과정은 적용 대상이 영유아이기 때문에 초 · 중등 교육과정과는 구분되는 특성을 가진다. 영유아를 위한 보육과정의 경우에는 일상생활과 보육 활동을 분리하여 생각할 수 없기 때문에, 돌봄과 보살핌 그리고 가르침이 함께 강조된다. 따라서 보육과정의 내용도 영유아의 보호, 양육, 교육 활동을 동시에 포함하여 구성하는 것이 일반적이다. 그러므로 생의 시작점인 영유아기를 대상으로 하는 보육과정은 일상적인 활동과 보육 활동을 아우르는 특징을 가지고 있다.

2) 발달에 적합한 영유아 중심의 보육과정

보육과정은 영유아의 발달적 적합성을 중시하기 때문에 발달 수준에서 차이가 있는 개별 영유아의 발달 특성과 연령을 고려한다. 그리고 보육과정은 영유아의 전인적 발달을 목적으로 영유아의 흥미와 발달적 요구에 부응하는 '영유아 중심의 보육과정'을 지향한다.

이에 따라 영유아기의 일반적인 발달 특성뿐만 아니라, 영유아가 다양한 방식과 속도로 학습하고 발달하기 때문에 영유아의 개별적 요구와 개인차에 따라 보육 활동을 융통성 있게 전개해야 한다. 그리고 영유아가 학습의 주도자로서 보육 활동에 참여하고, 영유아의 능동적 학습이 이루어질 수 있도록 영유아의 흥미를 중심으로 보육과정을 구성 · 운영해야 한다.

3) 영유아 중심의 균형 있는 일과 운영을 강조하는 보육과정

보육과정은 영유아의 주도적인 놀이, 흥미, 주변의 친근한 생활 경험을 중심으로 자신에게 의미 있는 지식, 기술, 바람직한 태도, 가치를 형성하는 데 중점을 두는 것을 지향한다. 따라서 보육교사와 영유아 간의 신뢰로운 관계를 바탕으로 개별적인 놀이 및 활동과 교사 · 환경 · 또래와 능동적인 상호작용이 이루어지도록 운영되어야 하며 주제를 중심으로 여러 활동이 통합적으로 이루어져 운영되도록 해야 한다. 특히 0–1세 영아, 2세 영아는 일상생활 및 개별 활동, 휴식 등이 균형 있게 이루어지도록 운영하는 것이 무엇보다 중요하며, 3–5세 유아는 실내 · 실외 활동, 정적 · 동적 활동, 대 · 소집단 활동 및 개별 활동, 일상생활 및 휴식 등이 균형 있게 이루어지도록 구성 · 운영해야 한다.

4) 가정과 지역사회와의 연계를 강조하는 보육과정

교사, 부모, 가족, 지역사회와의 상호협력 속에서 최적의 보육성과가 나올 수 있기 때문에, 가정과 지역사회와 연계된 보육 서비스는 매우 중요하다. 보육의 질을 높이기 위해서는 어린이집에서 이루어지는 보육과정에 가정의 특성과 요구를 반영하며, 영유아가 속한 지역사회와의 협력관계를 긴밀히 유지해 나가는 것이 중요하다.

이를 위해서 다양한 부모참여 프로그램을 운영하는 것이 효율적이다. 부모교육, 부모상담, 부모자원봉사 활동, 부모참여수업 등의 방법뿐만 아니라, 정보 교환을 목적으로 한 온라인과 오프라인을 통한 다양한 만남(예 어린이집 홈페이지, 인터넷 커뮤니티 활용, 학부모운영위원회, 강연회, 가정통신문, 전화 등)의 방법으로 부모들이 보육과정 운영에 참여할 기회를 제공해야 한다. 그리고 지역사회와의 유기적인 네트워크 형성을 통하여 지역사회 내의 시설 및 자원이나 지역사회 자원봉사자 활용 등의 다양한 교류를 해나갈 수 있다.

보육과정은 부모, 가족을 지원 · 협력하고 지역사회와 상호동반자로서 연계하여 함께 구성해나가는 교육공동체에 기반한 교육과정의 특성을 갖는다.

5) 다양한 요구를 반영하는 보육과정

최근 들어 저출산 현상과 어린 자녀를 둔 취업여성의 증가로 인하여 다양한 보육 프로그램에 대한 관심이 한층 높아지고 있다. 그리고 이러한 요구들은 양질의 보육과정에 대한 강조와 함께 종일제 프로그램, 방과후 프로그램, 영아 프로그램, 장애보육 프로그램 등 수요자 중심의 보육 프로그램으로 구체적으로 나타나고 있다.

국가 차원에서도 인적 자원의 육성이라는 측면에서 국가 수준의 보육과정인 표준보육과정, 3–5세 연령별 누리과정의 개발뿐만 아니라 다양한 보육 요구를 만족시킬 수 있는 다양한 형태의 프로그램과 여러 가지 목적을 가진 프로그램들을 개발하여 보급하고 있다. 「영유아보육법」에서도 어린이집에서 이루어지는 다양한 보육 시간과 보육 대상의 다양성을 고려하여 취약보육(영아보육, 장애아보육, 다문화아동 보육, 시간연장형 보육)을 명시하여 보육과정의 운영에 실제적으로 반영하도록 규정하고 있다.

더 나아가 현대 사회의 특징인 다원화된 사회에서 존재하는 여러 모습의 다양성을 인정하고 존중하면서 사회 · 문화적 맥락까지 고려하는 내용이 포함된 프로그램들도 소개되고 있다.

3 보육과정의 변천과정

보육과정이 보육의 방향을 규정하고 미래의 국가 경쟁력인 능력 있는 민주 시민 양성의 초석이 되기 때문에, 선진국들은 국가 수준의 보육과정 개발과 개선에 꾸준한 노력을 기울이고 있다(육아정책연구소, 2011). 우리나라도 국가 차원의 보육 지원 체계의 강화 등으로 미래의 인적 자본에 대한 조기투자의 목적으로, 영유아에게 양질의 교육·보육 서비스를 제공하려는 노력이 탄력을 받고 있다. 이러한 노력의 일환으로 개발된 표준보육과정과 누리과정을 중심으로, 우리나라에서 개발된 보육과정의 변천과정의 흐름을 파악해보고자 한다.

이를 위해 표준보육과정 개발 이전과 표준보육과정이 고시된 순서에 따라 제1차 표준보육과정, 제2차 표준보육과정, 3-5세 연령별 누리과정, 제3차 표준보육과정의 시기로 구분하여 보육과정의 변천과정을 살펴보면 다음과 같다.

1) 표준보육과정 개발 이전(2006년 이전)

보육정책과 보육환경의 변화에 따라 보육과정에 대한 관점과 보육내용이 영향을 받을 수 있기 때문에, 표준보육과정이 개발되기 이전의 시기는 보육사업의 변화를 중심으로 간략히 살펴보고자 한다.

(1) 영유아보육법 제정 이전(~1990년)

우리나라의 보육사업은 1921년 서울의 태화기독교사회관에서 저소득층 자녀를 위한 탁아 프로그램으로 시작되었다. 1961년에 「아동복리법」의 제정·공포로 탁아에 대한 법적 근거와 보육사업이 발전할 수 있는 계기가 마련되었다. 보육사업은 「아동복리법」의 제정·시행으로 종래의 구빈적 성격에서 아동의 복리를 증진시키기 위한 성격으로 점차 발전되었고, 탁아시설명이 어린이집으로 변경되었다.

1982년에는 「유아교육진흥법」의 제정으로 어린이집과 새마을협동유아원 및 농번기 탁아소를 새마을유아원으로 흡수·통합하게 되었다. 이때 교육부가 유아교육에 대한 종합계획 수립, 장학 지도와 교재 · 교구 개발 및 보급을, 내무부에서 어린이집의 설치 · 운영을, 보건복지부에서 아동의 의료 · 보건을 주관하여 어린이집을 지원하는 체제로 이루어졌다.

1987년에는 노동부에서 「남녀고용평등법」에 따라 직장탁아제가 도입되기도 하였으며, 1989년에는 「아동복지법 시행령」이 개정되어 아동복지법에 의한 보육사업이 본격적으로 추진되었다.

(2) 영유아보육법 제정 이후(1991~2006년)

1991년 1월에 「영유아보육법」이 제정되면서 보육사업 주관부처가 보건복지부로 일원화되었으며, '종전의 단순한 탁아사업' 이 '보호와 교육을 통합한 보육사업' 으로 확장된 시기이다. 이 시기에 '보육' 이란 법적 용어가 처음 사용되었으며, 6세 미만의 취학 전 아동을 영유아로 규정하였다. 보육 일수는 연중무휴, 보육 시간은 7:30~19:30을 기준으로 시간 연장보육이 가능하도록 하였고, 보육 프로그램의 주요 영역은 교육(신체, 인지, 정서 · 사회발달), 건강, 영양, 안전, 부모 서비스, 지역사회 교류로 구성되어졌으며, 교육 내용은 교육부의 유치원교육과정에 준하도록 하였다.

2004년 1월에는 「영유아보육법」의 전면 개정으로 표준보육과정 개발에 대한 근거가 명시되었고(영유아보육법 제29조 2항), 정부조직법의 개정으로 보육사업 업무가 여성가족부로 이관되었다. 2005년에 개정된 「영유아보육법」이 시행되면서 보육 서비스의 질적 수준 향상과 보육의 공공성 강화 등을 통하여 보육사업이 더욱 더 탄력을 받게 되었다. 또한 표준보육과정 구성 체계의 개발 및 검토는 2004~2005년에 걸쳐 이루어졌으며, 2007년에 표준보육과정의 고시 및 시행 절차를 거쳐 표준보육과정의 개발이 완료되었다.

표준보육과정이 개발되기 이전에는 구체적인 보육목표와 내용에 대한 국가적 수준의 지침이 없어서, 보육과정이 단위 어린이집별로 운영되어 보육목표와 내용이 제각각 다르고 질적 수준의 차이가 있어서 표준보육과정 개발에 대한 필요성이 지속적으로 제기되었다.

이러한 측면에서 영유아기 교육의 중요성을 인정하고 양질의 교육과정을 구축하기 위하여 표준보육과정의 도입이 결정되었다. 즉, '영유아가 어린이집에서 경험하는 국가 수준에서의 바람직한 태도와 가치, 지식, 기술을 제시하여 어린이집에서 이들을 보호하고 교육하는 데 지침으로 사용되도록 하기 위해' 표준보육과정이 개발되었다(여성가족부, 2005).

2) 제1차 표준보육과정: 표준보육과정의 고시(2007~2011년)

표준보육과정을 구체적으로 규정하는 영유아보육법 시행규칙이 개정되고(2006. 11. 10.), 2007년 1월 3일에 「표준보육과정의 구체적 보육내용 및 교사 지침」이 최초로 고시되면서(여성가족부 고시 제2007-1호), 만 0~5세의 영유아를 대상으로 개발된 표준보육과정이 본격적으로 시행되었다. 이후 보육 업무가 보건복지부로 이관되면서 「표준보육과정의 구체적 보육내용 및 교사 지침」이 보건복지부 고시 제2010-71호(2010. 9. 7.)로 재고시되었다.

표준보육과정은 우리나라의 사회 · 문화적 상황 속에서 교사가 자율적으로 개별 영유아의 특성을 살리면서 성장하도록 도와주는 내용을 포함한 국가 수준의 보육과정이다(최애경 · 안부금 · 좌승화, 2010).

표준보육과정은 기본생활, 신체운동, 사회관계, 의사소통, 자연탐구, 예술경험의 6개 영역으로 구성된다. 각 영역은 영유아가 건강하고 안전하며 바르게 생활하는 데 필요한 내용과 신체, 사회, 언어, 인지, 정서 등의 전인 발달을 위해서 영유아가 갖춰야 할 지식, 기술, 태도를 포함한다. 표준보육과정의 영역별 내용은 다음 |표 1-1|과 같다.

|표 1-1| 표준보육과정의 영역별 내용

영역	기본생활	신체운동	사회관계	의사소통	자연탐구	예술경험
내용 범주	건강한 생활	감각과 신체 인식	자아존중	듣기	탐구적 태도	심미적 탐색
	안전한 생활	신체 조절과 기본 운동	정서인식과 조절	말하기	수학적 탐구	예술적 표현
	바른 생활	신체 활동 참여	사회적 관계	읽기	과학적 탐구	예술 감상
			사회적 지식	쓰기		

3) 제2차 표준보육과정: 표준보육과정의 개정(2012년)

제2차 표준보육과정은 제1차 표준보육과정이 시행되는 동안의 시대적 변화와 연구결과들을 반영하고, 제1차 표준보육과정을 현장에 적용하면서 제기된 문제점들을 개선하기 위한 목적으로 개정된 보육과정이다. 제2차 표준보육과정은 2011년 9월 5일에 5세 누리과정이 제정됨에 따라, 기존 표준보육과정에서 5세를 제외하고 0~4세의 영유아를 대상으로 하여 2012년 2월 29일에 보건복지부 고시 제2012-28호로 개정 고시되었다.

제2차 표준보육과정은 어린이집에서 영유아가 공통적으로 경험해야 할 기본적인 내용을 국가적 차원에서 제시하는 보육과정으로, 주요 개정 내용을 살펴보면 다음과 같다(보건복지부, 2012).

첫째, 표준보육과정에 총론을 추가하여 표준보육과정의 방향성을 제시하고, 보육 영역(기본생활 영역, 신체운동 영역, 사회관계 영역, 의사소통 영역, 자연탐구 영역, 예술경험 영역)의 기초를 강화하였다.

둘째, 보육과정 목적의 일부 내용 즉, 추구하는 인간상에 자연을 사랑하는 사람을 추가하여 지속가능한 생태환경의 중요성을 강조하였으며, 영유아가 어릴 때부터 바른 인성과 사회성을 생활과정에서 익힐 수 있도록 보육내용을 구성하였다.

셋째, 발달과정에 따른 보육 수준 및 보육내용을 수정하였다. 만 5세 누리과정과의 연계 측면을 고려하여 내용이 개정되었는데, 연령집단 및 연령집단별 수준 구분 체제가 변경되었다. 만 5세가 누리과정 제정으로 제외됨에 따라 3~5세 연령집단이 만 3~4세 집단으로 변경되었다. 만 3~4세 연령집단의 경우에는 3수준에서 2수준으로 변경되었으며, 만 2세 미만 연령집단의 발달상의 차이를 반영하기 위해 3수준에서 4수준으로 수준별 내용을 세분화하여 개정하였다.

넷째, 초등교육과정 및 5세 누리과정과의 연계를 위해 사용되는 용어 및 용어별 의미를 통일시켰다.

4) 3-5세 연령별 누리과정(2012년)

3-5세 연령별 누리과정은 유아기에 필요한 기본 소양과 능력을 기르기 위하여, 어린이집과 유치원으로 이원화되어 있는 교육 · 보육과정을 통합하여 재구성 · 적용하여 만

3~5세의 유아에게 양질의 교육 · 보육 서비스를 제공하기 위한 목적으로 개발된 국가 수준의 공통과정이다. 즉, 3-5세 연령별 누리과정은 만 3~5세를 대상으로 그동안 별도로 운영해 왔던 어린이집 표준보육과정(보건복지부 제정 · 고시: 기본생활, 신체운동, 사회관계, 의사소통, 예술경험, 자연탐구 6개 영역으로 구성)과 유치원교육과정(교육과학기술부 제정 · 고시: 건강생활, 사회생활, 표현생활, 언어생활, 탐구생활 5개 영역으로 구성)을 통합한 공통과정(신체운동 · 건강, 사회관계, 의사소통, 예술경험, 자연탐구의 5개 영역으로 구성)이다.

3-5세 연령별 누리과정은 2012년 3월 1일에 「5세 누리과정」이 먼저 시행되었다. 2011년 9월 5일에 유치원교육과정과 표준보육과정으로 이원화되어 있는 만 5세 과정을 「5세 누리과정」으로 일원화하여 만 5세 공통과정으로 먼저 고시하였다(보건복지부 고시 제2011-106호). 5세 누리과정은 교육 · 보육과정의 일원화에서 시작하여 만 5세 유아들이 유치원과 어린이집 어디에 다니든지 국가가 관리하는 양질의 교육 내용과 수준으로 교육하기 위한 목적으로, 만 3~4세와 분리하여 유아기에 필요한 기본 능력을 중심으로 5세에 맞게 재구성하여 적용하도록 하였다. 그리고 교과 위주의 인지적 학습 활동보다 기본 소양과 능력을 기르는 과정으로, 초등학교 1~2학년군의 창의 · 인성교육 내용 등과 체계적인 연계성을 확보하였다.

이후 5세 누리과정에 이어, 만 3~4세 유아에게도 양질의 교육과 보육을 제공하기 위해 2013년 3월 1일부터 「3-4세 누리과정」이 시행되게 되었다. 따라서 만 5세에게만 적용되던 어린이집과 유치원의 누리과정이 만 3~4세까지 연계된 국가 수준의 공통과정으로 완성됨으로써, 만 3~5세 유아 모두가 생애 초기의 공정한 출발선을 보장받게 되었다. 「3-4세 누리과정」의 주요 의의와 특징을 살펴보면 다음과 같다(보건복지부, 2012).

첫째, 보육계와 유아교육계가 합심하여 5세에 이어 3, 4세까지 누리과정을 확대 · 시행할 수 있는 첫걸음을 내딛게 되었다. 이는 3, 4, 5세 각 연령별로 적용할 수 있는 국가 수준의 공통과정을 마련하였다는 점에서 매우 큰 의의가 있다.

둘째, 3, 4세의 발달에 기초하여 5세 누리과정과의 연계성을 확보하면서 기존의 어린이집 표준보육과정과 유치원교육과정의 내용을 최대한 반영하였다.

셋째, 국가 차원에서 유아기부터 바른 습관과 올바른 인성을 기를 수 있는 내용으로 구성하였다. 즉, 유아기부터 타인을 배려하고 존중하며 공감하는 역량을 기르기 위한 인성교육을 강화하는 데 중점을 두었다. 또한 5세 누리과정과 동일하게 건강한 몸을 기르도록 신체운동을 강조하여, 다양한 신체 활동에 참여하도록 구성하였다. 그리고 다양한 기후 변화에 대처하고 에너지를 절약하는 등 유아 발달 수준에서 녹색생활을 체험하고 실천하는 녹색성장교육이 자연스럽게 이루어질 수 있도록 강조하였다. 이외에도 다양한 가족 유형과 문화, 국제화 등 다원화된 사회에서 미래 민주 시민의 기초를 형성하도록 다른 사람과 화목하게 지내며, 나와 다른 사람과의 차이를 존중하는 내용을 보강하였다.

이상에서 살펴본 것처럼, 3–5세 연령별 누리과정은 3–4세 누리과정의 제정 및 5세 누리과정의 부분적인 개정의 의미를 가지고 완성되었다. 3–5세 연령별 누리과정은 만 3~5세 유아의 심신 건강과 조화로운 발달을 도와 바른 인성을 갖춘 민주 시민의 기초를 형성하는 것을 목적으로 하여, 만 3~5세 유아의 발달 특성을 고려하여 연령별로 구성되었다. 만 3~4세를 위해서는 만 0~2세 대상의 표준보육과정과의 연계를 고려하였고, 만 5세를 위해서는 초등학교 교육과정과의 연계를 고려하여 누리과정의 내용을 일관적이고 지속적으로 구성하여 보육과 유아교육의 질적 수준을 한층 높였다.

3–5세 연령별 누리과정은 1일 3~5시간을 기준으로, 유연하고 탄력적으로 편성 · 운영할 수 있도록 하여 어린이집과 유치원 모두 공통과정을 최대한 충실히 운영하게 하였다. 만 3~5세의 발달 특성을 고려하여 연령별로 구성하며, 발달 특성상 연령의 구분 없이 공동으로 제시된 경우에는 교수–학습 방법 및 난이도를 조정하여 활동하게 된다. 특히 바른 생활습관 형성을 위한 기본생활습관을 강조하고, 남을 배려하고 존중하며, 더불어 함께하는 다양한 내용으로 구성하여 누리과정부터 인성교육을 강화했다. 또한 건강한 몸과 마음을 기르도록 다양한 신체 활동 참여를 강화하고, 유아 단계에 맞는 인터넷 · 미디어 중독 예방, 녹색성장교육 및 다른 문화에 대한 이해 등의 내용도 추가했다.

이러한 3–5세 연령별 누리과정의 특징은 부모의 소득 수준에 관계없이 모든 계층의 유아들에게 교육비와 보육료를 지원하는 것이다. 구체적으로 3–5세 연령별 누리과정 제정의 특성을 살펴보면 다음과 같다(보건복지부 · 교육과학기술부, 2012).

첫째, 5세 누리과정에 비해 총론에 구성 방향, 목적, 영역별 총괄목표 외에 편성 · 운영, 교수-학습 방법 및 평가의 내용을 추가하여 국가 수준의 공통과정의 구성 체계와 형식을 갖추었다.

둘째, 5세 누리과정의 구성 방향과 구성 체계 즉, 신체운동 · 건강, 의사소통, 사회관계, 예술경험, 자연탐구의 5개 영역 구성과 내용 범주는 동일하게 그대로 유지하였다.

셋째, 3-5세 연령별 누리과정은 5개 영역별로 만 3, 4, 5세를 동일한 목표로 제시하였고, 연령별로 내용을 구성하였다.

넷째, 5세 누리과정에 이어 질서, 배려, 협력 등의 기본생활습관과 인성교육을 지속적으로 강화하였다.

다섯째, 초등학교 교육과정 및 0-2세 표준보육과정과의 연계성을 고려하여 내용을 체계화하였다.

위에서 살펴본 3-5세 연령별 누리과정의 구체적인 내용과 자세한 설명은 본 서의 4장에서 더 살펴보도록 하겠다.

5) 제3차 표준보육과정(2013년~현재)

제3차 표준보육과정은 누리과정이 3~5세로 확대 · 도입됨에 따라 3-5세 연령별 누리과정 고시 · 개정 등 보육환경의 변화를 반영하고, 표준보육과정의 현장 적용 및 보육의 질 제고를 위해 2013년 1월 21일에 보건복지부 고시 제2013-8호로 개정 고시되었다. 국가 수준의 어린이집 표준보육과정을 시행함으로써 영유아의 전인적 발달과 우리 문화에 적합한 내용을 일관성 있고 연계적으로 실천하며, 궁극적으로 사회에서 추구하는 인간상을 구현하고 전국 어린이집의 질적 수준을 높이는 데 기여하고자 하였다.

만 0~5세 어린이집의 영유아에게 적용되는 제3차 어린이집 표준보육과정은 국가 수준에서 제공하는 보편적이고 공통적인 보육의 목표와 내용을 제시하였으며, 주요 개정 내용을 살펴보면 다음과 같다(보건복지부, 2013).

첫째, 기존 제2차 표준보육과정을 제3차 어린이집 표준보육과정으로 변경하였다. 이는 제3차 표준보육과정이 영아보육과정(0~2세)뿐만 아니라 누리과정(3~5세)을 포함하여 모든 연령(0~5세)의 영유아에게 적용하는 국가 수준의 어린이집 보육과정이라는 것을 의미한다.

둘째, 누리과정이 3–5세로 확대 · 도입됨에 따라, 표준보육과정을 0–1세 보육과정, 2세 보육과정, 3–5세 보육과정(누리과정)으로 구성하여 누리과정을 포함하는 넓은 개념으로 정리하였다.

셋째, 3–5세 누리과정의 내용을 반영하여, 총론 내용 및 순서를 수정하였다. 기존 표준보육과정이 추구하는 인간상을 유지하면서, 3–5세 누리과정이 강조하는 내용을 포함할 수 있도록 개정하였다. 즉, 누리과정에서 강조한 바른 인성을 갖춘 창의적인 인간상이 드러날 수 있도록 자신과 다른 사람을 존중하고 배려하는 인성을 추가하고, 자율과 창의를 강조하였다. 그리고 연령에 따른 보육과정의 목표를 구체적으로 명시하여 어린이집에서 보육 · 교육 시 추구해야 하는 바를 명확하게 제시하였다. 또한 3–5세 누리과정과 동일하게 기존 보육과정 운영에 대한 평가뿐민 아니라, 영유아에 대한 평가 내용을 추가로 반영하였다.

넷째, 0~2세는 기존 표준보육과정, 3–5세 누리과정의 기본적인 구성 방향과 틀을 유지하면서 연령별로 내용을 연계하였고 구체적 목표를 제시하였다. 이에 따라 0–1세 및 2세 보육과정은 기존 표준보육과정과 같이 기본생활, 신체운동, 의사소통, 사회관계, 예술경험, 자연탐구의 6개 영역으로 구성하여 발달 수준에 따라, 3–5세 보육과정은 누리과정의 내용을 그대로 반영하여 신체운동 · 건강, 의사소통, 사회관계, 예술경험, 자연탐구의 5개 영역으로 구성하여 연령에 따라 보육하게 하였다.

이상에서 살펴본 보육과정의 변천과정을 정리해 보면 다음 | 표 1–2 | 와 같다.

| 표 1-2 | 보육과정의 변천과정

구분	제1차 표준보육과정 (2007)	제2차 표준보육과정 (2012)	3-5세 연령별 누리과정 (2012)	제3차 표준보육과정 (2013)
제정 및 개정배경	• 보육의 질적 기회 균등을 보장하고 어린이집에서 아동의 건전한 성장과 발달을 지원하기 위해 영유아의 연령 및 발달 수준에 적합한 보육내용에 대한 보육과정 개발의 요구	• 사회적 변화와 보육에 대한 질적 수준 향상의 요구, 유아교육과 프로그램의 차별성과 유사성에 대한 논의, 이용 시간의 다양화의 필요성, 교육적 측면, 초등학교 교육과정과의 연계를 고려	• 전 생애 학습과정 측면의 영유아기 교육의 중요성, 저출산 현상, 유아교육과 보육의 이원화 체제에 대한 지속적인 논의 등에 따른 취학 전 아동에 대한 국가의 지원 확대의 필요성 확산	• 3-5세 연령별 누리과정 고시 개정 등 보육환경의 변화를 반영하여 기존 표준보육과정의 현장 적용 및 보육의 질 제고를 위해 개정 · 고시
목적	• 영유아의 전인적인 성장과 발달을 돕고 민주 시민으로서의 자질을 길러 영유아가 심신이 건강하고 조화로운 사회 구성원으로 자랄 수 있도록 하는 데 있다.	• 영유아의 전인적인 성장발달과 의미있는 학습을 통해 영유아의 잠재력을 최대한 개발하고 민주 시민으로서의 역량을 키워 영유아가 심신이 건강하고 조화로운 개인과 사회 구성원으로 자랄 수 있도록 하는 데 있다.	• 만 3~5세 유아의 심신의 건강과 조화로운 발달을 도와 민주 시민의 기초를 형성하는 것을 목적으로 한다.	• 영유아의 심신의 건강과 전인적 발달을 도와 행복을 도모하며 민주 시민의 기초를 형성하는 것을 목적으로 한다.
추구하는 인간상	① 자율적인 사람 ② 창의적인 사람 ③ 다양성을 인정하는 사람 ④ 민주적인 사람 ⑤ 우리 문화를 사랑하는 사람	① 자율적인 사람 ② 창의적인 사람 ③ 다양성을 인정하는 사람 ④ 민주적인 사람 ⑤ 자연과 우리 문화를 사랑하는 사람		① 심신이 건강하고 행복한 사람 ② 자율적이고 창의적인 사람 ③ 자신과 타인을 존중하고 배려하는 사람 ④ 자연과 우리 문화를 사랑하는 사람 ⑤ 다양성을 인정하는 민주적인 사람 보육과정 영역

〈계속〉

구분	제1차 표준보육과정 (2007)	제2차 표준보육과정 (2012)	3–5세 연령별 누리과정 (2012)	제3차 표준보육과정 (2013)
보육과정 영역	① 기본생활습관 ② 신체운동 ③ 의사소통 ④ 사회관계 ⑤ 예술경험 ⑥ 자연탐구	① 기본생활습관 ② 신체운동 ③ 의사소통 ④ 사회관계 ⑤ 예술경험 ⑥ 자연탐구	① 신체운동 · 건강 ② 의사소통 ③ 사회관계 ④ 예술경험 ⑤ 자연탐구	• 0–1세, 2세 보육과정: 기본생활, 신체운동, 의사소통, 사회관계, 예술경험, 자연탐구의 6개 영역 • 3–5세 보육과정(누리과정): 신체운동 · 건강, 의사소통, 사회관계, 예술경험, 자연탐구의 5개 영역으로 구성
내용 범주	• 2세 미만(1–3수준), 2세(1–2수준), 3–5세(1–3수준)	• 2세 미만(1–4수준), 2세(1–2수준), 3–4세(1–2수준)	• 3, 4, 5세 연령별 과정	• 0–1세, 2세 보육과정: 기존 표준보육과정과 같이 발달수준에 따라 보육 • 3–5세 보육과정(누리과정): 3–5세 누리과정의 내용을 그대로 반영하여 연령에 따라 보육
편성	• 보육일수: 연중무휴 • 보육 시간: 종일제(7:30~19:30)를 기본으로 연장보육, 시간제 등 다양하게 운영	• 영유아의 연령, 발달 수준, 흥미, 장애 등 개인차와 가성환성을 반영하여 수준별 보육내용을 편성하며, 개별 어린이집과 지역사회의 특성을 고려	• 1일 3~5시간 기준으로 유연하고 탄력적으로 편성 · 운영 • 5개 영역의 내용을 균형 있게 통합적으로 편성 • 유아의 발달 특성 및 경험을 고려하여 놀이를 중심으로 편성 • 반(학급) 특성에 따라 융통성 있게 편성 • 성별, 종교, 신체적 특성, 가족 및 민족 배경 등으로 인한 편견이 없도록 편성 • 일과 운영 시간에 따라 심화 · 확장할 수 있도록 편성	• 어린이집의 운영시간에 맞추어 편성 • 표준보육과정에 제시된 각 영역의 내용을 균형 있게 통합적으로 편성 • 영유아의 발달 특성 및 개인차, 경험을 고려하여 놀이 중심으로 편성 • 영유아의 일과 중 일상생활을 포함하여 편성, 어린이집과 보육실의 특성에 따라 융통성 있게 편성, 성별, 종교, 신체적 특성, 가족 및 민족 배경 등으로 인한 편견이 없도록 편성

활동하기

◈ 제1장의 학습 내용을 참고로 하여 '보육'의 개념과 '보육과정'의 개념을 정리해 보고 이야기 나누어 보자.

- '보육'이라는 단어와 함께 떠오르는 단어들에는 어떤 것들이 있는가? 생각나는 대로 기록해 보자.

- '교육과정'이란 무엇인가?

- '보육과정'이란 무엇인가?

Chapter 2

보육과정의 기초

1 보육과정의 철학적 기초

2 보육과정의 심리적 기초

3 보육과정의 사회 · 문화적 기초

보육과정을 효과적으로 구성하고 운영하기 위해서는 보육을 통해 추구하는 인간상에 대한 철학적 기초, 인간은 어떻게 발달하고 학습하는가에 대한 발달 심리적 기초, 보육이 이루어지는 사회 · 문화적 요구와 배경에 대한 사회 · 문화적 기초가 있어야 한다. 본 장에서는 보육과정의 이론적 근거를 제공하는 철학적, 심리적, 사회 · 문화적 기초에 대하여 알아보았다.

1 보육과정의 철학적 기초

보육과정의 철학적 기초는 어떠한 보육철학이나 신념을 가지고 보육과정을 구성하고 운영할 것인가에 대한 틀을 제공해 준다는 의미에서 대단히 중요하다. 보육과정의 철학적 기초는 영유아를 바라보는 관점 즉 아동관과 보육과정을 통해 추구하고자 하는 인간상 등과 관련된 철학적 문제를 포함한다.

1) 아동관

'아동은 본래 선한 존재인가, 악한 존재인가?', 아동의 본성이 어떠한가에 대한 이러한 생각은 보육과정을 구성하는 중요한 문제이다. 아동의 본성에 대한 관점은 크게 성선설, 성악설과 백지설로 구분되며, 아동의 본성에 대한 관점에 따라 보육의 방향이 달라질 수 있다.

(1) 성선설

성선설은 '인간의 본성은 선하다' 라고 보는 이론이다. 이것은 동양에서 맹자(孟子)가 주장한 도덕설의 중심 이념을 이루는 것으로서 인간의 본성은 선한 것이며, 그렇기 때문에 인간은 측은(惻隱), 수오(羞惡), 사양(辭讓), 시비(是非) 등의 마음을 지니고 있다.

서양에서는 루소(Rousseau)가 인간의 본성이 선하다고 보는 성선설의 입장을 취한다. 인간은 태어날 때 선하게 태어나며, 이 선천적인 선한 본성은 아동이 자라면서 자연스럽게 펼쳐지도록 되어 있는 것이 자연의 순리다. 진정한 교육은 사회의 구속에서 벗어나 자유롭게 성장할 수 있을 때라야 가능한 것인데, 아동은 사회에서 성장하는 동안 온갖 편견, 권위, 위선 등을 경험하면서 아동은 사악해지고 타락한다는 것이 루소의 생각이었다. 자연인을 만드는 것이 바로 교육이며, 선을 지키려는 본성이 자연인의 특성이다. 그리고 자연에 의한 교육은 인간 내부에 타고난 능력의 자연스러운 발달을 의미하는 것이다(홍순정 · 곽노의 · 정미라, 2004).

인간 본성에 대한 성선설의 입장에서 보면, 유아는 무한한 가능성을 향해 스스로 갈 수 있는 열려 있는 존재로 간주하게 되고, 교육(보육)이란 영유아가 가지고 있는 가능성을 최대한 계발하도록 돕는 일이다. 간혹 유아에게서 바람직하지 않은 면이 발견될 때에도 곧 바른 길을 가게 될 것이라는 믿음으로 인내심을 가지고 기다려 준다(문미옥 · 이혜상, 1995). 즉, 성인의 관점이나 사고를 주입시키는 것이 아니라, 최소한의 개입을 통해 영유아가 스스로 성장하고, 발달하도록 도와주어야 한다.

(2) 성악설

성악설은 중국 춘추전국 시대 말기 순자(筍子)가 주창한 것으로서, 그는 '사람의 본성(性)은 악(惡)이다. 그 선(善)한 것은 가짜(僞)이다' 라고 주장하였다. 여기서 '가짜' 라는 것은 '작위(作爲)', 즉 '배워서 말하는 것' 이다. 따라서 사람이 가진 원래의 본성은 악이기 때문에 배우고 배워서 선으로 가야 한다. 그에 따르면 인간의 본성은 자유롭게 발현시키기보다는 억제하고 순화시켜야 한다. 그러나 성악설에서도 인간의 악한 본성이 교정될 수 있음을 인정하고 있다. 즉, '무딘 쇠붙이라도 잘 단련만 하면 예리하게 될 수 있는 것과 같이 사람의 본성은 비록 악할지라도 사법예의(師法禮儀)로서 수양하면 훌륭한 사람이 될 수 있다' (김능근, 1975)는 것이다.

서양의 기독교에서도 인간은 원래 하나님의 형상을 본 떠 만들었기 때문에 선한 존재였으나, 인류의 시조 아담이 원죄를 지었기 때문에 사악한 길로 떨어졌고 그 후손들은 태어나면서 악한 경향을 가지고 나온다고 주장하였다. 그러므로 인간의 본성은 근본적으로 악하다는 주장이 일찍부터 널리 퍼져 있었다. 중세의 아우구스티누스(Augustine) 이래로 이탈리아의 마키아벨리(Machiaveli), 영국의 홉스(Hobbes), 독일의 쇼펜하우어(Shopenhauer)는 모두 인간의 본성이 악하다고 주장하였다. 즉, 어린 아동은 '쾌락을 주는 것은 재빨리 배우는데 이는 그 본성인 타락하는 힘을 만족시키는 짓이다.', 혹은 '특정 아동들만이 아니라 모든 아동들이 비행을 저지를 수 있게 태어났다.'(김태오 · 김병희 역, 2006 재인용)는 것이다.

인간 본성에 대한 성악설의 입장에서는 유아는 스스로 발전할 수 없는 존재이다(한성심 · 서지영 · 김현자, 2007). 따라서 정당한 처벌은 복종, 자기통제, 훈육습관을 확립하려는 것이며, 아동양육에서 가장 적극적인 최상의 방법(김태오 · 김병희 역, 2006)이라고 생각하게 된다.

(3) 백지설

17세기 영국의 철학자 로크(Locke)는 아동이 선하거나 악하게 태어나는 것이 아니라 백지상태(tabula rasa)로 태어난다고 하였다. 로크의 백지상태 개념은 인간의 정신은 아무 것도 그려져 있지 않는 하얀 백지와 같은 상태로 태어나서 주변 환경과의 상호작용을 통하여 하나씩 채워가면서 성숙한 인간으로 된다는 주장이다. 선악은 인간의 고유한 속성이 아니라, 인간 자신이 선택하고 판단하는 환경에 달려 있다는 것이다. 따라서 로크는 유아의 마음은 물과 같아 교육 방법을 안내하는 대로 따라할 수 있기 때문에 일찍부터 가정에서의 조기교육이 반드시 필요하다고 하였다. 인간 본성에 대한 백지설의 입장에서는 선한 본성은 키워주고 악한 본성은 소멸시켜야 한다(한성심 외, 2007). 이처럼 백지설은 능동적인 지적 활동과 후천적인 교육의 중요함을 보여주는 이론(팽영일 역, 2003)이라고 할 수 있다.

한편, 페스탈로치(Pestalozzi)는 어린이를 모든 인간 본성의 능력을 부여받은 아직 피지 않은 봉오리로 묘사하며, 유아를 선도 악도 아닌 '중간적 존재'로 보았다(김정환, 1995). 그리고 고대 중국의 고자(告子)는 '인간의 본성이 선(善)과 불선(不善)으로 나뉘어 있지 않은 것은 마치 물이 동서로 나뉘어 있지 않은 것과 같다'라고 주장하였다. 이러한 생각은 백지설과는 구별되지만 인간의 본성이 태어날 때부터 이미 선과 악으로 정해져 있는 것이 아니라는 점에서 백지설과 같은 관점으로 볼 수 있을 것이다.

2) 아동관의 변화

아동에 대한 관점은 역사적인 시점에 따라 변화 · 발전되어 왔다. 이는 크게 근대 이전과 근대, 현대 사회의 아동관으로 구분하여 살펴보면 다음과 같다.

(1) 근대 이전의 아동관

인류 역사에서 고대로부터 이어져온 종래의 아동관은 아동이 '성인의 축소판'에 지나지 않는 것으로 여겨졌다. 고대 사회는 생존을 위해 부족과 종족의 안전이 무엇보다도 중요시되는 사회였기 때문에 아동은 한 인간으로서의 권리를 가진 독립된 인격체라기보다는 종족 보존을 위한 수단적인 존재였다. 식량 부족이나 건강하지 못한 채 태어남으로 인해 살해되거나 버려지는 영아 살해와 유기가 이루어졌으며, 카두신(Kadushin, 1980)에 따르면 아마존 지역의 인디언들은 아기를 강물에 떠내려 보내 건강하게 살아남은 아이만을 키웠다고 한다.

중세(11~16세기)에 이르러서도 아동관은 고대와 큰 변화가 없었는데, 성인의 기준에 비추어 모든 면에서 부족하고, 신체적인 크기가 작은 성인의 축소물로 취급되어 5, 6세만 되어도 노동과 군사 활동에 참여하였다. 아동은 나름대로의 독자적인 특성을 인정받지 못하였으며 단지 군사력과 경제력 확보의 수단으로 간주될 뿐이었다. 그러나 중세 말기에는 기독교 사상의 영향으로 아동도 영혼이 있는 존재이며 이들의 생명을 빼앗는 행위가 죄악이라고 생각하게 되었다. 그리고 교회의 재원이나 시설을 이용하여 가난하고 의지할 곳 없는 아이들을 보호하기도 하였다.

우리나라의 경우에는 고대 사회라고 할 수 있는 삼국 시대 이전의 아동관에 대해서는 관련 자료를 거의 찾아볼 수 없으나, 삼국 시대에 이어 고려 시대까지는 불교의 영향이 컸기 때문에 불교의 가르침에 의해 아동이 양육되었을 것으로 짐작할 수 있다. 불교에서 보는 아동은 미숙하고 어리석은 존재가 아니라 마음이 아직 세속에 물들지 아니한 이상적인 인간일 수 있다(한미라 외, 2005).

(2) 근대의 아동관

중세 사회의 아동관은 근대(17~19세기)에 와서도 그대로 이어졌으나 계층과 성에 따라 차이가 나타나기 시작했다. 즉, 상위 계층의 아동과 남자아이는 아동의 특수성이 인정되기 시작하였고, 노동 계층의 아동과 여자아이는 여전히 성인의 축소물로 간주되었다. 이러한 근대의 아동관이 변화의 조짐을 보이기 시작한 것은 18세기에 이르러 루소(Rousseau)에 의해서이다. 루소는 『에밀』이라는 책에서 아동은 성인의 축소판이 아니며, 성장과정이 각 시기마다 완성해야 할 독자적인 세계가 따로 있는 인격적 존재이며, 사회의 중요한 구성원이라는 아동관을 확립하였다. 또한 루소는 아동에게도 인간답게 살 수 있는 기회를 주어야 하며, 개인적인 자유와 권리를 보장해야 한다고 주장하였다(신옥순, 2005). 이러한 루소의 '자연주의 교육론'은 로크, 코메니우스 등의 영향을 받았으며, 그 후에는 페스탈로치(Pestalozzi), 헤르바르트(Herbart), 프뢰벨(Fröbel)로 이어져 아동의 개성, 경험 등을 중시하는 아동 중심 교육의 체계를 이루게 되었다(임재택, 2006).

페스탈로치는 루소의 아동 중심 교육사상을 이어받아 교육은 가장 자연스러운 상태인 아동의 본성에 따라 이루어져야 한다고 했다. 또한 교육의 방향은 인간의 세 가지 능력, 즉 지적 능력, 도덕적 능력, 기능적인 능력 모두를 서로 조화롭게 발달시키는 것이어야 한다고 주장하였는데, 이는 현대의 전인교육과 직결된다. 페스탈로치는 교육이란 아동의 능력을 내부로부터 발전시켜야 한다는 계발주의로서, 외부로부터 주입한다는 사상을 배척하였다. 그러나 그가 말한 인간성의 계발은 루소처럼 단순한 자연성의 발전이 아니라 사회적 맥락 속에서 발전하는 것이라는 '사회적 원리'를 제시하였다(정금자, 2001).

독일에서 출생한 프뢰벨은 페스탈로치의 영향을 많이 받았다. 그는 인간과 신과 자연의 통합을 강조하였고, 교육은 어린이의 타고난 본성을 자연스럽게 전개(unfold)시켜 주는 것이라고 생각하였다. 프뢰벨은 최초의 '유치원(Kindergarten)'을 만들었으며, 정원에서 여러 가지 화초들이 어우러져 자유롭게 자라듯이 유아도 그렇게 자라야 한다고 주장하였다. 뿐만 아니라 유아에게 적합한 놀잇감과 교구를 스스로 고안하여 '은물(gift)'을 개발하였다. 그는 놀이 활동을 통한 교육을 연구하고 인간의 타고난 본성에 따라 놀이, 게임, 동·식물을 기르고 재배하는 활동을 적용하면 통일성을 갖춘 조화로운 인간을 형성할 수 있다고 확신하였다.

(3) 현대의 아동관

현대 사회에서도 20세기에 들어와서 비로소 아동의 본성에 대한 과학적인 이해가 시도되었고, 20세기 후반에 이루어진 피아제(Piaget), 프로이트(Freud), 에릭슨(Erickson) 등과 같은 발달심리학자들의 체계적인 연구 결과에 따라 아동기의 중요성이 크게 부각되었다.

1920년대 진보주의 교육의 주창자인 듀이(Dewey)는 아동의 개성에 대한 존중, 자유스러운 활동의 존중, 남녀 아동이 자신의 소질을 최대한으로 개발할 수 있는 기회의 허용 등 아동 중심 사상을 발전시켰다. 그리고 1870년에 태어나 이탈리아 최초의 여성 의학박사가 된 몬테소리(Montessori)는 특수아 교육에서 시작하여 점차 정상아에게로 관심을 옮겨 1907년부터 3~7세 유아를 대상으로 한 '어린이집(Casa dei Bambini)' 을 운영하게 되었다. 그녀는 아동의 민감기, 흡수정신, 자율성 등과 같은 원리를 통해 아동이 능동적이고 자유로운 존재라고 주장하였다. 그리고 준비된 환경과 자기 수정을 통한 자동교육을 원리로 하는 아동 중심의 교육을 실시하였다.

이처럼 현대에 이르러 아동 중심주의 교육사상이 기틀을 잡으면서 아동을 더 이상 성인의 축소판으로 보지 않았으며, 나름대로의 발달 특성과 독자적인 인격을 가진 존재로 받아들이게 되었다.

한편 20세기에 이루어진 아동관의 변화와 관련하여 엘렌 케이(Ellen Karolina Sofia Kcy)는 '20세기는 어린이의 세기' 라고 말하였다. 그녀에 따르면 모든 인간은 생존 · 발달할 수 있는 권리가 있듯이 아동도 스스로를 최대한 발달시키고 추구해 나갈 권리가 있음을 주장했다.

|Tip| 엘렌 케이(Ellen Karolina Sofia Key)

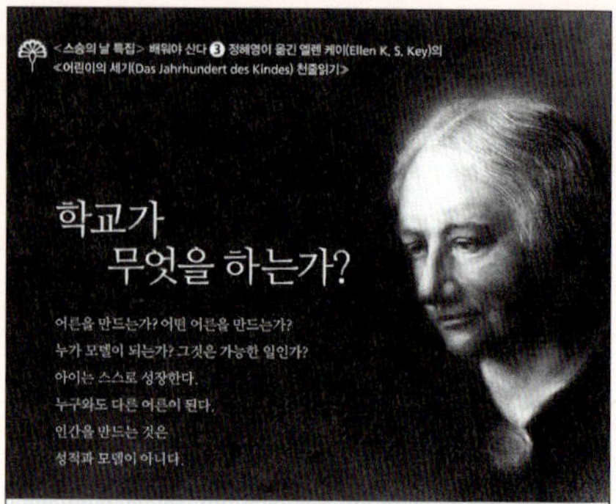

엘렌 케이는 어린이의 권리와 삶을 존중하는 교육을 추구했다. 이근명 그림 © 커뮤니케이션북스

엘렌 케이는 스웨덴의 여성 사상가로 문학사, 여성문제, 교육문제에 걸쳐 휴머니즘의 입장에서 저작 활동을 했다. 사회적 자유주의와 개인의 해방, 억압되어 온 여성과 아동의 해방을 주장하였다. 『여성운동』 등 다수의 저서가 있다. 그 가운데 『어린이의 세기(世紀)』(1900)는 각국어로 번역되어 신교육운동의 지침서가 되고 있다.

엘렌 케이는 『어린이의 세기』에서 이 책을 '새로운 세기에 새로운 인간의 양성을 희망하는 모든 부모들에게' 바친다고 표명하고 있다. 여기서 '새로운 인간의 양성'이 엘렌 케이의 교육학의 중심 요소임이 잘 나타내주고 있다. 여기에서 새로운 인간의 양성은 '새로운 교육'을 통해서만 실현될 수 있기 때문에 당시에 새롭게 시작된 세기, 즉 20세기에 이런 작업이 추구되어야만 한다는 것을 의미한다.

또한 '스스로 성장하게 함(Wachsenlassen)'이라는 명제는 엘렌 케이의 교육학의 본질적인 원칙이다. 엘렌 케이는 우선 어린이의 존엄성과 권리에 대한 인정으로부터 어린이의 개성을 존중하는 것을 교육의 출발점으로 보고 있다. 이에 따라 엘렌 케이에게 교육의 목적은 각 어린이가 자유롭고 독립적인 개체로 발달하도록 하는 것이다. 가능한 한 어린이를 직접 규제하는 것을 줄이고 그 대신에 어린이가 스스로 발달할 수 있는 친화적인 환경을 조성하는 것을 의미한다. 그리하여 엘렌 케이에게 가장 좋은 교육은 스스로 성장하게 두는 것, 환경의 형성에 목표를 두는 것이 되는 것이다.

『어린이의 세기』는 20세기 교육학의 '이론적인 성서'로 불리는 루소의 『에밀』이나 페스탈로치의 저서들과 대등한 수준으로 평가받고 있다. 엘렌 케이는 새롭게 시작되는 세기, 즉 20세기에 새로운 인간의 양성이 필요하며, 이는 새로운 교육을 통해서만 가능하다고 역설한다. 엘렌 케이의 교육학은 '어린이로부터'라는 지향성 아래 '스스로 성장하게 함'을 목표로 하고 있다. 가정교육의 중요성, 체벌 금지, 성적표 폐지, 대안학교 설립 등 이 책에서 제시하는 여러 주장들은 출간된 지 100년이 지난 지금까지도 여전히 유효한 것이다.

| 출처 | 컴북스닷컴(2017, http://commbooks.com). '어린이의 세기 한 줄 읽기' 중에서.

이와 같은 맥락에서 1959년에 UN은 전문 및 10개조로 구성되어 있는 '아동권리선언(Declaration of the Rights of the Child)'을 발표하였으며 구체적인 10개조의 내용은 다음과 같다.

[Tip] 아동권리선언 10개조(UN)

- 인종, 종교, 태생 또는 성별로 인한 차별을 받지 않을 권리
- 신체적 · 정신적 · 도덕적 · 영적 및 사회적으로 발달하기 위한 기회를 가질 권리
- 이름과 국적을 가질 권리
- 적절한 영양, 주거, 의료 등의 혜택을 누릴 권리
- 심신장애 어린이는 특별한 치료와 교육 및 보살핌을 받을 권리
- 애정과 도덕적 · 물질적 보장이 있는 환경 아래서 양육될 권리
- 의무교육을 받을 권리, 놀이와 여가 시간을 가질 권리
- 전쟁이나 재난으로부터 제일 먼저 보호받고 구조될 권리
- 학대, 방임, 착취로부터 보호받을 권리
- 인간 상호 간 우정, 평화 및 형제애 정신으로 양육될 권리

이후 UN은 1989년에는 '아동권리협약(Convention on the Rights of the Child: CRC)'을 만장일치제로 채택하였다. 아동권리협약은 18세 미만 아동의 모든 권리를 담은 국제적인 약속으로 1989년 11월 20일 UN에서 만장일치로 채택되었다. 우리나라는 1991년 이 협약에 가입하였으며, 2016년 우리나라를 포함한 전 세계 196개국이 협약에 가입하고 있다.

아동권리협약에는 이 세상 어린이라면 누구나 마땅히 누려야 할 생존 · 보호 · 발달 · 참여의 권리와 관련된 내용이 담겨 있으며 구체적인 내용은 다음과 같다.

|Tip| 아동권리협약(UN)

- 생존의 권리(Right To Survival): 적절한 생활 수준을 누릴 권리, 안전한 주거지에서 살아갈 권리, 충분한 영양을 섭취하고 기본적인 보건 서비스를 받을 권리 등, 기본적인 삶을 누리는 데 필요한 권리
- 보호의 권리(Right To Protection): 모든 형태의 학대와 방임, 차별, 폭력, 고문, 징집, 부당한 형사처벌, 과도한 노동, 약물과 성폭력 등 어린이에게 유해한 것으로부터 보호받을 권리
- 발달의 권리(Right To Development): 잠재능력을 최대한 발휘하는 데 필요한 권리, 교육받을 권리, 여가를 즐길 권리, 문화생활을 하고 정보를 얻을 권리, 생각과 양심과 종교의 자유를 누릴 수 있는 권리 등
- 참여의 권리(Right To Participation): 자신의 생활에 영향을 주는 일에 대해 의견을 말하고 존중받을 권리, 표현의 자유, 양심과 종교의 자유, 평화로운 방법으로 모임을 자유롭게 열 수 있는 권리, 사생활을 보호받을 권리, 유익한 정보를 얻을 권리 등

| 출처 | 유니세프 한국위원회(2017, http://www.unicef.or.kr).

우리나라에서의 현대적 아동관은 동학을 뿌리로 하는 천도교의 인내천(人乃天) 사상을 이어받은 방정환의 아동 존중사상에서 볼 수 있다. 즉, 아동의 내면에 한울님이 존재하며, 따라서 아동도 인격적인 존재로 존중받고 인정받아야 한다는 방정환의 아동 존중사상은 아동의 세계를 인정하고 아동의 어림과 미성숙은 계몽되어야 할 어떤 것이 아니라 잠재성, 성장 가능성인 것으로 보았다(이기숙 · 장영희 · 정미라 · 엄정애, 2002).

현대적 의미의 아동관에 대해 이경희(2002)는 가능성의 존재, 인격체, 독자적 존재로 구분하여 설명하고 있다. 먼저 가능성의 존재로서의 아동은 더 이상 약하고 무능한 존재가 아니며, 개발의 여지와 가능성이 있는 존재임을 말한다. 인생의 초기 단계에 있는 영유아기와 아동기야말로 이후 발달의 기초가 되는 중요한 시기이다. 둘째, 아동도 성인과 마찬가지로 소중한 하나의 생명을 지닌 독립된 인격체이다. 아동은 아동답게 자랄 권리가 있으며, 이를 위해 부모 및 사회로부터 적절한 보호를 받을 권리가 있다. 셋째, 모든 아동은 각자 나름대로의 특성을 지닌 독자적인 존재이다. 아동은 각자 나름대로의 발달 특성을 나타내고 이에 따라 다양한 경험을 하며 발달의 속도에서도 개인차를 보인다.

지금까지 살펴본 것처럼 아동에 대한 생각은 역사적으로 변화해 왔다. 실제로 현재 우리가 당연하게 여기는 아동과 성인의 차이는 거의 최근에 발전되었다. 그러나 아동관의 변화는 긍정적인 측면과 함께 아동교육의 지나친 관심을 불러와 결국 발레리 폴라코우 수란스키의 『아동기의 실종』(윤종희 · 이재연 역, 2004)으로까지 몰고 가는 부작용을 낳았다. 즉, 아동의 전인발달보다는 지적 성장과 기능 습득을 지나치게 추구한 현대 사회의 풍토는 영유아 고유의 놀이와 문화를 통제하는 상황에 이르게 하였으며, 이와 같은 상황은 또 다른 형태의 아동 억압이라고 표현될 수 있는 것이다.

따라서 영유아 보육현장에서 영유아의 보육을 책임지고 있는 교사들은 보육 본연의 목적을 잃지 않는 바람직한 보육이 실천될 수 있도록 올바른 아동관을 지니고 유지할 수 있도록 끊임없이 노력해야 한다.

활동하기

◈ 예비보육교사로서 자신이 생각하고 있는 영유아의 이미지를 그림으로 그리거나 잡지 그림을 이용한 콜라주 활동으로 표현해 보자. 그리고 '영유아는 ___________ 이다.'의 문장을 완성해 보자.

'영유아는 ______________________________ 이다.'

그림이나 잡지 그림을 활용한 아동관의 '이미지' 표현은 초기 아이디어나 개념 혹은 생각을 구조화 하는 데 효과적으로 사용될 수 있는 시각적 접근방법으로 활동에 참여하는 동안 언어를 이용한 문장으로 드러내는 것보다 자신의 생각을 좀 더 효과적으로 드러내게 한다. 따라서 예비보육교사가 현재 가지고 있는 영유아에 대한 이미지를 그림이나 잡지 그림을 활용한 콜라주 활동으로 표현하는 것은 현재 예비보육교사가 지니고 있는 아동관을 되돌아보고 바람직한 아동관을 형성하기 위한 효과적인 방법이 될 수 있다. 아래의 예시는 잡지 그림을 이용한 콜라주 활동으로 영유아의 이미지를 표현한 예이다.

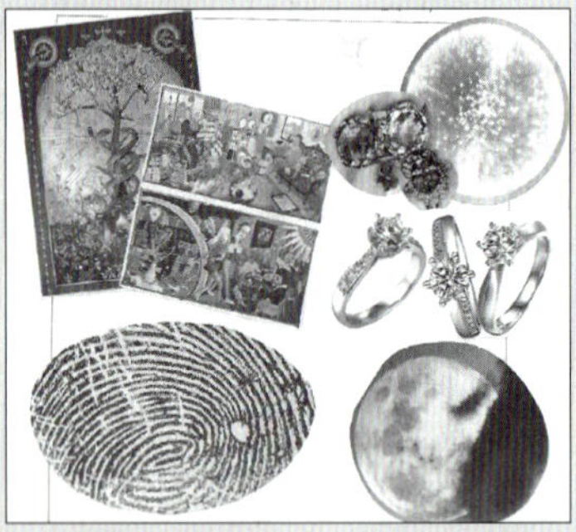

'영유아는 보석처럼 빛나고 고귀한 존재이며, 예술작품처럼 각자 개개인의 가치가 있는 존재이며, 사람의 지문처럼 모두 달라 겹치지 않는 개성이 있고, 달처럼 거대하고 무한한 잠재력이 있는 존재'라고 생각한다.

(예비보육교사, 김○○)

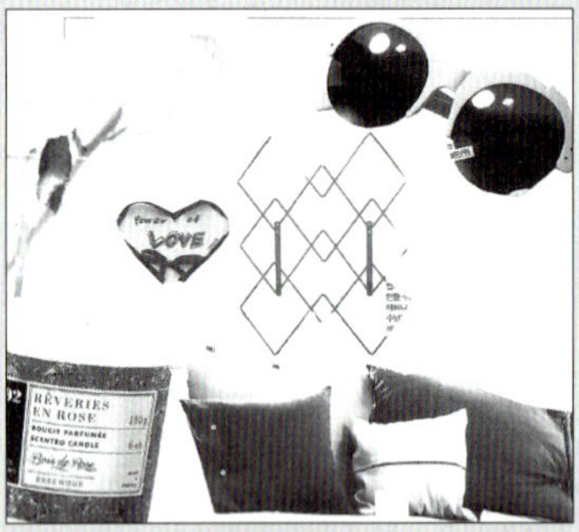

'영유아는 색안경을 끼지 않고 바라보아야 하는 존재로 개개인의 개성을 존중해 주어야 한다. 그리고 포근하고 아름다운 향이 나는 어른에게는 없는 순수함과 아름다움이 내재되어 있는 존재'라고 생각한다.

(예비보육교사, 고○○)

2 보육과정의 심리적 기초

영유아의 발달에 대한 관점에 따라 서로 다른 입장을 취하는 이론들을 살펴봄으로써 보육과정의 심리적 기초를 이해할 수 있다. 1920년을 중심으로 이루어진 아동연구 운동을 통하여 심리학이 유아교육 및 보육과정에 가장 많은 영향을 미치기 시작한 이후 현재는 다양한 학습 이론이 영향을 미치고 있다. 오늘날의 보육과정에 영향을 미치는 전통은 크게 성숙주의, 행동주의, 구성주의로 구분(손유진 외 역, 2008)할 수 있다.

1) 성숙주의

성숙은 유전적 요인에 의해 발달적 변화들이 통제되는 생물학적 과정이다. 성숙 이론은 아동의 발달이 주로 생물학적, 유전적 혹은 내재적 요인에 의해 이루어진다는 입장이다. 물론 환경적 요인들이 영유아의 발달에 영향을 줄 수 있다는 것을 인정하지만 근본적인 변화 가능성은 보편적이며 내적인 힘이라고 본다. 성숙론자들은 인간 유기체는 생물학적으로 입력된 발달 예정표가 있다고 믿는다.

홀(Hall)은 다윈의 진화론에 영향을 받았으며 인간은 예정된 발달 단계에 따라 발생하는 행동 유형이 있다고 하였다. 게젤(Gesell)은 홀의 제자로서 발달 이론을 성숙주의 이론으로 발전시켰다(이기숙, 2005). 모든 유기체는 이미 유전적 요소에 의해 성장의 방향이 결정되어 있다고 보았으며, 이를 바탕으로 영유아의 신체적 · 인지적 · 사회 정서적 발달에서의 표준 행동을 찾아 아동발달의 표준행동목록을 만들었다. 표준행동목록에는 특정 연령의 수준에서 기대되는 행동이 서술되어 있었고, 당시 이러한 행동목록을 중심으로 교육과 보육내용이 계획되었다(백혜리 외, 2007).

루소의 자연주의 사상에 따르면 진정한 교육은 사회의 구속에서 벗어나 자유롭게 성장할 수 있을 때 가능한 것이며, 아동은 성인의 축소판이 아니며 각각의 성장 시기마다 완성해야 할 독자적인 세계가 따로 있는 인격적 존재이다(신옥순, 2005). 자연인을 만드는 것이 바로 교육이며, 선을 지키려는 본성이 자연인의 특성이다. 자연에 의한 교육은 인간 내부에 타고난 능력의 자연스러운 발달을 의미한다(홍순정 외, 2004).

성숙주의의 관점에서처럼 영유아의 발달이 성숙적 · 내재적인 것으로 환경적 영향을 거의 받지 않는다면, 교사는 유아의 성숙이 이루어질 때까지 기다려야 한다. 즉, 유아가 어떤 것을 배울 수 있는 준비도(readiness)가 되어 있어야 한다(임재택, 2006). 예를 들어 유아가 어떤 학습을 하려면 그 학습에 필요한 발달이 이루어져 있어야 하는데, 그렇지 않을 경우에는 어떤 훈련이나 교육도 성과가 없다는 것이다. 이 이론에 의하면 학습에 꼭 필요한 환경은 유아가 학습 활동을 자유롭게 선택하도록 안내해 주는 우호적인 교사와 잘 준비된 환경이다. 성인의 역할은 유아가 가지고 있는 가능성을 최대한 계발하도록 돕는 일이며, 성인의 관점이나 사고를 주입시키는 것이 아니라, 최소한의 개입을 통해 영유아가 스스로 성장하고 발달하도록 도와주는 것이어야 한다.

2) 행동주의

행동주의는 1910년경 왓슨(Watson)과 파블로프(Pavlov), 손다이크(Thorndike), 스키너(Skinner), 반두라(Bandura) 등으로 이어지는 일련의 이론 체계이다. 이들은 로크의 백지설에 뿌리를 두고 모든 발달 및 교육적 성취는 외적 자극에 대해 유기체가 반응함으로써 비롯된다고 주장한다. 행동주의자들은 학습과 발달은 분리된 것이 아니며, 학습은 아동의 연령이 높고 낮음에 관계 있는 것이 아니라 학습에 투자한 시간 양에 관계된다고 믿었다. 학습을 전체적이고 통합적으로 보려는 것이 아닌 요소별 · 분석적 방법으로 보려는 입장으로서 학습을 크게 자극과 반응의 관계로 본다(이기숙, 2005). 즉, 행동주의의 기본 원리는 다음 세 가지로 요약될 수 있다(김경철 외, 2002). 첫째, 모든 인간의 행동은 학습된다. 둘째, 학습된 행동은 독립된 학습과정의 결과이다. 셋째, 행동은 외적 강화를 통하여 학습된다.

행동주의 이론은 파블로프의 고전적 조건형성 이론과 스키너의 조작적 조건형성 이론, 그리고 반두라의 인지적 사회학습 이론이 대표적이다.

파블로프는 자극과 반응 간의 관계를 최초로 연구한 사람이다. 파블로프의 실험에 따르면 음식(무조건 자극)을 보고 침을 흘리는(무조건 반응) 개에게 먹이를 주기 전에 종소리(중립 자극)를 들려주었더니 나중에는 종소리(조건 자극)만 듣고도 개는 침을 흘렸다. 파블로프는 이러한 과정을 고전적 조건형성이라고 불렀다.

스키너에 의하면 자극과 반응이 연결되는 또 다른 방법은 조작적 조건형성을 통해서라고 한다. 즉, 행동은 그것의 결과에 의해서 결정된다는 것이다. 아동의 어떤 행동이 강화를 받게 되면 그 행동이 발생할 확률이 높아지고, 어떤 행동이 처벌을 받게 되면 그 행동이 다시 발생할 확률이 낮아진다. 조작적 조건형성에서는 강화와 처벌이 중요하다. 스키너의 조작적 조건형성에서는 아동발달이 본능, 욕구, 생물학적 성숙과 같은 내적 요인보다는 강화와 처벌이라는 외부 자극에 달려 있다고 본다.

반두라의 인지적 사회학습 이론에서는 행동과 환경뿐만 아니라 인지도 발달에 있어서 중요한 요인이 된다. 사회학습 이론은 관찰학습(observational learning), 즉 다른 사람의 행동을 관찰함으로써 발생하는 학습에 초점을 맞추는데, 이것을 모방(imitation) 또는 모델링(modeling)이라고 한다(정옥분, 2005). 즉, 인간은 사회적 동물이므로 사회적 상황에서 모방을 통해 학습한다.

한편, 행동주의 이론은 유아의 바람직한 행동에 대해 강화를 줌으로써 바람직한 행동의 빈도를 높이고, 바람직하지 않은 행동이나 실수를 줄이는 데 관심을 두고 있다. 따라서 부모나 교사는 적응행동의 빈도를 높이기 위해 직접적인 교수, 구체적인 보상, 칭찬과 같은 사회적인 인정 등의 방법을 활용한다. 즉, 외적 강화물(스티커, 등급 등)을 조건적으로 제시하는 것을 통해 유아는 정보를 배우고 태도와 성향을 획득하고, 특정 기술을 쌓게 된다. 그리고 행동주의 이론은 인간발달에서 단계를 설정하지 않는다. 인간의 발달은 질적으로 구분되는 단계가 있는 것이 아니라 자극과 반응에 의한 연속적인 과정일 뿐이다.

3) 구성주의

구성주의는 인간의 발달이 유전과 환경의 상호작용을 통해 이루어진다고 보는 이론이다. 구성주의는 유기체가 환경과의 상호작용을 통해 지식을 스스로 구성해 가는 것을 의미한다. 구성주의 이론을 대표하는 학자로는 피아제(Piaget)와 비고츠키(Vygotsky)가 있다.

(1) 피아제의 개인적 구성주의

피아제는 인간의 인지구조를 도식(schema)이라고 하였는데, 유아는 새로운 환경에 적응(adaption)하기 위하여 자신의 도식을 평형(equilibration) 상태로 유지하고자 동화

(assimilation)와 조절(accomodation)을 사용하게 된다. 도식은 사물이나 사건에 대한 인지적 틀을 의미하며 감각 운동적 차원의 행동구조에서 출발한다. 적응은 환경과의 직접적인 상호작용을 통해 도식이 변화하는 과정이다. 동화는 새로운 환경자극에 반응함으로써 기존의 도식을 사용하여 새로운 자극을 이해하는 것이다. 조절은 기존의 도식으로서는 새로운 사물을 이해할 수 없을 때에 기존의 도식을 변경하는 것이다. 끝으로 평형은 동화와 조절의 균형을 의미한다.

피아제는 인지 발달 단계를 감각 운동기, 전조작기, 구체적 조작기, 형식적 조작기의 4단계로 구분하였다. 각 단계는 질적으로 서로 다르며, 정해진 순서대로 진행된다. 감각 운동기(sensorimotor stage)는 인지발달의 첫 번째 단계로서 출생에서 시작하여 2세경에 끝난다. 이 시기 유아의 행동은 자극에 대한 반응으로서 이때의 자극은 감각이고 반응은 운동이다. 두 번째 단계는 전조작기(preoperational stage)로서 2세에서 7세까지의 시기이다. 유아의 언어가 급격히 발달하고 상징적 사고 능력이 증가한다. 그러나 이 단계는 아직 논리적 조작이 가능하지 않고 자기중심적 사고, 물활론적 사고, 직관적 사고 등이 특징이다. 구체적 조작기는 7~12세 시기에 해당되는데, 이 시기는 가설연역적이고 추상적인 논리적 사고가 가능해진다. 따라서 보존 개념의 획득과 유목 포함, 분류화, 서열화를 할 수 있게 된다. 형식적 조작기는 마지막 단계로서 청소년기가 해당된다.

피아제의 인지 이론에서 발달 단계는 고정된 것이지만 발달의 속도와 시간은 개인에 따라 다양하다. 따라서 교사는 개인과 집단의 경험에 맞는 계획을 수립해야 한다. 그리고 유아는 환경과의 자발적인 상호작용을 통해 스스로 발견하도록 장려된다. 언어적으로 준비된 지식 대신 교사는 미술, 퍼즐, 게임 탁자, 옷, 블록 쌓기, 책, 도구, 악기 등의 다양한 재료를 제공한다. 교사는 유아를 지켜보고 들으면서 새로운 발견 책략을 실행할 수 있게 도와준다.

(2) 비고츠키의 사회적 구성주의

피아제의 개인적 구성주의와 구별하여 비고츠키의 이론은 사회적 구성주의라고 부른다(강인애, 1997). 비고츠키(Vygotsky, 1896~1934)는 사회적이고 문화적인 영향의 결과로 이루어지는 아동의 인지, 언어 사회적 발달을 최초로 이론화했다. 그에 따르면 인간의 정신발달은 사회 · 문화 · 역사의 산물이며, 유아는 또래, 교사, 부모 및 다른 성인과의 상호작용을 통해 사회 · 문화적 영향을 받는다. 인간은 태어날 때부터 역사적 · 문화적 존재이기 때문에 인간의 발달을 이해하기 위해서는 그들이 살고 있는 사회 · 문화적 배경과 같은 맥락을 함께 이해해야 한다.

피아제와 달리 비고츠키는 모든 아동이 똑같은 인지발달 단계를 거친다고 보지 않았으며, 아동의 인지발달을 사회가 중재하는 과정으로 보기 때문에, 아동발달의 결정요인으로서 문화를 강조한다(정옥분, 2005). 또한 비고츠키는 아동의 지적 능력을 근접발달영역(ZPD: Zone of Proximal Development)의 개념으로 설명하였는데, ZPD는 '아동이 독립적으로 문제를 해결하는 실제적 발달 수준과 좀 더 지식이 풍부한 성인이나 유능한 또래의 도움을 받아 성취할 수 있는 잠재적 발달 수준 사이의 거리' 이다(Vygotsky, 1978). 일반적으로 아동의 실제적 발달 수준은 이미 성숙된 발달의 결과이며, 아동이 혼자서 알고 행동할 수 있는 수준을 의미한다. 대신 ZPD는 아직 성숙되지는 않았지만 성숙의 과정에 있고, 가까운 장래에 성숙될 것이지만 현재는 아직 봉오리 상태에 있는 것을 말한다. ZPD는 학습과 인지발달이 일어나는 역동적인 민감성 지역이다.

비고츠키는 성인에 의한 교수는 유아의 근접발달대 내에서 일어나야 하며, 독립적으로 문제를 해결하는 실제적 발달 수준은 이미 발달이 완성된 것이고, 성인의 안내를 통한 잠재적 발달 수준은 현재 발달이 진행 중이며 곧 내면화의 과정을 거쳐 독립적으로 해결할 수 있게 되는 능력이라고 하면서 이 둘 간의 차이인 근접발달대는 학습에 의해서 만들어진다고 하였다(Brown & Ferrara, 1985). 비록 실제적인 발달 수준이 낮은 유아라 할지라도 그 유아의 ZPD 범위 내에서 적절한 지도가 이루어진다면 점차적으로 실제적인 발달 수준은 높아지게 되며, 이러한 적절한 교수 · 학습 활동을 통해 ZPD 자체도 확장될 수 있다(Berk & Winsler, 1995).

근접발달 영역과 매우 관련이 있는 개념은 비계설정(scaffolding)이다. 비계설정의 사전적 의미는 '건물을 건축하거나 수리할 때 인부들이 건축 재료를 운반하며 오르내릴 수 있도록 건물 주변에 세우는 장대와 두꺼운 판자로 된 발판을 세우는 것' 으로서 우드(Wood) 등에 의해 소개된 개념이다(한순미, 1999). 비계는 아동이 스스로의 힘만으로 해결하기 어려울 때에 스스로 문제를 해결할 수 있을 때까지 성인이나 유능한 또래가 도움을 제공하는 것을 의미한다.

비계설정의 목표는 유아로 하여금 '자신의 근접발달대에서 과제를 해결하는 것' 과 '자기 조절(self-regulation)을 증진시키는 것' 이다(Berk & Winsler, 1995). 그리고 효과적인 비계설정은 학습자가 어려움에 직면할 때에 더 많은 도움을 주고, 능숙하게 과제를 수행하게 됨에 따라 더 적은 도움을 주는 것이다. 유아가 학습하는 내용이 새로운 것이라면 직접적인 지시를 하고, 유아가 따라오게 되면 직접적인 지시 대신에 힌트를 주게 된다.

비고츠키는 언어가 사회적 상호작용의 가장 중요한 도구이면서 사고발달에 필수적이라고 보았다. 한 세대는 문화를 통해 지식과 기능 및 기술을 다음 세대에 전수하고, 사회적 상호작용은 유아와 성인 간의 대화로 나타난다. 비고츠키는 유아는 의사소통을 위해서 뿐만 아니라 자신의 사고과정과 행동을 이끌어 가기 위해서 언어를 사용한다고 믿는다. 이러한 자기 조절적 또는 자기 지시적 목적으로 사용되는 언어가 바로 혼잣말(private speech)이다(정옥분, 2005).

3 보육과정의 사회 · 문화적 기초

미래의 사회 구성원인 영유아를 대상으로 하여 실시되는 보육과정은 현재 사회의 모습에 대한 통찰과 요구를 반영하는 동시에 다가오는 미래 사회의 모습에 대한 예견과 준비를 포함하여야 한다. 보육과정은 보육을 필요로 하는 사회의 변화와 밀접한 관계를 맺고 있다. 또한 역사적으로 보면 보육과정은 끊임없이 그 사회의 변화를 흡수하며 함께 변화한다.

보육과정에 영향을 미치는 현재 우리 사회의 모습은 급속한 변화의 가운데 놓여 있다. 기혼여성의 사회진출 활성화, 가족구조의 변화, 자녀양육에 대한 사회적 책임 확대, 보편적 서비스로서의 보육, 자녀양육에 대한 전문화 추구 및 아동 양육의 가치관 변화, 영유아 및 아동에 대한 인식의 변화, 개인의 생활양식의 다양화 등 여러 가지를 들 수 있다. 또한 저출산, 고령화 현상과 급속하게 진행되고 있는 정보화와 세계화는 영유아가 살아갈 미래 사회를 예견하고 준비하기 위해 보육과정에서 고려해야 할 내용들에 대한 시사점을 제공하고 있다.

1) 가족구조와 기능의 변화

우리나라는 급격한 산업화 · 도시화 · 서구화 등의 사회적 환경 변화로 핵가족이 보편화되고 가족해체가 증가하였으며, 가족구조의 변화는 전통적인 가족구조에서 당연시되었던 가족 내 자녀양육 기능의 약화를 초래하였다.

급속한 산업화가 이루어지기 이전 우리의 전통 사회에서는 적어도 3세대가 한 가정을 이루고 함께 살면서 삶을 꾸려 갔으며, 가족 외에도 이웃이나 친척들로 사회적 관계망을 이루고 있었다. 또한 가족과 직장이 통합되어 있었고, 가족 구성원의 협동과 노동력 수가 생산 활동과 직결되었기 때문에 가족 중심적인 가치관이 유지될 수 있었다. 그러나 현대 산업 사회는 가족과 직장이 분리되고, 소가족이나 핵가족으로의 전이가 불가피해졌으며, 심지어는 전 가족 구성원이 따로 떨어져 있다가 주말에만 만나는 형태의 가족도 증가하고 있다. 최근에는 부모의 이혼이나 실직 등으로 인해 조부모와 손자녀만으로 구성된 조손가정이 증가하고 있는 것도 사회문제가 되고 있다.

가정의 기본적인 기능들 중의 하나는 자녀의 양육과 교육 및 사회화이다. 영유아는 가정에서 최초로 일상적인 언어와 태도, 기본적인 생활습관과 예절, 대인관계 기능, 도덕적인 윤리의식 등을 배우게 된다. 그러나 현대의 가족 구조는 저출산 현상과 함께 가족의 기능을 변화시키고 있는데 특히 가정의 양육과 교육적 기능의 약화를 가져왔다. 가정 내에서의 대인관계 기회가 감소되고 예전에는 가정에서 이루어지던 기본생활습관이나 가치관의 전달 등이 어려워지게 되었다.

사회적 존재로서 살아가야 하는 인간에게 있어서 바람직한 인성과 남을 배려하는 사회성 발달은 매우 중요한 요소이다. 오늘날의 보육과정은 핵가족화와 가정의 기능 변화로 인해 야기되는 문제점을 보완해 주는 차원에서 구성 · 운영되어야 한다. 즉, 가정이나 이웃에서 경험할 수 없는 다양한 또래관계와 성인과의 관계를 경험하고 올바른 사회성과 인성을 기를 수 있도록 하는 내용을 강화해야 한다. 여러 사람들과의 관계 속에서 다양성을 존중하고 더불어 사는 공동체 의식을 기르는 학습 내용과 학습 활동을 제공할 필요가 있다.

특히 인성교육은 어느 시대의 교육에서나 강조되어 왔지만 급변하고 있는 이 시대에는 가치 있고 행복한 개인의 삶과 안정적인 사회의 발전을 위하여 더욱 절실히 요청되고 있다. 인성의 개념을 명확히 하나로 정의하기 어려우나, 인성을 인격(character), 성격(personality), 도덕(morality), 인간 본성, 인간의 본연이나 인간다운 품성으로 볼 것이냐에 따라 인성의 의미는 다양해질 수 있지만 인성이란 개인의 독특한 특성을 바탕으로 길러지는 그 사람의 사람됨으로 정의할 수 있다. 유아들은 도덕적 앎, 도덕적 감정, 도덕적 행동이 어우러질 때에 그 결과로 좋은 인성을 갖게 되고 이러한 좋은 인성을 발달시키기 위한 의도적이고 행동지향적인 노력이 인성교육이라고 할 수 있다(교육과학기술부, 2011 재인용).

이처럼 보육과정은 사회적 변화를 수용하면서도 영유아의 발달에 적합한 내용과 방법으로 구성 · 운영되어야 한다. 즉, 인지적 측면만 강조하는 사회적 분위기에서도 영유아의 요구와 흥미에 맞는 교육을 통해 전인발달을 추구하고 영유아의 인지적 발달에 대한 부모들의 잘못된 이해를 바로잡기 위해 다양한 부모교육을 실시하는 것이 필요하다.

2) 여성의 취업증가와 맞벌이 가정의 증가

오늘날 우리 사회의 두드러진 변화 중 하나는 여성들의 사회참여가 증가하고 있다는 것이다. 우리나라의 만 15세 이상 여성 경제 활동 인구 중 경제 활동에 참가하는 여성의 비율은 2008년 50.0%에서 2009년 49.2%로 약간 감소하는 경향을 보였으나 이후 2013년 50.2%까지 증가하였고 2015년 51.8%로 꾸준히 증가하고 있다. 이는 여성들의 사회참여와 핵가족화 현상의 증대로 취학 전 자녀를 가진 취업모가 빠르게 증가하는 사회적 변화를 반영한 것이다.

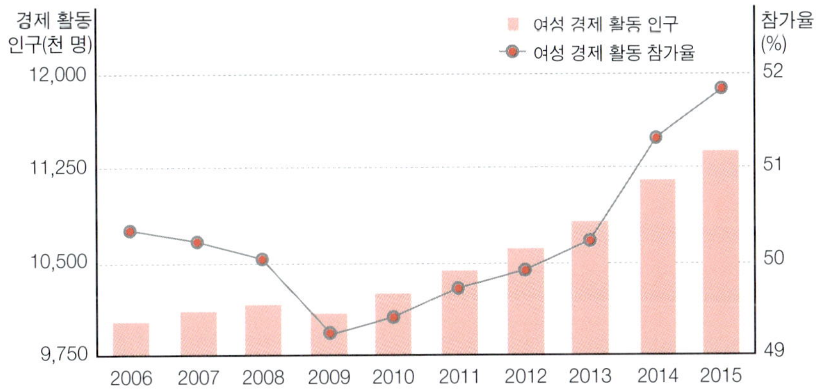

| 출처 | 통계청 e-나라지표(2017, http://www.index.go.kr).

| 그림 2-1 | 여성 경제 활동 인구 및 참가율

그러나 우리나라 여성의 경제 활동은 출산 · 육아로 인하여 노동시장에서 이탈한 이후 하향 재진입하는 M자 곡선 구조가 일반적이며 이것은 남성과 유사한 역 U자형 구조를 나타내는 선진국들과는 비교가 된다. 이것은 여성 취업에 대한 가정과 기업, 사회의 인식과 고용 환경이 아직 미흡하여 여성이 일과 결혼 또는 일과 출산 중 하나를 선택해야 하는 상황임을 말해 준다.

| 표 2-1 | OECD 주요국가 여성 경제 활동 참가율 비교 (단위: 년, %)

구분	2009	2010	2011	2012	2013	2014
한국	53.9	54.5	54.9	55.2	55.6	57.0
일본	62.9	63.2	63.0	63.4	65.0	66.0
미국	69.0	68.4	67.8	67.6	67.2	67.1
OECD 평균	61.5	61.8	61.8	62.3	62.6	62.8

| 출처 | 통계청 e-나라지표(2017, http://www.index.go.kr).

이와 같은 현상은 한국의 여성 경제 활동 참가율을 OECD 32개 국가 중 하위권을 기록하는 원인이 되었다. 따라서 국가 차원에서 여성 경력 단절의 예방과 경제 활동 참여 및 경력을 유지하기 위한 정책을 수립하고 추진하는 것이 요구되며, 이와 같은 요구를 반영하여, 2014년 여성가족부 주도로 '제2차 경력 단절 여성 등의 경제 활동 촉진 기본계획(2015~2019)' 을 발표하였다. 이는 2010년부터 2014년까지 추진되어온 제1차 기본계획이 마무리됨에 따라 최근의 여성 경제 활동과 관련된 환경 변화와 정책 수요를 반영하여 수립한 것으로, 여성의 생애 주기를 고려한 제2차 기본계획은 재직여성 등의 경력 단절 예방, 경력 단절 여성 재취업 활성화, 보육 · 돌봄 인프라 강화, 일 · 가정 양립 환경 조성 및 협력 체계 구축의 4개 영역을 중심 내용으로 하고 있다.

여성의 사회참여에 따른 보육의 필요성과 요구 증대에 따라 어린이집 수도 급격히 증가하였으며, 전국보육실태조사에 따르면 어린이집 취원 영유아의 36.8% 이상(휴직 중인 모의 비율 제외)이 취업 중인 모의 자녀로 나타났다(보건복지부, 2016). 그리고 0세의 경우 14%, 1세의 경우 28.8%, 2세의 경우 36.7%, 3세의 경우 40.0%, 4세의 경우 50.9%, 5세의 경우 46.8%로, 영유아의 연령이 낮을수록 취업 상태인 모의 비율이 낮은 것을 알 수 있는데, 이것은 영아보육에 대한 사회와 정부의 관심이 더욱 필요함을 보여주는 결과라 할 수 있다. 일반적으로 12개월 미만의 영아를 둔 가정의 경우에 어린이집 등 기관에서의 양육보다는 개인 양육을 더욱 선호하는 경향을 나타내고 있으며, 신생아기 및 영아기는 부모가 보살피는 것이 바람직함을 일반적으로 인지하고 있으나 장기적인 안목으로 볼 때 여성의 사회진출 및 경제 활동 참여를 지원하기 위한 국가의 지원정책과 더불어 영아보육에 대한 잠정적 수요는 점차 늘어날 것으로 예측된다. 이에 따라 영아의 발달적 특성과 요구에 부합하는 보육과정 계획과 운영은 더욱 중요하게 다루어져야 할 것이다. 또한 취업모의 다양한 요구에 부합하는 야간 · 공휴일 · 시간제 보육 서비스와 방과후 아동보육 등 다양한 형태의 보육 서비스 제공이 확대되어야 할 것이다.

여성의 경제 활동 참여 증가와 맞벌이 가정의 증가 등과 같은 변화와 더불어 보육과정에서 중요하게 고려되어야 하는 또 하나의 이슈는 남자와 여자의 성역할에 대한 양성평등교육이 어려서부터 이루어져야 한다는 것이다. 특히 유아기는 성역할 정체감이 형성되는 중요한 시기로서 이 시기의 양성평등교육은 매우 중요하다(교육부, 2005). 그럼에도 불구하고 학계를 비롯한 교육계의 양성평등교육에 대한 정책적 관심은 주로 초 · 중등 단계에 초점이 맞춰져 왔고, 유아에 대한 관심은 그에 비해 저조한 실정이다(이재옥, 1999).

대한민국 헌법 제2장 11조에 의하면 '모든 국민은 평등하다. 누구든지 성별 · 종교 또는 사회적 신분에 의하여 정치적 · 경제적 · 사회적 · 문화적 생활의 모든 영역에 있어서 차별을 받지 아니한다' 라고 규정하고 있고 이를 근거로 교육 기본법, 여성 발전 기본법 등에서 보다 구체적으로 양성 평등한 교육이 이루어져야 함을 명시하고 있다. 따라서 영유아가 성차별적 편견에서 벗어나 보다 자유로운 인간으로 성장할 수 있도록 하고 양성 평등한 의식을 고취하여 다가오는 미래 사회에서 성차별 없는 사고와 행동을 하도록 도와주어야 한다. 유아가 남 · 여의 생물학적인 성차를 바르게 인식하고, 우리 사회에서 뿌리 깊게 관습화되어 있는 성차별적인 이데올로기를 바로잡아 올바른 성역할을 습득한다면 각자 자신의 잠재력을 최대로 개발할 수 있는 발전적인 삶을 살아갈 수 있을 것이다(교육부, 2005).

3) 저출산 현상과 인구 고령화

우리나라의 출산율은 1983년부터 인구 대체 수준 이하로 하락한 이래 저출산 현상이 지속되어 왔다. 1970년 4.53명이던 합계 출산율은 2005년 1.08명으로 급격히 감소하여 외환위기 이후인 2001년부터 초저출산 사회에 진입하였으며, 최근 국가 차원의 출산장려 정책으로 인해 소폭 증가하여 2015년 1.24명을 유지하고 있다(보건복지부, 2016). 이와 같은 출산율 저하 현상은 경제 활동인구 감소를 초래하고, 인구 고령화를 가속화시킴으로써 국가 경쟁력을 약화시키는 요인이 된다.

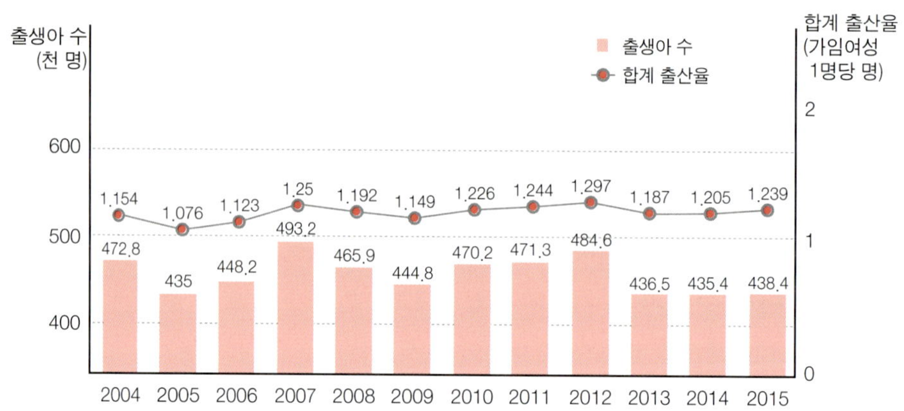

| 출처 | 통계청 e-나라지표(2017, http://www.index.go.kr).

| 그림 2-2 | 2007~2015년 출생아 수 및 합계 출산율

| 표 2-2 | 2007~2015년 출생아 수 및 합계 출산율 (단위: 년, 명)

구분	2007	2008	2009	2010	2011	2012	2013	2014	2015
출생아 수	493.2	465.9	444.8	470.2	471.3	484.6	436.5	435.4	438.4
합계 출산율	1.25	1.192	1.149	1.226	1.244	1.297	1.187	1.205	1.239

| 출처 | 통계청 e-나라지표(2017, http://www.index.go.kr).

저출산 현상은 다양한 사회 · 경제적 환경 및 가치관의 변화에 따라 이루어진 것이며, 결혼 연령 상승과 출산율 감소는 소득 및 고용 불안정, 일과 가정의 양립 곤란, 자녀 양육에 대한 부담 증가 등 복합적인 요인에 기인한다. 즉, 저출산의 배경에는 아이를 키우기 어려운 사회 환경에 문제가 있는 것이다(황성하 · 남미경 · 서혜전, 2009). 공적인 육아 지원 체계 비정비, 일과 육아의 양립이 불가능한 사회 구조 문제, 전통적인 남녀의 역할 분업관에 지배, 비정규 고용의 증가 등이다.

세계 최저 수준의 출산율과 빠른 고령화의 진행으로 한국 사회의 지속발전 가능성에 대한 우려가 확산되고 시급한 대처의 필요성을 느끼게 되었다. 이에 따라 정부는 2005년 '저출산 · 고령사회 기본법'의 제정 및 대통령 직속으로 '저출산 · 고령사회 위원회'를 설치하게 되었으며, 정책추진기구로서 보건복지부에 저출산 · 고령사회 정책본부를 설치하였다. 그리고 저출산 · 고령사회 기본계획을 매 5년마다 수립 · 추진하게 하였다. 저출산 · 고령사회 기본법은 저출산 및 인구의 고령화에 따른 변화에 대응하는 저출산 · 고령사회정책의 기본방향과 그 수립 및 추진 체계에 관한 사항을 규정함으로써 국가의 경쟁력을 높이고 국민의 삶의 질 향상과 국가의 지속적인 발전에 이바지함을 목적으로 한다. 또한 이 법은 국가의 지속적인 발전을 위한 인구 구성의 균형과 질적 향상을 실현하고, 국민이 건강하고 안정된 노후생활을 할 수 있도록 하는 것을 기본 이념으로 한다.

그러나 이와 같은 노력에도 불구하고 출생 인구는 2006년 1.12명에서 2016년 1.24명으로, 불과 0.12명 늘어나는 데 그치고 있다. 2016년 출생 인구는 41만 여명으로 계속 줄어드는 추세에 있으며, 15년째 '초저출산국'을 기록 중이다. 향후 2017년부터는 출생 인구와 더불어 생산가능 인구도 줄어드는 현상을 보일 것으로 예상되며, 출생 인구 40만 명도 무너질 것으로 예상된다. 한마디로 '인구절벽'이 가시화되고 있으며 이는 국가적 재앙으로 이어질 가능성이 높다.

현재 3주기를 맞는 저출산 · 고령사회 기본계획을 지속적으로 추진하고 있지만 여전히 저출산 문제가 해결되지 않고, 주요 해결과제로 다루어지는 이유는 세 가지로 요약할 수 있다.

첫째, 출산 및 육아의 책임이 어머니에게 전가되는 사회 인식과 풍토가 바뀌지 않는 한 출산율은 계속 낮아질 수밖에 없을 것이다. 이는 여성이 출산을 하더라도 자신이 원하는 삶을 선택하는 데 문제가 없어야 함을 의미한다. EU 국가에서 여성 경제 활동 인구와 출산율은 정확하게 비례한다. 또한 여성의 유연 근무가 활성화될수록, 남성의 육아휴직 비율이 높아질수록 출산율이 높아지는 현상을 보인다. 따라서 가정에서는 육아가 부모 공동의 책임이라는 사회문화적 인식이 확산되어야 한다.

둘째, 출산 및 육아 지원을 위한 각종 대책과 지원이 현실화되도록 노력해야 한다. 현재 우리나라의 출산 및 육아 지원은 '백화점식 대책'이라 할 만큼 그 종류가 다양하다. 하지만 꾸준히 실행되거나 현실화되기 어려운 정책들이 매우 많다. '부의 육아휴직'이 대표적인 예가 될 수 있으며, 정부 차원의 다양한 출산 지원대책들이 실효성을 거두려면 일부의 노력만으로는 부족하며 이와 맞물려 있는 다양한 문제(예 교육문제, 주거문제, 세제문제 등)들을 함께 해결할 수 있는 통합적 접근이 필요하다.

셋째, 20~30년 이후의 미래를 위해 일관되고 지속적인 정책을 시행할 수 있어야 한다. 프랑스 정부가 정권 교체와 상관없이 20여 년을 일관되게 정책을 시행함으로써 비로소 '출산율 증가' 라는 성과를 얻은 것을 기억할 필요가 있다. 따라서 정부의 지원이 앞으로도 변함없이 이루어질 것이라는 신뢰를 가질 수 있도록 해야 한다.

이와 같은 정부 차원의 정책 수립 및 수행 측면에서의 개선을 위한 노력이 이루어질 때 출산과 양육에 대한 사회 전반의 인식 변화가 이루어질 수 있으며, 이를 통해 보육 선진국들의 보육 이념이라 할 수 있는 보육의 보편주의가 일반화될 수 있을 것이다. '보편주의 보육' 이란 모든 영유아에게 보육을 받을 수 있는 기회를 공평하게 제공하는 것으로 모든 영유아를 양육하는 것이 바로 국가의 책임이라는 인식하에 형성되는 개념이다. 보육의 공공화는 균등한 보육기회의 보장을 통한 보육의 사회책임을 강조하는 것이며, 이는 곧 보육사업의 공공화를 확대하여 정부의 책임을 증대하는 것이라 볼 수 있다.

4) 보육의 공보육화

영유아기 교육 · 보육이 사교육 시장에 의해 좌지우지된다는 것은 부모의 사회 · 경제적 배경에 따라 생애 초기부터 불평등한 교육 · 보육 경험을 하게 됨을 의미하며, 민주주의 교육 이념에도 위배되는 것이다. 따라서 어린이집의 교육력 제고와 더불어 공보육의 필요성이 제기되기 시작했으며, 2011년 5월 김황식 국무총리는 2012년 3월부터 모든 만 5세 어린이의 교육과 보육을 국가가 책임지는 「만 5세 공통과정」을 도입 · 시행하였으며, 2013년부터 새 정부의 출범과 함께 유치원과 어린이집에 대한 국가의 재정적 지원도 새로운 전환점을 맞이하게 되었다. 현재 정부는 우리나라 만 3~5세 유아기 아동 전체에 대해 누리과정 비용을 지원하게 되었고, 만 0~2세 영유아에게는 전면 무상보육을 실시하고 있으며, 가정 양육의 경우는 소득을 감안한 양육수당이 지급되어 사실상 우리나라 만 0~5세 취학 전 영유아 모두는 무상 교육 보육 서비스를 받게 되었다.

이는 세계적으로도 보기 드문 대단히 획기적이고 적극적인 영유아 교육 · 보육비용 지원 제도라고 할 수 있다. 2014년 기준으로 유아교육 총예산은 어린이집 지원 누리과정 예산을 포함하여 53,043억 원이었으며, 보육예산은 85,574억 원이었다. 유아교육 예산은 2009년 대비 4.3배, 보육 예산은 2.4배만큼 예산이 증액되었다. 이렇게 비용 지원의 규모가 커진 만큼 이 분야의 국가 재정도 막대하게 증대되었고, 심지어 재원의 부족으로 어려움을 겪는 지자체까지 생겨나고 있다.

최근 유아교육 · 보육 관계 부처는 최근 논란이 되고 있는 누리과정 예산 지원과 관련하여 공동 서한문을 발표한 바 있으며(2015. 11. 25.), 이를 통해 교육부와 보건복지부는 출발점의 평등을 최우선으로 보장한다는 의지를 표명하며, 미래 세대 주역인 아이들의 교육 · 보육 받을 권리를 존중하고, 어느 기관에서 교육 · 보육을 받더라도 차별 없이 양질의 교육을 받을 수 있도록 노력하겠다고 밝혔다. 그리고 이와 관련하여 정부는 향후 관계 부처, 지방자치단체, 그리고 시 · 도교육청과 긴밀히 협의하여, 누리과정 지원이 반드시 이루어지도록 하기 위한 중앙정부로서 역할수행에 최선을 다할 것을 표명하였으며, 이를 통해 누리과정 운영을 위한 예산확보로 인해 발생되는 학부모들의 불안 해소와 동시에 안정적인 누리과정 예산 지원체제를 확립할 수 있도록 더욱 노력할 것임을 밝힌 바 있다.

이와 같은 정부의 입장 발표는 누리과정 예산이 지방교육재정의 의무지출경비로 지정되었음에도 불구하고, 14개 시 · 도교육청(대구, 울산, 경북 제외)에서 누리과정 예산 편성에 적극 나서지 않아 발생하고 있는 문제들을 해결하기 위한 것으로 정부는 향후 이와 같은 문제들이 반복되어 발생하지 않도록, 누리과정 운영을 위한 재정 확보와 지원이 순조롭게 이루어지기 위한 안정적 운영 체제를 구축하는 데 많은 노력을 기울여야 할 것이다.

5) 정보화 시대로의 변화

기계화를 시작으로 출발한 산업 사회는 오늘날 점차 정보가 생명이 되는 정보 사회로 전환하게 되었다. 정보 사회는 지식의 생산, 처리, 전달 등을 맡은 지식 산업이 주된 산업이 되고 정보가 사회의 주된 바탕을 이루게 된 사회이다(정범모, 1996). 정보화 사회에서는 주체할 수 없는 정보의 유통이 이루어지며, 개인들은 정보의 홍수 속에서 어떤 정보를 받아들여야 하는지에 대해서 혼란을 느끼게 된다. 결국 올바른 정보를 판단하는 능력과 효율적으로 정보를 사용하는 능력이 개인들에게 새롭게 요구된다(김정원 외, 2006).

현대 사회의 유아는 어린 시기부터 게임과 인터넷을 경험하고 다양한 매체에 노출되어 있다. 컴퓨터나 인터넷을 사용하는 유아의 비율이 점점 증가하고 있으며, 사용 연령도 하향화되는 추세이다(조준오 · 강신영, 2008). 행정안전부와 한국정보화진흥원(2011)이 저연령층의 인터넷 이용률 증가 추세를 고려하여 조사 개시 이후 처음으로 조사한 유아동 인터넷 중독률이 7.9%로 나타났으며, 이는 성인 인터넷 중독률 6.8%보다 높은 것으로 나타나 심각성을 보여주고 있다. 최근에는 다양한 스마트 기기의 발달이 영유아에게도 영향을 미치고 있다. 인터넷의 발달과 더불어 등장한 대표적 디지털 매체인 스마트폰의 사용 확대는 '스마트 혁명'이라 불리우며 빠른 속도로 우리 생활 깊숙이 그 영향력을 확대하고 있다. 그러나 빠른 속도로 확대되고 있는 스마트폰 사용이 생활상의 편리함을 가져오는 이면에는 디지털 매체의 확대로 인한 인터넷 중독, 온라인 게임 중독의 사회문제화와 함께 스마트폰 중독의 문제에 대한 우려를 낳고 있다.

보육과정에서는 이러한 사회 환경의 변화에 유아가 능동적으로 대처할 수 있는 태도를 길러줄 수 있는 내용이 포함되어야 할 것이다.

6) 세계화 시대로의 급속한 변화

현대 사회는 인터넷의 보급과 다양한 통신수단의 발달 등으로 인해 한 지역, 국가의 범위를 넘어 급속하게 세계화가 이루어지고 있다. 오늘날 우리는 국가 간 문호를 개방하고 상호이해와 의존을 확대함으로써 상호작용이 증대되는 이른바 '세계화' 시대에 살고 있다(김영옥, 2002). 국가와 국가 간 벽이 허물어지고 지구촌 시대가 도래하고 있다는 것은 세계 각국이 상호협력과 존중을 바탕으로 한 더욱 치열한 경쟁 시대를 맞이하게 되었음을 의미한다. 따라서 변화한 정보화 · 세계화 시대에 걸맞는 보육을 실시하기 위한 노력이 필요하다.

그러한 노력의 일환으로 먼저, 민족과 국가라는 틀에서 벗어나 다른 사람의 문화를 이해하고 존중하는 다문화 교육이 이루어져야 한다. 지구촌 시대의 도래로 인해 유아가 일찍부터 타문화에 접촉 · 노출되고 있다. 우리 사회도 점차 북한 이탈 주민과 외국인 노동자의 수가 증가하고 있으며, 결혼 이민 외국인의 수가 늘어나고 있음에 따라 소수민족과 사회 계층에 대한 사회통합의 문제에도 관심을 가져야 한다(한성심 외, 2007). 타문화에 대해 무조건적인 편견을 갖고 배척하거나 때로는 무조건적으로 수용하는 자세는 모두 옳지 않다. 타문화, 가치, 언어, 풍습 등을 편견 없이 있는 그대로 수용하고 평가할 수 있는 타문화 이해 교육의 필요성이 대두되고 있다.

다문화 교육은 각기 다른 인종과 성, 언어, 계층 등을 이해하고 존중하도록 유도하여 유아와 그 가족의 삶을 긍정적으로 변화시킴으로써 다양한 문화의 세계에서 유아가 공동의 목표를 향해 생활하고, 의사소통하는 지식, 태도, 기술을 가질 수 있도록 준비하는 교육이다(김영옥, 2002). 켄달(Kendall, 1996)은 다문화 교육의 목표를 유아가 자신의 문화와 가치를 존중하는 것과 마찬가지로 다른 사람의 문화와 가치도 존중할 수 있도록 가르치는 것, 다문화 사회에서 성공적으로 살아갈 수 있는 태도와 능력을 기르는 것, 인종주의 등에 의해 가장 영향을 많이 받는 유색인종의 유아가 긍정적인 자아 개념을 형성하도록 도와주는 것, 문화적인 다양성과 인간으로서의 공통성을 모두 긍정적으로 경험하도록 돕는 것, 다문화적인 전체의 공동체 사회에서 서로 독특한 역할을 맡아 수행할 수 있도록 격려하는 것이라고 하였다.

다문화 교육과 함께 강조되어야 하는 것은 우리 전통문화에 대한 강조이다. 요즘의 아이들은 아빠, 엄마, 아이로 이루어진 핵가족 안에서 할아버지, 할머니로부터 전통적인 삶을 물려받을 기회를 잃어버렸으며, 외래 문화와 문물에 무분별하게 노출되어 국적 없는 아이들이 되어가고 있다. 세계화 속에서 일부 사람들은 우리의 것을 내버리고 외국에서 들어오는 문물을 무차별적으로 받아들이고 있다. 이러한 현상이 인성 및 태도가 형성되는 유아기부터 시작되면 한국인으로서의 정신과 가치를 계승 · 발전시키는 데 위험 요소로 작용하게 될 것이다. 세계화라고 하여 우리의 것을 모두 버리는 것이 아니라 우리가 가진 고유한 전통과 문화를 계승 · 발전시키는 부분에 역점을 두어야 한다.

활동하기

◈ 다음은 최근 보육현장에서 중요하게 다루어져야 하는 이슈를 제시한 것이다. 다음의 내용을 참고로 하여 토론하고 의견을 정리하여 발표해 보자.

> 2016년 발표된 2015년 전국보육실태조사에 따르면 최초 기관 이용은 대부분(94.1%) 어린이집을 통해 이뤄지고 있음을 알 수 있으며, 최초 이용 기관이 유치원인 경우가 4.7%, 반일제 학원인 경우가 0.6%, 기타가 0.6%인 것으로 나타났다. 유아의 경우에도 최초 이용 기관이 어린이집인 경우가 91.4% 였으며 유치원인 경우는 7.3%인 것으로 조사되었다. 최초 이용 기관이 어린이집이라고 응답한 경우는 2009년 83.4%, 2012년 88.1%인 것에 비해 크게 증가한 것으로 나타나고 있다.
> 최초 기관 이용 월령은 평균 24.1개월이었으며, 주로 12~23개월이 35.4%로 가장 많았으며, 24~35개월이 30.1%로 다음을 차지했다. 36~47개월은 18.1%, 12개월 미만은 11.9%였으며 48개월 이상이 되어서야 기관을 이용했다는 응답은 4.5%에 그쳤다. 특히 모가 취업한 경우에는 그렇지 않은 경우에 비해 12개월 미만일 때 처음 기관을 이용한 비중이 높은 것으로 나타났다. 이 또한 2009년과 2012년 조사 결과에 비해 점차 증가하고 있다.

| 출처 | 보건복지부(2016). 전국보육실태조사.

• 최초 기관 이용 연령이 낮아지는 이유는 무엇일까?

• 이와 같은 상황을 감소시키기 위한 방법에는 어떤 것들이 있을까?

• 이와 같은 상황을 감소시킬 수 없다면, 영유아의 발달을 효과적으로 지원하기 위하여 앞으로의 보육은 어떠한 방향으로 이루어져야 할까?

Chapter 3

보육과정의 구성

1 보육과정의 목적 및 목표

2 보육내용의 선정과 조직

3 보육방법

4 보육과정의 평가

보육과정은 철학적 · 심리적 · 사회 · 문화적 요소들에 기초하여 보육의 목적과 목표를 설정하고 이를 달성하기 위한 보육내용과 활동을 선정, 조직하며 보육방법을 어떻게 계획하여 실행하고 평가할 것인가에 대한 전체적인 구성틀을 의미한다. 본 장에서는 보육과정의 구성 요소를 보육과정의 목적 및 목표, 보육내용, 보육방법, 보육과정 평가로 구분하여 살펴보았다.

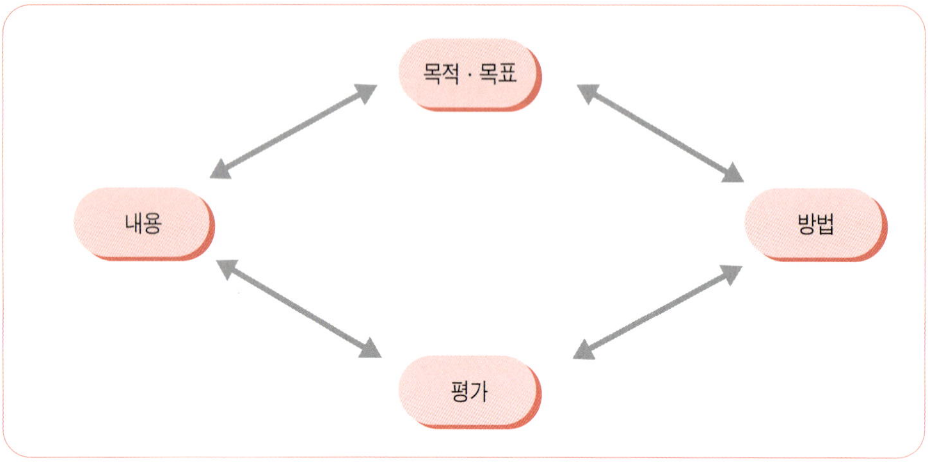

| 그림 3-1 | 보육과정의 구성 요소

1 보육과정의 목적 및 목표

1) 보육과정의 목적과 목표 설정

보육과정 구성을 위한 계획에서 가장 먼저 생각해야 하는 것은 목적과 목표의 설정이다. '목적' 은 '목표' 와 유사하게 사용되는 경우가 많지만 보다 포괄적이고 일반적인 성격을 지니는 개념으로 사용된다. '목표' 는 구체적인 행동 지침을 제시해 주는 것이며, 목표는 목적을 보다 구체적으로 심화시킨 것이다. 이처럼 목적을 목표보다 더 포괄적인 개념으로 사용하지만 따로 구분하지 않기도 한다. 따라서 보육목표는 전체 보육과정의 방향을 구성하고 보육과정의 실행을 통하여 달성하여야 할 구체적인 내용을 의미한다. 보육목표는 보육의 전 과정이 지향해야 할 방향이며, 모든 보육 경험은 보육목표의 달성을 위해 선정되고 조직되며, 평가의 기준이 되므로 목표 설정이 중요하다.

보육목표를 설정하고자 할 때에는 다음과 같은 몇 가지 사항들을 고려해 볼 수 있다(이성호, 2004).

첫째, 목표 설정은 여러 가지 관련된 맥락에서 충분히 검토하여 많은 사람들이 합의하는 목표로 진술되어야 한다. 특히 그 목표를 읽는 모든 사람이 똑같은 의미로 이해하고 해석할 수 있어야 한다.

둘째, 목표는 교육 이념, 목적 등과 관계되어야 하며, 교수-학습 활동의 방향을 제시해 줄 수 있을 만큼 충분히 구체화되고 정확하고 포괄적으로 진술되어야 한다.

셋째, 목표는 학습자들에게 현재의 삶에 있어서도, 또 미래의 삶에서도 가치 있는 필수적인 것으로 진술되어야 한다.

넷째, 목표 설정은 교수-학습 활동 이전에 사전 계획으로 설정되어야 하며, 교수-학습 활동과정에서 생성되는 새로운 목표들을 수용할 수 있을 만큼 융통성이 있어야 한다.

다섯째, 목표 설정은 논리적으로 조직화된 응집성을 견지하여야 하며 주기적으로 재검토될 수 있어야 한다.

여섯째, 목표 설정은 외현적 · 내면적 두 가지 측면 모두의 행동 변화를 충분히 고려하여야 하며, 양적인 수준과 질적인 기준을 모두 포용하여야 한다.

일곱째, 목표 설정은 다양성을 근간으로 하여, 학습자 개개인의 능력과 수준에 맞아야 하며, 개별 학습자의 독특성과 자유로운 탐색을 최대한 신장시킬 수 있도록 하여야 한다.

여덟째, 목표 설정은 수업 그 자체는 물론 학습자의 학업 성취 평가에 절대적인 기준으로 작용할 수는 없다. 누가적이고, 잠재적이고, 표현적이고, 부차적이고, 장기적인 학습 결과나 학업 성취가 있음을 고려하여야 한다.

우리나라 표준보육과정의 목적은 영유아의 전인적인 성장과 발달을 돕고 민주 시민으로서의 자질을 길러 영유아가 심신이 건강하고 조화로운 사회 구성원으로 자랄 수 있도록 하는 데 있다. 또한 표준보육과정을 통해 궁극적인 목적으로 추구하는 인간상은 우리나라 유아교육이 추구하는 인간상과 그 맥락을 같이 하고 있다. 즉, 스스로 노력하는 자율적인 인간, 건전한 인성을 가진 창의적 인간, 사회에 기여하는 민주적 인간, 자신의 문화를 사랑하되 가치를 추구하는 인간 등이다. 표준보육과정(보건복지부, 2013)의 목적과 목표는 다음과 같다.

(1) 제3차 어린이집 표준보육과정의 목적

- 영유아의 심신의 건강과 전인적 발달을 도와 행복을 도모하며 민주 시민의 기초를 형성하는 것을 목적으로 한다.

(2) 제3차 어린이집 표준보육과정의 목표

- 0-1세 보육과정
  - 건강하고 안전한 일상생활을 경험한다.
  - 감각 및 기본 신체운동 능력을 기른다.
  - 말소리를 구분하고 의사소통의 기초를 마련한다.
  - 친숙한 사람과 관계를 형성한다.
  - 아름다움에 관심을 가진다.
  - 보고, 듣고, 만지면서 주변 환경에 관심을 가진다.
- 2세 보육과정
  - 건강하고 안전한 생활습관의 기초를 마련한다.
  - 감각, 신체 조절 및 기본 운동 능력을 기른다.
  - 의사소통 능력의 기초를 기른다.
  - 나를 인식하고 다른 사람과 더불어 생활하는 경험을 한다.
  - 아름다움에 관심을 가지고 예술경험을 즐긴다.
  - 주변 환경에 호기심을 갖고 탐색하기를 즐긴다.
- 3-5세 보육과정
  - 기본 운동 능력과 건강하고 안전한 생활습관을 기른다.
  - 일상생활에 필요한 의사소통 능력과 바른 언어 사용습관을 기른다.

- 자신을 존중하고 다른 사람과 더불어 생활하는 능력과 태도를 기른다.
- 아름다움에 관심을 가지고 예술경험을 즐기며, 창의적으로 표현하는 능력을 기른다.
- 호기심을 가지고 주변 세계를 탐구하며, 일상생활에서 수학적 · 과학적으로 생각하는 능력과 태도를 기른다.

2) 보육목표 설정의 원천

보육목표는 각 기관이 추구하는 철학이나 관점에 따라 판이하게 달라질 수 있으나 대부분 어떤 준거를 따르게 된다. 일차적으로 보육목표는 보육 대상과 보육 수요자의 특징과 요구를 반영하고 그 외에도 관련 이론과 전문가 의견 등을 고려해서 설정하게 된다. 즉, 보육목표를 설정하는 데 중요한 정보를 제공해 주는 원천으로서 다음과 같은 사항들을 고려해야 한다.

보육목표는 영유아로부터 출발하여야 한다.

보육목표는 영유아의 필요와 흥미에 부합되어야 하는데 교사가 영유아의 욕구와 흥미 등에 적합한 활동을 준비하지만, 보육과정을 경험하는 영유아를 충분히 고려하는 입장에서 보육목표가 계획되어야 한다. 영유아는 기본적으로 영양과 휴식 및 활동 등의 신체적 · 생리적 욕구, 사랑과 소속감과 사회적 관계 등의 사회적 욕구, 자아성장과 발달에 관한 심리적 욕구 등을 가지므로 보육목표는 이러한 욕구를 고려해야 한다(이순형 외, 2005). 그리고 보육목표는 영유아의 권리와 감정을 인격적으로 배려하고 있는지, 개별 영유아의 잠재적 능력을 고려하는지도 살펴보아야 한다.

보육목표는 사회적 가치와 요구를 고려해야 한다.

교육이나 보육을 일종의 사회화 과정으로 보면, 영유아와 우리가 몸담고 살아가는 사회에 대한 고려는 개인으로 하여금 그가 속한 사회에 잘 적응하게 하고 사회의 질서를 유지하는 데 반드시 필요한 것이다. 제2장에서 살펴본 보육과정의 기초에 사회적 기초가 포함되어 있는 것도 이같은 맥락이라고 볼 수 있다. 따라서 보육목표에는 영유아의 개별 가정과 사회에서 무엇을 기대하고 원하는지가 고려되어야 한다.

보육목표를 설정하기 위해서는 보육철학에 대한 검토가 필요하다.

보육목표의 설정에서 가장 중요한 것은 결국 보육시설을 운영하는 사람들의 가치판단의 문제이며, 이러한 판단에서 필요한 것이 종합적인 보육철학이다. 보육철학에는 영유아에 대한 관점이 포함되어 있는데 보육목표는 이에 따라 다르게 설정될 수 있다. 앞서 제2장에서 살펴본 대로 아동의 본성에 대한 관점에 따라 보육의 방향이 달라질 수 있고 보육의 목표도 달라질 수 있는 것이다. 즉, '인간의 본성은 선하다' 라는 입장에서 보면, 유아는 무한한 가능성을 향해 스스로 갈 수 있는 열려 있는 존재이고, 보육은 유아가 가지고 있는 가능성을 최대한 계발하도록 돕는 일이 될 것이다. 반대로 사람이 가진 원래의 본성은 악(惡)하기 때문에 배우고 배워서 선(善)으로 가야 한다고 여긴다면, 유아는 스스로 발전할 수 없는 존재이고 보육은 자기통제, 훈육 습관을 확립하는 것을 추구하게 될 것이다. 아동이 선하거나 악하게 태어나는 것이 아니라 백지상태로 태어난다고 믿는 입장에서는, 선악은 인간의 고유한 속성이 아니라 환경에 달려 있으므로 일찍부터 가정에서의 조기교육이 반드시 필요하다고 할 것이며 후천적인 교육을 강조하게 될 것이다. 또한 영유아보육에 대한 이데올로기를 낭만주의, 문화전달주의, 진보주의로 구분한다면(Kohlberg & Mayer, 1972) 이러한 이데올로기 중 어느 것에 기초를 두느냐에 따라서도 목표가 달라질 것이다.

보육목표에는 영유아 보육 관련 전문가의 제안이 반영되어야 한다.

보육 관련 전문가들은 영유아의 각 연령에 따라 발달에 적합하고 가치 있는 보육목표와 내용에 대해 많은 제안을 해왔다. 따라서 보육목표 설정 시 이들의 제안을 고려해야 할 것이다.

보육목표에는 학습심리에 대한 고려가 반영되어야 한다.

영유아기는 그 어느 단계보다 독특한 발달 심리적 특성을 지닌다. 영유아기는 성장의 속도가 매우 빠르고 인간 성장 발달의 기초가 형성되는 시기이다. 이에 따라 영유아의 발달 특성과 학습 특성을 충분히 고려하여 보육목표가 설정되어야 목표를 성공적으로 달성할 수 있다.

한편, 보육목표는 실제적으로 학습을 안내하는 지표가 되므로 보육목표의 진술은 보육의 결과로 영유아가 성취하게 될 행동이 무엇인지를 분명하게 규정하는 구체적이고도 명확한 행동적 용어로 진술되어야 한다(이기숙 외, 2010). 보육목표를 진술하는 방법(엄태식, 2010)은 다음과 같다.

첫째, 영유아 보육목표는 보육의 이념, 목적 등에 따라 진술한다. 보육목표에서 우선적으로 고려해야 할 것은 국가의 이념이다. 우리나라의 보육목표는 민주주의 이념에 바탕을 두고 있다. 또한 보육목표에는 여러 가지 수준이 있다. 즉 목적, 목표의 수준이 있는가 하면 일일목표, 수업목표의 수준이 있다. 단위 활동의 목표는 보육의 목적에 기초하며 구체적이고 정확하게 진술되어야 교사가 무엇을 어떻게 해야 할지 이해할 수 있다.

둘째, 영유아 보육목표는 영유아의 관점에서 진술되어야 한다. 보육목표는 영유아를 학습의 주체자로 보고 영유아가 스스로 지식을 구성하고 성장, 발달해 간다는 관점에서 진술되어야 한다. 예를 들어, '~을 하게 한다' 라는 진술이 성인 중심의 목표 진술인 반면 '~을 한다' 라는 영유아 중심으로 진술하는 것이 바람직하다.

셋째, 영유아 보육목표는 과정 중심어로 진술한다. 예를 들어, 결과적이고 성취적인 진술인 '다른 사람의 말을 이해하는 능력을 기르게 한다' 보다는 '다른 사람의 말을 이해하는 경험을 가진다' 로 진술하는 것이 바람직하다.

넷째, 영역별 활동목표는 전인적 발달을 고려하여 진술한다. 영유아가 어떤 사람으로 성장할 것인가에 대한 가치판단을 하고, 전 영역별 활동에 따른 지식, 기술, 태도 등의 목표 달성이 이루어지도록 계획하고 진술한다. 지식 관련 목표 진술은 주로 '신체 각 부분의 명칭을 안다', '글자의 기초가 되는 모양을 구분한다' 등이며, 기술 관련 목표 진술의 예는 '주변의 간단한 생활도구를 활용한다', '주어진 재료를 이용하여 다양한 형태의 글자를 표현해본다' 등이며, 태도 관련 목표 진술은 '다른 사람의 이야기를 주의 깊게 듣는다' 등으로 진술한다.

2 보육내용의 선정과 조직

1) 보육내용의 선정

(1) 보육내용 선정 시 고려 사항

보육목표를 달성하기 위해서는 목표 달성에 적절한 보육내용과 내용에 따른 활동을 선정하고 조직해야 한다. 그 중 보육의 내용과 활동의 선정은 '무엇을' 가르칠 것인가의 문제이다. 영유아에게 보육해야 할 내용은 무수하게 많다. 그동안 영유아에게 무엇을 가르쳐야 하는가의 문제는 꾸준한 관심의 대상이 되어 왔다. 교사는 어떠한 내용을 보육과정 속에 담아야 할지를 결정해야 한다.

보육목표에 따라 보육내용이 달라질 수 있지만 보육내용을 선정할 때 일반적으로 적용할 수 있는 기준이나 원리가 제시되고 있다. 이성호(2004)에 따르면 보육내용은 유의미성, 타당성, 유용성, 학습 가능성, 경제성, 내적 · 외적 관련성, 균형성, 사회 가치 적합성 등을 고려하여 선정해야 한다.

- 내용의 유의미성은 교육 내용이 그 학문 분야에서 얼마나 본질적이며 또는 기본적이냐 하는 것이다.
- 내용의 타당성은 교육 내용 선정에 있어서 반드시 가르치고 배워야 할 모든 내용을 고르게 포함시키고 있느냐의 문제이다.
- 내용의 유용성은 내용 선정의 중요한 기준이 되며 넓은 뜻으로는 교육 내용과 영유아교육 기관 밖의 현실 세계와의 관련성을 의미한다.
- 내용의 학습 가능성은 교육 내용이 실생활에서 얼마나 활용 가능한 것인가에 대한 고려를 의미한다.
- 경제성은 교육과정 내용이 학습자로 하여금 가장 경제적인 방식으로 최대한의 성취를 하는 데 도움을 줄 수 있는 내용으로 선정되어야 함을 의미한다.
- 내용의 내적 · 외적 관련성은 교육과정에서 선정되는 내용들이 학문의 위계적 구조와 체계 속에서 구조적 관련성을 지니고 있는 내용이여야 한다는 것이다.
- 내용의 균형은 여러 집단의 요구를 함께 균형 있게 고려해야 할 수 있는 내용이여

야 한다는 것이다.

- 내용의 사회가치 적합성은 교육과정 내용 선정이 왜곡된 사회적 가치를 바로잡고, 새롭고 바람직한 가치 창조에 적합한 내용이여야 한다는 것이다 .

이 외에도 보육내용 선정 시 고려해야 할 사항들은 다음과 같다(박재환, 2002).

> 첫째, 설정된 보육목표와 관련성이 있어야 한다.
> 둘째, 영유아들에게 필요하거나 경험할 만한 가치가 있어야 한다.
> 셋째, 영유아들이 흥미를 느낄 수 있으며 친숙한 것이라야 한다.
> 넷째, 영유아들의 능력과 발달 수준에 맞아야 한다.
> 다섯째, 계절, 기후, 행사, 지역실정 등과의 관련성이 있어야 한다.
> 여섯째, 가능한 여러 가지 목표와 관련된 것일수록 좋다.

(2) 보육내용의 유형

보육내용은 보육과정의 유형에 따라 차이가 있을 수밖에 없는 것으로서(방인옥 외, 2009), 예를 들어 유아 중심적이고 개방적인 환경과 분위기에서 유아 스스로 선택한 활동을 통해 자연스럽게 인격형성이 된다고 보고 있는 성숙론적 입장에서는 보육내용은 유아 주변의 모든 인적 · 물적 환경과 유아들 각자의 생활 그 자체가 되며 매우 광범위하다. 환경론적 입장에서는 후기 학교에서의 성공이나 사회에서의 적응에 필수적인 기능과 태도에 관련된 내용이 중심이 될 것이며, 유아와 주변 환경과의 상호작용에 의해 유아의 전인적 성장 발달을 도와주는 데 목적을 두는 상호작용론적 입장에서는 활동의 주체인 유아와 그 주변의 모든 인적 · 물적 환경이 보육내용의 범위가 된다. 이처럼 보육내용으로 어떤 것이 가치 있다고 보는가 하는 입장은 다양하다.

슈바르츠와 로빈슨(Schwartz & Robinson, 1982)은 교육 내용의 유형을 사실 축적, 기술 축적, 교과 영역, 주제 중심, 구조적 학문으로 구분하여 제시하였다.

① 사실 축적(fact accumulation)

영유아가 경험하고 관찰하는 세부적인 사실들이 중요시되며, 모양과 색깔의 이름, 동물의 이름과 울음소리, 다양한 형태의 사물 구분, 그 밖의 물리적 속성의 명칭들로부터 역사적 사실에 이르기까지의 모든 사실들을 중요한 보육내용으로 본다.

② 기술 축적(skill accumulation)

초등학교 교육과정의 기초로서 강조되어온 학문적 기능과 사회적 · 신체적 기능의 축적을 영유아교육에서도 강조하는 것이다(이기숙 외, 2010). 기본생활습관을 비롯하여 생활에 필요한 기술들을 중시하며, 옷 입기, 신발 끈 끼우기, 정리 · 정돈하기 등 일상생활 기술 및 사회적 기술, 언어기술, 대 · 소근육 운동기술 등을 보육내용으로 본다.

③ 교과 영역

전통적으로 초 · 중등 교육과정에서는 교과가 교육과정의 중심 내용이 되어 왔는데 영유아 보육내용을 교과 영역으로 구분하여 구성하는 유형이다.

④ 구조적 학문

다양한 지식이 가장 고차원적으로 구조화된 형태를 학문이라고 할 때, 그 하위 구조는 개념(concept)이다. 학문의 핵심 개념 혹은 주요 개념(key concept)을 중심으로 보육내용을 구성하는 유형이다.

⑤ 주제 중심

영유아 보육현장에서 가장 많이 사용되는 유형 중의 하나로서, 주제를 중심으로 이와 관련된 활동을 통해 각 교과 영역이나 흥미 영역의 활동을 통합적인 형태로 지도할 수 있도록 구성한다. 예를 들어, '봄' 이라는 주제를 다루면 봄과 관련한 이야기 나누기, 봄에 대한 책보기에서 볼 수 있는 여러 가지 관찰하기, 봄동산 나들이하기 등 주제와 관련 있는 다양한 활동을 할 수 있다.

⑥ 통합적 접근

보육내용을 교과나 학문 영역으로 구분하여 구성하지 않고, 영유아의 일상에서 일어나는 우연한 흥미와 문제, 계획하지 않았던 사건들로부터 나오는 것들을 보육내용으로 하는 유형이다. 이 유형에서 영유아가 경험하는 내용은 앞에서 제시한 다섯 가지 유형들의 내용을 총체적으로 통합한다.

위에서 제시한 여섯 가지 유형의 내용들은 각기 따로 구분되어 제시되거나 서로 배타적으로 활용되기보다는 상호보완적으로 적용되고 있다.

2) 보육내용의 조직

보육의 내용이 '무엇을'에 대한 것이라면 내용을 결정함에 있어 함께 고려해야 할 것은 결정된 보육내용을 조직하는 문제이다. 즉, 선정된 보육내용을 계열화하고 다른 내용과 소화와 균형을 이루며 통합적으로 구성하여 영유아의 경험과 연결될 수 있도록 적절한 조직이 이루어져야 한다. 이때 선정된 보육내용은 일정한 원칙에 따라 조직되어야 한다. 보육내용의 일반적인 조직 원리는 다음과 같다(Tyler, 1949).

(1) 계속성(continuity)

보육목표가 실현되기 위해서는 보육내용이 계속 반복적으로 조직되어야 한다. 즉, 계속성은 반복성이나 연속성의 의미를 지니는 것으로서 보육내용이나 경험을 시간 계열에 따라 반복적으로 조직해야 한다는 것이다.

(2) 계열성(sequence)

계열성은 보육내용이 제시되는 시간적 순서를 의미하며, 수직적 조직 개념이라는 점에서 계속성과 의미가 상통한다(최애경 외, 2010). 그러나 계속성과는 달리 동일한 수준에서 반복되는 것이 아니라 점차 경험의 폭과 깊이가 더해지도록 조직한다는 점에서 차이가 있다. 즉, 보육내용은 선행 경험을 기초로 하여 다음의 경험이나 내용이 전개되어 점차 깊이와 넓이를 더해가야 한다. 보육내용은 단순한 것에서 복잡한 것으로, 친숙한 것에서 친숙하지 않은 것으로, 구체적인 것에서 추상적인 것으로, 이미 알고 있는 것에서부터 점차 모르는 것으로 진행되도록 조직되어야 한다.

(3) 통합성(intergration)

계속성과 계열성이 경험의 종적 조직이었다면 통합성은 각 경험의 수평적 조직을 의미하는 것으로서, 영유아의 다양한 경험이나 활동이 하나의 통합된 의미를 발견할 수 있도록 조직한다는 것이다. 즉, 다양한 영역의 내용이나 개념 등을 통합된 전체 경험으로 제공할 수 있도록 해야 한다. 영유아에게 의미 있는 상황 속에서 개념을 제시하지 않고 분리된 내용이나 활동으로 제시된다면 영유아가 그것을 이해하기는 어렵다는 것을 기본가정으로 하고 있다. 우리나라 표준보육과정과 3-5세 연령별 누리과정도 통합적 조직을 지향하고 있으며, 이에 근거하여 생활 주제를 중심으로 영유아의 의미 있는 경험 내용을 조직하고 있다.

3 보육방법

보육방법은 보육의 목적과 내용에 적합하게 이루어져야 하며 영유아의 발달적 특성과 학습 원리 등이 고려되어야 한다. NAEYC(1997, 2009)에서 제시한 발달에 적합한 실제를 살펴보고, 표준보육과정과 3-5세 연령별 누리과정에서 제시하고 있는 영아와 유아에 따른 적합한 보육방법을 알아보았다.

1) 발달에 적합한 실제(DAP)

1980년대 이후 많은 유아교육 프로그램에서 영유아의 발달과 학습과정을 고려하지 않은 채 다음 단계를 위한 준비 교육으로 유아교육을 인식하여 편협한 학업수행기술의 습득과 성취를 강조하는 형식적인 교육의 경향이 두드러지게 나타났다. 이에 전문가 집단에서는 학습 준비도를 강조하고 연습과 훈련을 통한 학문적 성취를 지향하는 유아교육 프로그램의 문제에 대하여 기본적인 입장을 밝혀야 할 필요성을 느끼게 되었다(강숙현, 2000).

NAEYC는 1986년에 『Young Children』을 통해 '발달적 적합성'의 개념을 정의하고 바람직한 교육 실제에 대한 내용을 공식화하여 『출생에서 8세 유아의 발달에 적합한 교육 실제(Developmentally Appropriate Practices in Early Childhood Programs Serving Children From Birth Through Age 8)』를 소개하고 이듬해 증보판(강숙현 · 최미숙 역, 1995)을 발간하였다. 여기서 나타난 DAP는 추상적이고 상징적인 교수방법을 비판하고 영유아의 사회화, 경험의 계속적인 재구성, 지식 구성과 탐구, 질문과 실험, 미적 창조와 표현적 요구에 근거한 진보주의와 아동발달에 대한 구성주의적 관점 등에 기초한 것이었다.

영유아의 발달에 적합한 실제(DAP)에 따른 교수 실제의 특징은 영유아가 속한 집단 내의 연령에 적합하며, 개별 영유아의 욕구, 흥미, 발달을 고려한 교수 실제라는 것이다. DAP는 교사가 영유아의 자기 주도적 활동을 위한 자원이 될 것을 강조하며, 영유아가 구체적 사물들을 탐구하고, 또래 및 성인과 활발히 상호작용할 수 있는 개방적 기회를 제공할 것을 제안한다. 또한 기본기술들은 영유아에게 의미 있는 매일의 활동 속에 포함되어 다루어져야 한다고 본다. 반면에 기계적인 암기, 훈련과 연습, 학습지 등을 통한 기본기술 교수, 교사 중심의 획일적인 대집단 활동은 영유아의 '발달에 부적합한 실제' 로 본다(Hart et al., 1990).

NAEYC에서는 영유아의 복지와 교육에 대한 전문가들의 의사결정과정을 최소한 세 가지의 중요한 지식이나 정보 즉, 영유아발달과 학습에 대한 일반적 지식, 영유아마다 독특한 개별적 요구에 대한 지식, 영유아가 속한 사회 · 문화적 맥락에 대한 지식으로 구분하여 연령 적합성과 개별 적합성, 사회 · 문화적 적합성을 제시하였다.

■ 연령 적합성

동일한 연령 범주 내에서 일반적으로 예견이 가능한, 연령과 관련한 발달적 특성을 고려한 실제

■ 개별 적합성

영유아마다 가지는 독특한 개별적 요구에 대한 것으로서 각 개별 유아가 갖고 있는 능력이나 흥미, 욕구 등을 고려한 실제

■ 사회 · 문화적 적합성

영유아가 속한 사회 · 문화적 맥락에 대한 지식은 영유아와 그 가족이 사용하는 언어나 종교, 생활방식이나 환경, 경제적 배경 등 사회 · 문화적인 맥락을 고려한 실제

그러나 발달에 적합한 실제가 보편적으로 인정되고 수용되는 것은 아니며, 1986년 DAP가 발표된 이후에도 비판은 계속되고 있다. DAP에 대한 비판은 먼저 심리적 발달이론에만 기초하여 모든 것을 제시하려고 했다는 것이다. 영유아교육의 내용과 교수방법을 발달에 적합한 것인가의 관점에서만 관심을 가짐으로 인해, 영유아가 학습한 것이 교육적으로 가치 있는 것인지, 사회 · 문화적으로 합리적인 교육적 목적에 기초하고 있는지에 대해서는 관심을 두지 않는다고 비판한다(이기숙, 2005). 두 번째는 발달에 적합한 실제에서 사용된 적절한 실제/부적절한 실제의 의미에 대한 의문으로서 한 문화권에서는 적절한 실제가 다른 문화권에서는 부적절한 실제로 받아들여질 수도 있는 것이다. 또한 DAP는 다양한 가정환경의 영유아를 모두 지원해 주지 못하며, 중상층의 가치를 지원해 주는 아동 중심 교수에 초점을 맞추고 있다는 비판을 받고 있다.

2) 표준보육과정의 보육방법

제3차 어린이집 표준보육과정(보건복지부, 2013)에서 제시하고 있는 교수학습방법과 3-5세 연령별 누리과정 및 5세 누리과정 교사용 지침서(보건복지부 · 교육과학기술부, 2012)를 참고하여 교수학습방법을 살펴보면 다음과 같다.

주도적인 놀이를 중심으로 교수-학습 활동이 이루어지도록 한다.

영유아에게 놀이는 단순히 정서적인 긴장 해소나 신체발달을 위한 수단이 아니라 삶의 목적과 학습 그 자체이다. 영유아는 학습에 대한 부담이나 두려움 없이 자신이 원하는 놀이에 몰두하면서 주변을 탐색하고 호기심을 충족하며, 삶에 필요한 지식이나 기술, 태도 등을 학습하고 사고를 확장해 간다.

놀이 중심 원리는 실내 활동뿐만 아니라 실외 활동에서도 동일하게 적용되며, 올바른 놀이 중심 활동을 위해 교사의 체계적인 계획과 영유아의 자발적이며 적극적인 참여가 적절히 조화를 이루어야 한다.

흥미를 중심으로 활동을 선택하고 지속할 수 있도록 한다.

영유아의 흥미는 모든 활동의 기초가 된다. 활동의 주제나 내용이 유아의 관심 밖이거나 발달 수준과 맞지 않을 경우에 유아는 흥미를 가질 수 없다. 따라서 교사는 영유아가 흥미를 가지고 몰입할 수 있도록 관찰해야 하고 이를 통해 유아의 흥미에 맞는 활동을 제시하고 직접 선택할 수 있는 충분한 기회를 제공할 수 있다.

생활 속 경험을 소재로 하여 지식, 기술, 바람직한 태도를 기르도록 한다.

영유아는 발달 특성상 구체적이며 직접적인 경험을 토대로 학습이 이루어진다. 따라서 영유아의 가장 가까운 곳에서 일어나는 일상을 중심으로 활동을 전개하는 것이 바람직하다. 그 속에서 지식뿐만 아니라 기능, 태도 및 가치 등을 습득하도록 해야 한다.

교사와 신뢰감을 형성하고 개별적인 활동이 이루어지도록 한다.

영유아는 같은 연령이라도 각자 경험의 내용과 범위, 지식 수준, 관심사, 학습 능력, 가정의 문화 등 많은 부분에서 서로 차이가 있다. 따라서 교사는 모든 유아가 항상 동시에 같은 것을 하도록 기대하지 말고 다양한 선택의 기회를 제공해야 한다. 또한 장애가 있는 영유아의 경우에 교사는 전문가의 도움을 받아 장애 상태와 발달에 적절한 보육계획을 세울 필요가 있다.

교사, 환경, 또래와 능동적인 상호작용이 이루어지도록 한다.

보육교사는 영유아의 일상적 양육을 돌보고 보육 활동을 수행하는 동안 영유아와 적절한 상호작용 및 적합한 교수 전략을 사용해야 한다. 교사와의 긍정적인 상호작용 경험은 영유아가 또래 유아나 환경과의 상호작용을 능동적으로 수행해 가는 기초가 된다.

주제를 중심으로 여러 활동이 통합적으로 이루어지도록 한다.

영유아는 발달 특성상 분절된 내용보다는 통합하는 과정을 통해 쉽고 즐겁게 학습한다. 또한 영유아의 인성과 전인발달을 위해서는 여러 영역의 내용과 활동을 골고루 경험하게 하는 것이 중요하다. 따라서 보육과정의 내용을 하나의 활동을 중심으로 통합하거나 활동으로 하나의 주제를 중심으로 통합적으로 운영해야 한다.

만 0~1세아, 만 2세아는 일상생활 및 개별 활동, 휴식 등이 균형있게 이루어지도록 한다.

만 0~2세의 영아는 수유나 이유, 대 · 소변 훈련과 같은 일상적인 활동와 개별적인 활동 및 낮잠이나 휴식과 같은 활동이 균형있게 이루어지도록 해야 한다.

만 3~5세아는 실내 · 실외 활동, 정적 · 동적 활동, 대 · 소집단 활동 및 개별 활동, 휴식 등이 균형 있게 이루어지도록 한다.

교사는 유아의 신체적, 정서적 안정감과 활동성을 고려하여 균형 있게 활동을 계획하고 실행해야 한다. 실내 · 외 활동 간 균형은 물론 조용한 활동 후에는 몸을 움직일 수 있는 대집단 게임이나 신체 활동의 기회를 갖도록 한다. 특히 어린이집 평가인증의 평가 항목에서는 실외 활동이 매일 한 시간 이상이고 다양한 활동이 이루어질 때에 우수로 평가한다.

개별 활동과 대 · 소집단 활동의 비중도 고려해야 하는데 이때 유아의 연령이 어릴수록 대집단 활동보다는 개별 활동이나 소집단 활동의 기회를 충분히 주는 것이 필요하다.

4 보육과정의 평가

보육과정에는 개별 영유아나 집단이 달성해야 할 목표와 활동 등이 포함되어 있다. 영유아의 발달 수준과 흥미에 맞추어 연간, 월간(또는 주간) 보육내용을 적절하게 계획할 뿐 아니라, 계획된 것이 제대로 실행되었는가를 정기적으로 평가하는 과정과 이러한 평가 내용을 다음 보육과정을 계획할 때 반영하는 것은 매우 중요하다. 이를 위해 개별 영유아가 어떤 보육 활동을 경험하며 어떻게 반응하는가를 주기적으로 관찰하여 기록하여야 한다(보건복지부, 2011). 보육과정 평가는 보육과정의 전 과정을 통해서 보육목표가 어느 정도 실현되었는지를 결정하는 과정이다.

보육과정 평가에 대한 자세한 사항은 이후 제9장에서 다루게 될 것이며, 본 장에서는 제3차 어린이집 표준보육과정(보건복지부, 2013)이 제시하고 있는 보육과정 운영 평가와 영유아 평가의 내용을 살펴보았다.

| 표 3-1 | 제3차 어린이집 표준보육과정의 평가

구분	운영 평가	영유아 평가
평가 지침	• 어린이집 표준보육과정의 목표와 내용에 근거하여 보육내용이 적절히 편성 · 운영되는지 평가한다. • 어린이집 표준보육과정의 운영 내용 및 활동이 영유아의 발달 수준과 흥미, 요구에 적합한지 평가한다. • 영유아의 발달 수준, 흥미, 요구에 적합한 경험 및 학습을 촉진할 수 있는 다양한 활동과 교수학습방법이 계획되고 통합적으로 운영되는지 평가한다. • 일과 운영 및 보육 활동 구성 시 놀이 활동과 일상생활 활동의 양과 내용이 영아 및 유아 각 연령의 발달에 적합하게 계획되고 운영되는지 평가한다. • 만 0~1세아, 만 2세아는 집단 활동보다 개별적인 상호작용과 교수법을 중심으로 상호작용이 진행되는지를 평가한다. • 어린이집 표준보육과정 운영 평가 결과를 수시로 반영하여 보육과정 운영 계획을 수정 · 보완하거나 다음 연도의 계획 수립 및 운영에 반영하는지 평가한다.	• 어린이집 표준보육과정의 목표와 내용에 근거하여 영유아의 특성과 변화 정도를 평가한다. • 지식, 기술, 태도 등을 평가한다. • 일상생활과 보육과정 활동 전반에 걸쳐 평가한다. • 관찰, 활동 결과물 분석, 부모면담 등 다양한 방법을 사용하여 종합적으로 평가하고, 그 결과를 기록한다. • 평가 결과는 영유아에 대한 이해와 어린이집 표준보육과정운영 개선 및 부모면담 자료로 활용한다.

Chapter 4

보육과정의 내용

1. 표준보육과정의 기초
2. 0-1세 보육과정
3. 2세 보육과정
4. 3-5세 보육과정(누리과정)

본 장에서는 어린이집에서 '무엇을 가르칠 것인가?' 에 대한 대답 즉, 보육과정의 내용을 알아보기 위해, 어린이집에서 실제 시행되고 있는 국가 수준의 교육과정인 제3차 어린이집 표준보육과정을 중심으로 0–1세 보육과정, 2세 보육과정, 3–5세 보육과정(누리과정)으로 나누어 살펴보고자 한다.

1 표준보육과정의 기초

표준보육과정은 어린이집에서 영유아에게 무엇을, 어떻게 가르칠 것인지에 대하여 기술한 국가 수준의 보편적 교육과정으로, 영유아가 어린이집에서 경험하게 될 질적으로 우수한 양육과 의미 있는 학습에 대한 국가 수준의 보육목표와 포괄적 보육내용을 제시한 것이다.

1) 추구하는 인간상

- 심신이 건강하고 행복한 사람
- 자율적이고 창의적인 사람
- 자신과 타인을 존중하고 배려하는 사람
- 자연과 우리 문화를 사랑하는 사람
- 다양성을 인정하는 민주적인 사람

2) 표준보육과정의 기본 전제

- 영유아는 개별적인 특성을 지닌 고유한 존재이다.
- 영유아는 연령에 따라 발달적 특수성이 질적으로 다르다.
- 영유아는 그 자체로서 존중받아야 하는 존재이다.
- 영유아는 직접적으로 경험할 때에 의미 있는 지식, 기술 및 바람직한 태도를 형성해 간다.

- 영유아는 일상생활이 편안하고 학습과 경험이 놀이 중심으로 이루어질 때에 최대의 능력이 발휘된다.
- 영유아는 민감하고 반응적인 성인과의 신뢰로운 관계 속에서 최적의 발달을 이룬다.
- 영유아가 속한 가정, 지역사회가 함께 협력할 때에 영유아에게 가장 긍정적인 영향을 미친다.

3) 표준보육과정의 구성 방향 및 체계

(1) 구성 방향

- 영유아의 발달 특성과 개인차를 고려하여 연령 및 수준별로 구성한다.
- 어린이집에서 편안하고 행복한 일상생활이 되도록 중점을 두어 구성한다.
- 질서, 배려, 협력 등 기본생활습관과 바른 인성을 기르는 데 중점을 두어 구성한다.
- 자율성과 창의성을 기르는 데 중점을 두고, 전인발달을 이루도록 구성한다.
- 사람과 자연을 존중하고, 우리 문화를 이해하는 데 중점을 두어 구성한다.

(2) 구성 체계

- 어린이집 표준보육과정은 0–1세 보육과정, 2세 보육과정, 3–5세 보육과정으로 구성한다.
- 어린이집 표준보육과정은 영역, 내용 범주, 내용, 세부 내용으로 구분하고, 내용 간에 연계가 이루어지도록 구성한다.
- 세부 내용이라 함은 0–1세 보육과정, 2세 보육과정에서는 수준별 세부 내용을 의미하고 3–5세 보육과정에서는 연령별 세부 내용을 의미한다.
- 0–1세 보육과정, 2세 보육과정은 기본생활, 신체운동, 의사소통, 사회관계, 예술경험, 자연탐구의 6개 영역을 중심으로 구성한다.
- 3–5세 보육과정은 신체운동 · 건강, 의사소통, 사회관계, 예술경험, 자연탐구의 5개 영역을 중심으로 구성하며, 초등학교 교육과정과의 연계성을 고려하여 구성한다.

|Tip|

표준보육과정의 영역 명칭의 앞 두 글자는 그 영역의 내용을 묶을 수 있는 단어 또는 주 초점 단어이고, 뒤 두 글자는 그 영역의 내용을 최상으로 달성하기 위한 방법을 제시한 것이다.

영유아의	기본습관은	생활 속에서	습득한다.
	신체발달은	운동을 통해서	
	의사표현은	소통 속에서	
	사회성은	관계 속에서	
	예술에 대한 이해는	경험을 통해서	
	자연에 대한 이해는	탐구하면서	

| 출처 | 보건복지부(2010). 표준보육과정의 구체적 보육내용 및 교사 지침.

4) 표준보육과정의 목적과 목표

| 표 4-1 | 표준보육과정의 목적과 목표

목적						
영유아의 심신의 건강과 전인적인 발달을 도와 행복을 도모하며 민주 시민의 기초를 형성하는 것을 목적으로 한다.						
영역별 목표						
영역 보육과정	기본생활	신체운동	의사소통	사회관계	예술경험	자연탐구
0-1세 보육과정	• 건강하고 안전한 일상생활을 경험한다.	• 감각 및 기본 신체운동 능력을 기른다.	• 말소리를 구분하고 의사소통의 기초를 마련한다.	• 친숙한 사람과 관계를 형성한다.	• 아름다움에 관심을 가진다.	• 보고, 듣고, 만지면서 주변 환경에 관심을 가진다.
2세 보육과정	• 건강하고 안전한 생활습관의 기초를 마련한다.	• 감각, 신체 조절 및 기본 운동 능력을 기른다.	• 의사소통 능력의 기초를 기른다.	• 나를 인식하고 다른 사람과 더불어 생활하는 경험을 한다.	• 아름다움에 관심을 가지고 예술경험을 즐긴다.	• 주변 환경에 호기심을 갖고 탐색하기를 즐긴다.
3-5세 보육과정	신체운동 · 건강 영역 • 기본 운동 능력과 건강하고 안전한 생활습관을 기른다.		• 일상생활에 필요한 의사소통 능력과 바른 언어 사용습관을 기른다.	• 자신을 존중하고 다른 사람과 더불어 생활하는 능력과 태도를 기른다.	• 아름다움에 관심을 가지고 예술경험을 즐기며, 창의적으로 표현하는 능력을 기른다.	• 호기심을 가지고 주변 세계를 탐구하며, 일상생활에서 수학적 · 과학적으로 생각하는 능력과 태도를 기른다.

5) 편성과 운영

(1) 편성

- 어린이집의 운영 시간에 맞추어 편성한다.
- 표준보육과정에 제시된 각 영역의 내용을 균형 있게 통합적으로 편성한다.
- 영유아의 발달 특성 및 개인차, 경험을 고려하여 놀이를 중심으로 편성한다.
- 영유아의 일과 중 일상생활을 포함하여 편성한다.
- 어린이집과 보육실의 특성에 따라 융통성 있게 편성한다.
- 성별, 종교, 신체적 특성, 가족 및 민족 배경 등으로 인한 편견이 없도록 편성한다.

(2) 운영

- 보육계획(연간 · 월간 · 주간 · 일일계획 등)에 의거하여 운영한다.
- 실내 · 외 환경을 다양한 흥미 영역으로 구성하여 운영한다.
- 영유아의 능력과 장애 정도에 따라 조정하여 운영한다.
- 부모와 각 기관의 실정에 따라 부모교육을 실시한다.
- 가정과 지역사회와의 협력과 참여에 기반하여 운영한다.
- 교사 재교육을 통해 어린이집 표준보육과정 운영을 개선해 나간다.

(3) 교수 · 학습방법

- 주도적인 놀이를 중심으로 교수 · 학습 활동이 이루어지도록 한다.
- 흥미를 중심으로 활동을 선택하고 지속할 수 있도록 한다.
- 생활 속 경험을 소재로 하여 지식, 기술, 바람직한 태도를 기르도록 한다.
- 교사와 신뢰감을 형성하고 개별적인 활동이 이루어지도록 한다.
- 교사, 환경, 또래와 능동적인 상호작용이 이루어지도록 한다.
- 주제를 중심으로 여러 활동이 통합적으로 이루어지도록 한다.
- 만 0~1세아, 만 2세아는 일상생활 및 개별 활동, 휴식 등이 균형 있게 이루어지도록 한다.
- 만 3~5세아는 실내 · 실외 활동, 정적 · 동적 활동, 대 · 소집단 활동 및 개별 활동, 일상생활 및 휴식 등이 균형 있게 이루어지도록 한다.

(4) 평가

① 운영 평가

- 어린이집 표준보육과정의 목표와 내용에 근거하여 보육내용이 적절히 편성 · 운영되는지 평가한다.
- 어린이집 표준보육과정의 운영 내용 및 활동이 영유아의 발달 수준과 흥미, 요구에 적합한지 평가한다.
- 영유아의 발달 수준, 흥미, 요구에 적합한 경험 및 학습을 촉진할 수 있는 다양한 활동과 교수학습 방법이 계획되고 통합적으로 운영되는지 평가한다.
- 일과 운영 및 보육 활동 구성 시 놀이 활동과 일상생활 활동의 양과 내용이 영아 및 유아 각 연령의 발달에 적합하게 계획되고 운영되는지 평가한다.
- 만 0~1세아, 만 2세아는 집단 활동보다 개별적인 상호작용과 교수법을 중심으로 상호작용이 진행되는지를 평가한다.
- 어린이집 표준보육과정 운영 평가 결과를 수시로 반영하여 보육과정 운영 계획을 수정 · 보완하거나 다음 연도의 계획 수립 및 운영에 반영하는지 평가한다.

② 영유아 평가

- 어린이집 표준보육과정의 목표와 내용에 근거하여 영유아의 특성과 변화 정도를 평가한다.
- 지식, 기술, 태도 등을 평가한다.
- 일상생활과 보육과정 활동 전반에 걸쳐 평가한다.
- 관찰, 활동 결과물 분석, 부모면담 등 다양한 방법을 사용하여 종합적으로 평가하고, 그 결과를 기록한다.
- 평가 결과는 영유아에 대한 이해와 어린이집 표준보육과정 운영 개선 및 부모면담 자료로 활용한다.

2 0-1세 보육과정

0-1세 보육과정은 기본생활, 신체운동, 의사소통, 사회관계, 예술경험, 자연탐구의 6개 영역을 중심으로 구성되며, 각 영역의 내용 체계는 다음 |그림 4-1|과 같다.

0-1세 보육과정

- **기본생활**
  - 건강하게 생활하기
    - 몸을 깨끗이 하기
    - 즐겁게 먹기
    - 건강한 일상 생활하기
  - 안전하게 생활하기
    - 안전하게 지내기
    - 위험한 상황에 반응하기
- **신체운동**
  - 감각과 신체 인식하기
    - 감각적 자극에 반응하기
    - 감각 기관으로 탐색하기
    - 신체 탐색하기
  - 신체 조절과 기본 운동하기
    - 신체 균형 잡기
    - 대근육 조절하기
    - 소근육 조절하기
    - 기본 운동하기
  - 신체 활동에 참여하기
    - 몸 움직임 즐기기
    - 바깥에서 신체 움직이기
    - 기구를 이용하여 신체 활동 시도하기
- **의사소통**
  - 듣기
    - 주변의 소리와 말소리 구분하여 듣기
    - 경험과 관련된 말 듣고 알기
    - 운율이 있는 말 듣기
    - 말하는 사람을 보기
  - 말하기
    - 발성과 발음으로 소리내기
    - 표정, 몸짓, 말소리로 말하기
    - 말할 순서 구별하기
  - 읽기
    - 그림책과 환경 인쇄물에 관심 가지기
  - 쓰기
    - 끼적이기
- **사회관계**
  - 나를 알고 존중하기
    - 나를 구별하기
    - 나의 것 인식하기
  - 나와 다른 사람의 감정 알기
    - 나의 감정을 나타내기
    - 다른 사람에게 주의 기울이기
  - 더불어 생활하기
    - 안정적인 애착 형성하기
    - 또래에 관심 갖기
    - 자신이 속한 집단 알기
    - 사회적 가치를 알기
- **예술경험**
  - 아름다움 찾아보기
    - 예술적 요소에 호기심 가지기
  - 예술적 표현하기
    - 리듬 있는 소리로 반응하기
    - 움직임으로 반응하기
    - 단순한 미술 경험하기
    - 모방행동 즐기기
  - 예술 감상하기
    - 아름다움 경험하기
- **자연탐구**
  - 탐구하는 태도 기르기
    - 사물에 관심 가지기
    - 탐색 시도하기
  - 수학적 탐구하기
    - 수량 지각하기
    - 주변 공간 탐색하기
    - 차이를 지각하기
    - 간단한 규칙성 지각하기
  - 과학적 탐구하기
    - 물체와 물질 탐색하기
    - 주변 동·식물에 관심 가지기
    - 주변 자연에 관심 가지기
    - 생활도구 탐색하기

|그림 4-1| 0-1세 보육과정의 내용 체계

1) 기본생활 영역

(1) 목표

건강하고 안전한 일상생활을 경험한다.

① 건강하고 편안한 일상생활을 경험한다.
② 안전한 생활을 경험한다.

(2) 내용

<table>
<tr><th>내용 범주</th><th>내용</th><th>1수준</th><th>2수준</th><th>3수준</th><th>4수준</th></tr>
<tr><td rowspan="10">건강하게 생활하기</td><td rowspan="3">몸을 깨끗이 하기</td><td colspan="4">몸이 깨끗해졌을 때 기분이 좋음을 안다.</td></tr>
<tr><td colspan="4">도움을 받아 손을 씻는다.</td></tr>
<tr><td></td><td colspan="3">도움을 받아 이를 닦는다.</td></tr>
<tr><td rowspan="3">즐겁게 먹기</td><td>편안하게 안겨서 우유(모유)를 먹는다.</td><td>이유식에 적응한다.</td><td>고형식에 적응한다.</td><td>다양한 음식을 먹어본다.</td></tr>
<tr><td colspan="2"></td><td colspan="2">도구로 음식을 먹어 본다.</td></tr>
<tr><td colspan="4">즐겁게 먹는다.</td></tr>
<tr><td rowspan="4">건강한 일상생활하기</td><td colspan="4">수면을 충분히 취한다.</td></tr>
<tr><td colspan="4">편안하게 쉰다.</td></tr>
<tr><td colspan="4">하루일과에 편안하게 참여한다.</td></tr>
<tr><td colspan="2"></td><td colspan="2">배변 의사를 표현한다.</td></tr>
<tr><td rowspan="4">안전하게 생활하기</td><td rowspan="3">안전하게 지내기</td><td colspan="3">안전한 상황에서 놀이한다.</td><td>놀잇감을 안전하게 사용한다.</td></tr>
<tr><td colspan="4">안전한 장소에서 놀이한다.</td></tr>
<tr><td colspan="4">차량 승하차 시 안전 장구를 착용한다.</td></tr>
<tr><td>위험한 상황에 반응하기</td><td></td><td>위험하다는 말에 반응을 보인다.</td><td colspan="2">위험하다고 알려주면 주의한다.</td></tr>
</table>

2) 신체운동 영역

(1) 목표

감각 및 기본 신체운동 능력을 기른다.

① 감각 기능을 발달시키고 자신의 신체를 탐색한다.
② 대 · 소근육을 조절하고 걷기 등의 능력을 기른다.
③ 규칙적으로 신체 활동에 참여한다.

(2) 내용

<table>
<tr><th>내용 범주</th><th>내용</th><th>1수준</th><th>2수준</th><th>3수준</th><th>4수준</th></tr>
<tr><td rowspan="4">감각과 신체 인식하기</td><td rowspan="2">감각적 자극에 반응하기</td><td colspan="4">시각, 청각, 촉각, 후각, 미각으로 자극을 느낀다.</td></tr>
<tr><td colspan="4">시각, 청각, 촉각, 후각, 미각으로 자극에 반응한다.</td></tr>
<tr><td>감각 기관으로 탐색하기</td><td colspan="4">감각 기관으로 주변 환경을 탐색한다.</td></tr>
<tr><td>신체 탐색하기</td><td>손과 발 등을 바라보며 탐색한다.</td><td colspan="3">주요 신체 부분의 움직임을 탐색한다.</td></tr>
<tr><td rowspan="5">신체 조절과 기본 운동하기</td><td>신체 균형 잡기</td><td>몸의 균형을 잡기 위한 자세를 시도한다.</td><td>붙잡고 서 있기 등의 자세를 취한다.</td><td colspan="2">안정되게 서 있기 등의 자세를 시도한다.</td></tr>
<tr><td>대근육 조절하기</td><td>뒤집기 등 몸을 조절하여 위치를 바꾼다.</td><td colspan="3">누웠다 앉기 등 몸의 움직임을 조절한다.</td></tr>
<tr><td>소근육 조절하기</td><td>보이는 물체에 손을 뻗는다.</td><td colspan="3">눈과 손을 협응하여 소근육을 활용해 본다.</td></tr>
<tr><td rowspan="2">기본 운동하기</td><td>배밀이 등의 이동 운동을 시도한다.</td><td>기기, 걷기 등의 이동 운동을 시도한다.</td><td colspan="2">걷기 등의 이동 운동을 시도한다.</td></tr>
<tr><td colspan="2">팔 다리 뻗기, 흔들기 등의 제자리 운동을 시도한다.</td><td colspan="2">서 있기, 앉기 등의 제자리 운동을 시도한다.</td></tr>
<tr><td rowspan="3">신체 활동에 참여하기</td><td>몸 움직임 즐기기</td><td colspan="2">몸을 활발히 움직인다.</td><td colspan="2">몸의 움직임을 다양하게 시도한다.</td></tr>
<tr><td>바깥에서 신체 움직이기</td><td colspan="2">규칙적으로 바깥환경을 경험한다.</td><td colspan="2">규칙적으로 바깥에서 신체 활동을 한다.</td></tr>
<tr><td>기구를 이용하여 신체 활동 시도하기</td><td></td><td colspan="3">간단한 기구를 이용하여 신체 활동을 시도한다.</td></tr>
</table>

3) 의사소통 영역

(1) 목표

말소리를 구분하고 의사소통의 기초를 마련한다.

① 주변의 소리와 말소리 듣기에 관심을 보인다.
② 표정, 소리, 몸짓으로 자신의 생각과 느낌을 표현한다.
③ 짧은 그림책이나 친숙한 환경 인쇄물에 관심을 가진다.
④ 끼적이기에 관심을 가진다.

(2) 내용

<table>
<tr><th>내용 범주</th><th>내용</th><th>1수준</th><th>2수준</th><th>3수준</th><th>4수준</th></tr>
<tr><td rowspan="7">듣기</td><td rowspan="3">주변의 소리와 말소리 구분하여 듣기</td><td colspan="3">여러 가지 소리와 말소리 듣기에 흥미를 보인다.</td><td>친숙한 낱말의 발음에 흥미를 보인다.</td></tr>
<tr><td colspan="4">익숙한 목소리를 듣고 그것에 반응한다.</td></tr>
<tr><td colspan="2"></td><td colspan="2">높낮이와 세기 등 말소리의 차이에 반응한다.</td></tr>
<tr><td rowspan="2">경험과 관련된 말 듣고 알기</td><td colspan="4">눈앞에 보이는 경험과 관련된 말에 반응한다.</td></tr>
<tr><td></td><td colspan="3">자신의 이름이 불리면 듣고 반응한다.</td></tr>
<tr><td>운율이 있는 말 듣기</td><td colspan="4">운율이 있는 짧은 말소리를 관심 있게 듣는다.</td></tr>
<tr><td>말하는 사람을 보기</td><td colspan="2">말하는 사람의 눈을 마주 바라본다.</td><td colspan="2">말하는 사람의 표정, 몸짓을 관심 있게 본다.</td></tr>
<tr><td rowspan="5">말하기</td><td rowspan="3">발성과 발음으로 소리내기</td><td colspan="2" rowspan="2">여러 가지 소리를 내고, 옹알이를 한다.</td><td colspan="2">여러 말소리를 즐겁게 내 본다.</td></tr>
<tr><td colspan="2">의미 있는 음절을 내 본다.</td></tr>
<tr><td colspan="2">옹알이와 말소리에 대해 말로 반응해 주면 모방하여 소리 낸다.</td><td colspan="2">교사의 말을 모방하여 발음한다.</td></tr>
<tr><td>표정, 몸짓, 말소리로 말하기</td><td>표정과 소리로 의사표현을 한다.</td><td>표정, 몸짓, 소리로 의사표현을 한다.</td><td colspan="2">표정, 몸짓, 말소리로 의사표현을 한다.</td></tr>
<tr><td>말할 순서 구별하기</td><td colspan="4">말할 순서에 따라 표정, 몸짓, 말소리로 반응한다.</td></tr>
<tr><td rowspan="3">읽기</td><td rowspan="3">그림책과 환경 인쇄물에 관심 가지기</td><td colspan="4">다양한 감각 책을 탐색해 본다.</td></tr>
<tr><td colspan="2"></td><td colspan="2">사물과 주변의 친숙한 환경 인쇄물에 관심을 가진다.</td></tr>
<tr><td colspan="4">읽어주는 짧은 그림책에 관심을 가진다.</td></tr>
<tr><td>쓰기</td><td>끼적이기</td><td></td><td colspan="3">끼적이기에 관심을 가진다.</td></tr>
</table>

4) 사회관계 영역

(1) 목표

친숙한 사람과 관계를 형성한다.
① 자신과 다른 사람을 구별된 존재로 인식한다. ② 기본 정서를 표현하고 다른 사람의 감정에 주의를 기울인다. ③ 안정적인 애착을 형성하고 또래나 교사와 함께 지낸다.

(2) 내용

<table>
<tr><th>내용 범주</th><th>내용</th><th>1수준</th><th>2수준</th><th>3수준</th><th>4수준</th></tr>
<tr><td rowspan="3">나를 알고 존중하기</td><td>나를 구별하기</td><td colspan="2">거울 속의 나에 관심을 가진다.</td><td colspan="2">거울 속의 나를 알아본다.</td></tr>
<tr><td rowspan="2">나의 것 인식하기</td><td colspan="4">자기 이름을 부르는 소리에 반응한다.</td></tr>
<tr><td colspan="2"></td><td colspan="2">친숙한 자기 물건을 안다.</td></tr>
<tr><td rowspan="2">나와 다른 사람의 감정 알기</td><td>나의 감정을 나타내기</td><td colspan="4">나의 욕구와 감정을 나타낸다.</td></tr>
<tr><td>다른 사람에게 주의 기울이기</td><td colspan="2">다른 사람의 말과 표정, 몸짓에 주의를 기울인다.</td><td colspan="2">다른 사람이 나타내는 여러 가지 감정에 주의를 기울인다.</td></tr>
<tr><td rowspan="6">더불어 생활하기</td><td rowspan="2">안정적인 애착 형성하기</td><td>양육자와 시선을 맞춘다.</td><td colspan="3">양육자에게 적극적으로 관심과 욕구를 표현한다.</td></tr>
<tr><td colspan="2">주변의 친숙한 사람의 얼굴과 목소리를 인식한다.</td><td colspan="2">주변의 친숙한 사람에게 애정을 표현한다.</td></tr>
<tr><td>또래에 관심 갖기</td><td colspan="4">다른 영아와 함께 지내는 것을 경험한다.</td></tr>
<tr><td>자신이 속한 집단 알기</td><td colspan="2">담임교사를 구별한다.</td><td colspan="2">자기 반에서 지내며 안정감을 가진다.</td></tr>
<tr><td rowspan="2">사회적 가치를 알기</td><td colspan="2"></td><td colspan="2">친숙한 물건의 자리를 안다.</td></tr>
<tr><td colspan="4">만나고 헤어지는 인사를 해본다.</td></tr>
</table>

5) 예술경험 영역

(1) 목표

아름다움에 관심을 가진다.

① 자신의 신체와 주변의 감각 자극에 호기심을 가지고 반응한다.
② 소리와 움직임으로 반응하고, 단순한 미술을 경험하며, 모방 행동을 즐긴다.
③ 친근한 소리나 노래를 즐겨 듣고, 자연물, 사물, 주변 환경에 관심을 가진다.

(2) 내용

<table>
<tr><th>내용 범주</th><th>내용</th><th>1수준</th><th>2수준</th><th>3수준</th><th>4수준</th></tr>
<tr><td rowspan="2">아름다움 찾아보기</td><td rowspan="2">예술적 요소에 호기심 가지기</td><td colspan="4">주변의 소리와 움직임에 호기심을 가진다.</td></tr>
<tr><td colspan="4">주변 환경에서 색, 모양에 호기심을 가진다.</td></tr>
<tr><td rowspan="6">예술적 표현하기</td><td rowspan="2">리듬 있는 소리로 반응하기</td><td colspan="2">리듬 있는 소리에 관심을 가진다.</td><td colspan="2">노래를 부분적으로 따라 부른다.</td></tr>
<tr><td colspan="2">리듬과 노래에 소리로 반응한다.</td><td colspan="2">리듬과 음높이에 맞추어 소리를 낸다.</td></tr>
<tr><td rowspan="2">움직임으로 반응하기</td><td colspan="4">손발 흔들기와 몸 움직임으로 반응한다.</td></tr>
<tr><td colspan="2"></td><td colspan="2">간단한 도구를 활용하여 움직인다.</td></tr>
<tr><td>단순한 미술 경험하기</td><td colspan="2"></td><td colspan="2">감각적으로 단순한 미술 경험을 한다.</td></tr>
<tr><td>모방행동 즐기기</td><td colspan="2">소리나 얼굴 표정, 몸 움직임 등을 모방한다.</td><td colspan="2">단순한 모방 행동을 놀이처럼 즐긴다.</td></tr>
<tr><td rowspan="2">예술 감상하기</td><td rowspan="2">아름다움 경험하기</td><td colspan="2">일상생활에서 반복되는 소리와 노래에 관심을 가진다.</td><td colspan="2">일상생활에서 리듬 있는 소리와 노래를 즐겨 듣는다.</td></tr>
<tr><td colspan="4">일상생활에서 자연이나 사물의 아름다움을 경험한다.</td></tr>
</table>

6) 자연탐구 영역

(1) 목표

보고, 듣고, 만지면서 주변 환경에 관심을 가진다.

① 주변 사물에 대한 탐색을 시도한다.
② 주변에서 일어나는 수학적 상황을 지각한다.
③ 감각과 조작을 통하여 주변 사물과 자연 환경에 대해 지각한다.

(2) 내용

<table>
<tr><th>내용 범주</th><th>내용</th><th>1수준</th><th>2수준</th><th>3수준</th><th>4수준</th></tr>
<tr><td rowspan="2">탐구하는 태도 기르기</td><td>사물에 관심 가지기</td><td></td><td colspan="3">주변 사물에 관심을 가진다.</td></tr>
<tr><td>탐색 시도하기</td><td>나와 주변 사물을 감각으로 탐색한다.</td><td colspan="3">주변의 사물에 대해 의도적인 탐색을 시도한다.</td></tr>
<tr><td rowspan="5">수학적 탐구하기</td><td>수량 지각하기</td><td></td><td>있고 없는 상황을 지각한다.</td><td>'있다'와 '없다'를 구별한다.</td><td>'한 개'와 '여러 개'를 구별한다.</td></tr>
<tr><td rowspan="2">주변 공간 탐색하기</td><td></td><td colspan="3">도움을 받아 주변의 공간을 탐색한다.</td></tr>
<tr><td colspan="4">주변 사물의 모양을 지각한다.</td></tr>
<tr><td>차이를 지각하기</td><td colspan="2"></td><td colspan="2">주변 사물의 차이를 지각한다.</td></tr>
<tr><td>간단한 규칙성 지각하기</td><td colspan="2"></td><td colspan="2">일상과 놀이에서 간단한 규칙성을 경험한다.</td></tr>
<tr><td rowspan="5">과학적 탐구하기</td><td>물체와 물질 탐색하기</td><td colspan="4">일상생활 주변의 몇 가지 친숙한 것들을 양육자와 함께 탐색한다.</td></tr>
<tr><td>주변 동·식물에 관심 가지기</td><td colspan="2"></td><td colspan="2">주변 동·식물의 모양, 소리, 움직임에 관심을 가진다.</td></tr>
<tr><td rowspan="2">주변 자연에 관심 가지기</td><td rowspan="2"></td><td colspan="3">생활 주변의 자연물을 감각으로 느껴본다.</td></tr>
<tr><td colspan="3">바람, 햇빛, 비 등을 감각적으로 느낀다.</td></tr>
<tr><td>생활도구 탐색하기</td><td colspan="2"></td><td colspan="2">도움을 받아 생활도구를 탐색한다.</td></tr>
</table>

3 2세 보육과정

2세 보육과정도 0-1세 보육과정과 마찬가지로 기본생활, 신체운동, 의사소통, 사회관계, 예술경험, 자연탐구의 6개 영역을 중심으로 구성되며, 각 영역의 내용 체계는 다음 |그림 4-2| 와 같다.

2세 보육과정

기본생활
- 건강하게 생활하기
  - 몸을 깨끗이 하기
  - 바르게 먹기
  - 건강한 일상생활하기
  - 질병에 대해 알기
- 안전하게 생활하기
  - 안전하게 놀이하기
  - 교통안전 알기
  - 위험한 상황 알기

신체운동
- 감각과 신체 인식하기
  - 감각 능력 기르기
  - 감각 기관 활용하기
  - 신체를 인식하고 움직이기
- 신체 조절과 기본 운동하기
  - 신체균형잡기
  - 대근육 조절하기
  - 소근육 조절하기
  - 기본 운동하기
- 신체 활동에 참여하기
  - 신체 활동에 참여하기
  - 바깥에서 신체 활동하기
  - 기구를 이용하여 신체 활동하기

의사소통
- 듣기
  - 말소리 구분하여 듣고 의미 알기
  - 짧은 문장 듣고 알기
  - 짧은 이야기 듣기
  - 말하는 사람을 주의 깊게 보기
- 말하기
  - 낱말과 간단한 문장으로 말하기
  - 자신이 원하는 것을 말하기
  - 상대방을 바라보며 말하기
- 읽기
  - 그림책과 환경 인쇄물에 흥미 가지기
- 쓰기
  - 끼적이며 즐기기

사회관계
- 나를 알고 존중하기
  - 나를 구별하기
  - 좋아하는 것 해보기
- 나와 다른 사람의 감정 알기
  - 나의 감정을 나타내기
  - 다른 사람의 감정에 반응하기
- 더불어 생활하기
  - 내 가족 알기
  - 또래와 관계하기
  - 자신이 속한 집단 알기
  - 사회적 가치를 알기

예술경험
- 아름다움 찾아보기
  - 예술적 요소 탐색하기
- 예술적 표현하기
  - 리듬 있는 소리와 노래로 표현하기
  - 움직임으로 표현하기
  - 자발적으로 미술 활동하기
  - 모방과 상상놀이하기
- 예술 감상하기
  - 아름다움 즐기기

자연탐구
- 탐구하는 태도 기르기
  - 호기심 가지기
  - 반복적 탐색 즐기기
- 수학적 탐구하기
  - 수량 인식하기
  - 공간과 도형에 관심 가지기
  - 차이에 관심 가지기
  - 단순한 규칙성에 관심 가지기
  - 구분하기
- 과학적 탐구하기
  - 물체와 물질 탐색하기
  - 주변 동·식물에 관심 가지기
  - 자연을 탐색하기
  - 생활도구 사용하기

|그림 4-2| 2세 보육과정의 내용 체계

1) 기본생활 영역

(1) 목표

건강하고 안전한 생활습관의 기초를 마련한다.
① 건강한 생활습관의 기초를 경험한다. ② 안전한 생활습관의 기초를 경험한다.

(2) 내용

내용 범주	내용	1수준	2수준
건강하게 생활하기	몸을 깨끗이 하기	스스로 손과 몸 씻기를 시도한다.	
		스스로 이 닦기를 시도한다.	
	바르게 먹기	음식을 골고루 먹는다.	
		도구를 사용하여 스스로 먹는다.	
		정해진 자리에서 먹는다.	
	건강한 일상생활 하기	일과에 따라 규칙적으로 잠을 잔다.	
		정해진 시간에 알맞게 휴식한다.	
		하루일과에 즐겁게 참여한다.	
		정해진 곳에서 배변한다.	화장실에서 배변한다.
	질병에 대해 알기	질병의 위험을 안다.	
안전하게 생활하기	안전하게 놀이하기	놀이기구나 놀잇감을 안전하게 사용한다.	
		안전한 장소에서 놀이한다.	
	교통안전 알기	교통수단의 위험을 안다.	교통수단의 위험을 알고 조심한다.
	위험한 상황 알기	위험한 상황과 위험한 것을 안다.	위험한 상황과 위험한 것을 알고 조심한다.
		위험한 상황 시 어른의 지시에 따른다.	

2) 신체운동 영역

(1) 목표

감각, 신체 조절 및 기본 운동 능력을 기른다.

① 감각 능력을 기르고, 자신의 신체 움직임을 탐색한다.
② 안정된 자세로 대 · 소근육을 조절하고 기본 운동 능력을 기른다.
③ 규칙적으로 신체 활동에 참여한다.

(2) 내용

<table>
<tr><th>내용 범주</th><th>내용</th><th>1수준</th><th>2수준</th></tr>
<tr><td rowspan="4">감각과 신체 인식하기</td><td>감각 능력 기르기</td><td colspan="2">다양한 감각적 차이에 반응한다.</td></tr>
<tr><td>감각 기관 활용하기</td><td colspan="2">감각 기관으로 주변 환경을 탐색한다.</td></tr>
<tr><td rowspan="2">신체를 인식하고 움직이기</td><td colspan="2">신체 각 부분의 명칭을 안다.</td></tr>
<tr><td colspan="2">신체 각 부분의 움직임을 탐색한다.</td></tr>
<tr><td rowspan="5">신체 조절과 기본 운동하기</td><td>신체 균형잡기</td><td colspan="2">안정된 자세를 취하려고 시도한다.</td></tr>
<tr><td>대근육 조절하기</td><td colspan="2">팔, 다리, 목, 허리 등의 움직임을 조절한다.</td></tr>
<tr><td>소근육 조절하기</td><td colspan="2">눈과 손을 협응하여 소근육을 조절해본다.</td></tr>
<tr><td rowspan="2">기본 운동하기</td><td colspan="2">걷기, 계단 오르기 등의 이동 운동을 한다.</td></tr>
<tr><td colspan="2">제자리에서 몸을 움직여본다.</td></tr>
<tr><td rowspan="3">신체 활동에 참여하기</td><td>신체 활동에 참여하기</td><td colspan="2">신체 활동에 자발적으로 참여해본다.</td></tr>
<tr><td>바깥에서 신체 활동하기</td><td colspan="2">규칙적으로 바깥에서 신체 활동을 한다.</td></tr>
<tr><td>기구를 이용하여 신체 활동하기</td><td colspan="2">간단한 기구를 이용하여 신체 활동을 한다.</td></tr>
</table>

3) 의사소통 영역

(1) 목표

의사소통 능력의 기초를 기른다.

① 다른 사람의 말과 짧은 이야기 듣는 것을 즐긴다.
② 자신의 생각과 느낌을 말로 주고받기를 즐긴다.
③ 그림책이나 환경 인쇄물에 관심을 가지며 글의 내용에 흥미를 가진다.
④ 글자 형태 끼적이기에 관심을 가진다.

(2) 내용

<table>
<tr><th>내용 범주</th><th>내용</th><th>1수준</th><th>2수준</th></tr>
<tr><td rowspan="6">듣기</td><td rowspan="2">말소리 구분하여 듣고 의미 알기</td><td>친숙한 낱말의 발음에 흥미를 보인다.</td><td>친숙한 낱말의 발음에 관심을 가지고 듣는다.</td></tr>
<tr><td colspan="2">다양한 말소리의 차이를 구분한다.</td></tr>
<tr><td rowspan="2">짧은 문장 듣고 알기</td><td>낱말을 듣고 친숙한 사물과 사람을 찾아본다.</td><td>일상생활과 관련된 친숙한 낱말을 듣고 뜻을 이해한다.</td></tr>
<tr><td colspan="2">친숙한 짧은 문장을 듣고 반응한다.</td></tr>
<tr><td>짧은 이야기 듣기</td><td colspan="2">짧은 이야기와 노랫말 등을 즐겁게 듣는다.</td></tr>
<tr><td>말하는 사람을 주의 깊게 보기</td><td colspan="2">말하는 사람의 표정, 몸짓, 억양 등을 주의 깊게 보고 듣는다.</td></tr>
<tr><td rowspan="6">말하기</td><td rowspan="3">낱말과 간단한 문장으로 말하기</td><td>눈앞에 보이는 친숙한 사물의 이름을 발음해본다.</td><td>친숙한 낱말을 발음해 본다.</td></tr>
<tr><td colspan="2">일상생활에서 경험한 새로운 낱말에 관심을 가진다.</td></tr>
<tr><td colspan="2">일상생활의 반복적인 일이나 친숙한 상황을 한두 낱말이나 간단한 문장으로 말해본다.</td></tr>
<tr><td rowspan="2">자신이 원하는 것을 말하기</td><td colspan="2">표정, 몸짓, 말소리로 의사표현을 한다.</td></tr>
<tr><td>원하는 것을 한두 낱말로 말해본다.</td><td>자신이 원하는 것을 낱말이나 짧은 문장으로 말해본다.</td></tr>
<tr><td>상대방을 바라보며 말하기</td><td colspan="2">말할 순서에 상대방을 바라보며 말을 주고받는다.</td></tr>
<tr><td rowspan="3">읽기</td><td rowspan="3">그림책과 환경 인쇄물에 흥미 가지기</td><td colspan="2">그림책과 환경 인쇄물에 있는 그림과 내용에 관심을 가진다.</td></tr>
<tr><td colspan="2">친숙한 그림과 환경 인쇄물을 보고 읽는 흉내를 내본다.</td></tr>
<tr><td colspan="2">선호하는 그림책들을 읽어주면 집중하여 듣는다.</td></tr>
<tr><td rowspan="2">쓰기</td><td rowspan="2">끼적이며 즐기기</td><td colspan="2">의도적으로 끼적인다.</td></tr>
<tr><td colspan="2">자기 이름 끼적이기에 관심을 가진다.</td></tr>
</table>

4) 사회관계 영역

(1) 목표

나를 인식하고 다른 사람과 더불어 생활하는 경험을 한다.

① 자기 존중감을 형성한다.
② 자신의 감정을 알고 다른 사람의 감정에 반응을 보인다.
③ 가족을 사랑하고 또래, 교사와 즐겁게 지내며 간단한 규칙 등을 지킨다.

(2) 내용

<table>
<tr><th>내용 범주</th><th>내용</th><th>1수준</th><th>2수준</th></tr>
<tr><td rowspan="3">나를 알고 존중하기</td><td>나를 구별하기</td><td colspan="2">나와 다른 사람의 모습을 구별한다.</td></tr>
<tr><td rowspan="2">좋아하는 것 해보기</td><td colspan="2">내가 좋아하는 것을 찾아본다.</td></tr>
<tr><td>좋아하는 놀이나 놀잇감을 선택해 본다.</td><td>스스로 선택한 놀이나 놀잇감을 즐긴다.</td></tr>
<tr><td rowspan="2">나와 다른 사람의 감정 알기</td><td>나의 감정을 나타내기</td><td colspan="2">여러 가지 감정을 말과 행동으로 나타낸다.</td></tr>
<tr><td>다른 사람의 감정에 반응하기</td><td colspan="2">다른 사람이 나타내는 여러 가지 감정에 반응을 보인다.</td></tr>
<tr><td rowspan="8">더불어 생활하기</td><td>내 가족 알기</td><td>내 가족에게 애정을 표현한다.</td><td>내 가족에게 다른 사람과는 구별된 특별한 감정을 갖는다.</td></tr>
<tr><td rowspan="2">또래와 관계하기</td><td>또래에게 관심을 보인다.</td><td>또래의 모습과 행동을 모방한다.</td></tr>
<tr><td>또래의 이름을 안다.</td><td>또래가 있는 곳에서 놀이를 한다.</td></tr>
<tr><td>자신이 속한 집단 알기</td><td>자신이 속한 반과 교사를 안다.</td><td>자신이 속한 반의 활동에 즐겁게 참여한다.</td></tr>
<tr><td rowspan="4">사회적 가치를 알기</td><td>도움 받아 물건을 정리한다.</td><td>스스로 물건을 정리한다.</td></tr>
<tr><td>자기 순서를 안다.</td><td>순서를 기다린다.</td></tr>
<tr><td colspan="2">바른 태도로 인사한다.</td></tr>
<tr><td colspan="2">간단한 약속을 지킨다.</td></tr>
</table>

5) 예술경험 영역

(1) 목표

아름다움에 관심을 가지고 예술경험을 즐긴다.

① 주변 생활에서 예술적 요소를 발견하고 흥미롭게 탐색한다.
② 간단한 리듬이나 노래, 움직임, 자발적인 미술 활동을 자유롭게 시도하고 모방이나 상상놀이로 표현한다.
③ 주변의 환경과 자연 및 다양한 표현에서 예술적 요소를 관심 있게 보고 즐긴다.

(2) 내용

<table>
<tr><th>내용 범주</th><th>내용</th><th>1수준</th><th>2수준</th></tr>
<tr><td rowspan="2">아름다움 찾아보기</td><td rowspan="2">예술적 요소 탐색하기</td><td colspan="2">주변 환경에서 나는 다양한 소리와 움직임을 탐색한다.</td></tr>
<tr><td colspan="2">주변 환경에서 색, 모양을 탐색한다.</td></tr>
<tr><td rowspan="7">예술적 표현하기</td><td rowspan="2">리듬 있는 소리와 노래로 표현하기</td><td colspan="2">친근한 노래를 따라 부른다.</td></tr>
<tr><td colspan="2">신체, 사물, 리듬악기 등을 이용하여 간단한 리듬과 소리를 만든다.</td></tr>
<tr><td rowspan="2">움직임으로 표현하기</td><td colspan="2">노래나 리듬에 맞춰 몸으로 표현한다.</td></tr>
<tr><td colspan="2">간단한 도구를 활용하여 몸으로 표현한다.</td></tr>
<tr><td rowspan="2">자발적으로 미술 활동하기</td><td colspan="2">자발적으로 그리기, 만들기를 한다.</td></tr>
<tr><td colspan="2">간단한 도구와 미술재료를 다룬다.</td></tr>
<tr><td>모방과 상상놀이하기</td><td>모방행동을 놀이처럼 즐긴다.</td><td>일상생활 경험을 상상놀이로 즐긴다.</td></tr>
<tr><td rowspan="3">예술 감상하기</td><td rowspan="3">아름다움 즐기기</td><td colspan="2">자연이나 생활의 소리나 움직임, 친근한 음악과 춤을 관심 있게 듣거나 본다.</td></tr>
<tr><td colspan="2">일상생활에서 자연과 사물의 아름다움에 관심을 가지고 즐긴다.</td></tr>
<tr><td colspan="2">자신과 또래가 표현한 노래, 춤, 미술품 등에 관심을 가지고 즐긴다.</td></tr>
</table>

6) 자연탐구 영역

(1) 목표

주변 환경에 호기심을 갖고 탐색하기를 즐긴다.

① 호기심을 가지고 주변 세계에 대해 다양하게 탐색한다.
② 주변에서 경험하는 수학적 상황을 인식한다.
③ 다양한 탐색을 통하여 주변 사물과 자연 환경을 인식한다.

(2) 내용

<table>
<tr><th>내용 범주</th><th>내용</th><th>1수준</th><th>2수준</th></tr>
<tr><td rowspan="2">탐구하는 태도 기르기</td><td>호기심 가지기</td><td colspan="2">주변 사물과 자연 세계에 호기심을 가진다.</td></tr>
<tr><td>반복적 탐색 즐기기</td><td colspan="2">관심 있는 사물을 반복하여 주도적으로 탐색하기를 즐긴다.</td></tr>
<tr><td rowspan="9">수학적 탐구하기</td><td rowspan="3">수량 인식하기</td><td colspan="2">많고 적음을 구별한다.</td></tr>
<tr><td>두 개 가량의 수 이름을 말해본다.</td><td>세 개 가량의 구체물을 말하며 세어본다.</td></tr>
<tr><td colspan="2">구체물을 일 대 일로 대응해본다.</td></tr>
<tr><td rowspan="2">공간과 도형에 관심 가지기</td><td colspan="2">나를 중심으로 익숙한 위치, 장소를 인식한다.</td></tr>
<tr><td colspan="2">주변 사물의 모양에 관심을 가진다.</td></tr>
<tr><td>차이에 관심 가지기</td><td colspan="2">주변 사물의 크기(속성의 차이)에 관심을 가진다.</td></tr>
<tr><td>단순한 규칙성에 관심 가지기</td><td colspan="2">주변에서 단순하게 반복되는 규칙성에 관심을 가진다.</td></tr>
<tr><td>구분하기</td><td colspan="2">주변 사물의 같고 다름에 따라 구분한다.</td></tr>
<tr><td rowspan="6">과학적 탐구하기</td><td>물체와 물질 탐색하기</td><td colspan="2">친숙한 물체와 물질을 능동적으로 탐색한다.</td></tr>
<tr><td>주변 동 · 식물에 관심 가지기</td><td colspan="2">주변 동 · 식물의 모양, 소리, 움직임에 관심을 가진다.</td></tr>
<tr><td rowspan="2">자연을 탐색하기</td><td colspan="2">돌, 물, 모래 등의 자연물을 탐색한다.</td></tr>
<tr><td colspan="2">날씨를 감각으로 느낀다.</td></tr>
<tr><td rowspan="2">생활도구 사용하기</td><td colspan="2">생활 속에서 간단한 도구에 관심을 가진다.</td></tr>
<tr><td colspan="2">간단한 도구를 사용한다.</td></tr>
</table>

4 3-5세 보육과정(누리과정)

3–5세 보육과정은 만 3~5세의 유아에게 생애 초기의 공정한 출발선을 보장하고 양질의 교육 · 보육 서비스를 제공하기 위한 목적으로, 어린이집과 유치원으로 이원화되어 있는 유치원교육과정과 표준보육과정을 통합하여 재구성 · 적용하여 개발된 국가 수준의 공통과정이다. 3–5세 보육과정은 3–5세 연령별 누리과정을 의미하는데 0–1세 보육과정과 2세 보육과정과 달리 신체운동 · 건강, 의사소통, 사회관계, 예술경험, 자연탐구의 5개 영역으로 이루어지며, 영역별 내용 체계는 다음 |그림 4–3|과 같다.

3-5세 보육과정

신체운동 · 건강

신체 인식하기
- 감각 능력 기르고 활용하기
- 신체를 인식하고 움직이기

신체 조절과 기본 운동하기
- 신체 조절하기
- 기본 운동하기

신체 활동에 참여하기
- 자발적으로 신체 활동에 참여하기
- 바깥에서 신체 활동하기
- 기구를 이용하여 신체 활동하기

건강하게 생활하기
- 몸과 주변을 깨끗이 하기
- 바른 식생활하기
- 건강한 일상생활 하기
- 질병 예방하기

안전하게 생활하기
- 안전하게 놀이하기
- 교통안전 규칙 지키기
- 비상 시 적절히 대처하기

의사소통

듣기
- 낱말과 문장 듣고 이해하기
- 이야기 듣고 이해하기
- 동요, 동시, 동화 듣고 이해하기
- 바른 태도로 듣기

말하기
- 낱말과 문장으로 말하기
- 느낌, 생각, 경험 말하기
- 상황에 맞게 바른 태도로 말하기

읽기
- 읽기에 흥미 가지기
- 책읽기에 관심 가지기

쓰기
- 쓰기에 관심 가지기
- 쓰기 도구 사용하기

사회관계

나를 알고 존중하기
- 나를 알고 소중히 여기기
- 나의 일 스스로 하기

나와 다른 사람의 감정 알고 조절하기
- 나와 다른 사람의 감정 알고 표현하기
- 나의 감정 조절하기

가족을 소중히 여기기
- 가족과 화목하게 지내기
- 가족과 협력하기

다른 사람과 더불어 생활하기
- 친구와 사이좋게 지내기
- 공동체에서 화목하게 지내기
- 사회적 가치를 알고 지키기

사회에 관심 갖기
- 지역사회에 관심 갖고 이해하기
- 우리나라에 관심 갖고 이해하기
- 세계와 여러 문화에 관심 가지기

예술경험

아름다움 찾아보기
- 음악적 요소 탐색하기
- 움직임과 춤 탐색하기
- 미술적 요소 탐색하기

예술적 표현하기
- 음악으로 표현하기
- 움직임과 춤으로 표현하기
- 미술 활동으로 표현하기
- 극놀이로 표현하기
- 통합적으로 표현하기

예술 감상하기
- 다양한 예술 감상하기
- 전통예술 감상하기

자연탐구

탐구하는 태도 기르기
- 호기심을 유지하고 확장하기
- 탐구과정 즐기기
- 탐구기술 활용하기

수학적 탐구하기
- 수와 연산의 기초 개념 알아보기
- 공간과 도형의 기초 개념 알아보기
- 기초적인 측정하기
- 규칙성 이해하기
- 기초적인 자료 수집과 결과 나타내기

과학적 탐구하기
- 물체와 물질 알아보기
- 생명체와 자연 환경 알아보기
- 자연현상 알아보기
- 간단한 도구와 기계 활용하기

| 그림 4-3 | 3-5세 보육과정의 내용 체계

1) 신체운동 · 건강 영역

(1) 목표

기본 운동 능력과 건강하고 안전한 생활습관을 기른다.

① 감각 능력을 기르고, 자신의 신체를 긍정적으로 인식한다.
② 신체를 조절하고 기본 운동 능력을 기른다.
③ 신체 활동에 즐겁게 참여한다.
④ 건강한 생활습관을 기른다.
⑤ 안전한 생활습관을 기른다.

(2) 내용

신체운동 · 건강 영역의 내용 체계는 다음 |그림 4-4| 와 같다.

신체운동 · 건강

신체 인식하기	신체 조절과 기본 운동하기	신체 활동에 참여하기	건강하게 생활하기	안전하게 생활하기
• 감각 능력 기르고 활용하기 • 신체를 인식하고 움직이기	• 신체 조절하기 • 기본 운동하기	• 자발적으로 신체 활동에 참여하기 • 바깥에서 신체 활동하기 • 기구를 이용하여 신체 활동하기	• 몸과 주변을 깨끗이 하기 • 바른 식생활 하기 • 건강한 일상생활하기 • 질병 예방하기	• 안전하게 놀이하기 • 교통안전 규칙 지키기 • 비상 시 적절히 대처하기

|그림 4-4| 신체운동 · 건강 영역의 내용 체계

신체운동 · 건강 영역의 내용 범주와 내용에 대한 연령별 세부 내용을 제시하면 다음 |표 4-2|와 같다.

|표 4-2| 신체운동 · 건강 영역의 연령별 세부 내용

<table>
<tr><th rowspan="2">내용 범주</th><th rowspan="2">내용</th><th colspan="3">세부 내용</th></tr>
<tr><th>3세</th><th>4세</th><th>5세</th></tr>
<tr><td rowspan="4">신체 인식하기</td><td rowspan="2">감각능력 기르고 활용하기</td><td>감각적 차이를 경험한다.</td><td>감각적 차이를 구분한다.</td><td>감각으로 대상이나 사물의 특성과 차이를 구분한다.</td></tr>
<tr><td>감각 기관을 인식하고, 활용해 본다.</td><td colspan="2">여러 감각 기관을 협응하여 활용한다.</td></tr>
<tr><td rowspan="2">신체를 인식하고 움직이기</td><td>신체 각 부분의 명칭을 알고, 움직임에 관심을 갖는다.</td><td colspan="2">신체 각 부분의 특성을 이해하고 활용하여 움직인다.</td></tr>
<tr><td colspan="3">자신의 신체를 긍정적으로 인식하고 움직인다.</td></tr>
<tr><td rowspan="7">신체조절과 기본 운동하기</td><td rowspan="5">신체 조절하기</td><td>신체균형을 유지해 본다.</td><td colspan="2">다양한 자세와 움직임에서 신체균형을 유지한다.</td></tr>
<tr><td>공간, 힘, 시간 등의 움직임 요소를 경험한다.</td><td colspan="2">공간, 힘, 시간 등의 움직임 요소를 활용하여 움직인다.</td></tr>
<tr><td>신체 각 부분의 움직임을 조절해 본다.</td><td colspan="2">신체 각 부분을 협응하여 움직임을 조절한다.</td></tr>
<tr><td colspan="3">눈과 손을 협응하여 소근육을 조절해 본다.</td></tr>
<tr><td></td><td></td><td>도구를 활용하여 여러 가지 조작운동을 한다.</td></tr>
<tr><td rowspan="2">기본 운동하기</td><td>걷기, 달리기 등 이동운동을 한다.</td><td colspan="2">걷기, 달리기, 뛰기 등 다양한 이동운동을 한다.</td></tr>
<tr><td>제자리에서 몸을 움직여 본다.</td><td colspan="2">제자리에서 몸을 다양하게 움직인다.</td></tr>
<tr><td rowspan="5">신체 활동에 참여하기</td><td rowspan="3">자발적으로 신체 활동에 참여하기</td><td>신체 활동에 자발적으로 참여한다.</td><td colspan="2">신체 활동에 자발적이고 지속적으로 참여한다.</td></tr>
<tr><td colspan="3">다른 사람과 함께 하는 신체 활동에 참여한다.</td></tr>
<tr><td></td><td>자신과 다른 사람의 운동능력의 차이에 관심을 갖는다.</td><td>자신과 다른 사람의 운동 능력의 차이를 이해한다.</td></tr>
<tr><td>바깥에서 신체 활동하기</td><td colspan="3">규칙적으로 바깥에서 신체 활동을 한다.</td></tr>
<tr><td>기구를 이용하여 신체 활동하기</td><td colspan="3">여러 가지 기구를 이용하여 신체 활동을 한다.</td></tr>
</table>

〈계속〉

<table>
<tr><th rowspan="2">내용 범주</th><th rowspan="2">내용</th><th colspan="3">세부 내용</th></tr>
<tr><th>3세</th><th>4세</th><th>5세</th></tr>
<tr><td rowspan="10">건강하게 생활하기</td><td rowspan="2">몸과 주변을 깨끗이 하기</td><td colspan="2">손과 이를 깨끗이 하는 방법을 알고 실천한다.</td><td>스스로 몸을 깨끗이 하는 습관을 기른다.</td></tr>
<tr><td>주변을 깨끗이 한다.</td><td colspan="2">주변을 깨끗이 하는 습관을 기른다.</td></tr>
<tr><td rowspan="3">바른 식생활하기</td><td colspan="2">음식을 골고루 먹는다.</td><td>적당량의 음식을 골고루 먹는다.</td></tr>
<tr><td>몸에 좋은 음식에 관심을 갖는다.</td><td>몸에 좋은 음식을 알아본다.</td><td>몸에 좋은 음식을 선택할 수 있다.</td></tr>
<tr><td>바른 태도로 식사한다.</td><td colspan="2">음식을 소중히 여기고 식사예절을 지킨다.</td></tr>
<tr><td rowspan="3">건강한 일상생활 하기</td><td colspan="3">규칙적으로 잠을 자고, 적당한 휴식을 취한다.</td></tr>
<tr><td colspan="3">하루일과에 즐겁게 참여한다.</td></tr>
<tr><td>스스로 화장실에서 배변한다.</td><td>바른 배변습관을 가진다.</td><td>규칙적인 배변습관을 가진다.</td></tr>
<tr><td rowspan="2">질병 예방하기</td><td>질병의 위험을 알고 주의한다.</td><td colspan="2">질병을 예방하는 방법을 알고 실천한다.</td></tr>
<tr><td>날씨에 맞게 옷을 입는다.</td><td colspan="2">날씨와 상황에 알맞게 옷을 입는다.</td></tr>
<tr><td rowspan="7">안전하게 생활하기</td><td rowspan="3">안전하게 놀이하기</td><td colspan="2">놀이기구나 놀잇감, 도구를 안전하게 사용한다.</td><td>놀이기구나 놀잇감, 도구의 바른 사용법을 알고 안전하게 사용한다.</td></tr>
<tr><td>안전한 놀이장소를 안다.</td><td colspan="2">안전한 장소를 알고 안전하게 놀이한다.</td></tr>
<tr><td>TV, 인터넷, 통신기기 등을 바르게 사용한다.</td><td colspan="2">TV, 인터넷, 통신기기 등의 위해성을 알고, 바르게 사용한다.</td></tr>
<tr><td rowspan="2">교통안전 규칙 지키기</td><td>교통안전 규칙을 안다.</td><td colspan="2">교통안전 규칙을 알고 지킨다.</td></tr>
<tr><td colspan="3">교통수단을 안전하게 이용한다.</td></tr>
<tr><td rowspan="2">비상 시 적절히 대처하기</td><td>학대, 성폭력, 실종, 유괴 상황을 알고 도움을 요청한다.</td><td colspan="2">학대, 성폭력, 실종, 유괴 상황 시 도움을 요청하는 방법을 알고 행동한다.</td></tr>
<tr><td>재난 및 사고 등 비상 시 적절하게 대처하는 방법을 안다.</td><td colspan="2">재난 및 사고 등 비상 시 적절하게 대처하는 방법을 알고 행동한다.</td></tr>
</table>

2) 의사소통 영역

(1) 목표

일상생활에 필요한 의사소통 능력과 바른 언어 사용습관을 기른다.

① 다른 사람의 말을 주의 깊게 듣는 태도와 이해하는 능력을 기른다.
② 자신의 생각과 느낌을 말하는 능력을 기른다.
③ 글자와 책에 친숙해지는 경험을 통하여 글자 모양을 인식하고 읽기에 흥미를 가진다.
④ 말과 글의 관계를 알고 자신의 생각, 느낌, 경험을 글로 표현하는 데 관심을 가진다.

(2) 내용

의사소통 영역의 내용 체계는 다음 |그림 4-5|와 같다.

의사소통

듣기	말하기	읽기	쓰기
• 낱말과 문장 듣고 이해하기 • 이야기 듣고 이해하기 • 동요, 동시, 동화 듣고 이해하기 • 바른 태도로 듣기	• 낱말과 문장으로 말하기 • 느낌, 생각, 경험 말하기 • 상황에 맞게 바른 태도로 말하기	• 읽기에 흥미 가지기 • 책읽기에 관심 가지기	• 쓰기에 관심 가지기 • 쓰기 도구 사용하기

|그림 4-5| 의사소통 영역의 내용 체계

의사소통 영역의 내용 범주와 내용에 대한 연령별 세부 내용을 제시하면 다음 |표 4-3|과 같다.

|표 4-3| 의사소통 영역의 연령별 세부 내용

<table>
<tr><th rowspan="2">내용 범주</th><th rowspan="2">내용</th><th colspan="3">세부 내용</th></tr>
<tr><th>3세</th><th>4세</th><th>5세</th></tr>
<tr><td rowspan="7">듣기</td><td rowspan="2">낱말과 문장 듣고 이해하기</td><td colspan="2">낱말의 발음에 관심을 가지고 듣는다.</td><td>낱말의 발음에 관심을 가지고 비슷한 발음을 듣고 구별한다.</td></tr>
<tr><td colspan="2">일상생활과 관련된 낱말과 문장을 듣고 뜻을 이해한다.</td><td>다양한 낱말과 문장 듣고 뜻을 이해한다.</td></tr>
<tr><td rowspan="2">이야기 듣고 이해하기</td><td>나른 사람의 이야기를 관심 있게 듣는다.</td><td colspan="2">다른 사람의 이야기를 듣고 이해한다.</td></tr>
<tr><td></td><td colspan="2">이야기를 듣고 궁금한 것에 대해 질문한다.</td></tr>
<tr><td rowspan="2">동요, 동시, 동화 듣고 이해하기</td><td>동요, 동시, 동화를 다양한 방법으로 듣고 즐긴다.</td><td></td><td>동요, 동시, 동화를 다양한 방법으로 듣고 이해한다.</td></tr>
<tr><td></td><td colspan="2">전래 동요, 동시, 동화를 듣고 우리말의 재미를 느낀다.</td></tr>
<tr><td>바른 태도로 듣기</td><td>말하는 사람을 바라보며 듣는다.</td><td>다른 사람의 이야기를 주의 깊게 듣는다.</td><td>다른 사람의 이야기를 끝까지 주의 깊게 듣는다.</td></tr>
<tr><td rowspan="9">말하기</td><td rowspan="3">낱말과 문장으로 말하기</td><td>친숙한 낱말을 발음해 본다</td><td>친숙한 낱말을 정확하게 발음해 본다.</td><td>정확한 발음으로 말한다.</td></tr>
<tr><td>새로운 낱말에 관심을 가진다.</td><td>다양한 낱말을 사용하여 말한다.</td><td>다양한 낱말을 사용하여 상황에 맞게 말한다.</td></tr>
<tr><td colspan="2">일상생활에서 일어나는 일들을 간단한 문장으로 말한다.</td><td>일상생활에서 일어나는 일들을 다양한 문장으로 말한다.</td></tr>
<tr><td rowspan="3">느낌, 생각, 경험 말하기</td><td>자신의 느낌, 생각, 경험을 말해본다.</td><td>자신의 느낌, 생각, 경험을 말한다.</td><td>자신의 느낌, 생각, 경험을 적절한 낱말과 문장으로 말한다.</td></tr>
<tr><td></td><td colspan="2">주제를 정하여 함께 이야기를 나눈다.</td></tr>
<tr><td></td><td>이야기를 지어 말한다.</td><td>이야기 지어 말하기를 즐긴다.</td></tr>
<tr><td rowspan="3">상황에 맞게 바른 태도로 말하기</td><td></td><td colspan="2">듣는 사람의 생각과 느낌을 고려하여 말한다.</td></tr>
<tr><td>상대방을 바라보며 말한다.</td><td>차례를 지켜 말한다.</td><td>때와 장소, 대상에 알맞게 말한다.</td></tr>
<tr><td colspan="3">바르고 고운 말을 사용한다.</td></tr>
</table>

〈계속〉

<table>
<tr><th rowspan="2">내용 범주</th><th rowspan="2">내용</th><th colspan="3">세부 내용</th></tr>
<tr><th>3세</th><th>4세</th><th>5세</th></tr>
<tr><td rowspan="5">읽기</td><td rowspan="2">읽기에 흥미 가지기</td><td colspan="2">주변에서 친숙한 글자를 찾아본다.</td><td>주변에서 친숙한 글자를 찾아 읽어 본다.</td></tr>
<tr><td colspan="2">읽어 주는 글의 내용에 관심을 가진다.</td><td>읽어 주는 글의 내용에 관심을 가지고 읽어 본다.</td></tr>
<tr><td rowspan="3">책읽기에 관심 가지기</td><td>책에 흥미를 가진다.</td><td colspan="2">책 보는 것을 즐기고 소중하게 다룬다.</td></tr>
<tr><td>책의 그림을 단서로 내용을 추측해 본다.</td><td colspan="2">책의 그림을 단서로 내용을 이해한다.</td></tr>
<tr><td></td><td colspan="2">궁금한 것을 책에서 찾아본다.</td></tr>
<tr><td rowspan="4">쓰기</td><td rowspan="3">쓰기에 관심 가지기</td><td>말을 글로 나타내는 것에 관심을 보인다.</td><td colspan="2">말이나 생각을 글로 나타낼 수 있음을 안다.</td></tr>
<tr><td>자기 이름의 글자에 관심을 가진다.</td><td>자기 이름을 써 본다.</td><td>자신의 이름과 주변의 친숙한 글자를 써본다.</td></tr>
<tr><td></td><td>자신의 느낌, 생각, 경험을 글자와 비슷한 형태로 표현한다.</td><td>자신의 느낌, 생각, 경험을 글자와 비슷한 형태나 글자로 표현한다.</td></tr>
<tr><td>쓰기 도구 사용하기</td><td></td><td>쓰기 도구에 관심을 가지고 사용해 본다.</td><td>쓰기 도구의 바른 사용법을 알고 사용한다.</td></tr>
</table>

3) 사회관계 영역

(1) 목표

자신을 존중하고 다른 사람과 더불어 생활하는 능력과 태도를 기른다.

① 자신을 소중히 여기며 자율성을 기른다.
② 자신과 타인의 감정을 알고, 자신의 감정을 적절하게 표현하고 조절한다.
③ 가족과 화목하게 지내며 서로 협력한다.
④ 친구, 공동체 구성원들과 서로 돕고, 예의 · 규칙 등 사회적 가치를 알고 지킨다.
⑤ 우리 동네, 우리나라, 다른 나라에 관심을 가진다.

(2) 내용

사회관계 영역의 내용 체계는 다음 |그림 4-6|과 같다.

사회관계

나를 알고 존중하기	나와 다른 사람의 감정 알고 조절하기	가족을 소중히 여기기	다른 사람과 더불어 생활하기	사회에 관심 갖기
• 나를 알고 소중히 여기기 • 나의 일 스스로 하기	• 나와 다른 사람의 감정 알고 표현하기 • 나의 감정 조절하기	• 가족과 화목하게 지내기 • 가족과 협력하기	• 친구와 사이좋게 지내기 • 공동체에서 화목하게 지내기 • 사회적 가치를 알고 지키기	• 지역사회에 관심 갖고 이해하기 • 우리나라에 관심 갖고 이해하기 • 세계와 여러 문화에 관심 가지기

|그림 4-6| 사회관계 영역의 내용 체계

사회관계 영역의 내용 범주와 내용에 대한 연령별 세부 내용을 제시하면 다음 |표 4-4|와 같다.

|표 4-4| 사회관계 영역의 연령별 세부 내용

<table>
<tr><th rowspan="2">내용 범주</th><th rowspan="2">내용</th><th colspan="3">세부 내용</th></tr>
<tr><th>3세</th><th>4세</th><th>5세</th></tr>
<tr><td rowspan="5">나를 알고 존중하기</td><td rowspan="3">나를 알고 소중히 여기기</td><td>나에 대해 관심을 갖는다.</td><td colspan="2">나에 대해 알아본다.</td></tr>
<tr><td>나와 다른 사람의 차이에 관심을 갖는다.</td><td>나와 다른 사람의 차이점을 알아본다.</td><td>나와 다른 사람의 신체적, 사회적, 문화적 차이를 존중한다.</td></tr>
<tr><td>나를 소중하게 여긴다.</td><td colspan="2">나에 대해 긍정적으로 생각하고 나를 소중하게 여긴다.</td></tr>
<tr><td rowspan="2">나의 일 스스로 하기</td><td>내가 할 수 있는 일을 알아본다.</td><td>내가 할 수 있는 일을 해 본다.</td><td>내가 할 수 있는 일을 스스로 한다.</td></tr>
<tr><td>내가 하고 싶은 일을 선택해 본다.</td><td colspan="2">하고 싶은 일을 계획하고 해 본다.</td></tr>
<tr><td rowspan="3">나와 다른 사람의 감정 알고 조절하기</td><td rowspan="2">나와 다른 사람의 감정 알고 표현하기</td><td>자신에게 여러 가지 감정이 있음을 안다.</td><td colspan="2">자신의 감정을 알고 표현한다.</td></tr>
<tr><td>다른 사람의 감정에 관심을 갖는다.</td><td>다른 사람의 감정을 안다.</td><td>다른 사람의 감정을 알고 공감한다.</td></tr>
<tr><td>나의 감정 조절하기</td><td colspan="2">자신의 감정을 조절해 본다.</td><td>자신의 감정을 상황에 맞게 조절한다.</td></tr>
<tr><td rowspan="4">가족을 소중히 여기기</td><td rowspan="2">가족과 화목하게 지내기</td><td colspan="2">가족의 소중함을 안다.</td><td>가족의 의미와 소중함을 안다.</td></tr>
<tr><td></td><td></td><td>가족과 화목하게 지낸다.</td></tr>
<tr><td rowspan="2">가족과 협력하기</td><td>가족 구성원을 알아본다.</td><td>가족 구성원의 역할에 대해 알아본다.</td><td>다양한 가족구조에 대해 알아본다.</td></tr>
<tr><td>가족을 위하여 내가 할 수 있는 일을 알아본다.</td><td>가족을 위하여 내가 할 수 있는 일을 알아보고 실천한다.</td><td>가족은 서로 도와야 함을 알고 실천한다.</td></tr>
<tr><td rowspan="4">다른 사람과 더불어 생활하기</td><td rowspan="2">친구와 사이좋게 지내기</td><td>친구와 함께 놀이한다.</td><td colspan="2">친구와 협동하며 놀이한다.</td></tr>
<tr><td>나와 친구의 의견에 차이가 있음을 안다.</td><td colspan="2">친구와의 갈등을 긍정적인 방법으로 해결한다.</td></tr>
<tr><td rowspan="2">공동체에서 화목하게 지내기</td><td></td><td>도움이 필요할 때 다른 사람과 도움을 주고받는다.</td><td>다른 사람과 도움을 주고 받고, 서로 협력한다.</td></tr>
<tr><td colspan="3">교사 및 주변 사람과 화목하게 지낸다.</td></tr>
</table>

〈계속〉

<table>
<tr><th rowspan="2">내용 범주</th><th rowspan="2">내용</th><th colspan="3">세부 내용</th></tr>
<tr><th>3세</th><th>4세</th><th>5세</th></tr>
<tr><td rowspan="5">다른 사람과 더불어 생활하기</td><td rowspan="5">사회적 가치를 알고 지키기</td><td></td><td colspan="2">정직하게 말하고 행동한다.</td></tr>
<tr><td>다른 사람의 소유물을 존중한다.</td><td>다른 사람의 생각, 행동을 존중한다.</td><td>다른 사람을 배려하여 행동한다.</td></tr>
<tr><td></td><td colspan="2">친구와 어른께 예의 바르게 행동한다.</td></tr>
<tr><td>약속과 규칙을 지켜야 함을 안다.</td><td colspan="2">다른 사람과 한 약속이나 공공규칙을 지킨다.</td></tr>
<tr><td></td><td colspan="2">자연과 자원을 아끼는 습관을 기른다.</td></tr>
<tr><td rowspan="8">사회에 관심 갖기</td><td rowspan="3">지역사회에 관심 갖고 이해하기</td><td>우리 동네의 이름을 안다.</td><td colspan="2">우리 동네에 대해 알아본다.</td></tr>
<tr><td>우리 동네 사람들에 관심을 갖는다.</td><td>우리 동네 사람들이 하는 일에 관심을 갖는다.</td><td>다양한 직업에 관심을 갖는다.</td></tr>
<tr><td></td><td>물건을 살 때 돈이 필요함을 안다.</td><td>일상생활에서 돈의 쓰임에 대해 안다.</td></tr>
<tr><td rowspan="3">우리나라에 관심 갖고 이해하기</td><td>우리나라를 상징하는 것에 관심을 가진다.</td><td>우리나라를 상징하는 것을 안다.</td><td>우리나라를 상징하는 것을 알고 예절을 지킨다.</td></tr>
<tr><td colspan="2">우리나라의 전통놀이와 풍습에 관심을 갖는다.</td><td>우리나라의 전통, 역사, 문화에 관심을 갖는다.</td></tr>
<tr><td></td><td colspan="2">우리나라에 대해 자부심을 갖는다.</td></tr>
<tr><td rowspan="2">세계와 여러 문화에 관심 가지기</td><td></td><td>세계 여러 나라에 대해 관심을 갖는다.</td><td>세계 여러 나라에 대해 관심을 갖고, 서로 협력해야 함을 안다</td></tr>
<tr><td></td><td>다양한 인종과 문화에 관심을 갖는다.</td><td>다양한 인종과 문화를 알아보고 존중한다.</td></tr>
</table>

4) 예술경험 영역

(1) 목표

아름다움에 관심을 가지고 예술경험을 즐기며, 창의적으로 표현하는 능력을 기른다.
① 자연과 주변 환경에서 발견한 아름다움과 예술적 요소에 관심을 갖고 탐색한다. ② 자신의 생각과 느낌을 음악, 움직임과 춤, 미술, 극놀이를 통해 창의적으로 표현하는 것을 즐긴다. ③ 자연과 다양한 예술 작품을 감상하며, 풍부한 감성과 심미적 태도를 기른다.

(2) 내용

예술경험 영역의 내용 체계는 다음 |그림 4-7|과 같다.

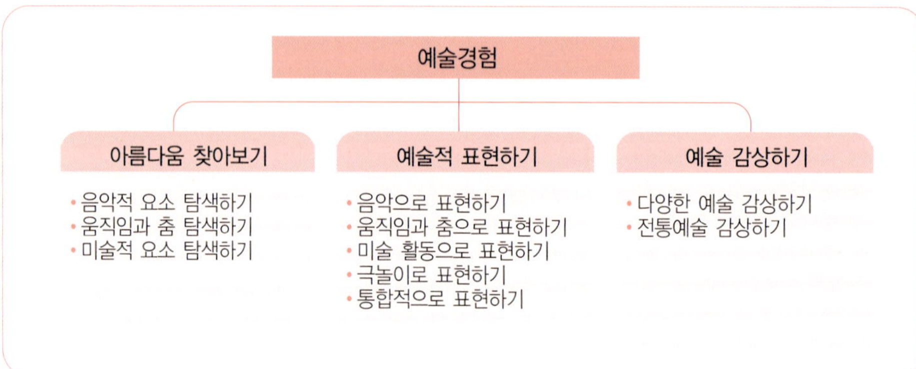

|그림 4-7| 예술경험 영역의 내용 체계

예술경험 영역의 내용 범주와 내용에 대한 연령별 세부 내용을 제시하면 다음 |표 4-5|와 같다.

| 표 4-5 | 예술경험 영역의 연령별 세부 내용

<table>
<tr><th rowspan="2">내용 범주</th><th rowspan="2">내용</th><th colspan="3">세부 내용</th></tr>
<tr><th>3세</th><th>4세</th><th>5세</th></tr>
<tr><td rowspan="3">아름다움 찾아보기</td><td>음악적 요소 탐색하기</td><td colspan="2">다양한 소리, 음악의 셈여림, 빠르기, 리듬 등에 관심을 갖는다.</td><td>다양한 소리, 악기 등으로 음악의 셈여림, 빠르기, 리듬 등을 탐색한다.</td></tr>
<tr><td>움직임과 춤 요소 탐색하기</td><td colspan="2">움직임과 춤의 모양, 힘, 빠르기 등에 관심을 갖는다.</td><td>움직임과 춤의 모양, 힘, 빠르기, 흐름 등을 탐색한다.</td></tr>
<tr><td>미술적 요소 탐색하기</td><td colspan="2">자연과 사물의 색, 모양, 질감 등에 관심을 갖는다.</td><td>자연과 사물에서 모양, 질감, 공간 등을 탐색한다.</td></tr>
<tr><td rowspan="14">예술적 표현하기</td><td rowspan="4">음악으로 표현하기</td><td>간단한 노래를 듣고 따라 부른다.</td><td colspan="2">노래로 자신의 생각과 느낌을 표현한다.</td></tr>
<tr><td colspan="3">전래동요를 즐겨 부른다.</td></tr>
<tr><td>리듬악기로 간단한 리듬을 표현해본다.</td><td colspan="2">리듬악기를 연주해 본다.</td></tr>
<tr><td colspan="2">간단한 리듬과 노래를 즉흥적으로 만들어 본다.</td><td>리듬과 노래 등을 즉흥적으로 만들어 본다.</td></tr>
<tr><td rowspan="3">움직임과 춤으로 표현하기</td><td colspan="2">신체를 이용하여 주변의 움직임을 자유롭게 표현한다.</td><td>신체를 이용하여 주변의 움직임을 다양하게 표현하며 즐긴다.</td></tr>
<tr><td colspan="3">움직임과 춤으로 자신의 생각과 느낌을 표현한다.</td></tr>
<tr><td colspan="2">도구를 활용하여 다양한 움직임으로 표현한다.</td><td>다양한 도구를 활용하여 창의적으로 움직인다.</td></tr>
<tr><td rowspan="3">미술 활동으로 표현하기</td><td>다양한 미술 활동을 경험해 본다.</td><td colspan="2">다양한 미술 활동으로 자신의 생각과 느낌을 표현한다.</td></tr>
<tr><td></td><td>협동적인 미술 활동에 참여한다.</td><td>협동적인 미술 활동에 참여하여 즐긴다.</td></tr>
<tr><td>미술 활동에 필요한 재료와 도구에 관심을 가지고 사용한다.</td><td colspan="2">미술 활동에 필요한 재료와 도구를 다양하게 사용한다.</td></tr>
<tr><td rowspan="2">극놀이로 표현하기</td><td>일상생활의 경험을 극놀이로 표현한다.</td><td>일상생활의 경험이나 간단한 이야기를 극놀이로 표현한다.</td><td>경험이나 이야기를 극놀이로 표현한다.</td></tr>
<tr><td></td><td colspan="2">소품, 배경, 의상 등을 사용하여 협동적으로 극놀이를 한다.</td></tr>
<tr><td rowspan="2">통합적으로 표현하기</td><td></td><td colspan="2">음악, 움직임과 춤, 미술, 극놀이 등을 통합하여 표현한다.</td></tr>
<tr><td colspan="2">예술 활동에 참여하여 표현과정을 즐긴다.</td><td>예술 활동에 참여하여 창의적으로 표현하는 과정을 즐긴다.</td></tr>
<tr><td rowspan="3">예술 감상하기</td><td rowspan="2">다양한 예술 감상하기</td><td>다양한 음악, 춤, 미술작품, 극놀이 등을 듣거나 본다.</td><td colspan="2">다양한 음악, 춤, 미술작품, 극놀이 등을 듣거나 보고 즐긴다.</td></tr>
<tr><td colspan="3">나와 다른 사람의 예술 표현을 소중히 여긴다.</td></tr>
<tr><td>전통예술 감상하기</td><td colspan="2">우리나라의 전통예술에 관심을 갖는다.</td><td>우리나라의 전통예술에 관심을 갖고 친숙해진다.</td></tr>
</table>

5) 자연탐구 영역

(1) 목표

호기심을 가지고 주변 세계를 탐구하며,
일상생활에서 수학적 · 과학적으로 생각하는 능력과 태도를 기른다.

① 주변의 사물과 자연 세계에 대해 알고자 하는 호기심을 가지고 탐구하는 태도를 기른다.
② 생활 속의 여러 상황과 문제를 논리 · 수학적으로 이해하고 해결하기 위한 기초 능력을 기른다.
③ 주변의 관심 있는 사물과 생명체 및 자연현상을 탐구하기 위한 기초 능력을 기른다.

(2) 내용

자연탐구 영역의 내용 체계는 다음 | 그림 4-8 | 과 같다.

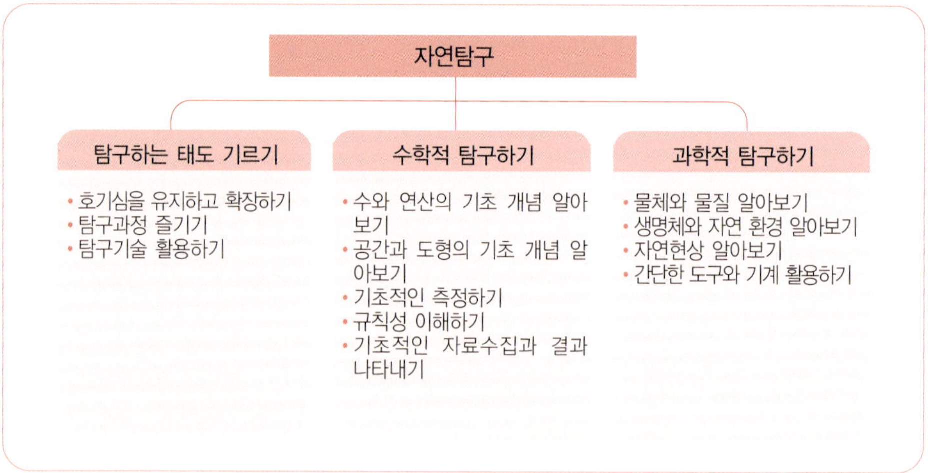

| 그림 4-8 | 자연탐구 영역의 내용 체계

자연탐구 영역의 내용 범주와 내용에 대한 연령별 세부 내용을 제시하면 다음 | 표 4-6 | 과 같다.

| 표 4-6 | 자연탐구 영역의 연령별 세부 내용

<table>
<tr><th rowspan="2">내용 범주</th><th rowspan="2">내용</th><th colspan="3">세부 내용</th></tr>
<tr><th>3세</th><th>4세</th><th>5세</th></tr>
<tr><td rowspan="4">탐구하는 태도 기르기</td><td>호기심을 유지하고 확장하기</td><td>주변 사물과 자연 세계에 대해 호기심을 갖는다.</td><td>주변 사물과 자연 세계에 대해 지속적으로 호기심을 갖는다.</td><td>주변 사물과 자연 세계에 대해 지속적으로 호기심을 갖고 알고자 한다.</td></tr>
<tr><td rowspan="2">탐구과정 즐기기</td><td>궁금한 점을 알아보는 과정에 흥미를 갖는다.</td><td>궁금한 점을 알아보는 탐구과정에 관심을 가지고 참여한다.</td><td>궁금한 점을 알아보는 탐구과정에 참여하고 즐긴다.</td></tr>
<tr><td></td><td></td><td>탐구과정에서 서로 다른 생각에 관심을 갖는다.</td></tr>
<tr><td>탐구기술 활용하기</td><td></td><td>일상생활의 문제를 해결하는 과정에서 탐색, 관찰 등의 방법을 활용해 본다.</td><td>일상생활의 문제를 해결하는 과정에서 탐색, 관찰, 비교, 예측 등의 탐구기술을 활용해 본다.</td></tr>
<tr><td rowspan="13">수학적 탐구하기</td><td rowspan="4">수와 연산의 기초 개념 알아보기</td><td>생활 속에서 수에 관심을 갖는다.</td><td colspan="2">생활 속에서 사용되는 수의 여러 가지 의미를 안다.</td></tr>
<tr><td>구체물 수량의 많고 적음을 비교한다.</td><td>구체물 수량에서 '같다', '더 많다', '더 적다'의 관계를 안다.</td><td>구체물 수량의 부분과 전체 관계를 알아본다.</td></tr>
<tr><td>다섯 개 가량의 구체물을 세어보고 수량에 관심을 갖는다.</td><td>열 개 가량의 구체물을 세어보고 수량을 알아본다.</td><td>스무 개 가량의 구체물을 세어보고 수량을 알아본다.</td></tr>
<tr><td></td><td></td><td>구체물을 가지고 더하고 빼는 경험을 해본다.</td></tr>
<tr><td rowspan="4">공간과 도형의 기초 개념 알아보기</td><td>나를 중심으로 앞, 뒤, 옆, 위, 아래를 알아본다.</td><td colspan="2">위치와 방향을 여러 가지 방법으로 나타내 본다.</td></tr>
<tr><td></td><td></td><td>여러 방향에서 물체를 보고 그 차이점을 비교해 본다.</td></tr>
<tr><td>물체의 모양에 관심을 갖는다.</td><td>기본 도형의 특성을 인식한다.</td><td>기본 도형의 공통점과 차이점을 알아본다.</td></tr>
<tr><td></td><td colspan="2">기본 도형을 사용하여 여러 가지 모양을 구성해 본다.</td></tr>
<tr><td rowspan="2">기초적인 측정하기</td><td>두 물체의 길이, 크기를 비교해 본다.</td><td>일상생활에서 길이, 크기, 무게 등을 비교해 본다.</td><td>일상생활에서 길이, 크기, 무게, 들이 등의 속성을 비교하고, 순서를 지어 본다.</td></tr>
<tr><td></td><td></td><td>임의 측정 단위를 사용하여 길이, 면적, 들이, 무게 등을 재 본다.</td></tr>
<tr><td rowspan="2">규칙성 이해하기</td><td>생활 주변에서 반복되는 규칙성에 관심을 갖는다.</td><td>생활 주변에서 반복되는 규칙성을 알아본다.</td><td>생활 주변에서 반복되는 규칙성을 알고 다음에 올 것을 예측해 본다.</td></tr>
<tr><td></td><td>반복되는 규칙성을 인식하고 모방한다.</td><td>스스로 규칙성을 만들어 본다.</td></tr>
</table>

〈계속〉

<table>
<tr><th rowspan="2">내용 범주</th><th rowspan="2">내용</th><th colspan="3">세부 내용</th></tr>
<tr><th>3세</th><th>4세</th><th>5세</th></tr>
<tr><td rowspan="3">수학적 탐구하기</td><td rowspan="3">기초적인 자료 수집과 결과 나타내기</td><td></td><td colspan="2">필요한 정보나 자료를 수집한다.</td></tr>
<tr><td>같은 것끼리 짝을 짓는다.</td><td>한 가지 기준으로 자료를 분류해 본다.</td><td>한 가지 기준으로 분류한 자료를 다른 기준으로 재분류해 본다.</td></tr>
<tr><td></td><td></td><td>그림, 사진, 기호나 숫자를 사용해 그래프로 나타내 본다.</td></tr>
<tr><td rowspan="11">과학적 탐구하기</td><td rowspan="2">물체와 물질 알아보기</td><td>친숙한 물체와 물질의 특성에 관심을 갖는다.</td><td>친숙한 물체와 물질의 특성을 알아본다.</td><td>주변의 여러 가지 물체와 물질의 기본 특성을 알아본다.</td></tr>
<tr><td></td><td colspan="2">물체와 물질을 여러 가지 방법으로 변화시켜 본다.</td></tr>
<tr><td rowspan="4">생명체와 자연 환경 알아보기</td><td colspan="2">나의 출생과 성장에 대해 관심을 갖는다.</td><td>나와 다른 사람의 출생과 성장에 대해 알아본다.</td></tr>
<tr><td>주변의 동 · 식물에 관심을 가진다.</td><td>관심 있는 동 · 식물의 특성을 알아본다.</td><td>관심 있는 동 · 식물의 특성과 성장과정을 알아본다.</td></tr>
<tr><td colspan="3">생명체를 소중히 여기는 마음을 갖는다.</td></tr>
<tr><td></td><td>생명체가 살기 좋은 환경에 대해 관심을 갖는다.</td><td>생명체가 살기 좋은 환경과 녹색 환경에 대해 알아본다.</td></tr>
<tr><td rowspan="3">자연현상 알아보기</td><td>돌, 물, 흙 등 자연물에 관심을 갖는다.</td><td colspan="2">돌, 물, 흙 등 자연물의 특성과 변화를 알아본다.</td></tr>
<tr><td></td><td></td><td>낮과 밤, 계절의 변화와 규칙성을 알아본다.</td></tr>
<tr><td>날씨에 관심을 갖는다.</td><td>기후 변화에 관심을 갖는다.</td><td>날씨와 기후 변화 등 자연현상에 대해 관심을 갖는다.</td></tr>
<tr><td rowspan="2">간단한 도구와 기계 활용하기</td><td>생활 속에서 간단한 도구와 기계에 관심을 갖는다.</td><td colspan="2">생활 속에서 간단한 도구와 기계를 활용한다.</td></tr>
<tr><td colspan="2">도구와 기계의 편리함에 관심을 갖는다.</td><td>변화하는 새로운 도구와 기계에 관심을 갖고 장 · 단점을 안다.</td></tr>
</table>

Chapter 5

보육과정의 계획과 운영

1 보육과정의 계획

2 보육과정의 운영

보육과정의 체계적인 계획과 효율적인 운영은 영유아의 전인적 성장과 조화로운 발달에 필수적이다. 본 장에서는 만 0~2세의 영아와 만 3~5세의 유아로 구분하여 연령별로 보육과정의 계획과 보육과정의 운영에 대해 구체적으로 살펴보고자 한다.

1 보육과정의 계획

보육과정은 보육현장에서의 운영을 전제로 계획된다. 따라서 보육과정은 보육과정을 편성하고 보육계획을 사전에 수립하여 보육과정을 실시한 후, 정기적인 평가를 통해 다음 연도의 보육계획의 수립 시에 그 결과를 반영하는 순환적인 과정으로 계획하고 운영하는 것이 바람직하다. 이러한 보육과정의 실행 흐름 절차를 도표화하면 다음 |그림 5-1|과 같다.

보육과정의 편성

- 보육과정의 편성 · 운영의 기본 방향 및 보육목표 설정
  - 개별 어린이집의 특수성과 여건 분석
  - 영유아가 경험해야 할 보육과정의 보육내용 숙지
  - 전년도 보육과정 운영 자료의 파악 및 분석
  - 교사는 영유아가 경험해야 할 표준보육과정의 보육내용 분석
  - 개별 영유아의 발달 특성과 요구 고려

↓

보육계획안의 구성

- 표준보육과정의 영역별 목표와 내용에 따라 연령별 · 반별로 보육계획안 구성
  - 계절, 행사, 지역사회의 특성, 환경 등 고려
- 보육계획안 작성
  - 연간 · 월간 · 주간 · 일일보육계획안
- 표준보육과정의 수준별 보육내용에 적합한 다양한 활동으로 구성

↓

보육과정의 실시

- 출생에서 취학 전까지의 영유아를 대상으로 종일제를 원칙으로 운영
- 표준보육과정에서 제시하는 6개 영역이 통합적으로 적용되도록 운영
- 영유아의 연령, 발달 특성, 흥미, 장애 등 개인차와 가정 환경 반영 및 고유한 요구를 고려하여 운영
- 가족 및 지역사회와 연계하여 운영

↓

보육과정의 평가

- 보육과정의 계획과 운영을 문서화하고 평가
  - 보육내용의 선정과 실시과정의 적절성 평가
- 평가 결과의 반영
  - 실행된 활동의 평가 결과를 기초로 내년도 보육과정의 계획 수립에 반영

| 그림 5-1 | 보육과정의 실행 흐름

1) 보육과정의 편성

어린이집은 영유아보육법에 명시된 보육 이념과 목표를 달성하기 위하여 국가 수준의 표준보육과정에서 제시한 영역별 목표와 내용에 따라 공통적이고 일반적 기준에 기초하여 개별 어린이집의 상황과 특성에 맞는 보육과정을 편성해야 한다.

다음은 일반적으로 개별 어린이집에서 이루어지는 보육과정의 편성 과정이다.

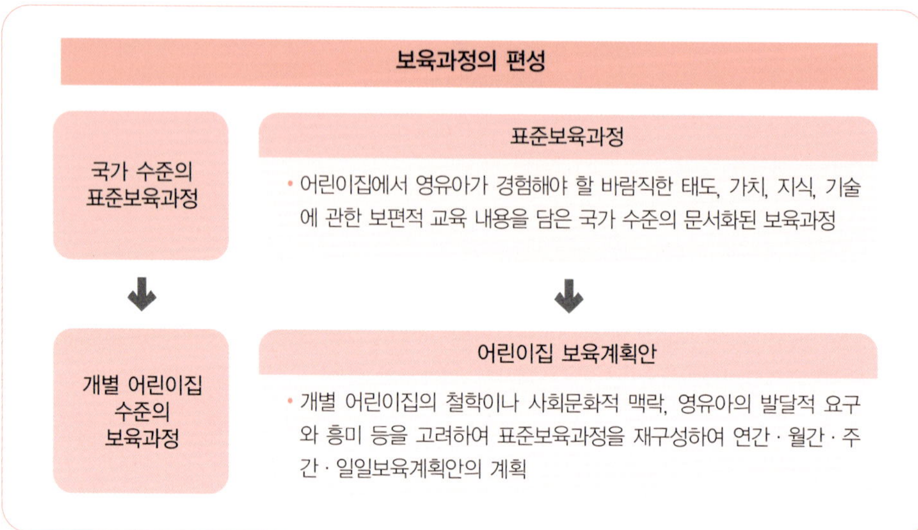

| 그림 5-2 | 보육과정의 편성 과정

위에서 보는 것처럼, 어린이집 수준에서 보육과정을 효율적으로 운영하기 위해서는 국가 수준의 공통적이고 일반적인 기준을 근거로, 개별 어린이집의 상황에 맞춰 다양성 있게 보육과정을 운영하는 것이 일반적이다. 어린이집은 영유아의 연령, 발달 수준, 흥미, 장애 등 개인차와 가정환경을 반영하여 수준별 보육내용을 편성하고, 어린이집과 지역사회의 특성을 고려해야 한다. 보육과정을 편성할 때 고려해야 할 기본 원리를 제시하면 다음과 같다(보건복지부, 2012).

- 보육과정은 통합적으로 편성한다.
- 보육과정은 영역별로 치우치지 않도록 균형 있게 편성한다.
- 보육과정은 영유아의 발달 특성과 흥미를 고려하여 편성한다.
- 보육과정은 일상생활 활동과 놀이를 중시하여 편성한다.

2) 보육계획안의 구성

일반적으로 어린이집에서는 연간 · 월간 · 주간보육계획안을 구성하고, 일일보육계획안을 작성하여 하루일과에 적용하는 방식으로 보육과정을 계획한다. 이러한 보육계획안의 구성에 대해 간략히 소개하면 다음 |그림 5-3|과 같다.

연간보육계획안	• 1년 동안 어린이집에서 진행되는 전체적인 내용으로 주제, 소주제, 행사 일정을 근거로 작성 • 전년도에 실시되었던 보육실행의 결과를 기초로 주제의 적절성, 기간, 시기의 적절성 등을 평가한 후 이를 기초로 작성 • 연령별로 또는 반별로 연간보육계획안의 작성
↓	
월간보육계획안	• 연간보육계획에서 선정된 주제 및 소주제를 기초로 표준보육과정에서 제시된 것을 토대로 각 어린이집에 맞게 수정 · 보완하여 계획(어린이집의 특성, 영유아의 발달 수준 · 흥미 등을 고려) • 주제와 관련하여 교실 환경구성계획 및 흥미 영역별로 제시할 교재 · 교구의 정리
↓	
주간보육계획안	• 매주 소주제에 따라 다루어질 활동 내용을 주간계획으로 조직 · 제시 • 주간보육계획안에 포함될 내용: 대상 연령, 학급명, 영유아 수, 주제 및 소주제, 목표 또는 주요 내용, 실내 · 외 환경 구성, 다루어질 주제 관련 내용, 기본생활습관, 실외 활동과 견학, 일과 관련 사항, 행사 등
↓	
일일보육계획안	• 일일보육계획은 보육내용에 적합한 다양한 활동으로 구성하여 표준보육과정의 영역별 목표가 균형 있게 달성되도록 통합적으로 작성 • 보육교사가 하루일과 속에서 하나의 주제를 가지고 이야기 나누기, 언어 활동, 수 · 조작 활동, 과학 활동, 표현 활동, 역할 및 쌓기 활동 등 다양한 활동을 연계하여 적용
↓	
활동계획안	• 활동계획은 표준보육과정의 영역, 내용, 수준과 영유아의 발달 특성과 흥미를 고려하여 활동목표와 활동 방법을 작성

|그림 5-3| 보육계획안의 구성

영유아를 위한 보육과정은 대상 연령의 폭이 넓고, 동일 연령 내에서도 개인차와 발달 수준의 차이를 고려한 다양한 보육과정이 계획될 수 있다. 따라서 보육과정의 계획은 영유아의 연령이나 발달 특성별로 구분하여 연간 · 월간 · 주간 · 일일보육계획을 일관성 있게 작성해야 한다.

이러한 점을 감안하여 여기에서는 보육과정의 계획을 편의상 만 0~2세 영아와 만 3~5세 유아의 연령별로 구분하여 연간보육계획, 월간보육계획, 주간보육계획, 일일보육계획, 활동계획으로 다음과 같이 제시하였다.

(1) 연간보육계획

연간보육계획은 영유아를 위하여 일 년 동안 어린이집에서 이루어지는 전체 프로그램에 대한 포괄적인 계획으로, 일 년 동안 어린이집에서 실행해야 할 보육목표와 보육내용을 한눈에 파악할 수 있도록 제시한 것으로 어린이집 보육과정 운영의 근간이 된다. 따라서 연간보육계획은 보육과정이 지향하는 목적과 철학에 기초하여 작성한다. 또한 표준보육과정에서 제시하고 있는 보육의 목표, 내용 등을 고려하여 영유아의 흥미, 지역사회 실정, 부모의 요구, 어린이집에서 이루어지는 연간 행사 일정을 고려하여 작성한다.

학기 초에는 영유아의 주변 환경과 밀접한 관계가 있으며 친숙하고 익숙한 내용을 보육 주제로 시작하는 것이 바람직하며, 점차 새로운 내용, 교사의 도움이 필요한 내용, 멀어진 환경을 다루는 내용으로 확장시켜 가도록 한다.

① 영아(만 0~2세)

연령이 어린 영아를 위한 연간보육계획은 주제와 관련된 개념 습득 위주보다는 영아의 발달 특성과 요구에 맞는 다양한 활동을 제시하는 것이 중요하다. 즉, 학습을 위한 주제를 선정하기보다는 영아의 삶과 친숙한 주제에서 획득해야 할 필요성이 있는 추상적인 주제로 확대되도록 연간 주제를 선정한 후 소주제를 결정하는 것이 좋다. 이때 다른 연령과의 연계를 고려하여 주제 및 소주제를 선정하는 것이 바람직하다.

일반적으로 연간보육계획은 계절, 행사 등을 고려하여 주제를 중심으로 구성하지만, 연령이 어린 영아의 경우에는 반드시 주제에 얽매이지 않아도 무방하다. 특히 영아의 경우에는 급속한 발달과 성장이 일어나는 시기이므로 영아의 발달에 적합하고 개별적인 특성을 반영한 보육과정의 계획이 필요하다. 영아를 위한 보육과정은 일상생활 경험들이 모두 교육적으로 의미 있는 경험이 되도록 계획되어야 한다.

학기 초에는 영아가 새로운 환경에 적응할 수 있도록 도와주는 초기 적응과 관련된 주제 즉, 교사와의 애착 형성, 인사하기, 낮잠, 놀이 등을 선정할 수 있다. 그리고 영양 섭취, 수면, 배변 등의 신체적인 욕구 충족이 고려된 내용 및 신체적 보호와 안전을 위한 내용을 고려하여 선정한다. 그리고 점차 새로운 내용으로 확장시켜 내용을 선정한다.

다음은 영아반 연간보육계획의 수립 원리를 연령으로 구분하여 제시한 내용이다(보건복지부, 2013).

- 영아반 연간보육계획을 수립할 때는 1년 동안 해당 영아가 달성해야 할 보육목표와 내용을 주제로 묶어 제시한다.
- 영아를 위한 연간보육계획의 주제는 영아의 발달 특성과 흥미에 기초하여 선정하되, 표준보육과정의 전 영역이 포함될 수 있도록 한다.
- 연간 주제는 동일 연령 내에서, 그리고 연령이 증가할수록 영아에게 친숙하고 구체적이며 자주 경험하는 것에서부터 점차 추상적이고 멀어진 환경에 대한 주제가 포함되도록 배열한다.
- 0세는 월령에 따라 발달적 차이가 크고 일상적 양육 활동이 놀이 활동에 비해 많은 부분을 차지하도록 계획해야 한다. 따라서 0세를 위한 연간 주제는 0세의 발달 특성과 발달과업을 중심으로 세상에 대한 호기심, 애착을 보이는 사람과 사물을 중심으로 주제를 선정하며, 이때 만 1세와의 연계를 고려하여 주제를 선정한다.
- 만 1세는 일상적 양육 활동과 함께 0세에 비해 놀이 활동이 점점 늘어나는 시기이다. 따라서 만 1세를 위한 연간 주제는 만 1세의 발달 특성과 발달과업, 적응, 계절, 어린이집이나 지역사회의 특성을 반영하되, 0세 및 만 2세와의 연계성을 고려하여 선정한다.
- 만 2세는 만 0~1세에 비해 일상적 양육 활동과 함께 놀이 활동의 비중이 커지는 시기이다. 따라서 만 2세를 위한 연간 주제는 만 2세의 발달 특성을 반영하여 어린이집-나-가족-친구로 관계를 확장해나가고, 동시에 계절의 변화, 흥미와 관심 등을 반영하는 주제를 선정한다.
- 혼합 연령반은 혼합된 두 연령 모두를 고려하여 주제를 선정하고, 수준 차이 나는 활동을 계획한다. 이때 혼합된 두 연령 중 영아의 수가 많은 연령을 기준으로 주제

를 선정하기보다는 연령이 많든 적든 발달 수준을 고려하여 주제를 선정한다. 예를 들어, 만 1세보다 만 2세가 더 많은 만 1~2세 혼합 연령반의 연간 주제를 선정할 때 만 2세가 전체적으로 생일이 늦거나 발달 수준이 만 1세와 유사할 때는 만 1세 중심의 주제를 선정하되, 주제별 보육계획을 수립할 때 일부 활동에 대해서는 두 수준을 모두 고려한 수준 차이 나는 활동을 계획한다.

- 연간 주제는 어린이집에서 이루어지는 연간 행사의 일정과 연계하여 계획하되, 만 0~1세는 행사와 연계하지 않아도 무방하다.
- 또한 연간 주제는 국가 수준에서 제시하는 주제 이외에 지역의 문화와 특성, 사회적 이슈, 어린이집의 보육철학 및 특성, 영아의 발달 특성 혹은 흥미를 반영한 새로운 주제를 선정하여도 무방하다.

영아(만 0~2세)를 위한 연간보육계획의 주제 및 소주제 예시는 다음 |표 5-1|, |표 5-2|, |표 5-3|과 같다.

|표 5-1| 연간보육계획의 예(0세)

주제	소주제	주제	소주제
낯설어요	엄마와 함께 해요	놀이는 재미있어요 I	움직이는 놀잇감
	선생님을 만나요		구멍이 있는 놀잇감
	선생님을 만져봐요		굴러가는 놀잇감
	선생님과 놀아요		까꿍 놀잇감
	익숙해졌어요		소리가 나는 놀잇감
느껴보아요	씻으며 느껴요	놀이는 재미있어요 II	통 · 상자놀이
	입으며 느껴요		헝겊 천놀이
	먹으며 느껴요		공놀이
	놀며 느껴요		악기놀이
	자연을 느껴요		그릇놀이
움직여요	누워서 움직여요	좋아해요	마주봐요
	앉아서 움직여요		안아줘요
	기어요		같이 해봐요
	서고 걸어요		함께 웃어요
	잡아 보아요		사랑해요

|출처| 보건복지부(2013). 어린이집 표준보육과정에 기초한 영아보육 프로그램(0~2세).

| 표 5-2 | 연간보육계획의 예(만 1세)

<table>
<tr><th>주제</th><th>주</th><th>소주제</th><th>주제</th><th>주</th><th>소주제</th></tr>
<tr><td rowspan="8">새로운 것이 낯설어요</td><td>1</td><td rowspan="2">어린이집에 왔어요</td><td rowspan="6">나는 할 수 있어요</td><td>1</td><td rowspan="2">즐겁게 할 수 있어요</td></tr>
<tr><td>2</td><td>2</td></tr>
<tr><td>3</td><td rowspan="2">만나고 친해져요</td><td>3</td><td rowspan="2">말할 수 있어요</td></tr>
<tr><td>4</td><td>4</td></tr>
<tr><td>5</td><td rowspan="2">우리 반에 무엇이 있을까?</td><td>5</td><td rowspan="2">찾을 수 있어요</td></tr>
<tr><td>6</td><td>6</td></tr>
<tr><td>7</td><td rowspan="2">밖으로 나가 보아요</td><td rowspan="7">움직이는 것이 재미있어요</td><td>1</td><td rowspan="2">바깥놀이는 재미있어요</td></tr>
<tr><td>8</td><td>2</td></tr>
<tr><td rowspan="10">느낄 수 있어요</td><td>1</td><td rowspan="2">만져보아요</td><td>3</td><td rowspan="3">몸을 움직여요</td></tr>
<tr><td>2</td><td>4</td></tr>
<tr><td>3</td><td rowspan="2">살펴보아요</td><td>5</td></tr>
<tr><td>4</td><td>6</td><td rowspan="2">움직이게 할 수 있어요</td></tr>
<tr><td>5</td><td rowspan="2">들어보아요</td><td>7</td></tr>
<tr><td>6</td><td rowspan="9">좋아하는 놀이가 있어요</td><td>1</td><td rowspan="2">그림책으로 놀아요</td></tr>
<tr><td>7</td><td rowspan="2">맡아보아요</td><td>2</td></tr>
<tr><td>8</td><td>3</td><td rowspan="2">춤추고 놀이해요</td></tr>
<tr><td>9</td><td>맛보아요</td><td>4</td></tr>
<tr><td>10</td><td>온몸으로 느껴보아요</td><td>5</td><td rowspan="3">흉내내요</td></tr>
<tr><td rowspan="8">놀이할 수 있어요</td><td>1</td><td rowspan="2">놀잇감은 재미있어요 1</td><td>6</td></tr>
<tr><td>2</td><td>7</td></tr>
<tr><td>3</td><td rowspan="2">놀잇감은 재미있어요 2</td><td>8</td><td rowspan="2">응가, 쉬 놀이가 좋아요</td></tr>
<tr><td>4</td><td>9</td></tr>
<tr><td>5</td><td rowspan="2">물놀이는 재미있어요</td><td rowspan="4">새로운 것도 좋아요</td><td>1</td><td rowspan="2">함께 놀아요</td></tr>
<tr><td>6</td><td>2</td></tr>
<tr><td>7</td><td rowspan="2">까꿍놀이는 재미있어요</td><td>3</td><td rowspan="2">선생님이 좋아요</td></tr>
<tr><td>8</td><td>4</td></tr>
</table>

| 출처 | 보건복지부(2013). 어린이집 표준보육과정에 기초한 영아보육 프로그램(0~2세).

| 표 5-3 | 연간보육계획의 예(만 2세)

주제	주	소주제
어린이집이 좋아요	1	나는 ○○반이에요
	2	엄마, 아빠와 헤어질 수 있어요
	3	우리 반 선생님과 친구들이에요
	4	재미있는 놀잇감이 있어요
	5	내가 좋아하는 놀잇감이에요
	6	편안하게 지내요
	7	안전하게 놀아요
봄나들이 가요	1	바깥놀이가 재미있어요
	2	안전하게 바깥놀이해요
	3	꽃구경은 즐거워요
	4	벌레가 꿈틀꿈틀해요
	5	봄나들이 갈까요
나는요	1	나는 ○○○이에요
	2	내 몸을 살펴보아요
	3	나는 느껴요
	4	내가 좋아하는 것이 있어요
	5	혼자서도 잘해요
재미있는 여름이에요	1	날씨가 더워졌어요
	2	비가 많이 와요
	3	깨끗하게 씻어요
	4	물놀이가 재미있어요 1
	5	물놀이가 재미있어요 2
	6	여행을 가요
	7	

주제	주	소주제
나는 가족이 있어요	1	엄마 아빠가 좋아요
	2	우리 가족을 흉내내요 1
	3	우리 가족을 흉내내요 2
	4	우리 가족을 소개해요 1
	5	우리 가족을 소개해요 2
동물놀이 해요	1	여러 가지 동물이 있어요
	2	엄마 동물 아기 동물
	3	동물처럼 소리를 내어보아요
	4	동물처럼 움직여보아요
	5	○○반이 좋아하는 동물
	6	동물을 사랑해요
알록달록 가을이에요	1	가을이에요
	2	가을나들이
	3	단풍이 물들어요
	4	자연물로 놀이해요
	5	알록달록 색깔나라
	6	재미있는 그리기 나라
겨울과 모양을 즐겨요	1	여러 가지 모양이 있어요
	2	모양놀이해요
	3	즐거운 성탄이에요
	4	추워요
	5	따뜻하게 지내요
나는 친구가 있어요	1	내 친구가 좋아요
	2	친구와 함께하는 놀이가 있어요
	3	우리는 ○○살(설날)
	4	형 · 언니가 되었어요
	5	즐거웠던 우리 반이에요
	6	

| 출처 | 보건복지부(2013). 어린이집 표준보육과정에 기초한 영아보육 프로그램(0~2세).

연간보육계획의 단계에서 먼저 1년 동안 보육 활동에서 다룰 주제가 정해지면 주제에 따른 소주제를 선정한다. 영아반을 위한 소주제 선정의 원리는 다음과 같다(보건복지부, 2013).

- 0세는 6개의 주제를 중심으로 각 주제별로 5개의 소주제를 선정, 총 30개의 소주제로 구성하는 것이 일반적이다. 이에 따라 1개의 주제를 6~8주 정도까지 진행할 수 있으며, 영아의 월령과 관심 정도에 따라 동시에 2개의 주제를 진행할 수도 있다. 1개의 소주제는 1~2주간 진행하되, 교사는 한 반으로 구성된 영아의 월령에 따른 발달 수준과 반응을 고려하여 진행 기간을 융통성 있게 조정할 수 있어야 한다.
- 만 1세는 7개의 주제를 중심으로 각 주제별로 2~6개의 소주제를 선정, 총 26개의 소주제로 구성되는 것이 일반적이다. 이에 따라 1개의 주제를 4주 이상, 경우에 따라서는 10주까지도 진행할 수 있으며, 1개의 소주제는 영아의 흥미와 관심 정도에 따라 2~3주까지 반복할 수도 있다.
- 만 2세는 9개의 주제를 중심으로 각 주제별로 5~7개의 소주제를 선정, 총 50개의 소주제로 구성한다. 이에 따라 1개의 주제를 5~7주간 진행할 수 있으며, 영아의 흥미와 관심 정도에 따라 소주제 간 통합이나 확장 등을 융통성 있게 진행하는 것이 바람직하다.

활동하기

◈ 앞서 제시한 연령별 연간보육계획의 주제와 소주제를 참고로 하여 연간보육계획을 수립해 보자.

- 0세, 만 1세, 만 2세 연령 중 하나의 연령을 선택하여 앞서 제시한 '영아반 연간보육계획의 수립 원리'와 '영아반을 위한 소주제 선정 원리'를 참고로 하여 연간보육계획을 수립해 보자. 단 국가 수준에서 제시하는 주제 이외에 해당 지역의 특성과 문화, 사회적 이슈, 해당 어린이집의 보육철학 및 특성, 영아의 발달 특성 혹은 흥미를 반영한 새로운 주제를 선정하여도 무방하므로 연간보육계획에서 다루고자 하는 주제 중 1~2개는 새로운 주제를 선정하여 포함하도록 하자.

- 해당 연령은? (　　　　)세

- 주제의 개수는? (　　　　)개

- 연간보육계획에서 다루고자 하는 주제들을 나열해 보자.

- 해당 지역의 특성, 해당 어린이집의 보육철학 및 특성, 영아의 발달 특성 혹은 흥미를 반영한 새로운 주제에는 어떤 것들이 있는가?

② 유아(만 3~5세)

영아기와 달리 유아기는 호기심이 많고 독립적인 발달 양상을 나타내므로 이런 발달 특성을 보육과정의 계획시 반영해야 한다. 따라서 유아를 위한 연간보육계획은 유아의 발달에 적합하고, 교육적 의미가 담긴 흥미로운 주제를 선택하여 통합적 보육 프로그램으로 계획되어야 한다. 그러나 유아를 위한 연간보육계획은 연령에 따라 차이가 있을 수 있다. 좀 더 어린 시기인 만 3세의 경우에는 다소 포괄적인 주제를 다루고, 기본생활습관, 긍정적인 자아 개념을 기를 수 있는 활동들은 반복적으로 경험하도록 계획할 수 있다. 만 4세의 경우는 만 3세보다 더 구체적인 주제의 선정을 하는 것이 바람직하다. 그리고 만 5세 유아의 경우는 전인적인 발달을 촉진하기 위해 유아의 흥미와 욕구를 고려하여 보다 구체적이고 세분화된 주제 선정을 하고 체계적으로 계획되어야 한다.

다음은 유아반 연간보육계획의 수립 원리를 연령으로 구분하여 제시한 내용이다(보건복지부, 2013).

- 만 3세 유아를 위한 연간보육계획은 기본생활습관 형성, 급격한 신체발달, 긍정적인 자아존중감과 독립심의 형성, 다양한 정서적 표현, 자신의 생각이나 느낌을 언어로 표현하기 등 유아의 일상적인 경험이 전반적으로 다루어질 수 있도록 포괄적으로 계획하는 것이 좋다.
- 만 4세 유아를 위한 연간보육계획은 기초적인 문해력, 타인의 정서 표현 인식과 자신의 정서 조절, 자율성 증진, 또래와의 안정적인 관계 맺기, 다양한 환경에 대한 이해, 기초적인 탐구력 등을 강조하는 보육 활동에 초점을 주고 만 3세 유아보다는 구체적인 주제를 선정하는 것이 좋으며 동일한 주제라 할지라도 주제 안에서 난이도를 달리하여 심화 확장할 수 있다.
- 만 5세를 위한 연간보육계획은 3-5세 누리과정의 만 5세에 해당하는 세부 내용을 기초로 1년 동안 운영해야 할 보육 활동을 12개 내외의 주제로 선정하여 수립하는 것이 일반적이다. 만 5세의 주제와 소주제를 선정할 때는 만 5세의 발달 특성과 흥미, 계절, 사회적인 특별한 상황이나 사건들을 반영하되 유아의 사전 경험도 충분히 고려하여 선정하는 것이 바람직하다.

- 혼합 연령반은 혼합된 두 연령 모두를 고려하여 연간 주제를 선정하고, 수준 차이 나는 활동을 계획한다. 이때 혼합된 두 연령 중 영아의 수가 많은 연령을 기준으로 주제를 선정하기보다는 연령이 많든 적든 발달 수준을 고려하여 주제를 선정한다. 연간 주제는 각 연령이 경험해야 하는 중복된 주제를 우선적으로 선정하여 5세가 포함된 혼합반은 취학 전의 필요한 내용이 골고루 경험되도록 연간 주제와 소주제를 선정하는 것이 필요하다.
- 연간 주제와 소주제는 어린이집에서 이루어지는 연간 행사의 일정과 연계하여 계획한다.
- 또한 연간 주제와 소주제는 국가 수준에서 제시하는 주제 이외에 지역의 특성이나 문화, 사회적 이슈, 어린이집의 보육철학 및 특성, 영아의 발달 특성 혹은 흥미를 반영한 새로운 주제를 선정하여도 무방하다.

유아(만 3~5세)를 위한 연간보육계획의 주제 및 소주제 예시는 다음 |표 5-4|, |표 5-5|, |표 5-6|과 같다.

| 표 5-4 | 연간보육계획의 예(만 3세)

월	주제	주	소주제
1	어린이집과 친구	1	어린이집의 환경
		2	어린이집에서의 하루
		3	어린이집에서 만난 친구
		4	함께 만드는 어린이집
4	봄	1	봄의 날씨
		2	봄의 풍경
4~5	동 · 식물과 자연	1	궁금한 동 · 식물
		2	동 · 식물과 우리 생활
		3	식물과 우리 생활
		4	자연과 더불어 사는 우리
5	나와 가족	1	나의 몸과 마음
		2	소중한 나
		3	소중한 가족
		4	행복한 우리 집
6	우리 동네	1	우리 동네 모습
		2	우리 동네 생활
		3	우리 동네 사람들
7	건강한 안전	1	즐거운 운동과 휴식
		2	깨끗한 나와 환경
		3	맛있는 음식과 영양
		4	안전한 놀이와 생활
8	여름	1	여름의 날씨
		2	여름 꽃과 과일
9	우리나라	1	우리나라 사람들의 생활
		2	우리나라의 놀이와 예술
		3	우리나라의 역사와 자랑거리
9~10	가을과 열매	1	가을 풍경
		2	가을의 변화
		3	풍성한 가을
		4	추석과 놀이
		5	가을 나들이

〈계속〉

월	주제	주	소주제
11	환경과 생활	1	물과 우리 생활
		2	돌 · 흙과 우리 생활
		3	바람 · 공기와 우리 생활
		4	빛과 우리의 생활
		5	소리와 우리의 생활
12	겨울과 놀이	1	겨울 날씨
		2	겨울 풍경
		3	사랑을 나눠요
		4	건강한 겨울나기
		5	눈과 눈사람
1	생활도구	1	다양한 생활도구
		2	생활도구를 움직이는 힘
		3	생활도구로서의 미디어
2	형님이 되어요	1	많이 컸어요
		2	동생들에게 알려 주어요
		3	형님이 될 준비를 해요
		4	즐거웠던 우리 반

| 출처 | 중앙보육정보센터(http://central.childcare.go.kr).

| 표 5-5 | 연간보육계획의 예(만 4세)

월	주제	주	소주제
3	어린이집과 친구	1	어린이집의 환경
		2	어린이집에서의 하루
		3	어린이집에서 만난 친구
		4	함께 만드는 어린이집
4	봄	1	봄의 변화
		2	봄의 풍경
4~5	동 · 식물과 자연	1	동 · 식물과 우리 생활, 궁금한 동 · 식물
		2	식물과 우리 생활, 궁금한 동 · 식물
		3	자연과 더불어 사는 우리
5	나와 가족	1	나의 몸과 마음
		2	소중한 나
		3	소중한 가족
		4	가족의 생활과 문화
6	우리 동네	1	우리 동네 모습, 우리 동네 생활
		2	우리 동네 사람들
		3	우리 동네 전통과 문화
6~7	건강한 안전	1	즐거운 운동과 휴식 깨끗한 나와 환경
		2	맛있는 음식과 영양
		3	안전한 놀이와 생활
7	여름	1	여름의 날씨와 물놀이
		2	여름 풍경
7~8	교통기관	1	여러 가지 육상 교통기관
		2	고마운 육상 교통기관
		3	항공/해상 교통기관
		4	즐거운 교통생활
8~9	우리나라	1	우리나라 사람들의 생활
		2	우리나라의 놀이와 예술
		3	우리나라의 역사, 우리나라의 자랑거리
9	세계 여러 나라	1	세계 여러 나라 사람들의 생활
		2	세계 여러 나라의 문화유산
		3	세계 여러 나라와의 교류, 세계의 자연과 사회현상

〈계속〉

월	주제	주	소주제
10	가을과 열매	1	가을 풍경
		2	가을의 변화
		3	풍성한 가을
		4	추석과 놀이
		5	가을 나들이
11	환경과 생활	1	물과 우리 생활
		2	돌 · 흙과 우리 생활
		3	바람 · 공기와 우리 생활
		4	빛과 우리의 생활, 소리와 우리 생활
12	겨울과 놀이	1	겨울 날씨(1권)
		2	겨울 풍경(1권)
		3	감사와 사랑을 나눠요
		4	건강한 겨울나기
		5	신나는 겨울놀이
1	생활도구	1	다양한 생활도구
		2	생활도구를 움직이는 힘
		3	생활도구로서의 미디어, 미래의 생활도구
2	형님이 되어요	1	많이 컸어요
		2	동생들에게 알려 주어요
		3	형님이 될 준비를 해요
		4	즐거웠던 우리 반

| 출처 | 중앙보육정보센터(http://central.childcare.go.kr).

|표 5-6| 연간보육계획의 예(만 5세)

월	주제	주	소주제
3	즐거운 어린이집	1	새로 만난 우리 반
		2	새로 꾸민 우리 반
		3	어린이집 탐험
		4	사이좋은 친구
4~5	봄과 동 · 식물	1	봄의 모습
		2	식물의 봄맞이
		3	동물들의 봄맞이
		4	우리들의 봄 이야기
5	소중한 가족	1	소중한 나
		2	나와 우리 가족
		3	함께 하는 가족놀이
		4	여러 가족의 모습
6	우리 동네	1	우리 동네 모습
		2	우리 동네 기관 1
		3	우리 동네 기관 2
		4	다양한 직업
		5	함께 하는 우리 이웃
7	신나는 여름	1	여름의 모습
		2	건강한 여름나기
		3	즐거운 물놀이 1
		4	즐거운 물놀이 2
8	교통과 안전	1	내가 궁금한 교통수단
		2	편리한 교통시설
		3	미래의 교통수단
		4	안전한 교통문화
9	세계 속의 우리나라	1	우리나라의 생활
		2	우리나라의 문화유산
		3	세계 여러 나라와 사람들
		4	세계 여러 나라의 생활
		5	함께 하는 세계

〈계속〉

월	주제	주	소주제
10	가을과 자연	1	가을의 변화
		2	가을 곡식과 열매
		3	우리들의 가을 이야기 · 추석
		4	가을 나무와 숲
11	지구와 환경	1	우리가 사는 지구
		2	지구의 변화
		3	고마운 지구
		4	지구의 보호
12	겨울과 놀이	1	겨울의 모습
		2	동 · 식물의 겨울나기
		3	겨울철 건강과 안전
		4	이웃과 함께 하는 겨울
		5	새해맞이와 놀이
1	기계와 생활	1	편리한 생활도구
		2	우리 주변의 기계
		3	우리는 발명가
		4	미래의 생활
2	초등학교에 가요	1	궁금한 초등학교
		2	일학년이 되면
		3	즐거웠던 어린이집 1
		4	즐거웠던 어린이집 2

| 출처 | 중앙보육정보센터(http://central.childcare.go.kr).

다음은 만 3세 누리과정에 기초한 어린이집 프로그램(2013)에서 제시된 연간보육계획을 수정하여 운영한 예시이다(보건복지부, 2014).

만 3세 누리과정에 기초한 어린이집 프로그램(2013)에서 제시된 연간보육계획

월	주제	주	소주제	실시 기간
3	어린이집과 친구	1	어린이집의 환경	3월 1주 ~4주
		2	어린이집에서의 하루	
		3	어린이집에서 만난 친구	
		4	함께 놀이하는 어린이집	
4	봄	1	봄의 날씨	4월 1주 ~2주
		2	봄의 풍경	
4~5	동 · 식물과 자연	1	궁금한 동 · 식물	4월 3주 ~5월 2주
		2	동물과 우리 생활	
		3	식물과 우리 생활	
		4	자연과 더불어 사는 우리	
5~6	나와 가족	1	나의 몸과 마음	5월 3주 ~6월 1주
		2	소중한 나	
		3	소중한 가족	
		4	행복한 우리 집	
6	우리 동네	1	우리 동네 모습	6월 2주 ~4주
		2	우리 동네 생활	
		3	우리 동네 사람들	
7	건강과 안전	1	즐거운 운동과 휴식	7월 1주 ~4주
		2	깨끗한 나와 환경	
		3	맛있는 음식과 영양	
		4	안전한 놀이와 생활	

연간보육계획 수정 예시

월	주제	주	소주제
3	어린이집과 친구	1	어린이집의 환경
		2	어린이집에서의 하루
		3	어린이집에서 만난 친구
		4	함께 놀이하는 어린이집
4	봄/ 동 · 식물과 자연	1	봄의 날씨
		2	봄의 풍경
		3	궁금한 동 · 식물
		4	동 · 식물과 우리 생활*
		5	자연과 더불어 사는 우리
5	나와 가족	1	나의 몸과 마음
		2	소중한 나
		3	소중한 가족
		4	행복한 우리 집
6	우리 동네	1	우리 동네 모습
		2	우리 동네 생활
		3	우리 동네 사람들 Ⅰ**
		4	우리 동네 사람들 Ⅱ**
7	건강과 안전	1	즐거운 운동과 휴식
		2	깨끗한 나와 환경
		3	맛있는 음식과 영양
		4	안전한 놀이와 생활

* 만 3세 누리과정에 기초한 어린이집 프로그램(2013)의 소주제를 통합하여 계획한 예

** 만 3세 누리과정에 기초한 어린이집 프로그램(2013)의 소주제를 나누어 2주간 반복 계획한 예

| 출처 | 보건복지부(2014). 제3차 어린이집 표준보육과정에 기초한 연령별 보육 프로그램의 활용.

위의 예시는 유아를 위한 보육 활동을 계획할 때 어린이집의 특성, 유아의 흥미과 발달 특성, 지역사회 문화, 사회적 이슈 등을 반영하여, 한 달에 한 개의 주제를 진행할 수도 있지만 한 달에 두 개의 주제를 선정하여 진행하는 등 융통성 있게 변화를 주어 운영할 수 있음을 나타내 준다.

활동하기

◈ 다음은 앞서 제시한 만 3, 4, 5세 연령별 연간보육계획의 주제와 소주제 중 만 5세 연간 보육계획의 하반기 일부를 제시한 것이다. 해당 지역의 특성과 문화, 사회적 이슈, 해당 어린이집의 보육철학 및 특성, 영아의 발달 특성 혹은 흥미를 반영하여 연간보육계획의 일부를 수정 및 보완하여 수립해보도록 하자. 아래 〈보기〉에서 적합한 주제를 찾아 넣어 보세요.

- 각자 어린이집 상황에 맞게 수정 및 보완할 때는 그 해의 달력을 참고로 하여 월별로 4주 또는 5주로 재편성할 수 있다.

월	주제	주	소주제
9	세계 속의 우리나라	1	우리나라의 생활
		2	우리나라와 문화유산
		3	세계 여러 나라와 사람들
		4	세계 여러 나라의 생활
		5	함께 하는 세계
10	가을과 자연	1	가을의 변화
		2	가을 곡식과 열매
		3	우리들의 가을 이야기-추석
		4	가을 나무와 숲
11	지구와 환경	1	우리가 사는 지구
		2	지구의 변화
		3	고마운 지구
		4	지구의 보호
12	겨울과 놀이	1	겨울의 모습
		2	동·식물의 겨울나기
		3	겨울철 건강과 안전
		4	이웃과 함께 하는 겨울
		5	새해맞이와 놀이
1	기계와 생활	1	편리한 생활도구
		2	우리 주변의 기계
		3	우리는 발명가
		4	미래의 생활
2	초등학교에 가요	1	궁금한 초등학교
		2	일학년이 되면
		3	즐거웠던 어린이집 1
		4	즐거웠던 어린이집 2

»

월	주제	주	소주제
9	세계 속의 우리나라	1	(　　　　　)*
		2	(　　　　　)**
		3	(　　　　　)***
		4	세계 여러 나라와 사람들
10	(　　)/ 가을과 자연	1	세계 여러 나라의 생활
		2	함께 하는 세계
		3	가을의 변화
		4	가을 곡식과 열매
		5	가을 나무와 숲
11	지구와 환경	1	우리가 사는 지구
		2	지구의 변화
		3	고마운 지구
		4	지구의 보호
12	겨울과 놀이	1	겨울의 모습
		2	동·식물의 겨울나기
		3	겨울철 건강과 안전
		4	이웃과 함께 하는 겨울
1	(　　)/ 기계와 생활	1	(　　　　　)****
		2	(　　　　　)****
		3	(　　　　　)*
		4	우리는 발명가
		5	미래의 생활
2	초등학교에 가요	1	궁금한 초등학교
		2	일학년이 되면
		3	즐거웠던 어린이집 1
		4	즐거웠던 어린이집 2

* 5세 누리과정에 기초한 어린이집 프로그램(2012)의 소주제를 통합하여 계획한 예
** 지역사회 특성이나 문화를 반영하여 소주제를 추가한 예
*** 명절 등을 고려하여 5세 누리과정에 기초한 어린이집 프로그램(2012)의 소주제 순서를 바꾸어 계획한 예
**** 5세 누리과정에 기초한 어린이집 프로그램(2012)의 소주제를 나누어 2주간 반복 계획한 예

〈보기〉

우리나라의 생활과 문화유산	우리 지역 문화유산 답사	우리들의 가을 이야기: 추석
세계 속의 여러 나라	겨울과 놀이	새해맞이와 놀이 1
새해맞이와 놀이 2	우리 주변이 편리한 생활도구와 기계	

(2) 월간보육계획

월간보육계획은 연간보육계획과 연계성이 유지되도록 작성하며, 활동의 형태를 고려하여 구성하는 것이 바람직하다. 월간보육계획은 주제에 따른 전체 활동을 포함하며, 기관의 행사나 견학 등의 특별한 활동의 계획이 포함된다.

① 영아(만 0~2세)

영아를 위한 보육 활동은 일상생활 활동과 놀이 활동으로 구성되는데, 영아를 위한 월간보육계획은 이러한 영아의 활동 형태를 고려하여 수립하는 것이 바람직하다. 영아의 발달에 적합한 활동인지를 우선적으로 고려하고, 영아의 발달 특성을 고려한 개별 활동을 중심으로 구성해야 한다.

또한 영아반의 경우 연간 주제를 월별로 1개씩 수립하여 운영하지 않는다. 어린이집의 개별적 상황을 반영하여 소주제의 진행 기간을 조절하여 운영할 수 있으므로 주제별 보육계획을 수립하는 것이 일반적이다. 따라서 월간보육계획이라는 용어보다는 주제별 보육계획안이란 용어를 사용한다.

만 0~2세 주제별 보육계획안 속에는 등원 및 맞이하기, 기본생활 및 안전, 일상생활, 실내 자유놀이, 실외놀이, 귀가 및 가정과의 연계 등의 활동으로 구성하되 연령을 고려하여 용어를 다르게 표현하거나 영역을 점차 세분화하여 계획한다.

| 표 5-7 | 주제별 보육계획안의 연령별 일상생활과 실내자유놀이 유형

구분	0세	만 1세	만 2세
일상생활	• 수유 및 이유, 낮잠, 기저귀 갈이	• 점심 및 간식, 낮잠, 기저귀 갈이 · 배변 등	• 점심 및 간식, 낮잠, 배변 등
실내자유놀이	• 신체, 언어, 감각 · 탐색	• 신체, 언어, 감각 · 탐색, 역할 · 쌓기	• 신체, 언어, 감각 · 탐색, 역할 · 쌓기, 미술, 음률

다음 | 표 5-8 | 은 영아를 위한 0세 주제별 보육계획안의 예이다.

| 표 5-8 | 영아를 위한 주제별 보육계획안의 예(0세)

주제		낯설어요				
소주제		엄마와 함께 해요	선생님을 만나요	선생님을 만져봐요	선생님과 놀아요	익숙해졌어요
교사의 준비 및 보육실 점검		☐ 보육실 환기하기 ☐ 보육실 청결 및 세팅하기 ☐ 수유용품 및 몸 준비하기 ☐ 위생용품 준비하기 ☐ 영아의 개별 소지품 확인하기 ☐ 일일보고서 작성 준비하기 ☐ 보육용품이나 비품의 모서리 보호대 점검하기				
맞이하기 및 가정과의 연계		☐ 집에서의 영아의 상태나 특이 사항에 대해 이야기 나누기 ☐ 체온 재기 ☐ 영아의 컨디션 시진하기 ☐ 투약의뢰 살피기				
		엄마와 함께 놀러가요		엄마와 선생님이 인사해요		
일상생활	수유 및 이유	☐ 교사의 손 씻기 ☐ 우유나 이유식 준비하기 ☐ 이유 테이블 닦기 ☐ 수건, 휴지 등 위생용품 준비하기				
		선생님에게 안겨 우유를 먹어요		이유식을 시작해요		
	낮잠	☐ 보육실 환기하기 ☐ 잠자리 매트 깔기 ☐ 커튼 치거나 조도 낮추기 ☐ 기저귀 확인하기 ☐ 자는 영아 수시로 살펴보기				
		매트에 누워보자, 쿨쿨		선생님의 토닥임을 느껴 보아요		
	기저귀 갈이	☐ 물휴지, 소독액 등 위생용품 준비하기 ☐ 기저귀 갈이 매트 소독하기 ☐ 기저귀 갈이 전 교사의 손 씻기 ☐ 기저귀 갈이 후 교사의 손 씻기				
		기저귀 가는 곳으로 가보아요		쉬, 응가를 하고 기저귀 가는 곳으로 기어가 보아요		
실내자유놀이	신체	영차영차, 엄마에게로	엄마와 같이 선생님과 놀아요	아이 간지러워	와르르 무너졌다	선생님이 밀어주는 자동차를 타요
		엄마와 함께 모빌을 만져봐요	손가락인형 잡기	선생님은 흔들의자		
	언어	내 이름은?	누구일까요?	돼지코놀이	선생님과 옹알이해요	똑똑똑
		누구 목소리일까?	엄마랑 선생님이랑 책을 보아요		딩동! 누구세요?	손 흔들어 안녕!
	감각 · 탐색	까꿍! 우리 가족들	선생님, 우리 선생님 여기!	'선생님, 안녕' 노래	없어졌다! 나타났다!	여기가 우리 반이에요
				우리 선생님 웃은요	선생님 노래 소리가 좋아요	
실외놀이		엄마와 어린이집 오는 길 둘러보기	어린이집 구경 가자	창문에서 바깥 (실외놀이터) 구경해요	선생님 품에 안겨 바깥 구경해요	유모차 타고 주변 산책하기
귀가 및 가정과의 연계		☐ 수유 및 이유 상황 전달하기 ☐ 영아의 건강 및 안전의 특이 사항 전달하기 ☐ 영아의 개별용품 점검 후 요청하기 ☐ 어린이집에서 영아의 활동 간략히 전달하기				
		엄마를 반갑게 만나요		엄마의 손을 잡고 집에 가요		

다음 | 표 5-9 | 는 영아를 위한 만 1세 주제별 보육계획안의 예이다.

| 표 5-9 | 영아를 위한 주제별 보육계획안의 예(만 1세)

<table>
<tr><td colspan="2">주제</td><td colspan="6">나는 할 수 있어요(6주)</td></tr>
<tr><td colspan="2" rowspan="2">주 / 소주제 / 활동</td><td>1주</td><td>2주</td><td>3주</td><td>4주</td><td>5주</td><td>6주</td></tr>
<tr><td colspan="2">즐겁게 할 수 있어요</td><td colspan="2">말할 수 있어요</td><td colspan="2">찾을 수 있어요</td></tr>
<tr><td colspan="2">등원 및 맞이하기</td><td colspan="4">도움 받아 내 신발장 찾기</td><td colspan="2">도움 받아 신발장에 신발을 정리하기</td></tr>
<tr><td colspan="2">기본생활 및 안전</td><td colspan="4">도움 받아 이를 닦아요</td><td colspan="2">먹을 수 있는 것만 먹어요</td></tr>
<tr><td rowspan="3">일상생활</td><td>점심 및 간식</td><td colspan="4">꼭꼭 씹고 삼켜요</td><td colspan="2">음식 먹고 입을 닦아요</td></tr>
<tr><td>낮잠</td><td colspan="4">선생님이 불러주는 전래동요 들으며 잠을 자요</td><td colspan="2">선생님이 그려주는 손바닥 그림</td></tr>
<tr><td>기저귀 갈이/ 배변 활동</td><td colspan="4">아기 인형이 응가해요</td><td colspan="2">팬티를 입어 보아요</td></tr>
<tr><td rowspan="4">실내자유놀이</td><td>신체</td><td>내 몸을 크게 작게</td><td>엉덩이 걸음마</td><td>낮은 골대에 공을 넣어요</td><td>네 발로 걸어요</td><td>내 서랍장에 스티커를 붙여요</td><td>왕 밤을 주워요</td></tr>
<tr><td>언어</td><td>"쉬~", "응가!" 말소리를 들어요</td><td>배변 그림책을 보아요</td><td>내 목소리를 녹음하여 들어요</td><td>'어디까지 왔니?' 전래 동요를 들어요</td><td>비밀 상자 속 물건 소리를 들어요</td><td>놀잇감 이름을 듣고 담아요</td></tr>
<tr><td>감각 · 탐색</td><td>동물 용기 까꿍놀이</td><td>촉감 기저귀를 만져보아요</td><td>한지에 색물을 뿌려요</td><td>양말 손인형으로 놀아요</td><td>크기대로 놓아요</td><td>계란판에 스티로폼 공을 쏙쏙~!</td></tr>
<tr><td>역할 · 쌓기</td><td>밀가루 반죽으로 응가놀이를 해요</td><td>인형을 변기에 앉혀요</td><td>보글보글 음식을 끓여요</td><td>음식 먹는 흉내를 내요</td><td>놀잇감 그림 블록 쌓기놀이 해요</td><td>바구니 들고 물건 사러 가요</td></tr>
<tr><td colspan="2">실외놀이</td><td colspan="2">소리 나는 통놀이</td><td colspan="2">울림통놀이</td><td colspan="2">비닐 가방에 자연물을 담아요</td></tr>
<tr><td colspan="2">귀가 및 가정과의 연계</td><td colspan="3">배변 훈련을 위한 가정과의 연계에 대해 알려주기</td><td colspan="3">내 물건을 함께 찾아 갖고 가요</td></tr>
<tr><td colspan="2">비고</td><td colspan="6">이 주제는 배변 훈련의 과정과 다양한 발달 영역에서 자신감과 성취감을 가질 수 있는 놀이의 기회를 제공하며 격려해주도록 한다.</td></tr>
</table>

활동하기

◈ 다음은 만 1세 월간(주제별) 보육계획입니다. 아래의 〈보기〉에서 소주제와 관련된 활동을 찾아 (　　　　　　)를 채워 봅시다.

<table>
<tr><td>일상생활 활동</td><td>혼자서 양말을 벗어요</td><td>숟가락, 포크를 사용해요</td><td>"쉬~", "응가!"라고 표현해요</td></tr>
<tr><td>활동명</td><td>• 삶은 달걀 톡톡톡
• 감각 터널을 지나가요
• 굴러라 참외야
• 소리 나는 구슬발을 지나가요</td><td>• 향기 나는 그림책을 보아요
• 봄을 부딪쳐서 소리내요
• 참외 맛보기/토마토 맛보기</td><td>• 소리 나는 블록 쌓아요
• 속닥속닥 작은 소리
• 놀잇감으로 소리내요</td></tr>
</table>

<table>
<tr><td colspan="2">월</td><td colspan="4">5월</td><td colspan="4">6월</td><td>7월</td></tr>
<tr><td colspan="2">주</td><td>1주</td><td>2주</td><td>3주</td><td>4주</td><td>1주</td><td>2주</td><td>3주</td><td>4주</td><td>1주</td></tr>
<tr><td colspan="2">소주제</td><td colspan="2">만져보아요</td><td colspan="2">살펴보아요</td><td colspan="2">들어보아요</td><td colspan="2">맡아보고 맛보아요</td><td>온몸으로 느껴 보아요</td></tr>
<tr><td colspan="2">목표</td><td colspan="2">• 촉감을 이용한 놀이를 반복하여 즐거움을 느낀다.
• 촉감놀이와 관련된 어휘를 익힌다.</td><td colspan="2">• 시각을 이용한 놀이를 반복하고 즐거움을 느낀다.
• 시각놀이와 관련된 어휘를 익힌다.</td><td colspan="2">• 청각을 이용한 놀이를 반복하고 즐거움을 느낀다.
• 청각놀이와 관련되니 어휘를 익힌다.</td><td colspan="2">• 후각과 미각을 이용한 놀이를 반복하고 즐거움을 느낀다.
• 후각과 미각놀이와 관련된 어휘를 익힌다.</td><td>• 몸을 이용한 놀이를 반복하고 즐거움을 느낀다.</td></tr>
<tr><td colspan="2">등원 및 맞이하기</td><td colspan="6">부모와 교사가 반갑게 인사하기</td><td colspan="3">부모가 친구들과 반갑게 인사하기</td></tr>
<tr><td rowspan="4">일상생활</td><td>기본생활 및 안전</td><td colspan="4">혼자서 양말을 벗어요
(　　①　　)</td><td colspan="4">양말을 서랍에 넣어요</td><td>내 물건을 찾아요</td></tr>
<tr><td>식사 및 간식</td><td colspan="4">즐겁게 먹어요</td><td colspan="4">숟가락, 포크를 사용해요
(　　②　　)</td><td>꼭꼭 씹어 먹어요</td></tr>
<tr><td>낮잠</td><td colspan="4">내 이불, 내 베개를 찾아요</td><td colspan="4">편안한 옷 입고 잠을 자요</td><td>이불을 덮고 잠을 자요</td></tr>
<tr><td>기저귀 갈이/배변활동</td><td colspan="4">친구들도 기저귀가 있어요</td><td colspan="4">기저귀를 휴지통에 버려요</td><td>쉬, 응가라고 표현해요
(　　③　　)</td></tr>
</table>

월		5월				6월				7월
주		1주	2주	3주	4주	1주	2주	3주	4주	1주
실내자유놀이	신체	둥근 고리 끼우기 놀이해요	촉감 신발 신고 걸어요	굴러가는 공을 따라가요	데굴데굴 색깔 물병	(④)	부엌 물건으로 '쿵짝쿵짝'	(⑤)	(⑥)	(⑦)
	언어	내 이름을 부르면 대답해요	울퉁불퉁 종이에 끼적여요	이게 뭐야?	물로 끼적인 그림을 보아요	(⑧)	토닥 토닥 발헤기 놀이	코코코	(⑨)	(⑩)
	감각·탐색	선생님과 로션을 발라요	친구 기저귀를 만져 보아요	색깔판으로 보아요	시무지로 놀아요	종이가 쿵쿵	(⑪)	간식 냄새를 맡아요	(⑫)	손발로 물도장을 찍어요
	역할·쌓기	소꿉 그릇에 밀가루 반죽을 담아요	촉감 블록으로 놀이해요	원통 블록으로 놀이해요	가방을 메고 다녀요	(⑬)	동물 소리 듣고 흉내 내요	우유 팩을 쌓아요	주스 따르는 흉내 내요	하얀 블록에 끼적여요
실외놀이		모래로 놀아요		색안경으로 공원을 보아요		소리 나는 신발을 신고 걸어요		향기 나는 꽃과 풀을 찾아요		바람이 불어요
귀가 및 가정과의 연계		놀이 사진을 함께 보아요				'누가 왔을까?' 목소리를 들어요				만났을 때 꼭 안아요

| 출처 | 보건복지부(2013). 어린이집 보육과정에 기초한 영아보육 프로그램 1세.

〈보기〉

이동 시 선생님과 함께 가요
소리 나는 구슬발을 지나가요
소리 나는 블록을 쌓아요
향기 나는 그림책을 보아요
참외 맛보기/토마토 맛보기
내 기저귀를 찾아요
삶을 달걀 톡톡톡
감각터널을 지나가요
굴러라 참외야
먹고 싶은 것을 손으로 가리켜요
놀잇감으로 소리내요
몸을 부딪혀서 소리내요
속닥속닥 작은 소리

다음 | 표 5-10 | 은 영아를 위한 만 2세 주제별 보육계획안의 예이다.

| 표 5-10 | 영아를 위한 주제별 보육계획안의 예(만 2세)

<table>
<tr><td colspan="2">주제</td><td colspan="7">어린이집이 좋아요(7주)</td></tr>
<tr><td colspan="2" rowspan="2">주
소주제
활동</td><td>1주</td><td>2주</td><td>3주</td><td>4주</td><td>5주</td><td>6주</td><td>7주</td></tr>
<tr><td>나는 ○○ 반이에요</td><td>엄마, 아빠와 기분 좋게 헤어질 수 있어요</td><td>우리 반 선생님과 친구들 이에요</td><td>재미있는 놀잇감이 있어요</td><td>내가 좋아 하는 놀잇 감이에요</td><td>편안하게 지내요</td><td>안전하게 놀아요</td></tr>
<tr><td colspan="2">등원 및 맞이하기</td><td colspan="4">엄마, 아빠와 손잡고 보육실 둘러보기</td><td colspan="3">선생님과 인사 나누고
보육실 둘러보기</td></tr>
<tr><td colspan="2">기본생활 및 안전</td><td colspan="4">내 사물함을 살펴봐요
화장실에서 조심해서 걷기</td><td colspan="3">선생님 도움 받아 겉옷 벗기
보육실에서 걸어 다니기</td></tr>
<tr><td rowspan="3">일상생활</td><td>점심 및 간식</td><td colspan="4">간식 먹기 전 손 씻기</td><td colspan="3">식사하기 전 손 씻기</td></tr>
<tr><td>낮잠</td><td colspan="4">자장가 들으며 낮잠 자기</td><td colspan="3">낮잠 동화 들으며 낮잠 자기</td></tr>
<tr><td>배변 활동</td><td colspan="4">배변 후 “쉬했어요.” 표현하기</td><td colspan="3">배변 후 “응가 했어요.” 표현하기</td></tr>
<tr><td rowspan="7">실내자유놀이</td><td>신체</td><td>붕붕카 타기</td><td>데구르르 통통!</td><td>친구와 함께 낙하산놀이</td><td>놀잇감 사진 풍선이 통통!</td><td>놀잇감 사진 볼링</td><td>털실공을 굴려요</td><td>길 따라 걸어요</td></tr>
<tr><td>언어</td><td>내가 하고 싶은 놀이는?</td><td>손인형으로 인사해요</td><td>누구일까요?</td><td>〈동시〉 재미있는 놀잇감</td><td>〈그림동화〉 모두모두 정말 좋아?</td><td>〈만든 책〉 ○○반의 하루일과</td><td>〈만든 책〉 다치지 않게 놀아요</td></tr>
<tr><td>감각·탐색</td><td>알록달록 우리 보육실</td><td>촉감 기차</td><td>선생님과 친구 얼굴을 찾아보세요</td><td>빙글빙글 스팽글</td><td>놀잇감 짝꿍을 찾아주세요</td><td>낮잠이불 짝짓기</td><td>솜공을 옮겨요</td></tr>
<tr><td rowspan="2">역할·쌓기</td><td>조물조물 반죽놀이</td><td>따르릉~ 전화놀이</td><td>나는 요리사!</td><td>생일 축하해요</td><td>재미있는 놀잇감 가게</td><td>자장자장~ 우리 아가</td><td>싹뚝! 밀가루 반죽</td></tr>
<tr><td>종이벽돌 블록 기차</td><td>우레탄 블록을 쌓아요</td><td>종이벽돌 블록으로 식탁 만들기</td><td>생일상 만들기</td><td>놀잇감 가게 만들기</td><td>종이벽돌 블록으로 아기 침대 만들기</td><td>데굴데굴~ 자동차를 굴려요</td></tr>
<tr><td>미술</td><td>모양종이에 그려요</td><td>도트물감 놀이</td><td>선생님과 친구들 사진에 콕콕~</td><td>놀잇감 포장지에 끼적거려요</td><td>선물상자 꾸미기</td><td>낮잠 사진에 자유롭게 끼적거려요</td><td>스펀지 도장 쿵!</td></tr>
<tr><td>음률</td><td>〈노래〉 어린이집에 왔어요</td><td>〈음악감상〉 유모레스크</td><td>〈노래〉 ○○이는 어디 있나?</td><td>응원술 춤추기</td><td>〈율동〉 통통통</td><td>노래에 맞춰 뿡뿡</td><td>리듬막대 치기</td></tr>
</table>

<table>
<tr><th>주
소주제
활동</th><th colspan="2">1주</th><th>2주</th><th>3주</th><th>4주</th><th>5주</th><th>6주</th><th>7주</th></tr>
<tr><td>소주제</td><td colspan="2">나는 OO 반이에요</td><td>엄마, 아빠와 기분 좋게 헤어질 수 있어요</td><td>우리 반 선생님과 친구들이에요</td><td>재미있는 놀잇감이 있어요</td><td>내가 좋아하는 놀잇감이에요</td><td>편안하게 지내요</td><td>안전하게 놀아요</td></tr>
<tr><td rowspan="2">실외놀이</td><td colspan="2">놀이터 둘러보기</td><td>선생님과 자전거 타기</td><td>그릇에 모래를 담아요</td><td>선생님과 미끄럼틀 타기</td><td>방울방울 비눗방울</td><td>물 페인트를 칠해요</td><td>모래 속 보물찾기</td></tr>
<tr><td colspan="2">선생님과 자전거 타기</td><td>그릇에 모래를 담아요</td><td>선생님과 미끄럼틀 타기</td><td>방울방울 비눗방울</td><td>물 페인트를 칠해요</td><td>모래 속 보물찾기</td><td>하늘을 보아요</td></tr>
<tr><td rowspan="2">귀가 및 연계</td><td>귀가</td><td colspan="4">엄마, 아빠에게 반갑게 인사하기</td><td colspan="3">선생님께 '안녕히 계세요' 인사하고 헤어지기</td></tr>
<tr><td>가정 및 지역사회 연계</td><td colspan="7">• 가정과의 연계–가족과 어린이집에서 한 일 이야기해 보기
• 지역사회와의 연계–지역 대학의 관련학과 학생 자원봉사(보조교사)로 활용하기</td></tr>
<tr><td rowspan="2">비고</td><td colspan="2">• 새 친구가 생겼어요
• 유치원이 좋아요
• 스팟이 유치원에 갔어요</td><td>• 꾸벅 인사놀이
• 이렇게 인사해요
• 우리 엄마 어디 있어요?</td><td>• 모두 안녕?
• 난 네가 좋아
• 나하고 놀자</td><td>• 풍선을 팡팡팡
• 신문지놀이</td><td>• 내 놀잇감 친구들
• 하마의 하루
• 알쏭달쏭 선물상자</td><td>• 나비잠
• 모두 잘 자
• 냠냠 짭짭</td><td>• 앗! 위험해
• 안 돼요 안 돼</td></tr>
<tr><td colspan="8">이 주제는 새 학기 적응에 관한 내용이므로 3~4월에 실시하는 것이 바람직하다. 영아들의 어린이집 적응이 안정적으로 이루어지도록 7주로 계획하지만, 영아들의 상황에 따라 운영 기간은 융통성 있게 계획할 수 있다.</td></tr>
</table>

활동하기

◈ 다음은 만 2세 월간(주제별) 보육계획입니다. 아래의 〈보기〉에서 소주제와 관련된 활동을 찾아 넣어 봅시다.

주제		알록달록 가을이에요					
활동 대상		만 2세					
주		1주	2주	3주	4주	5주	6주
소주제		가을이에요	가을나들이	나뭇잎이 물들어요	자연물로 놀이해요	알록달록 색깔나라	재미있는 그리기 나라
목표 / 활동		가을의 날씨에 대해 관심을 가진다.	가을 나들이에 대해 알아본다.	가을에 나뭇잎의 변화에 관심을 가진다.	자연물로 여러 가지 놀이를 해본다.	여러 가지 색깔에 대해 관심을 가진다.	다양한 색깔 활동을 알아본다.
등원 및 맞이하기		아침에 먹고 온 음식을 이야기해 보기					
기본생활 및 안전		스스로 겉옷을 벗어보기 길을 잃었을 때는 제자리에서 기다리기			겉옷을 벗어 옷걸이에 걸어보기 주변의 어른에게 '도와주세요' 이야기해 보기		
일상생활	점심 및 간식	바르게 앉아서 먹어보기/먹어보지 않은(새로운, 좋아하지 않는) 음식을 먹어봐요					
일상생활	낮잠	자고 나서 내 베개를 정리해 보기					
일상생활	배변 활동	배변 후 선생님의 도움 받아(스스로) 옷을 올려보기/지퍼, 단추 잠가보기					
실내자유놀이	신체	낙엽비가 내려요	나뭇잎처럼 움직여보기	나뭇잎 징검다리를 건너기	콩주머니 던지기	색풍선놀이	같은 색깔 벽돌 도미노
실내자유놀이	언어	과일, 열매 까꿍 카드	나들이 사진 보며 이야기 나누기	나뭇잎에 그림 편지 쓰기	(①)	색깔에도 이름이 있어요	내가 좋아하는 색깔이 있어요
실내자유놀이	감각·탐색	(②)	숟가락으로 밤, 호두 옮기기	단풍잎(은행잎) 방석	조각 천 염색하기	색 탁구공을 옮기기	알록달록 색소금 만들기
실내자유놀이	역할·쌓기	낙엽을 청소해요	가을 소풍놀이	(③)	열매, 나뭇잎 소꿉놀이	삼색 밀가루 반죽으로 요리하기	삼색 밀가루 케이크(생일 파티놀이)
실내자유놀이	역할·쌓기	큰 나무, 작은 나무 쌓아보기	블록 돗자리 만들기	가을동산 만들기	나무무늬 블록으로 식탁, 의자 구성하기	(④)	무지개 촉감 블록 쌓고 무너뜨리기
실내자유놀이	미술	알록달록 가을 나무 꾸미기	(⑤)	나뭇잎 왕관 만들기	솔방울에 색깔 입히기	색깔 공을 굴려 그림 그리기	까만 크레파스 그림
실내자유놀이	음률	열매 마라카스를 흔들기	'오리소풍'에 맞춰 춤추기	나무 악기 연주하기	(⑥)	리듬악기 두드리며 '가을바람' 노래 부르기	색 스카프 흔들기

활동 \ 주	1주	2주	3주	4주	5주	6주
소주제	가을이에요	가을나들이	나뭇잎이 물들어요	자연물로 놀이해요	알록달록 색깔나라	재미있는 그리기 나라
목표	가을의 날씨에 대해 관심을 가진다.	가을 나들이에 대해 알아본다.	가을에 나뭇잎의 변화에 관심을 가진다.	자연물로 여러 가지 놀이를 해본다.	여러 가지 색깔에 대해 관심을 가진다.	다양한 색깔 활동을 알아본다.
실외놀이	동물인형 목욕시키기	여러 가지 색, 모양의 나뭇잎이 있어요	가을나들이	나뭇가지에 매달린 물체 탐색하기	흙으로 놀아요	색 돋보기로 바깥 풍경 관찰하기
	여러 가지 색, 모양의 나뭇잎이 있어요	가을나들이	나뭇가지에 매달린 물체 탐색하기	흙으로 놀아요	색 돋보기로 바깥 풍경 관찰하기	(⑦)
귀가 및 연계 – 귀가	가을 날씨 이야기하며 귀가하기			나뭇잎의 변화 살펴보며 귀가하기		
귀가 및 연계 – 가정 및 지역사회 연계	• 가정과의 연계: 가족과 함께 공원 나들이 해보기 • 지역사회 연계: 공원으로 산책 가기(어린이집에서 가까운 근린공원으로 산책 가기)					
비고	• 잘자요 달님 • 숲 속에 숲 속에 날마다 자라요	• 풀밭에 풀밭에 나무에 나무에 봉숭아 하나 둘 셋	• 나무 사과야 빨리 익어라 • 행복한 껴안기	• 재미난 그림책 • 무엇을 만들까? • 사과를 자르면	• 깜짝깜짝 색깔들 • 맛있는 그림책 • 사과가 쿵	• 엉뚱한 그림책 • 크고 작고 무엇을 만들까?
	이 주제는 10월 중순~11월에 실시해 보도록 하는 것이 바람직하다. 가을의 날씨를 고려하여 진행 시기를 정하고 색깔 주제와 연계하여 6주 동안 계획하되, 선생님이 융통성 있게 운영할 수 있다.					

| 출처 | 보건복지부(2013), 어린이집 표준보육과정에 기초한 영아보육 프로그램 2세.

〈보기〉
산책가방 만들기
무지개 낙하산놀이
나뭇잎(단풍잎, 은행잎) 왕관 쓰고 놀이하기
알록달록 색깔길 만들기
자연물(탐색) 그림책
춤추는 씨앗(큰 북 두드리기)
내 짝을 찾아 주세요(과일 반쪽 찾기)

② 유아(만 3~5세)

유아를 위한 월간보육계획도 자유선택 활동과 대·소집단 활동, 기본생활습관 관련 활동 등으로 구분되는 유아의 활동 형태를 고려하여 수립할 수 있다. 다음 | 표 5-11 |은 유아를 위한 월간보육계획안의 예이다.

다음은 유아반 월간보육계획의 수립 원리를 연령으로 구분하여 제시한 내용이다(보건복지부, 2013).

■ 선정된 주제와 관련하여 환경 구성을 어떻게 하고, 어떤 교재 · 교구를 활용할 것인지를 계획하고 주제가 진행됨에 따라 필요한 것을 추가하여 운영한다.

■ 월간보육계획안은 연간보육계획에 기초하여 작성하지만, 직전 달에 계획했으나 미처 하지 못했거나 충분하지 못하다고 판단될 때 종료할 것인지 다른 주제에 포함시킬 것인지를 결정하는 것이 함께 고려되어야 한다.

■ 월간보육계획은 교사로 하여금 중요한 일정을 기억하게 도와주므로 일정 장소에 게시하는 것도 좋다.

| 표 5-11 | 월간보육계획안의 예(만 4세)

월간보육계획안(5월)

주제		나와 가족			
활동 \ 주		1주	2주	3주	4주
		특별한 나/나의 마음	나의 몸	가족의 역할	가족의 소중함 알기
자유선택활동	쌓기	• 내가 좋아하는 장난감 만들기 • 내가 가고 싶은 곳 만들기	• 여러 가지 블록으로 사람 만들기	• 유닛, 카프라 블록으로 우리 집 만들기 • 집에 필요한 가구 만들기	• 우리 가족에게 필요한 물건 만들기 • 나들이 가는 길
	역할	• 여러 모습으로 나의 모습 바꾸기	• 내가 좋아하는 음식 만들기	• 결혼식	• 엄마 아빠놀이하기 • 우리 가족 생일파티
	미술	• 지점토에 손바닥 찍어 보기 • 지문과 입술 찍어 얼굴 구성하기 • 거울 보고 내 얼굴 그리기	• 면봉으로 뼈 구성하기 • 손가락 풀 그림	• 주말 지낸 그림 그리기 • 결혼식에 필요한 소품 만들기 • 종이접기 • 엄마 아빠 얼굴 • 사인펜 번지기 그림	• 찰흙으로 가족 만들기 • 생일파티 초대장 • 가족 모빌
	언어	• 나의 앨범 보고 이야기하기 • 글자 찾아 이름 완성하기	• 내가 좋아하는 음식 책 만들기 • 우리 몸 • 신체 부위 수수께끼	• 우리 가족 이야기 • 부분 보고 전체 알아맞히기	• 사랑의 편지 쓰기
	수 · 조작	• 같은 성 그래프 • 성장 도미노 카드 • 숫자만큼 손가락 펴기	• 우리 몸에 필요한 영양소 • 신체 퍼즐 맞추기 · 문 열기	• 우리 가족 수 그래프 • 우리 집 전화번호	• 나와 가족의 물건 분류하기 • 패턴 목걸이 만들기 • 케이크에 초 꽂기
	과학	• 내 키보다 작은 것 찾기 • 돋보기로 지문 관찰하기	• 방사선 사진 관찰하기 • 우리 몸 속의 기관 모형	• 우리 가족 혈액형 조사하기	• 우리 가족 물건 관찰하기

활동 \ 주		1주	2주	3주	4주
		특별한 나/나의 마음	나의 몸	가족의 역할	가족의 소중함 알기
자유선택활동	음률	〈신체표현〉 • 나는 콩 〈노래 부르기〉 • 내 마음이 기쁘단다	• 바이올린 연주 들으며 움직여 보기 〈노래 부르기〉 • 내 손으로 척척	• 박자에 맞추어 어깨 두드리기	〈감상〉 • 크라이슬러의 '사랑의 기쁨'
	실외 활동	• 비누 방울 체조 • 놀이 기구 타기 • 내 몸 그림자 그리기	• 우리 집에 왜 왔니? • 그림자를 따라 나무 평균대 건너기	• 자동차 타기 • 공 튀겨서 받기	• 두꺼비 집 만들기 • 축구공 차기 • 모래로 생일 케이크 만들기
대·소집단활동	이야기 나누기	• 나를 소개합니다 • 내가 좋아하는 것 소개하기 • 내 느낌 내 기분 이야기하기	• 주말 지낸 이야기 • 나의 몸 살펴보기 • 내가 먹은 음식은 어디로 갈까? • 나는 어떻게 태어났을까?	• 우리 가족 소개 • 가족의 역할 • 결혼식 비디오	• 우리 가족 신문 • 우리 가족의 특별한 날 • 웃어른께 존대어 사용하기
	문학	〈동화〉 • 배꼽이 없어요 • 싫어! 몰라! 하지 말고 왜 그런지 말해봐 • 하하 호호 얼굴 • 소피가 화가 나면 • 기차 ㄱㄴㄷ 〈동시〉 • 나 혼자 했어요 • 나는 좋아요	〈동화〉 • 응가끙가 • 나는 여자, 내 동생은 남자	〈동화〉 • 우리 엄마 〈동시〉 • 우리 집	〈동화〉 • 장난감하고 여동생하고 바꿀까요? • 엄마의 의자 〈동시〉 • 엄마는 대번 아세요
	수·과학	〈과학〉 • 발로 느껴서 무엇인지 알아보기	〈수〉 • 몸에서 숫자 찾기 〈과학〉 • 뼈 사진 관찰	〈과학〉 • 가족에게 필요한 물건	〈과학〉 • 입으로 불어 골대에 공 넣기
	음악	〈노래 부르기〉 • 난 참을 수 있어	〈노래 부르기〉 • 누구일까요? • 미소	〈노래 부르기〉 • 우리 집	〈노래 부르기〉 • 닮은 곳이 있대요
	신체	〈신체표현〉 • 쭉쭉 늘려요	〈동작〉 • 몸으로 풍선 치기	〈신체표현〉 • 결혼행진곡에 맞춰 걷기 〈게임〉 • 인형 유모차 태우고 돌아오기	〈게임〉 • 가족 물건 가져오기
	미술	• 과자로 내 얼굴 꾸미기	• 큰 종이에 몸 전체 그리기 • 나의 몸 속 만들기	• 폐품으로 액자 만들기 • 우리 가족 그리기 〈감상〉 • 가족 그림 감상	• 사랑의 나무 꾸미기
기본생활습관		• 바깥놀이 후 손과 얼굴 깨끗이 씻기	• 내 느낌 바르게 표현하기	• 교실에서 작은 소리로 이야기하기	• 웃어른께 존대어 사용하기

| 출처 | 육아정책개발센터(2008). 4세 보육 프로그램.

(3) 주간보육계획

주간보육계획은 월간보육계획에 기초하여 작성하고, 표준보육과정에 기초한 다양한 관련 활동들을 영유아의 연령별 · 수준별 보육목표에 맞게 선정하여 이를 단계적 · 연속적으로 배치한다. 주간보육계획은 한 주간에 실시하게 될 모든 활동들 즉, 한 주 동안 진행할 놀이와 일상생활의 계획을 보다 구체적으로 계획하여 세부적인 내용까지 포함한다. 주간보육계획을 구성할 때에는 표준보육과정의 각 영역별 활동이 통합적으로 이루어지도록 골고루 요일별로 선정하여 하루일과의 흐름에 따라 제시하는 것이 효율적이다.

① 영아(만 0~2세)

감각발달이 활발한 영아의 특성을 고려하여 다양한 감각적 경험을 해볼 수 있는 활동과 교육적 개념들이 일상생활 속의 경험으로 반복적으로 통합되도록 계획한다. 걸음마기 영아의 경우에는 자유선택 활동의 종류가 적고 단순한 내용의 것을 제공하고, 연령이 높아질수록 종류나 내용이 많아진다.

만 0~1세아를 위한 주간보육계획은 다음과 같은 내용을 유의하여 수립한다(보건복지부 2014).

- 만 0~1세아를 위한 연간보육계획에서 제시한 주제는 월별로 수립하지 않으므로 만 0~1세 보육 프로그램에서는 '주제별 보육계획'이라는 용어를 사용한다.
- 표준보육과정의 영역별 수준의 세부 내용을 사전에 인지하고 0세 영아의 개별적 발달 특성과 흥미를 고려하여 소주제를 선정하는 것이 바람직하다.
- 만 0~1세 영아 대상의 주제별 보육계획안은 연간 보육 주제를 다시 소주제로 나누어 각 영아의 발달과 흥미에 따라 소주제별로 편성한다.
- 주제 당 소주제는 5개를 제시하였으나 영아의 월령, 반 구성, 흥미 지속 정도, 개별 수준을 고려하여 가감할 수 있다. 만 0~1세아의 경우 1개의 소주제를 2~3주 지속할 수 있다.
- 주제에 따른 소주제는 만 0~1세 영아반 전체를 위해 선정하지만 영아를 위해 개별적으로 독립적인 주제가 운영될 수 있도록 해야 한다.

- 소주제에서의 활동은 영아의 특성을 고려하여 등원 및 맞이하기, 교사의 준비(안전과 청결), 일상생활, 놀이 활동, 귀가 및 가정과의 연계 등으로 구성하여 제시한다.
- 주제별 보육계획에서는 주제 선정의 이유를 세 단락으로 구분하여 제시하는 것이 일반적이다. 첫 단락에서는 이 주제를 선정한 발달의 이론적 근거 등을 기술하고, 두 번째 단락에서는 이 주제에서 달성하고자 하는 내용을 기술하고, 세 번째 단락에서는 구체적인 환경 구성과 교사의 상호작용의 중요한 내용을 기술한다.
- 주제의 강조점은 주제를 통해 영아가 달성하는 목표를 중심으로 정리하여 제시한다. 다음은 '낯설어요' 주제의 선정 이유와 주제의 강조점 서술의 예이다.

| 표 5-12 | '낯설어요' 주제의 선정 이유와 주제의 강조점 서술의 예

구분	내용
활동주제	낯설어요
발달의 이론적 근거 등을 기술	• 0세 영아가 어린이집에 처음 오게 되면 낯선 공간에서 많은 사람들을 대하며 이전에 경험하지 못한 많은 자극을 접하게 된다. 영아는 보호자와 함께 있다 하더라도 어린이집에서의 낯선 경험으로 긴장하고 피로하다. 그러므로 영아는 자연스럽게 교사와의 애착을 형성하고 어린이집 환경에 적응을 위한 활동과 상호작용이 필요하다. 발달적으로 살펴보면, 3~4개월 영아는 낯선 사람을 만나면 긴장감을 가지고 응시한다. 6개월을 전후하여 영아는 돌보아주는 사람에게 애착을 형성하여 낯선 사람의 접근을 알아차리고 오랜 시간 마주하거나 안겨 있을 때 불편해 한다. 8개월경의 영아는 낯선 사람에 대해 확실한 불안감을 나타내며 보호자가 자기 주변에 없다는 것을 알게 되면 울면서 자신에게 집중하여 상호작용하여 주기를 원한다. 12개월 전후가 되면 주양육자 외에 다른 사람과 애착이 가능하므로 교사는 민감하고 반응적인 상호작용으로 영아가 안정적인 애착을 형성하고 분리불안을 해소할 수 있도록 도와야 한다.
주제에서 달성하고자 하는 목표를 기술	• '낯설어요'는 가정에서의 돌봄을 받다가 처음으로 어린이집이라는 공간에서 적응하면서 교사와의 애착형성을 돕기 위한 주제로 구성되었다. 소주제 '엄마와 함께 해요', '선생님을 만나요', '선생님을 만져봐요', '선생님과 놀아요', '익숙해졌어요'로 이루어졌으며, 어린이집에서 보호자와 함께 하는 놀이와 활동들로 시작하여 보호자와 교사와 함께 놀이할 수 있는 활동, 교사와 영아의 애착 증진을 위한 다양한 활동으로 구성하였다. 따라서 '엄마와 함께 해요', '선생님을 만나요', '선생님을 만져봐요', '선생님과 놀아요', '익숙해졌어요'의 순서대로 전개하는 것이 바람직하다.
구체적인 환경 구성과 교사의 상호작용의 중요한 내용 기술	• '낯설어요' 주제의 초반에는 무엇보다도 어린이집에서 보호자와 함께 지내는 동안 영아가 보내는 신호의 특성과 보호자의 상호작용의 특성을 파악하는 것이 중요하다. 영아들마다 보이는 울음의 양상이 각각 다르고 이에 대한 보호자의 반응이 다르므로 민감하게 관찰해야 한다. 보호자와 함께 영아의 욕구를 민감하고 반응적으로 충족시켜주다 보면 어느 정도 교사에 대한 낯선 느낌이 사라지기 시작하고, 영아가 편안한 상태에서 안정감과 소속감을 느끼게 된다. 영아 가까이에서 영아의 신호에 민감하게 반응하여 요구를 신속 정확하게 해결해주되 따뜻하고 친절한 목소리와 눈빛, 손길로 대해 주어야 한다. 즉 안아주기, 얼러주기, 쓰다듬어주기 등의 애정 어린 돌보기를 통해 안정감을 찾고 편안해지도록 해야 할 것이다. • 어린이집에서 적응을 하게 되는 시기의 환경 구성은 보호자와 함께 지내며 영아에게 익숙한 놀잇감으로 간단하게 즐길 수 있도록 한다. 영아의 서랍장과 같은 개인공간의 이용, 기저귀 갈이 영역과 낮잠 자는 공간, 놀이 영역 등을 보호자와 함께 사용하며 어린이집 보육실의 물리적 공간에 적응하도록 한다. 다소 규칙적인 어린이집의 일과에 보호자와 함께 적응하도록 돕되, 영아의 조림, 배고픔 등의 욕구에 더 우선순위를 두도록 한다. • 대부분의 영아들은 양육자와 헤어질 때 격렬한 울음과 몸짓 등 어려움을 겪게 되지만, 간혹 울지 않는다 해서 적응을 시작한 것으로 여기고 관심을 덜 기울이는 것은 바람직하지 않으므로 주의해야 한다.
주제의 강조점	• 엄마와 함께 해요: 보호자와 함께 하는 놀이와 활동으로 짧은 일과를 지내며 어린이집 보육실에 친숙해진다. • 선생님을 만나요: 교사도 보호자와 영아의 놀이에 참여하면서 영아가 자연스럽게 교사의 낯을 익힌다. • 선생님을 만져봐요: 교사의 돌봄과 놀이를 통해 어린이집의 하루일과를 경험하며 점진적으로 애착을 형성하도록 한다. • 선생님과 놀아요: 보호자 없이 어린이집에서 지내며 교사와의 보다 활발한 상호작용을 통해 안정적으로 적응하도록 맞춘다. • 익숙해졌어요: 어린이집의 공간과 교사 및 하루일과에 적응하고 익숙해져서 즐겁게 지낸다.

| 출처 | 보건복지부(2014). 어린이집 표준보육과정에 기초한 0-2세 영아보육 프로그램 워크북.

만 2세아를 위한 주간보육계획은 다음과 같은 내용을 유의하여 수립한다.

- 주간보육계획은 주제별 보육계획을 토대로 1주 동안 이루어지는 모든 활동을 한눈에 파악할 수 있는 세부적인 보육계획을 말한다. 주간보육계획을 통해 주제별 보육계획의 소주제에서 제시한 여러 가지 관련 활동을 요일별로 배치하여 구체적으로 수립해야 한다.
- 주간보육계획에서 관련 활동을 요일에 배치하는 경우 제시한 예시를 참조하여 해당 반 영아의 개별적 상황을 반영하여 수립한다.
- 만 2세반 보육 프로그램에서는 영역 활동을 1개씩 소개하고 실외 활동은 1~2개의 활동을 소개하고 있지만 해당 반 영아의 흥미도와 개별적 특성을 반영하여 활동을 추가하여 실행할 수 있다.
- 주간보육계획은 영아의 하루일과가 놀이 활동과 일상적 양육 활동으로 진행되므로 이들 간의 균형적 실행도 고려해야 한다.
- 자유놀이 활동은 월요일에 관련 활동을 모두 실행하기보다 해당반 영아의 흥미도에 맞추어 활동을 조절하여 소개한다. 새로운 활동을 소개할 때는 모여서 진행하기보다 개별적으로 소개하여 만 2세아의 개별적 흥미에 대한 지원이 이루어지도록 한다.
- 새로운 활동은 해당반 영아들이 대부분 있는 오전 자유놀이 활동에서 소개하고 오후 자유놀이 활동에는 관련 활동이 반복적으로 탐색되어 친숙해지도록 활동을 운영한다.

다음은 주간보육계획안에 포함되는 일상생활과 실내자유놀이, 실외놀이, 귀가 및 연계 활동을 계획할 때 유의해야 할 점을 정리한 내용이다.

| 표 5-13 | 주간보육계획안 활동을 계획 할 때 유의해야 할 점

구분	활동 계획 및 운영 시 유의점
일상생활	• 기본생활 안전은 주마다 수립되지 않고 주제별로 1~2개씩 수립하며 보육교사가 일과에서 자연스럽게 진행하여 영아의 습관이 자연스럽게 이루어지도록 한다. • 보육교사는 해당 주간 동안 영아의 개별적 상황에 맞추어 일과에서 지속적으로 실행하여 영아가 반복적으로 즐겁게 경험함으로써 관련 활동이 자연스럽게 이루어지도록 한다.
실내자유놀이	• 실내자유놀이 활동은 월요일에 관련 활동을 모두 실행하기보다 해당 반 영아의 흥미도와 개별적 특성에 맞추어 활동을 조절하여 소개한다. • 새로운 활동을 배치하는 경우 정적 활동과 동적 활동의 균형성을 고려해야 한다. (예 월요일에 신체 활동, 쌓기 활동, 음률 활동을 소개한다면 이는 정적 활동과 동적 활동의 균형을 고려하지 않은 활동 배치이다. 따라서 언어 활동, 탐색 활동 등과 같은 정적 활동과 함께 고려하여 배치하는 것이 바람직하다.) • 새로운 활동이 너무 늦게(예 목요일 이후) 배치되면 충분히 활동을 경험하기에 부족하므로 너무 늦게 배치하지 않는다.
실외놀이	• 실외놀이는 전 주에 실행되었던 것을 연계하여 배치하므로 이전 활동에 약간 확장된 활동 계획을 수립하여 진행하면 영아들이 이전 놀이의 경험 속에서 자연스럽게 흥미가 확장되도록 할 수 있다.
귀가 및 연계	• 어린이집 표준보육과정에 기초한 영아 프로그램에서 주제별로 지역사회 연계 활동을 1개씩 수립하고 있음으로 이를 참고하여 어린이집의 상황에 맞추어 적합한 활동을 선정하여 계획한다.

| 출처 | 보건복지부(2013). 어린이집 표준보육과정 및 0-2세 영아보육 프로그램의 이해.

| 표 5-14 | 소주제로 구성된 주간보육계획 활용의 예(만 1세)

소주제 \ 구분		1주	2주
		만져보아요	
등원 및 맞이하기		부모와 교사가 반갑게 인사하기	
일상생활	기본생활 및 안전	혼자서 양말을 벗어요	
	점심 및 간식	즐겁게 먹어요	
	낮잠	내 이불, 내 베개를 찾아요	
	기저귀 갈이/ 배변 활동	친구들도 기저귀가 있어요	
실내자유놀이	신체	둥근 고리 끼우기 놀이해요	촉감신발 신고 걸어요
	언어	내 이름을 부르면 대답해요	울퉁불퉁 종이에 끼적여요
	감각 · 탐색	선생님과 로션을 발라요	친구 기저귀를 만져보아요
	역할 · 쌓기	소꿉그릇에 밀가루 반죽을 담아요	촉감 블록으로 놀이해요
실외놀이		모래로 놀아요	
귀가 및 가정과의 연계		놀이 사진을 함께 보아요	

1주

소주제 \ 구분		1주
		만져보아요
등원 및 맞이하기		부모와 교사가 반갑게 인사하기
일상생활	기본생활 및 안전	혼자서 양말을 벗어요
	점심 및 간식	즐겁게 먹어요
	낮잠	내 이불, 내 베개를 찾아요
	기저귀 갈이/ 배변 활동	친구들도 기저귀가 있어요
실내자유놀이	신체	둥근 고리 끼우기 놀이해요
	언어	내 이름을 부르면 대답해요
	감각 · 탐색	선생님과 로션을 발라요
	역할 · 쌓기	소꿉그릇에 밀가루 반죽을 담아요
실외놀이		모래로 놀아요
귀가 및 가정과의 연계		놀이 사진을 함께 보아요

2주

소주제 \ 구분		2주
		만져보아요
등원 및 맞이하기		부모와 교사가 반갑게 인사하기
일상생활	기본생활 및 안전	혼자서 양말을 벗어요
	점심 및 간식	즐겁게 먹어요
	낮잠	내 이불, 내 베개를 찾아요
	기저귀 갈이/ 배변 활동	친구들도 기저귀가 있어요
실내자유놀이	신체	촉감신발 신고 걸어요
	언어	울퉁불퉁 종이에 끼적여요
	감각 · 탐색	친구 기저귀를 만져보아요
	역할 · 쌓기	촉감 블록으로 놀이해요
실외놀이		모래로 놀아요
귀가 및 가정과의 연계		놀이 사진을 함께 보아요

| 출처 | 보건복지부(2013). 어린이집 표준보육과정 및 0~2세 영아보육 프로그램의 이해.

|Tip|

보육 활동의 지속성, 새로운 보육 활동의 계획, 각 어린이집의 행사 또는 운영상의 특성 등으로 소주제 안에서의 보육 활동 순서를 바꾸거나 수정하여 1주 단위의 주간보육계획을 융통성 있게 결정할 수 있다.

| 표 5-15 | 소주제로 구성된 주간보육계획의 예(만 2세)

<table>
<tr><td colspan="2">주제</td><td colspan="6">알록달록 가을이에요</td></tr>
<tr><td colspan="2">소주제</td><td colspan="6">가을이에요(1주)</td></tr>
<tr><td colspan="2">구분</td><td>월</td><td>화</td><td>수</td><td>목</td><td>금</td><td>토</td></tr>
<tr><td colspan="2">등원 및 맞이하기</td><td colspan="6">아침에 먹고 온 음식을 이야기해 보기</td></tr>
<tr><td rowspan="4">일상생활</td><td>기본생활 · 안전</td><td colspan="6">스스로 겉옷을 벗어보기
길을 잃었을 때는 제자리에서 기다리기</td></tr>
<tr><td>점심 및 간식</td><td colspan="6">바르게 앉아서 먹어보기
새로운 음식 먹어보기</td></tr>
<tr><td>낮잠</td><td colspan="6">자고 나서 내 베개를 정리해 보기</td></tr>
<tr><td>배변 활동</td><td colspan="6">배변 후 선생님의 도움 받아(스스로) 옷을 올려보기-지퍼, 단추 잠가보기</td></tr>
<tr><td rowspan="7">실내자유놀이</td><td>신체</td><td colspan="6">낙엽비가 내려요</td></tr>
<tr><td>언어</td><td colspan="6">과일 까꿍 카드</td></tr>
<tr><td>감각 · 탐색</td><td></td><td colspan="5">내 짝을 찾아 주세요(과일 반쪽 찾기)</td></tr>
<tr><td rowspan="2">역할 · 쌓기</td><td colspan="6">낙엽을 청소해요</td></tr>
<tr><td colspan="2"></td><td colspan="4">큰 나무, 작은 나무 쌓아보기</td></tr>
<tr><td>미술</td><td></td><td colspan="5">알록달록 가을나무 꾸미기</td></tr>
<tr><td>음률</td><td colspan="2"></td><td colspan="4">열매 마라카스 흔들기</td></tr>
<tr><td colspan="2">실외놀이</td><td colspan="3">동물인형 목욕시키기</td><td colspan="3">여러 가지 색, 모양의 나뭇잎이 있어요</td></tr>
<tr><td rowspan="2">귀가 및 연계</td><td>귀가</td><td colspan="6">가을 날씨 이야기하여 귀가하기</td></tr>
<tr><td>가정 및 지역사회 연계</td><td colspan="6">가정과의 연계-가족과 함께 공원 나들이해 보기</td></tr>
</table>

| 출처 | 보건복지부(2013). 어린이집 표준보육과정 및 0~2세 영아보육 프로그램의 이해.

활동하기

◈ 다음은 만 2세 주간(소주제별)보육계획입니다. 아래의 〈보기〉에서 소주제와 관련된 활동을 찾아 넣어 봅시다.

주제		알록달록 가을이에요					
소주제		가을이에요(1주)					
목표		가을의 변화에 대해 알아본다.					
구분		월	화	수	목	금	토
등원 및 맞이하기		아침에 먹고 온 음식을 이야기해 보기					
일상생활	기본생활·안전	스스로 겉옷을 벗어보기			길을 잃었을 때는 제자리에서 기다리기		
	점심 및 간식	바르게 앉아서 먹어보기			(새로운) 음식 먹어보기		
	낮잠	자고 나서 내 베개를 정리해보기					
	배변 활동	배변 후 선생님의 도움 받아 (스스로) 옷을 올려보기-지퍼, 단추 잠가보기					
실내자유놀이	신체	낙엽비가 내려요					
	언어	과일 까꿍 카드					
	감각·탐색		내 짝을 찾아 주세요(과일 반쪽 찾기)				
	역할·쌓기	낙엽을 청소해요					
				큰 나무, 작은 나무 쌓아보기			
	미술		알록달록 가을나무 꾸미기				
	음률			열매 마라카스 흔들기			
실외놀이		동물인형 목욕시키기			여러 가지 색, 모양의 나뭇잎이 있어요		
귀가 및 연계	귀가	가을 날씨 이야기하며 귀가하기					
	가정 및 지역사회 연계	가정과의 연계-가족과 함께 공원 나들이해 보기					

주제		알록달록 가을이에요						
소주제		가을이에요(1주)						
목표		가을의 변화에 대해 알아본다.						
구분		월	화	수	목	금	토	보기
등원 및 맞이하기		아침에 먹고 온 음식을 이야기해 보기						일상생활
일상생활	기본생활·안전							스스로 겉옷을 벗어보기 배변 후 선생님의 도움 받아 (스스로) 옷을 올려보기-지퍼, 단추 잠가보기 새로운 음식 먹어보기 길을 잃었을 때는 제자리에서 기다리기 바르게 앉아서 먹어보기 자고 나서 내 베개를 정리해보기
	점심 및 간식							
	낮잠							
	배변 활동							
실내자유놀이	신체							
	언어							
	감각·탐색							
	역할·쌓기							실내자유놀이
								큰 나무, 작은 나무 쌓아보기 낙엽을 청소해요 알록달록 가을나무 꾸미기 내 짝을 찾아 주세요(과일 반쪽 찾기) 낙엽비가 내려요 과일 까꿍 카드 열매 마라카스 흔들기
	미술							
	음률							
실외놀이		동물인형 목욕시키기			여러 가지 색, 모양의 나뭇잎이 있어요			
귀가 및 연계	귀가	가을 날씨 이야기하며 귀가하기						
	가정 및 지역 사회 연계	가정과의 연계-가족과 함께 공원 나들이해 보기						

② 유아(만 3~5세)

만 3, 4세는 만 5세에 비해 주의집중력이 짧고 호기심이 많으므로 이를 만족시켜 줄 수 있는 풍부하면서도 쉬운 활동으로 계획하고, 만 5세를 위한 주간보육계획을 작성할 때는 다양한 활동 이외에도 좀 더 길어진 주의집중 시간을 고려하여 대 · 소집단 활동을 계획한다. 그리고 이전에 다루었던 내용이나 기술, 태도를 보다 증진시킬 수 있도록 수준을 높여 주는 데 중점을 두어야 한다.

만 3~5세아를 위한 주간보육계획은 다음과 같은 내용을 유의하여 수립한다(보건복지부, 2014).

- 주간보육계획안에는 요일별로 자유선택 활동 시간에 각 흥미 영역에서 하는 활동들과 대 · 소집단 활동, 바깥놀이 활동을 선정하여 구체적으로 작성한다.
- 주간보육계획안은 요일의 특성을 고려하여 계획한다. 예를 들어, 월요일의 경우는 한 주의 활동을 탐색할 수 있는 활동을 계획한다.
- 주간보육계획안을 작성할 때 소주제와 주요 보육내용을 반영할 수 있는 놀이 형태의 보육 활동을 개발하거나 선정한다. 즉, 선정된 보육 활동이 다양한 활동 유형으로 전개되는지, 통합적인 활동인지를 고려해야 한다.

| 표 5-16 | 주간보육계획안의 구성

구분	내용
기본생활	• 일주일 동안 강조할 기본생활습관 관련 내용을 제시하되, 해당 소주제와 관련한 내용으로 기술 • 기본생활과 관련한 내용은 3 · 4 · 5세가 연계되도록 계획
등원	• 보육교사가 유아를 맞이하면서 상호작용할 수 있는 내용으로 제시하되, 해당 소주제와 관련한 내용으로 기술
오전 자유선택 활동	• 쌓기놀이 영역, 역할놀이 영역, 미술 영역, 언어 영역, 수과학 · 조작 영역, 음률 영역의 흥미 영역으로 구분하여 활동을 제시
대 · 소집단 활동	• 활동의 종류를 먼저 제시한 후 활동명을 제시 • 활동의 종류는 이야기 나누기, 동시, 동화, 동극, 언어, 음악, 신체, 미술, 과학, 게임, 요리 등
실외 활동	• 실외에서 할 수 있는 해당 소주제와 관련한 활동으로 구성
점심 및 낮잠	• '점심 및 낮잠'은 식습관에 관련한 내용, 음악감상, 낮잠과 관련된 내용을 제시 • 3 · 4 · 5세가 연계되도록 계획
오후 자유선택 활동	• 실내 또는 실외에서 이루어질 수 있는 활동으로 오후 자유선택 활동은 오전 자유선택 활동과 연계하되, 서로 중복되지 않지만 연계될 수 있는 활동으로 개발하여 제시
귀가 및 가정과의 연계	• 해당 소주제와 관련하여 가정에서 실천하거나 가정에서 가져와야 할 준비물 등에 대해 제시
비고	• 주간보육계획안에 제시된 그 주의 활동들 중 대체할 수 있는 활동이나 연계 활동의 내용을 제시 • 동일한 활동 종류의 경우 유아의 흥미나 관심 등에 따라 비고에 제시된 활동으로 대체 또는 확장할 수 있도록 제시

| 출처 | 중앙육아종합지원센터(2014). 3, 4세 보육 프로그램 활용의 실제.

다음은 만 5세 누리과정에 기초한 어린이집 프로그램에 제시된 8월 2주차 주간보육계획안을 일부 수정하여 제시한 예이다.

| 표 5-17 | 어린이집 주간보육계획안의 예(만 5세)

주제		교통과 안전		실시 기간	20○○년 8월 2주		
소주제		편리한 교통시설		목표	여러 가지 교통시설의 편리함을 안다.		
구분		월	화	수	목	금	토
기본생활		보행로와 찻길을 구별하기					
등원		등원할 때 보고 온 대중교통 수단에 대해 이야기하기					
오전 자유선택 활동	쌓기놀이 영역	다양한 교통시설 화보 보기		블록으로 철도역, 항구, 비행장 구성하기			
	역할놀이 영역	이웃반, 동생반을 초대해서 만든 교통~~수단~~시설을 소개해요					
					휴게소 가게놀이		
	미술 영역		교통시설 설계도 그리기		구불구불 내 마음대로 길 만들기		
	언어 영역		~~다리를 건너요 언어 게임~~				
				편리한 교통시설 읽기		교통시설에서는 누가 일할까요?	
	수·과학 영역 → 수과학·조작 영역	~~수: 교통수단에 맞는 시설과 직업을 짝지어요~~ 조작: 교통시설과 직업 퍼즐 맞추기					
		과학: 보이지 않는 길을 찾아라			수: 어린이집에 필요한 주차장 공간 측정하기		
	음률 영역	노래에 맞추어 자전거 벨 연주하기			자전거 벨소리에 맞춰 신체표현하기		
대·소집단 활동		〈게임〉 교통수단과 시설 짝 짓기	〈이야기 나누기〉 편리한 교통시설	〈동시〉 '머물지요'	〈동화〉 우리 반이 만든 소리동화	〈미술〉 우리가 만든 주차장 사진 감상	
실외 활동		우리 동네의 탈것과 관련된 시설 방문하기					
					어린이집에 주차장이 필요한 탈것 조사하기		
점심 및 휴식		음식을 모두 씹고 말하기 〈음악감상〉 구름빵을 먹고 하늘을 날다					
오후 자유선택 활동		자전거 세차장놀이					
			소리동화를 만들어요				
				어린이집에 필요한 주차장 만들기(확장)			
					구불구불 내 마음대로 길 만들기 조형물 전시하기		
귀가 및 가정과의 연계		가정에서 대중교통을 이용하여 다녀 온 이야기 나누기 하원 시 ○○반이 만든 주차장에 부모님을 초대하기					
활동 간 연계		※ 실외 활동, 오후 자유선택 활동, 대·소집단 활동을 연계하는 예 〈실외〉 어린이집에 주차장이 필요한 탈것 조사하기→〈오전 수·과학〉 어린이집에 필요한 주차장 공간 측정하기→〈오후 미술〉 어린이집에 필요한 주차장 만들기→〈대·소집단〉 우리가 만든 주차장 사진 감상하기					

■ 소주제와 연계성이 없는 활동명 수정
■ 어린이집 행사나 공휴일 등을 반영하여 일부 활동 추가 또는 삭제
■ 특정 영역 활동에 몰려 있거나 일부 활동이 부족한 경우 활동명 추가 또는 삭제

*3·4세 누리과정에 기초한 어린이집 프로그램(2013)에 맞춰 5세 누리과정에 기초한 어린이집 프로그램(2012)에서도 수·과학 영역을 수과학·조작 영역으로 수정, 변경

| 출처 | 보건복지부(2012). 5세 누리과정에 기초한 어린이집 프로그램.

| 표 5-18 | 유치원 주간보육계획안의 예(만 5세)

<table>
<tr><td colspan="2">반 이름</td><td colspan="2">○○반</td><td>시기</td><td colspan="2">20○○년 ○월 ○주</td></tr>
<tr><td colspan="2">생활 주제</td><td colspan="2">봄 · 여름 · 가을 · 겨울</td><td>주제</td><td colspan="2">여름</td></tr>
<tr><td colspan="2">목표</td><td colspan="5">• 여름 날씨의 변화를 느낀다.
• 여름을 시원하게 지낼 수 있는 방법에 대해 관심을 갖고 알아본다.
• 여름에 할 수 있는 놀이를 즐긴다.</td></tr>
<tr><td colspan="2">날짜/요일</td><td>1(월)</td><td>2(화)</td><td>3(수)</td><td>4(목)</td><td>5(금)</td></tr>
<tr><td colspan="2">소주제 / 활동</td><td colspan="2">여름 날씨 느끼기</td><td colspan="3">더운 여름나기</td></tr>
<tr><td rowspan="7">자유선택 활동</td><td>쌓기놀이 영역</td><td colspan="5">수영장 만들기</td></tr>
<tr><td>역할놀이 영역</td><td colspan="3">여름 옷 갈아입히기</td><td colspan="2">수영장 매점놀이</td></tr>
<tr><td>언어 영역</td><td colspan="2"></td><td colspan="3">누구의 모자일까요?</td></tr>
<tr><td>수 · 조작 영역</td><td colspan="2">여름 옷차림 명화퍼즐</td><td colspan="3">누가 많이 먹었을까?</td></tr>
<tr><td>과학 영역</td><td colspan="2"></td><td colspan="3">옥수수가 궁금해요</td></tr>
<tr><td>미술 영역</td><td colspan="2">비 오는 날 보았어요</td><td colspan="3">색깔 얼음으로 그림 그리기</td></tr>
<tr><td>음률 영역</td><td colspan="5">여름의 소리</td></tr>
<tr><td rowspan="8">대 · 소집단 활동</td><td>이야기 나누기</td><td>여름 날씨와 옷차림</td><td></td><td>여름을 시원하게 보내려면</td><td></td><td>여름철 물놀이 안전</td></tr>
<tr><td>동화 · 동시 · 동극</td><td>〈동화〉
여름이 왔어요</td><td></td><td></td><td>〈동시〉
우산 꽃</td><td></td></tr>
<tr><td>음악</td><td></td><td>여름비</td><td></td><td></td><td></td></tr>
<tr><td>신체</td><td></td><td>파라슈트 날씨 놀이</td><td></td><td></td><td>물놀이 준비운동</td></tr>
<tr><td>게임</td><td></td><td></td><td>여름을 시원하게 보내요</td><td></td><td></td></tr>
<tr><td>요리</td><td></td><td></td><td></td><td>옥수수 수염차</td><td></td></tr>
<tr><td>미술</td><td></td><td></td><td></td><td></td><td></td></tr>
<tr><td>현장체험</td><td></td><td></td><td></td><td></td><td></td></tr>
<tr><td colspan="2">바깥놀이 활동</td><td colspan="3">비가 내린 날의 바깥놀이(우천 시)</td><td colspan="2">즐거운 물놀이
물 그림 그리기</td></tr>
</table>

| 출처 | 교육부(2013). 누리과정 교사용 지도서.

앞서 제시한 바와 같이 유아반의 경우는 어린이집과 유치원에서 일반적으로 사용하는 주간보육계획 양식에 약간의 차이가 있다. 동일한 누리과정에 따라 보육계획 혹은 교육계획을 수립하나 운영 방침이나 일과 운영 방침 등에 차이가 있기 때문이다.

활동하기

◈ 다음의 주간보육계획안을 보고 활동 간 연계가 가능한 내용을 찾아 기록해 봅시다.

<table>
<tr><td colspan="2">주제</td><td colspan="6">신나는 여름</td></tr>
<tr><td colspan="2">소주제</td><td colspan="2">건강하게 여름나기</td><td colspan="2">실시 기간</td><td colspan="2">20○○년 7월 2주</td></tr>
<tr><td colspan="2">목표</td><td colspan="6">건강하게 여름을 날 수 있는 여러 가지 방법을 알고 실천할 수 있다.</td></tr>
<tr><td colspan="2">구분</td><td>월</td><td>화</td><td>수</td><td>목</td><td>금</td><td>토</td></tr>
<tr><td colspan="2">기본생활</td><td colspan="6">땀날 때 잘 씻기</td></tr>
<tr><td colspan="2">등원</td><td colspan="6">여름철 음식이나 물건에 대해 이야기하기</td></tr>
<tr><td rowspan="11">오전 자유선택 활동</td><td>쌓기놀이 영역</td><td colspan="3">여름용품 가게 구성하기</td><td colspan="3">산이나 바닷가에 텐트를 쳐요</td></tr>
<tr><td>역할놀이 영역</td><td colspan="3">여름용품 가게놀이</td><td colspan="3">산과 바다로 캠핑을 떠나요</td></tr>
<tr><td>미술 영역</td><td colspan="2">OHP 필름에 여름용품 그림 그리기</td><td colspan="4">세상에서 제일 시원한 나만의 부채 만들기</td></tr>
<tr><td rowspan="2">언어 영역</td><td colspan="2">여름용품 이름표 만들기</td><td colspan="4">'바닷가에 놀러 갔어요' 읽고 여행 계획 짜기</td></tr>
<tr><td colspan="2"></td><td></td><td colspan="3">여름철 건강 캠페인 문구 적어보기</td></tr>
<tr><td rowspan="3">수과학 · 조작 영역</td><td colspan="2" rowspan="2"></td><td colspan="4">〈수〉 좋아하는 여름철 음식 그래프</td></tr>
<tr><td colspan="4">〈과학〉 바람이 불면 왜 시원할까?</td></tr>
<tr><td colspan="3"></td><td colspan="3">〈수〉 부채와 선풍기의 공통점과 차이점</td></tr>
<tr><td rowspan="2">음률 영역</td><td colspan="4">여름에 들을 수 있는 자연의 소리를 듣고 느껴보기</td><td colspan="2"></td></tr>
<tr><td colspan="2"></td><td colspan="4">자연의 소리를 듣고 리본막대와 스카프로 표현하기</td></tr>
<tr><td></td><td colspan="6"></td></tr>
<tr><td colspan="2">대 · 소집단 활동</td><td>〈이야기 나누기〉
여름을 시원하게 보내는 방법</td><td>〈조사〉
우리 집에서 즐겨먹는 여름철 음식 조사하여 발표하기</td><td>〈요리〉
여름 과일로 만드는 별난 화채</td><td>〈미술〉
여름철 건강 캠페인 피켓 만들기</td><td>〈게임〉
부채로 친구 얼굴에 붙은 휴지 떼어내기</td><td></td></tr>
<tr><td colspan="2">실외 활동</td><td colspan="2">햇볕과 그늘 아래서 바람 느껴보기</td><td colspan="4">여름철 음식점놀이</td></tr>
<tr><td colspan="2">점심 및 휴식</td><td colspan="6">차가운 음식 적당히 먹기
여름에 들을 수 있는 자연의 소리를 들으면서 휴식하기</td></tr>
<tr><td colspan="2" rowspan="2">오후 자유선택 활동</td><td colspan="2"></td><td colspan="4">〈실외〉 그늘 아래서 손과 얼굴에 물을 묻히고 부채질하기</td></tr>
<tr><td colspan="3"></td><td colspan="3">여름철 건강 캠페인 피켓 들고 동생반에서 캠페인 하기</td></tr>
<tr><td colspan="2" rowspan="2">귀가 및 가정과의 연계</td><td colspan="6">가정에서 대형마트 여름용품 홍보 전단지, 여름용품 가져오기</td></tr>
<tr><td></td><td colspan="5">가정에서 즐겨먹는 여름철 음식 조사해보기</td></tr>
<tr><td colspan="2">활동 간 연계</td><td colspan="6">※ 가능한 활동 간 연계의 예
〈대 · 소집단〉 여름을 시원하게 보내는 방법→〈가정연계〉 가정에서 즐겨먹는 여름철 음식 조사해오기→〈대 · 소집단〉 우리 집에서 즐겨 먹는 여름철 음식 조사하여 발표하기→〈오전 수 · 과학〉 좋아하는 여름철 음식 그래프→〈대 · 소집단〉 여름 과일로 만드는 별난 화채→〈실외〉 여름철 음식놀이
〈오전 언어〉 여름철 건강 캠페인 문구 적어보기→ (   )</td></tr>
</table>

| 출처 | 보건복지부(2012). 5세 누리과정에 기초한 어린이집 프로그램.

(4) 일일보육계획

일일보육계획은 영유아가 등원해서 귀가할 때까지의 모든 보육 활동이 구체적으로 포함된 계획으로 주간보육계획에 기초하여 작성한다. 따라서 일일보육계획은 하루일과의 시간대별로 활동의 순서를 정하여 활동의 목표와 내용, 활동에 필요한 준비물 등을 기록한다. 이때 교사는 영유아의 활동에 대한 관심도나 흥미, 각 활동의 소요 시간 등을 고려하여 융통성 있게 일일보육계획을 수립한다.

① 영아(만 0~2세)

영아를 위한 일일보육계획은 간식, 배변, 수면, 휴식 등 영아의 신체리듬을 고려하여 계획하여야 한다. 또한 개별적인 활동이나 소집단 활동을 위주로 계획하는 것이 바람직하다. 즉, 영아를 위한 일일보육계획은 개별적인 요구가 배려되는 따뜻한 보호와 교육적인 경험이 동시에 이루어질 수 있는 계획의 고려가 필수적이다. 특히 학기 초의 경우에는 어린이집에서의 적응이 이루어지는 시기이므로 영아의 개별적인 신체리듬과 일과에 융통성을 발휘하여 일일보육계획안을 작성해야 한다.

0세아를 위한 일일보육계획을 수립 시 유의해야 할 점은 다음과 같다(보건복지부, 2014).

- 표준보육과정과 일반적인 영아 발달 특성에서 기대되는 발달과업에 기초하여 일과계획의 큰 틀을 구성하고, 개별 영아의 월령이나 특성을 최대한 반영하여 보육활동의 세부 내용을 계획한다.
- 계획한 하루일과가 규칙성과 일관성을 가지고 있어야 한다.
- 영아의 전인적 성장과 발달을 도모하는 내용을 균형 있게 계획하되 대·소근육을 활용한 신체 활동과 다양한 언어, 감각·탐색 활동이 매일의 일과 계획 및 운영에 포함되도록 한다.
- 만 0~1세아의 일과 계획과 운영은 정적인 활동과 동적인 활동, 실내놀이와 실외놀이, 그리고 사람, 자연 및 사물과 상호작용하는 놀이 등이 균형을 이루도록 계획하고 운영한다.
- 0세의 경우 특히 일상양육을 위한 시간을 충분히 계획하고 개별적으로 운영한다.

- 생리적인 요구를 충족시킬 수 있는 시간과 공간이 제공되어야 하며, 예를 들어 낮잠 시간이 아닌 때에 잠들더라도 수면에 방해받지 않도록 운영해야 한다.
- 일상생활과 놀이(활동)를 중심으로 교육적 경험을 계획하고 제공해야 하며 교사의 민감한 관찰을 통해 즉시 반응하고 교사와 개별적인 상호작용을 하여 양육자와 애착형성이 이루어지도록 운영한다.
- 개인 영아의 생체 리듬과 개인적 욕구를 토대로 일과를 진행하고 이러한 일과 속에서 교육 활동이 영아의 흥미를 중심으로 자연스럽게 전개되도록 운영한다.
- 영아의 발달적 특성 및 개인 영아에 대해 파악하여 일과를 계획하고 이에 적절한 놀이나 활동이 개별적으로 진행될 수 있도록 운영한다.

만 1~2세아를 위한 일일보육계획을 수립하기 시 유의해야 할 점은 다음과 같다(보건복지부, 2014).

- 교사는 주제별 보육계획에 따른 소주제별 주간보육을 계획하면서 일일보육계획을 한다.
- 일일보육계획은 등원 및 맞이하기, 일상생활, 실내자유놀이, 실외놀이, 귀가 및 가정과의 연계의 구분으로 이루어진 것에 하루일과별 구체적인 시간의 흐름에 따른 구체적인 계획과 실행을 포함하도록 계획한다.
- 만 1~2세아에게 적합한 일일보육계획은 1세의 일과 운영이 적절하게 구성이 될 때 가능하며 하루일과 운영을 안정적이고 긍정적으로 지원하기 위해 다음과 같은 사항을 참조하여 일과를 수립한다.

Tip 만 1~2세아를 위한 일일보육계획 시 참조 사항

- 등원에서 귀가까지 일과를 수립한다.
- 영아의 일상적 양육 활동 계획(간식, 기저귀 갈이 및 배변훈련, 점심, 청결, 낮잠 등)을 수립한다.
- 자유놀이 활동 계획을 오전과 오후 골고루 2시간 30분 이상 수립한다.
- 실외 활동 계획을 영아는 최소 30분 이상 수립한다.
- 실내와 실외, 정적과 동적, 개별 활동과 휴식 등의 균형을 고려하여 수립한다.
- 융통성 있는 일과 운영이 가능하도록 수립한다.
- 일관성 있는 일과 운영 계획을 수립한다.
- 다양한 상호작용이 포함되도록 수립한다.

| 표 5-19 | 일일보육계획안의 예(만 2세)

일일보육계획 및 실행(만 2세)

담임	원장

주제	알록달록 가을이에요	실행날짜 (날씨)	2000년 10월 29일 월요일 (날씨: 맑음)
소주제	가을이에요		
시간 및 활동명	활동 계획 및 방법	준비물 및 유의점	실행
7:30~9:00 등원 및 통합보육	• 등원하는 영아 반갑게 맞이하기 • 영아의 기분과 건강상태 확인하기 • 스스로 소지품 정리할 수 있도록 도와주기 • 투약 의뢰서 유무 확인하기 • 통합 보육실에서 자유놀이하기	출석 카드 투약 의뢰서 일일연락장 영역별 놀잇감	• 부모님과 등원하는 영아에게 아침에 무엇을 먹었는지를 물어보거나, 자신이 무엇을 먹었는지에 대해 이야기를 나누었다.
9:00~9:30 화장실 가기 및 오전 간식	• 화장실 다녀오기 및 손 씻기 • 준비된 간식 가지고 자리에 앉기 • 간식 먹은 후 함께 자리 정리하기	시리얼 우유	
9:30~10:50 오전 실내 자유놀이	• 새로운 영역 활동 개별적으로 소개하기 • 관심 있는 영역에서 자유롭게 활동하도록 돕고, 긍정적 상호작용 나누기 • 교사의 도움이 필요한 놀이에 적절히 참여하기 〈신체〉 낙엽비가 내려요 • 이전에 산책 활동 통해 낙엽을 뿌리며 관찰한 경험 회상하기 • 환경 인쇄물로 만든 낙엽을 위로 던지며 움직임 관찰하기 〈언어〉 과일 · 열매 까꿍 카드 • 벽에 붙인 과일 · 열매 사진을 보고 함께 탐색하기 • 까꿍판에 같은 사진 넣어 함께 열어보고 탐색하기 • 벽에 붙인 사진과 까꿍판과 같은 사진 고르기 〈감각 · 탐색〉 〈역할 · 쌓기〉 낙엽을 청소해요 • 종이 낙엽이 떨어진 바닥을 함께 빗자루로 쓸고 쓰레받기에 담아보기	과일 열매 사진 까꿍판 환경 인쇄물 종이낙엽 영아용 빗자루와 쓰레받기 영역별 기본 놀잇감	〈언어〉 벽에 붙은 과일 사진을 보고 '사과'라고 말하기도 하고 까꿍판을 열고 '사과'가 나오자 벽을 바라보며 사진을 찾는 모습이 관찰되었다. 벽에 있는 사진과 까꿍판 사진을 탐색한 후 같은 사진을 찾아 볼 수 있었다. 〈역할〉 종이 낙엽을 빗자루로 쓸어서 쓰레받기로 담다가 몇 개가 담기 힘들자 손으로 벽을 바라보며 사진을 찾는 모습이 관찰되었다. 벽에 있는 사진과 까꿍판 사진을 탐색한 후 같은 사진을 찾아 볼 수 있다.
10:50~11:10 정리 · 정돈 및 화장실 가기	• 놀잇감 바르게 사용하도록 안내하고 함께 정리하기 • 화장실 다녀오기		

시간 및 활동명	활동 계획 및 방법	준비물 및 유의점	실행
11:10~11:50 실외놀이 및 손 씻기	〈실외 활동〉 동물인형 목욕시키기 • 전 주에 했던 활동 회상 질문하기 • 좋아하는 동물인형을 스스로 선택하여 함께 목욕놀이하기 〈대체 활동〉 실내에서 동물인형 목욕시키기 • 화장실 다녀오기 및 손 씻기	동물인형 수조 목욕의자 스펀지 비누 수건	• 여러 가지 동물인형 바구니를 함께 들고 나갔다. 비누칠을 해주면서 "세수해!"라고 말하기도 하고, 수건에 동물인형을 눕혀서 "시원해!"라고 말하기도 했다.
11:50~13:20 점심식사 및 이 닦기	• 골고루 음식 먹고 함께 정리하도록 안내하기 • 이 닦기 • 먼저 먹은 친구는 자유롭게 놀이하기	현미밥 맑은 콩나물국 채소치즈 계란말이 연근조림 배추김치	• 밥을 먹다가 숟가락을 떨어뜨리자 한 친구가 자기 숟가락을 들고 "줄까?"라고 했다. 다른 수저로 교체해 주니까 "좋아?"라고 친구에게 말을 했다.
13:20~15:00 낮잠	• 편안한 분위기 느끼도록 낮잠 준비 • 편하게 낮잠 자기 • 개인 이불 함께 정리하기		
15:00~15:30 화장실 가기 및 오후 간식	• 화장실 다녀오기 및 손 씻기 • 준비된 간식 가지고 자리에 앉기 • 간식 먹은 후 함께 자리 정리하기	간장비빔쌀국수 사과	
15:30~16:50 오후 실내 자유놀이	• 원하는 영역에서 자유롭게 놀기 • 놀잇감 바르게 사용하도록 안내하고 함께 정리하기		〈신체〉 낙엽을 보여주며 "우리 공원에서 보았지요?"라고 말하니까 어떤 친구는 고개를 끄덕이기도 했다. 미리 만든 종이 낙엽을 손으로 집어 서로에게 뿌려주며 친구와 어울려 놀이할 수 있었다. "또!"라고 말하며 손을 잡아 끌기도 하였고, 낙엽을 뿌리는 활동이 반복되었다.
16:50~17:30 실외놀이 및 손 씻기	〈실외 활동〉 실외놀이터에서 자유놀이 〈대체 활동〉 실내 유희실에서 자유놀이 • 화장실 다녀오기 및 손 씻기		
17:30~19:30 귀가 및 통합보육	• 통합보육 하면서 개별적으로 귀가하기 • 자신의 소지품 함께 정리하기 • 선생님과 친구에게 "안녕!" 인사하기		• 귀가하는 친구에게 "오늘 뭐했는지 엄마에게 말해보자."라고 했더니 손을 위로 올리면서 웃었다. 궁금해 하는 어머니께 낙엽을 뿌리는 활동을 흉내내는 것 같다고 말씀드렸다.
일일 평가	• 산책을 하면서 낙엽을 줍고 손으로 뿌리기도 한 경험이 영아들에게 인상 깊었던 것 같다. 낙엽비 활동을 할 때 이전 경험이 자연스럽게 회상되어 매우 즐거워 하였는데, 좀 더 활발한 활동 지원을 위해 내일은 넓은 공간에서 활동을 해보아야겠다.		
비고	• 개별 침구 요청: 민수 어머니께 귀가 시간에 금요일에 보내드린 개별 침구를 보내주지 않아 여벌침구로 낮잠 지도를 했다고 말씀드리고 내일 침구를 보내달라고 말씀 드림		

활동하기

◈ 다음 〈보기〉에서 제시된 일과 구성 요소 중 만 2세 반에 해당하는 요소를 해당 반 특성에 맞추어 일일보육계획 시간과 일과 내용을 수립해 봅시다.

- 등원에서 귀가까지 일일보육계획을 수립합니다.
- 일상적 양육행동(간식, 배변, 점심, 청결, 낮잠 등) 계획을 수립합니다.
- 자유놀이 활동 계획을 오전 오후 골고루 2시간 30분 이상 수립합니다.
- 실외놀이 계획을 최소 30분 이상 수립합니다.
- 급 · 간식(오전 및 오후 간식, 중식)계획을 수립합니다.

일반적인 우리 반의 일일보육계획		융통성이 필요한 일일보육계획	
시간	일과 내용	시간	일과 내용
7:30~9:00	등원 및 통합보육	7:30~9:00	등원 및 통합보육
13:20~15:00	낮잠	13:20~15:00	낮잠
수립한 이유를 적어 봅시다.		수립한 이유를 적어 봅시다.	

〈보기〉

정리 · 정돈	오후 간식	일과 내용	등원	통합보육	기저귀 갈기
이 닦기	낮잠	대 · 소집단 활동	실외놀이	점심식사	오전 간식
손 씻기	실내자유놀이	수유 및 이유	귀가	화장실 가기	

◈ 다음은 작성 예시입니다.

일반적인 우리 반의 일일보육계획		융통성이 필요한 일일보육계획	
시간	일과 내용	시간	일과 내용
7:30~9:00	등원 및 통합보육	7:30~9:00	등원 및 통합보육
9:00~9:30	오전 간식	9:00~9:30	오전 간식
9:30~10:50	오전 실내자유놀이	9:30~10:10	실외놀이 및 손 씻기
10:50~11:10	정리 · 정돈 및 화장실 가기	10:10~11:30	오전 실내자유놀이
11:10~11:50	실외놀이 및 손 씻기	11:30~11:50	정리 · 정돈 및 화장실 가기
11:50~13:20	점심식사 및 이 닦기	11:50~13:20	점심식사 및 이 닦기
13:20~15:00	낮잠	13:20~15:00	낮잠
15:00~15:30	화장실 가기 및 오후 간식	15:00~15:30	화장실 가기 및 오후 간식
15:30~16:50	오후 실내자유놀이	15:30~16:50	오후 실내자유놀이
16:50~17:30	실외놀이 및 손 씻기	15:30~16:50	실외놀이 및 손 씻기
17:30~19:30	귀가 및 통합보육	16:50~17:30	귀가 및 통합보육
수립한 이유를 적어 봅시다.		수립한 이유를 적어 봅시다.	① 날씨가 더운 여름의 경우 ② 들어가기 힘들어하는 영아들이 많을 경우

| 출처 | 중앙육아종합지원센터(2014). 2세 보육 프로그램 활용의 실제.

② 유아(만 3~5세)

유아를 위한 일일보육계획의 경우는 유아의 발달을 돕는 다양한 활동들이 통합적으로 계획되고 운영되는 것이 바람직하며, 유아-유아, 유아-교사, 유아-교구 등의 상호작용이 균형 있게 일어나도록 계획되어야 한다.

또한 유아를 위한 일일보육계획은 연령에 따라 약간씩 차이를 보일 수 있다. 예를 들어 3, 4세는 소집단 활동이나 개별 활동을 위주로, 5세는 대 · 소집단 활동과 단위 활동이 더 많도록 계획될 수 있다. 또한 5세는 3, 4세에 비해 낮잠이 반드시 필요하지 않으므로 개인차에 따라 휴식을 취하거나 정적 활동을 제공할 수 있다.

만 3~5세 일일보육계획안의 계획 · 운영 시 고려할 사항은 다음과 같다.

- 일일보육의 목표 진술
  - 수업 의도를 뚜렷이 표시해야 하므로 주제와 연관된 개념과 교과의 내용과 연관된 개념이 포함되도록 행동으로 진술된 구체적이고 명료한 목표로 진술
  - 교사 활동이 아닌 학습자인 영유아의 관점에서 목표 진술
  - 하나의 목표 진술 시에는 하나의 목표에 두 가지 이상의 목표가 포함되지 않도록 해야 함
  - 가족의 중요성 및 관계를 이해하여 가족과 화목하게 지낼 수 있다. (×)
  - 가족의 중요성에 대하여 안다. (○) / 가족과 화목하게 지낼 수 있다. (○)
  - 순서에 따라 활동목표와 내용을 기술한다. 즉, 자유선택 활동과 대 · 소집단 활동으로 나누어 진술한다.
- 목표 달성을 할 수 있는 활동 유형을 정한 후, 활동 시간 순서를 정한다.
- 계획된 활동 순서에 따라 적절한 시간대를 구성한다.
- 보육 시간, 물리적 환경, 전개 시기, 인적 자원 등에 따라 보육 활동이 이루어지는 집단의 크기, 활동 소요 시간, 모이는 형태, 장소, 교재 · 교구의 종류와 양 등을 어떻게 할 것인지를 구체적으로 결정하여 운영한다.

| 표 5-20 | 어린이집 일일보육계획안의 예(만 4세)

<table>
<tr><td>주제</td><td>교통기관</td><td rowspan="2">실행날짜
(날씨)</td><td rowspan="2">2000년 0월 0일 0요일
(날씨: 흐림)</td></tr>
<tr><td>소주제</td><td>교통안전 규칙 알아보기</td></tr>
<tr><td>목표</td><td colspan="3">편리하고 안전하게 교통기관을 이용한다.</td></tr>
<tr><td>시간 및 활동명</td><td colspan="2">활동 계획 및 방법</td><td>준비물 및 유의점</td></tr>
<tr><td>7:30~9:00
등원 및
통합보육</td><td colspan="2">• 통합보육실에서 자유놀이하기
• 엄마 아빠와 인사하고 헤어지기</td><td>투약의뢰서
일일연락장</td></tr>
<tr><td>9:00~9:15
오전 간식</td><td colspan="2">• 사과, 우유
• 음식 남기지 않고 다 먹기</td><td></td></tr>
<tr><td rowspan="4">9:15~10:45
오전
자유선택 활동</td><td colspan="2">〈쌓기〉 공간 블록 이용하여 승용차 만들기
• 승용차를 타 본 경험을 이야기 나눈다.
• 승용차의 구조에 대해 이야기 나눈다.</td><td>공간 블록, 핸들,
승용자동차, 벽면 게시물</td></tr>
<tr><td colspan="2">〈역할〉 비행기 타고 여행을 가요
• 비행기를 타고 가고 싶은 곳을 이야기 나눈다.
• 비행기놀이에 필요한 것을 이야기 나눈다.
• 필요한 역할을 정하여 놀이한다.</td><td>의자, 승무용 의상 등</td></tr>
<tr><td colspan="2">〈요리〉 바퀴 모양 샌드위치
• 바퀴 모양 샌드위치를 만드는 방법에 대해서 이야기 나눈다.
• 요리할 때 주의 사항을 알아본다.
• 요리한 후 맛본다.</td><td>식빵, 잼, 바나나,
요리순서도, 빵칼, 밀대,
꼬치</td></tr>
<tr><td colspan="2">〈음률〉 자동차는 바빠요
• 노래를 듣는다.
• '자동차는 바빠요' 플래시를 감상한다.
• 노래를 불러본다.</td><td>'자동차는 바빠요' 플래시,
노래 음원</td></tr>
<tr><td>10:45~10:55
정리 · 정돈</td><td colspan="2">• 가지고 놀던 놀잇감을 제자리에 정리한 후 화장실 다녀오기</td><td></td></tr>
<tr><td>10:55~11:20
대 · 소집단 활동</td><td colspan="2">〈신체〉 교통표지판 따라 움직여봐요
• 교통표지판의 의미에 대해 이야기 나눈다.
• 교통표지판을 몸으로 표현할 수 있는 방법에 대해 이야기 나눈다.
• 음악을 듣다가 교통표지판이 나오면 신호를 몸으로 표현해 본다.</td><td>다양한 교통표지판 사진,
흥겨운 음악 음원</td></tr>
<tr><td>11:20~12:20
실외 활동</td><td colspan="2">〈실외 활동〉 세발자전거 경주
• 경륜 사진을 보고 게임 방법과 규칙에 대해 이야기 나눈다.
• 편을 나누고 게임을 한다. (※ 우천 시: 유희실에서 자전거 경주하기)</td><td>경륜 사진, 세발자전거 2대,
신호기, 점수판, 결승점
표시기, 안전 헬멧,
팔 · 무릎 보호대</td></tr>
<tr><td>12:20~13:20
점심식사 및
이 닦기</td><td colspan="2">• 좋아하는 음식과 싫어하는 음식 함께 먹어보기</td><td>검은 쌀밥, 건새우
아욱국, 사태떡찜,
참나물 무침, 김치</td></tr>
</table>

시간 및 활동명	활동 계획 및 방법	준비물 및 유의점
13:20~14:00 정리 · 정돈 및 낮잠 준비	• 점심식사가 끝난 유아는 책보기 등 조용한 활동을 하며 기다리기 • 베개 및 낮잠 이불 찾아 자기 자리에 눕기	보육실에 비치된 자동차 책
14:00~15:30 낮잠 및 휴식	• 동화 듣기	
15:30~16:00 오후 간식	• 약식, 수정과 • 간식 먹은 후 스스로 자리 정리하기	
16:00~16:30 대 · 소집단 활동	• 체육 활동: 장애물 건너기/온몸체조 (※ 대체 활동: 실내자유선택 활동 실시)	체육강사
16:30~18:00 오후 자유선택 활동	〈쌓기〉 공간 블록 이용하여 다양한 차 만들기(확장)	다양한 차의 벽면 게시물
	〈언어〉 교통안전 어린이 • 그림 카드를 보고 안전하고 바른 행동에 대해 이야기 나눈다. • 게임 방법을 소개한다.	교통안전 질문이 담긴 녹음 자료, 헤드폰, 교통안전 관련 그림 카드 총 18쌍
	〈미술〉 감상: 배가 나오는 명화를 감상해요 • 명화에 나오는 배에 관심을 갖고 생각과 느낌을 이야기 나누기	배와 관련된 명화
18:00~19:30 통합보육 및 귀가	• 자신의 소지품 정리하기/선생님과 친구에게 인사하기	일일연락장 영역별 놀잇감
전체 평가	• 비가 와서 하루일과 대부분을 실내에서 지냈고, 비가 갠 후 오후에 남은 유아들을 대상으로 실외 활동을 진행함	
비고	• 체육 활동을 할 때 불편한 옷차림을 한 유아들이 있으므로 가정과 의논하여 차후 활동 시에는 적절한 옷차림을 할 수 있도록 지도 필요함	

| 표 5-21 | 유치원 일일보육계획안의 예(만 3세)

반 이름	○○○반	시기	20○○년 ○월 ○일 ○요일
수업일수	○/○○○일	생활 주제	봄 · 여름 · 가을 · 겨울
주제	겨울	소주제	겨울 풍경 즐기기
목표	• 겨울 날씨와 풍경의 변화를 느낀다. • 추운 겨울 날씨의 특징에 관심을 갖고 탐색해 본다. • 아름다운 겨울 풍경을 느끼고 즐긴다.		
일과 시간표	09:00~09:10 등원 및 놀이계획 09:10~10:10 자유선택 활동 10:10~10:20 정리 10:20~10:40 간식 후 조용한 놀이 10:40~11:00 이야기 나누기 11:00~11:50 바깥놀이 활동 11:50~12:00 정리 · 정돈 및 화장실 다녀오기 12:00~13:20 점심 후 조용한 놀이 13:20~13:50 신체 활동 13:5 ~14:00 평가 및 귀가		
시간 및 활동명	활동목표	활동 내용	자료 및 유의점
09:00~09:10 등원 및 놀이계획	• 등원하여 선생님, 친구들과 반갑게 인사를 나눈다. • 하루일과를 알고 안정감을 갖는다.	• 유아들을 반갑게 맞이하고, 유아의 기분과 건강상태를 살핀다. • 반갑게 인사를 나눈다. • 오늘의 활동을 살펴보고 하고 싶은 놀이를 선택할 수 있도록 한다.	• 활동소개 자료
09:10~10:10 자유선택 활동	• 겨울철 사람들의 생활을 알아본다. • 친구와 협력하여 기능에 알맞은 모양을 블록으로 구성해 보는 경험을 한다. • 다섯 개 정도의 구체물을 세어보고 수량의 많고 적음을 비교해 본다.	〈쌓기놀이 영역〉 겨울 낚시터 • 겨울 낚시터의 사진과 화보를 보며 낚시놀이에 흥미를 갖는다. • 준비된 소품을 이용하여 겨울 낚시터를 구성해 본다. • 자석 낚싯대와 물고기를 이용하여 낚시놀이를 한다.	• 얼음낚시 사진, 흰 종이로 싼 벽돌 블록 여러 개, 흰 종이로 싼 펼친 박스 여러 개, 흰 종이로 싼 넓은 판 여러 개, 자석 낚싯대 여러 개, 클립을 끼워 제작한 물고기 여러 개, 물고기를 담을 바구니 여러 개
	• 추운 겨울을 따뜻하게 지내기 위한 옷차림을 안다. • 물건의 크기에 따라 서열화할 수 있다. • 가족에게 필요한 물건을 사용하여 역할놀이를 할 수 있다.	〈역할놀이 영역〉 누구에게 입혀줄까? • 준비된 다양한 소품을 탐색하며 역할을 정해 소품을 착용해 본다. • 다양한 상황을 가작화하여 역할놀이를 해 본다.	• 남자/여자 어른을 위한 겨울철 옷과 소품(예 모자, 목도리, 장갑, 외투 등), 남아/여아 어린이를 위한 겨울철 옷과 소품, 아기 인형에게 입혀줄 겨울철 옷과 소품 등

시간 및 활동명	활동목표	활동 내용	자료 및 유의점
09:10~10:10 자유선택 활동	• 겨울에 대한 자신의 경험을 간단한 이야기로 표현해 본다. • 겨울 풍경과 생활에 대한 이야기를 창의적으로 지어 본다. • 다른 사람의 이야기를 듣고 다른 사람의 감정에 관심을 갖는다.	〈언어 영역〉 겨울이 좋아요 • 제시된 디오라마의 겨울 풍경을 보며 관련된 경험을 나눈다. • 디오라마 소품으로 제시된 사람 인형으로 이야기 꾸미기 활동을 한다.	• 겨울 풍경 디오라마, 겨울 풍경 사진, 디오라마 소품(겨울복장을 한 어린이 3명, 어른 2명, 눈사람 인형, 흰 솜 공 여러 개 등)
	• 추운 겨울에는 눈이 오고 얼음이 언다는 것을 안다. • 1~5까지의 구체물을 세어보고 수량에 관심을 갖는다. • 게임의 약속과 규칙을 지켜야 함을 안다.	〈수 · 조작 영역〉 눈이 내려요 • 게임 자료를 살펴보고 게임 방법에 대해 이야기를 나눈다. • 다양한 눈 모양에 관심을 갖고 주사위를 던져 나온 수량만큼의 눈송이 모양을 겨울 배경 그림판에 붙여 본다.	• 겨울 풍경 그림 게임판 2개, 여러 가지 모양의 눈송이 그림 카드, 1~3의 숫자와 눈송이 모양이 있는 주사위
	• 온도에 따라 눈이 물로 변함을 관찰해 본다. • 눈사람 크기의 변화를 비교하는 경험을 한다. • 다양한 주변의 재료를 활용하여 눈사람을 독창적으로 만든다.	〈과학 영역〉 집에 데리고 온 눈사람 • 전날 바깥놀이에서 눈사람을 만들어 투명 용기에 담아 둔다. • 시간의 흐름에 따라 어떻게 변하는지 관찰하고 이야기해 본다.	• 눈사람을 꾸밀 수 있는 재료들(단추, 털실, 빵 끈, 리본테이프 등), 바깥놀이 시간에 만든 눈사람, 투명 플라스틱 용기(아이스커피 용기, 빈 플라스틱 통, 투명 계량컵 등), 네임펜, 관찰지, 디지털사진기
	• 다양한 재료를 이용하여 창의적으로 표현해 본다. • 겨울 풍경의 아름다움을 느끼고 표현해 본다.	〈미술 영역〉 겨울 풍경 콜라주 • 다양한 재료를 이용하여 겨울 풍경을 자유롭고 창의적으로 표현해 본다. • 자신이 표현한 겨울 풍경이 어떤 모습인지 이야기해 본다.	• 도화지, 여러 가지 콜라주 재료, 목공풀, 색연필 등
	• 자연스럽게 노래를 부르며 노래에 대한 흥미를 갖는다. • 창의적으로 손동작을 만들고 표현해 본다.	〈음률 영역〉 '꼬마 눈사람' 노래 부르며 손동작 만들어 보기 • 영역에 준비한 '꼬마 눈사람' 노래를 따라 부르며 노래에 관심을 갖는다. • 노랫말판을 보며 다양한 손동작을 창의적으로 만들어 본다.	• 노랫말 전달 자료, 음원, 노랫말판

시간 및 활동명	활동목표	활동 내용	자료 및 유의점
10:10~10:20 정리	• 자기 주변을 스스로 정리하는 습관을 기른다. • 정리 · 정돈의 약속과 규칙이 있음을 안다.	• 놀잇감을 정리한다.	
10:20~10:40 간식 후 조용한 놀이	• 바른 식습관과 식사 예절을 지켜 간식을 먹는다. • 다양한 음식을 맛본다. • 소화를 돕기 위한 조용한 놀이의 의미를 안다.	• 손을 씻고 자리에 앉는다. • 바르게 앉아 간식을 먹는다. • 먹고 난 그릇은 제자리에 정리한다. • 교사가 읽어 들려주는 책 보기 및 끈 끼우기, 퍼즐 등을 하며 조용히 앉아 놀이한다.	• 찐 단호박, 우유
10:40~11:00 이야기 나누기	• 추운 겨울을 따뜻하게 지내는 방법에 관심을 갖는다. • 겨울철 사람들의 생활 변화에 대해 안다. • 생활경험과 연관지어 자신의 느낌과 생각을 이야기할 수 있다.	〈따뜻하게 해 주세요〉 • 몸을 따뜻하게 해줄 수 있는 여러 가지 물건에 대해 이야기를 나눈다. – ○○의 몸을 따뜻하게 해줄 수 있는 것에는 무엇이 있을까? • 집안을 따뜻하게 해줄 수 있는 여러 가지 물건에 대해 이야기를 나눈다. – 창문에서 바람이 들어올 때 바람을 막아 줄 수 있는 것에는 어떤 것이 있을까? – 집에 카펫을 깔면 어떤 느낌이 들까?	• 집 배경, 사람, 외투, 장갑, 모자, 목도리, 커튼, 온풍기, 카펫, 솜이불 그림, 융판
11:00~11:50 바깥놀이 활동	• 겨울을 나는 식물의 모습에 관심을 갖는다. • 겨울철 나무를 돌보며 생명체를 소중히 여기는 마음을 갖는다.	〈나무도 옷이 필요해요〉 • 겨울나무를 관찰해 보고 느낌을 이야기 나눈다. – 겨울이 되니까 나무 모습이 어떻게 달라졌니? • 나무 옷을 탐색해 본다. – 이건 뭘까? – 만져 보니 어떤 느낌이 드니? • 친구와 함께 협력하여 겨울나무에게 나무 옷을 입혀 준다. – 우리도 나무에게 옷을 입혀 줄까? 친구들과 함께 나무에게 옷을 입혀 주니 기분이 어떠니? • 놀이터를 돌아보며 겨울철 식물과 동물의 모습을 살펴본다. – 또 우리가 돌봐줘야 할 것이 있나 찾아볼까?	

시간 및 활동명	활동목표	활동 내용	자료 및 유의점
11:50~12:00 정리 · 정돈 및 화장실 다녀오기	• 자기가 가지고 놀던 놀잇감을 스스로 정리해 본다. • 친구를 도와 함께 정리한다.	• 나무 옷 재료 정리하기 • 모래 놀잇감 정리하기 • 신발의 모래 털어 보기 • 화장실 다녀오고 손 씻기	
12:00~13:20 점심 후 조용한 놀이	• 바른 식습관 태도를 갖고 즐겁게 식사해 본다. • 음식을 골고루 먹는 습관을 기른다.	• 제자리에 앉아 식사 준비하기 • 즐겁고 맛있게 식사하기 • 식판을 제자리에 정리하고 먹은 자리 정리하기 • 교사가 읽어 들려주는 책 보기 및 양말에 종이 뭉치 넣기	
13:20~13:50 신체 활동: 게임	• 팔과 손의 힘과 방향을 조절하여 양말 눈뭉치를 던질 수 있다. • 안전하게 놀이할 수 있다. • 게임의 방법과 규칙을 지키며 친구와 즐겁게 놀이한다.	〈양말 눈뭉치 만들어 놀이하기〉 • 유아들과 함께 게임 자료인 양말에 재활용지를 뭉쳐 넣어 눈뭉치처럼 만든다. • 조용한 놀잇감을 정리하고 함께 모여 게임 자료를 보며 놀이방법에 대해 이야기를 나눈다. - 이것은 무엇일까? - 양말 눈뭉치를 가지고 어떤 놀이를 할 수 있을까? • 게임 방법에 대해 이야기 나누고 게임을 한다. - 그림을 보니 제일 먼저 무엇을 해야 할까? - '양말 눈뭉치' 게임을 할 때 서로 기분 좋고 안전하게 놀이하려면 어떤 약속을 지켜야 할까? • 게임이 끝난 후 팀별 바구니에 든 양말 눈뭉치의 양을 어림잡아 비교해 본 후 세어본다. - 눈으로 보았을 때 어느 팀의 양말 눈뭉치가 더 많아 보이니? - 실제 양말 눈뭉치를 세어 보니 몇 개였니? • '양말 눈뭉치' 게임을 해본 소감에 대해 이야기를 나눈다.	• 양말에 재활용지를 넣고 끝을 묶어 만든 눈뭉치 20개, 눈뭉치를 담을 수 있는 큰 바구니 2개, 게임 출발선 표시에 필요한 색 테이프, 융판, 게임 방법에 대한 그림
13:50~14:00 평가 및 귀가	• 일과와 놀이에 대한 경험을 나누며 자신의 생각을 적절히 표현해 본다.	• 하루일과를 회상한다. - 오늘은 어땠니? - 어떤 놀이를 해보았니? - 어떤 점이 재미있었니? - 내일은 어떤 놀이를 더 해보고 싶니? • 귀가 시 지켜야 할 안전 규칙에 대해 이야기를 나눈다. • 인사 후 귀가한다.	
총평	• 유아들이 겨울의 날씨 변화와 풍경에 대해 바깥놀이터에서 탐색하며 실내놀이와 연계하도록 하루일과를 진행하였음 • 자유선택놀이 시 겨울철 옷을 가족 구성원의 크기에 맞추어 서열화하는 활동을 잘 수행함 매력적인 소품들로 인해 겨울놀이 상황에 맞는 가작 활동이 이루어지면서 자연스럽게 겨울을 준비하는 생활을 체험해 볼 수 있었음 • 겨울 풍경, 식물에 대한 관찰이 월요일부터 이루어진 이유 때문인지 바깥놀이 시 식물들에 대해 더욱 흥미를 보임. 나무의 옷을 유아들이 직접 입혀 주는 활동 후 성취감을 느끼는 모습을 보임. 식물의 겨울나기에 대한 관심과 활동이 지속되고 확장될 수 있도록 내일은 옷을 입혀 준 나무에 대하여 나무 이름표를 꾸며 달아 줄 예정임 • 점심 후 이루어지는 대 · 소집단 활동 시 게임 자료인 양말 눈뭉치를 유아들과 함께 만들었더니 정적 놀이와 동적 놀이의 시간 안배가 적절히 이루어짐 • 이야기 나누기와 음악 활동을 통해 겨울의 준비, 풍경, 놀이에 대한 경험을 나눌 수 있었으며 유아들이 관심과 흥미를 갖고 적극 참여하였음. 음률 영역에서 흥미 있는 유아들 중심으로 손동작 만들기가 이루어짐. 다양한 손동작 및 율동이 창의적으로 이루어질 수 있도록 지속적인 관심과 활동 진행이 필요함		

활동하기

◈ 다음 〈보기〉에서 제시된 일과 구성 요소를 적절히 배열하여 일일보육계획을 수립해 봅시다.

시간	활동명
7:30~9:00	등원 및 통합보육
9:00~9:40	화장실 가기/손 씻기/오전 간식
9:40~10:00	대 · 소집단 활동
10:00~11:00	오전 자유선택 활동
11:00~12:10	실외 활동/손 씻기
12:10~13:20	점심식사/이 닦기
13:20~14:30	오후 자유선택 활동
14:30~15:00	휴식
15:00~15:30	화장실 가기/손 씻기/오후 간식
15:30~16:00	대 · 소집단 활동
16:00~17:20	오후 자유선택 활동
17:20~19:30	귀가 지도 및 통합보육

시간	활동명
7:30~9:00	등원 및 통합보육
9:00~9:40	
9:40~10:00	
10:00~11:00	
11:00~12:10	
12:10~13:20	점심식사/이 닦기
13:20~14:30	
14:30~15:00	
15:00~15:30	
15:30~16:00	
16:00~17:20	
17:20~19:30	귀가 지도 및 통합보육

〈보기〉

등원 및 통합보육 화장실 가기/손 씻기/오전 간식 오전 자유선택 활동
대 · 소집단 활동 점심식사/이 닦기 휴식
화장실 가기/손 씻기/오후 간식 화장실 가기/손 씻기/오후 간식 실외 활동/손 씻기
오후 자유선택 활동 귀가 지도 및 통합보육

(5) 활동계획

실제로 보육 활동을 진행할 때에는 활동계획을 준비함으로써 보다 효율적인 보육과정을 운영할 수 있다. 활동계획은 하루일과 내에서 이루어지는 각각의 활동에 대한 구체적인 계획이다. 활동계획안을 작성할 때에는 활동목표가 표준보육과정의 어떤 영역, 어떤 내용과 수준을 고려하고 있는 것인지 분석해 본 후, 영유아의 발달 특성에 적합하도록 활동방법을 구성하여 운영하도록 한다(보건복지부, 2011).

보육 활동과 수업이 이루어지는 주요과정을 제시하면 다음과 같다(부산광역시 유아교육진흥원, 2010).

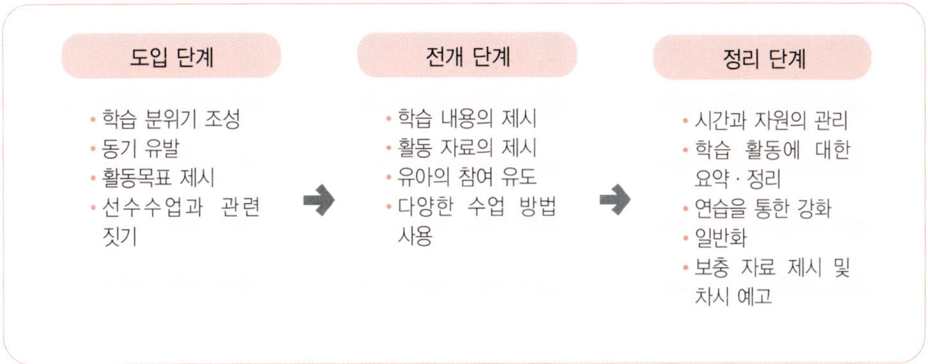

| 그림 5-4 | 수업 단계와 주요 활동

① 도입 단계

학습의 준비 단계 또는 동기유발 단계로 비교적 짧은 시간에 이루어지며, 수업 상황에 따라 차이가 있지만, 대략 5~10분 정도가 적절하며, 영유아의 주의를 집중시키고 도달해야 할 학습목표를 제시하고 수업과 관련된 학습경험들을 재생 또는 회상시켜주는 단계이다. 손유희, 수수께끼 등의 방법을 활용하여 영유아를 주의집중시키고, 본 활동과 연결시킬 수 있다.

② 전개 단계

수업의 중심 활동으로 도입 단계와 정리 단계의 활동을 연결하며 한 시간 수업의 약 60~70%를 차지한다. 실제 본시 수업의 학습 내용을 영유아에게 제시하고, 집단이나 개인별로 능동적인 참여를 유도하는 다양한 수업 방법을 사용하여 수업목표 달성을 위한 교수–학습 지도가 이루어진다.

③ 정리 단계

수업을 마무리하는 단계로 학습한 내용을 요약 · 정리하고 강화시키며 일반화할 수 있도록 지도해야 하며, 수업의 약 10% 정도를 차지한다. 교사 자신이 본시 학습 내용을 요약해서 실행하는 방법과 영유아가 모둠별 · 내용별로 이해한 학습 내용을 요약 · 발표하는 방법, 학습한 내용을 다양한 방법으로 제작 · 전시함으로써 학습을 정리하는 동시에 상호 비교하는 방법이 있다. 마무리는 사전에 철저한 준비와 함께 반드시 실행되어야 하며, 보육 활동이 끝날 때 평가한다.

일반적으로 보육현장에서는 활동계획안과 수업계획안, 수업 지도안, 교수–학습계획안, 학습 지도안 등이 혼용되기도 하지만, 여기서는 활동계획안으로 진술하고자 한다. 활동계획안은 교사 수준의 교육과정으로 교사와 영유아가 효과적인 수업을 끌어내기 위한 방향과 흐름을 제시하는 일종의 설계도라고 볼 수 있다.

성공적인 수업이 이루어지기 위해서는 철저한 사전준비가 필수적이다. 이를 위해 활동계획안은 교사의 역량과 영유아의 발달적 특성을 동시에 고려하여 실현가능한 목표를 설정하여 구체적으로 계획해야 한다. 참고로 활동계획안을 제시하면 다음 | 표 5–22 | 와 같다.

| 표 5-22 | 활동계획안의 예(만 5세)

학급명	고운반	연령	만 5세	지도교사	○○○	일시	20○○. ○. ○. (화)
주제	우리나라			소주제	우리나라의 자랑거리		
소주제	무궁화			활동명	인사해요-역할극		
목표	• 친구와 어른에게 바르게 인사한다. • 경험이나 간단한 이야기를 극놀이로 표현한다.						

시량			활동목표	활동 내용	자료 및 유의점	평가
10:30 ~ 11:10 역할극	도입 (8′)	전시 학습 기억하기 동기 유발 하기 활동 내용 제안 하기	• 자신의 생각을 또박하게 말한다. • 바른 인사 자세를 안다. • 다른 사람의 이야기를 주의 깊게 듣는다. • 자신의 생각을 말한다.	〈전시 학습 내용 기억하기〉 • 어제 이야기 나누었던 우리나라의 인사법에 대해 이야기 나눈다. - 우리나라 사람들은 어떤 방법으로 인사를 한다고 했었니? - 누가 나와서 보여줄 수 있겠니? 〈짧은 이야기 듣기〉 • 융판 자료를 이용하여 짧은 이야기를 들려준다. 돌이는 서당에서 공부하고 집으로 돌아가고 있었습니다. 도중에 옆집 순이 할머니를 만났습니다. 돌이는 어쩔 줄을 몰라 그냥 할머니를 쳐다만 보았습니다. • 이야기의 내용에 대해 이야기한다. - 돌이가 길에서 누구를 만났니? - 돌이가 순이 할머니를 보고 어떻게 했니? - 돌이가 순이 할머니를 그냥 쳐다만 보았을 때 순이 할머니는 기분이 어땠을까? - 너희들이 만약 돌이라면 할머니에게 어떻게 했을 것 같니? 〈활동 내용 제안하기〉 • 활동 내용을 제안한다. - 오늘은 이렇게 우리나라의 인사하는 방법에 대해 알아보면 어떻겠니?	• 바른 인사 자세 (PPT) • 융판 자료(돌이, 배경, 할머니)	

〈계속〉

시량			활동목표	활동 내용	자료 및 유의점	평가
10:30 ~ 11:10 역할극	전개 (25′)	경험 이야기하기	• 자신의 경험을 바른 태도로 이야기한다.	〈자신의 경험 이야기하기〉 • 자신의 경험에 대해 이야기한다. – 너희들도 돌이처럼 길이나 밖에서 어른을 만난 적이 있니? – 그때 어떻게 했었니?		
		대상에 따른 인사 방법 알아보기	• 친구에게 인사하는 방법을 안다. • 인사하는 다양한 방법을 생각해 본다. • 자신의 생각과 경험을 또박또박 이야기한다. • 어른에게 인사하는 방법을 안다. • 노인을 배려하는 마음을 가진다.	〈대상에 따른 인사 방법 알아보기〉 • 그림을 보면서 친구를 만났을 때 인사법에 대해 이야기한다. – 친구가 길에서 누구를 만난 것 같니? – 이 두 친구가 뭐라고 인사를 할 것 같니? – 또 다른 방법을 이야기해 보자. • 그림을 보면서 할머니께서 무거운 짐을 들고 있을 때의 인사법에 대해 이야기한다. – 친구가 길에서 누구를 만난 것 같니? – 할머니가 손에 무엇을 들고 계신 것 같니? – 이 친구가 할머니에게 뭐라고 인사를 하고 있는 것 같니? – 또 다른 방법으로 인사를 해 보자. – 또 할머니를 어떻게 도와드릴 수 있을까?	• 친구를 만나는 그림(PPT) • 무거운 짐을 들고 가는 할머니를 만나는 그림(PPT)	
		역할극 제안하기 역할극 준비하기	• 역할극에서 지켜야 할 약속을 알고 지킨다. • 대상에 따른 인사 방법을 극놀이로 표현한다.	〈역할극 제안하기〉 • 역할극을 제안한다. – 오늘 알아본 인사하는 방법을 너희들이 직접 역할극으로 해보면 어떻겠니? 〈역할극 준비하기〉 • 역할극에 필요한 준비물에 대해 이야기한다. – 할머니 역할을 하려면 어떤 것이 있으면 좋겠니? • 미리 준비한 소품을 보여준다. • 역할극에서 지켜야 할 약속에 대해 이야기한다. – 친구들이 역할극을 재미있게 하려면 어떤 약속을 지켜야 할까? – 역할극을 하는 친구는 어떻게 하면 좋을까? – 역할극을 보는 친구는 어떻게 하면 좋을까? • 배역을 정한다. – 우리가 알아본 것을 역할극으로 하려면 어떤 역할이 필요한 것 같니? • 노래를 부르면서 자리를 넓게 정리한다.	• 한복, 지팡이, 보자기 묶은 짐 • 약속판, 보드마카펜 ※ 자리를 정리할 때 할머니나 할아버지는 한복을 입는다. • 신호악기(북)	

〈계속〉

시량			활동목표	활동 내용	자료 및 유의점	평가
10:30 ~ 11:10 역할극	전개 (25′)	역할극 하기		〈역할극 하기〉 • 유아들과 함께 시작을 알린다. • 유아들이 나와서 역할극을 한다. – 친구를 만나는 장면을 먼저 역할극 하고, 다음에 할머니를 만나는 장면을 한다.	※ 시간이 가능하면 배역을 바꾸어서 해 본다.	
	마무리 (7′)	역할극 평가하기	• 친구와 어른께 바르게 인사한다. • 대상에 따른 인사방법을 보고 생각과 느낌을 나름대로 말한다. • 자신의 생각을 또박하게 말한다. • 다른 사람의 이야기를 주의깊게 듣는다.	• 배역을 맡았던 유아들이 인사를 한다. – 저는 할머니 역을 맡았던 ○○○입니다. – 저는 어린이 역을 맡았던 ○○○입니다. 〈역할극 평가하기〉 • 역할극에 대한 평가를 한다. – 역할극을 보고 어떤 생각이 들었니? – 역할극을 해 보니까 어땠니? – 인사를 하는 것을 보니까 어떤 기분이 들었니? – 인사를 받았을 때 어떤 기분이었니? – 어른이나 친구를 만났을 때 어떻게 하면 좋을까? • 역할극 약속에 대한 평가를 한다. – 너희들이 정한 약속은 어땠니? – 역할극을 더 재미있게 하려면 어떻게 하면 더 좋을까?	• 약속판	
		확장 활동 안내하기		〈확장 활동 안내하기〉 • 확장 활동에 대해 안내한다. – 너희들이 사용한 한복과 소품은 어떻게 하면 좋겠니? – 역할 영역에서 너희들끼리 역할을 정해서 놀이하도록 해 보자.		
본시 평가 계획			• 상황에 맞는 인사말을 할 수 있는가? • 간단한 이야기를 극놀이로 표현할 수 있는가?			

| 출처 | 부산광역시 유아교육진흥원(http://child.pen.go.kr).

3) 주제 중심 통합보육과정의 구성 실제

일반적으로 보육현장에서 보육과정을 계획하고 적용할 때에는 주제를 중심으로 모든 교과의 내용을 통합하는 '주제 중심 통합보육과정'이 가장 일반적으로 많이 활용된다. 주제 중심 통합보육과정은 영유아에게 의미 있는 주제를 중심으로 한 통합적 접근이다. 이에 따라 대부분의 어린이집에서는 국가 수준의 교육과정인 표준보육과정에서 제시한 주제를 중심으로, 전년도의 보육과정 운영 자료를 검토하고 여러 가지 요구들을 반영하여 1년간 진행할 주제들을 선정한다. 그리고 이렇게 선정된 주제의 전개에서 표준보육과정에서 제시한 보육목표와 내용을 반영하고, 보육내용과 여러 활동들을 통합적으로 경험하도록 구성하여 보육 활동을 전개한다. 이러한 과정은 연간보육계획의 수준에서 이루어지게 되는 일로서, 앞서 제시된 |표 5-1|, |표 5-2|, |표 5-3|, |표 5-4|, |표 5-5|, |표 5-6|을 참고하기 바란다.

이러한 과정을 도표화하여 다음과 같이 제시하였다.

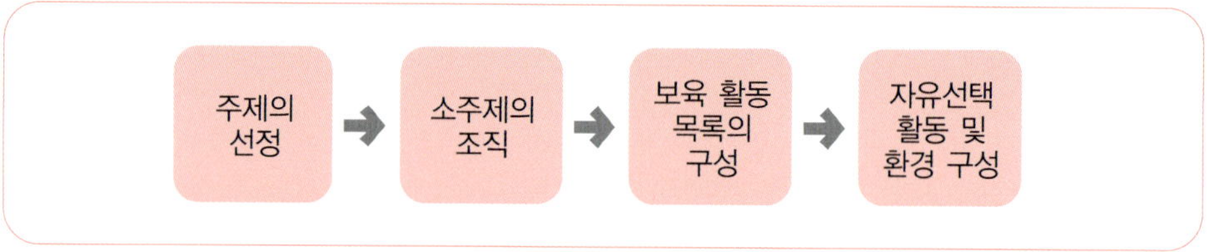

|그림 5-5| 보육과정의 계획과정

(1) 주제의 선정

주제는 학습 내용이나 학습 활동을 동질적인 특성을 중심으로 묶은 것을 의미하는데, 주제는 주제에 따라 월의 주제와 일치하지 않게 전개될 수도 있지만, 대체적으로 월별로 주제가 선정된다. 주제가 선정된 후에는 주제의 전개 시기에 따라 주제를 적절히 배치해야 한다. 주제는 한 주제가 여러 달에 걸쳐 전개되기도 하고, 짧은 기간에 끝낼 수도 있다. 영유아의 연령이 높아짐에 따라 점차 확대될 수 있는 주제를 선정하는 것이 바람직하다. 보육과정에 포함될 주제를 선정할 때, 참고할 기준을 제시하면 다음과 같다.

- 영유아가 흥미와 관심을 가질만한 주제인가?
- 영유아의 성장과 발달에 도움이 되는 형태로 전개 가능한 주제인가?

- 영유아의 연령과 발달적 특성에 적합한 주제인가?
- 다양한 영역에서 깊이 있는 학습이 가능한 주제인가?
- 영유아의 생활과 관련된 주제인가?
- 연간 · 월간보육계획 간의 균형이 이루어지는 주제인가?
- 표준보육과정(국가 수준의 교육과정)의 영역들을 통합적으로 다룰 수 있는 주제인가?
- 개별 어린이집의 지역적 배경을 고려한 주제인가?
- 교사도 관심과 흥미가 느껴지는 주제인가?
- 연간교육일수, 주제별로 필요한 전개 기간 등을 고려한 주제인가?

|Tip| 주제 관련 용어 비교

- 주제 관련 용어: 누리과정이 제정되기 이전에 보육현장에서는 주제-소주제로 사용되었지만, 누리과정이 제정되면서부터 생활 주제-주제-소주제(일일 주제)로 통일되었다. 그러나 보육현장에서는 주제-소주제로 혼용되어 사용되기도 한다.

(2) 소주제의 조직

주제의 선정이 끝난 다음에는, 주제와 관련하여 다룰 수 있는 하위 단계의 '소주제'를 선정하고 조직해야 한다. 영유아의 생활 주변에서 흥미를 가질 수 있는 내용을 고려하여 각 주제를 중심으로 몇 개의 가능한 하위 주제들을 추출하고 선정해 본다. 추출된 하위 주제가 주제 내에서 적합한지 검토하여, 주에 따라 소주제를 배치하도록 한다. 소주제는 주제를 탐색하는 과정이 될 개념을 포함한다. 따라서 소주제가 선정되면, 각 소주제들을 다룰 시기를 결정하여 계열성 있게 배치하여 조직한다.

|Tip| 주제 및 소주제의 조직

생활 주제 '우리나라'의 주제 및 소주제의 조직

주제	우리나라 사람들의 생활	우리나라의 놀이와 예술	우리나라의 역사	우리나라의 자랑거리
소주제	• 우리나라의 옷 살펴보기 • 우리나라의 음식 즐기기 • 우리나라의 집 알아보기 • 우리나라의 생활 도구 알아보기	• 우리나라의 전통 놀이 즐기기 • 우리나라의 옛 그림 감상하기 • 우리나라의 노래와 춤 경험하기 • 우리나라의 옛 이야기 감상하기	• 우리나라의 시작에 대해 알아보기 • 우리나라의 과거, 현재, 미래에 대해 알아보기 • 북한에 대해 관심 가지기	• 우리나라의 상징 • 우리나라의 문화재 찾아보기 • 우리나라의 자랑스러운 모습 알아보기

| 출처 | 교육과학기술부 · 보건복지부(2012). 5세 누리과정 교사용 지침서.

소주제가 선정되고 나면 브레인스토밍이나 마인드맵을 통하여 선정된 소주제를 중심으로 개념망을 그려보거나 도표로 정리해 볼 수 있다. 이렇게 하면 주제 전개에 도움이 되고, 가르칠 주요 내용을 보다 구체화시킬 수 있다. 소주제에 대한 개념망 구성의 예를 제시하면 다음 |그림 5-6|과 같다.

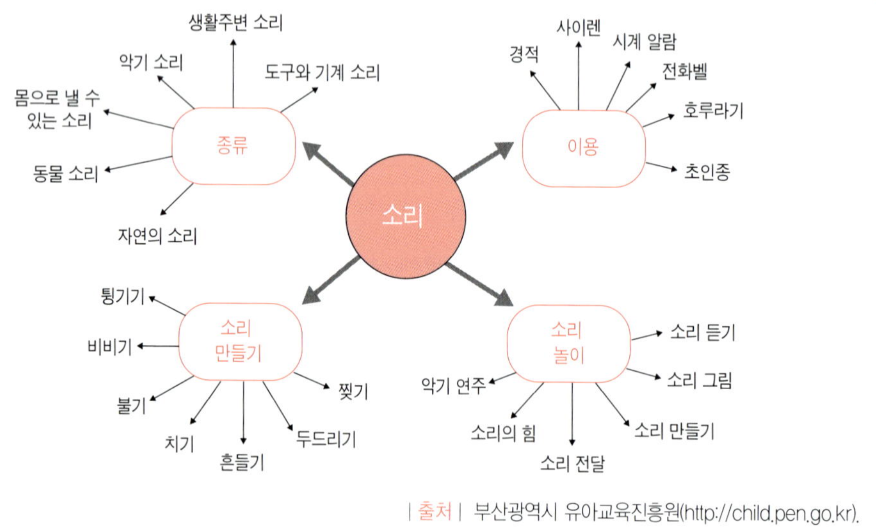

| 출처 | 부산광역시 유아교육진흥원(http://child.pen.go.kr).

|그림 5-6| 소주제에 대한 개념망 구성의 예: '소리'

(3) 보육 활동 목록의 구성

주요 개념이나 내용 선정이 끝나고 나면, 각 소주제 및 개념을 전개하기 위한 주요 내용이 반영된 보육 활동의 목록을 추출하고 배치한다. 영유아의 전인적 발달을 지향하면서 표준보육과정에서 제시한 기본생활, 신체운동, 사회관계, 의사소통, 자연탐구, 예술경험 등의 6개 영역(3-5세 보육과정의 경우 5개 영역: 기본생활 영역, 신체운동 영역→신체운동 · 건강 영역)을 고려하여 주제를 통해 여러 활동들을 통합적으로 경험하도록 보육과정을 구성해야 한다. 이때 지식이나 개념적 내용에 치우치지 않고 지식, 태도 및 기술의 측면을 포함하여 선정한다.

또한 주제망에 계획된 내용과 연관된 활동들을 선정하여 자유선택 활동의 영역별 및 대 · 소집단 활동 유형별로 활동들을 배치하여 구성한다. 주제와 연관된 활동들은 크게 이야기 나누기, 자유선택 활동(쌓기놀이, 역할놀이, 수 · 조작, 언어, 미술, 과학, 음률, 물놀이, 모래놀이, 컴퓨터, 목공놀이, 요리 등) 및 대 · 소집단 활동(노래 부르기, 동화, 동극, 게임, 신체표현, 만들기, 실험 활동) 등으로 나누어 계획할 수 있다.

'영역별 연관 활동망'은 | 그림 5-7 | 에 제시하였고, 참고로 '자유선택 활동 및 환경 구성 계획'을 | 그림 5-8 | 에 제시하였다.

이야기 나누기

- 소리에 대한 경험 나누기
- 소리에 대한 생각 모으기
- 주변에서 들을 수 있는 소리
- 내 몸에서 나는 소리
- 다양한 악기 소리
- 소리는 어떻게 들리나요
- 동물소리 흉내내기
- 물건으로 소리 만들기
- 크게크게 작게작게
- 좋은 소리 나쁜 소리

미술

- 자연소리 감상하고 그리기
- 종이컵 전화기
- 소리 나는 개구리
- 좋아하는 동물소리 퍼즐 만들기
- 나만의 악기 만들기(재활용품 활용)
- 펼치면 소리나는 딱지

역할 · 쌓기

〈역할〉
- 동물소리 흉내내기
- 악기판매점놀이
- 난타 공연
- 음악회에 가요

〈쌓기〉
- 방음벽 만들기
- 여러 크기의 쟁반으로 소리 만들기
- 난타 무대 만들기

동화 · 동시

〈동화〉
- 데굴데굴 금방울
- 말 전하는 요정
- 거인의 나라

〈동시〉
- 숨소리
- 소리를 찾아서

신체표현 · 게임

〈신체표현〉
- 소리 맞추어 걷기
- 창의적 음률 활동-둥둥, 꼴깍, 스르르

〈게임〉
- 박수 소리 듣고 물건 찾기
- 말 전하기 게임

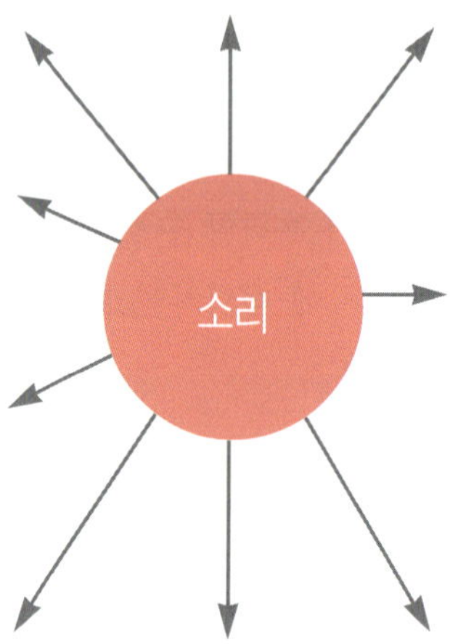

수 · 조작

- 같은 소리 짝짓기
- 소리나는 물건 찾기
- 소리 말 모으기
- 좋아하는 동물소리 퍼즐
- 악기 바느질

언어

- 목소리 녹음하고 들어보기
- 소리 말 만들기
- 모양카드 보고 소리 말 하기
- 소리나는 물건 찾기(NIE)
- 소리 말 탑 이용하여 문장 완성

과학

- 주변에서 나는 소리 녹음하기
- 소리가 가는 길(귓속은 어떻게 생겼을까?)
- 물 속의 소리 진동
- 종이로 소리를 만들기
- 줄로 소리 만들기
- 색물컵 소리 만들기
- 깡통으로 소리 만들기

음률

- 쾅쾅쾅(동요)
- 동물들의 악기 연주(동요)
- 슈트라우스 2세 '천둥과 번개'(음악 감상)
- 쇼팽 '빗방울 전주곡'(음악 감상)
- 난타 공연
- 핸드벨 연주
- 가까이 쿵쿵 멀리 쿵(나만의 악기 연주-재활용품 활용)

| 출처 | 부산광역시 유아교육진흥원(http://child.pen.go.kr).

| 그림 5-7 | '소리'에 대한 영역별 연관 활동망

음률 영역

- 다양한 리듬악기
- 실로폰, 핸드벨
- 새 노래 동요판
- 리듬패턴판
- 색깔 악보판
- 유아가 만든 리듬악기
- 방음벽

도서 영역

- 두드려보아요
- 아프리카의 소리
- 소리가게로 오세요
- 천둥소리 거문고
- 박박 바가지
- 소리 지르고 싶은 날
- 며느리 방귀는 천둥방귀
- 브레멘의 동물 음악대
- 소리는 어떻게 날까?

역할 · 쌓기 영역

- 여러 크기의 쟁반
- 여러 가지 종류의 블록
- 난타 무대 배경
- 여러 가지 주방용품
- 주방장 모자
- 동물 머리띠
- 동물 가면

수 · 조작 영역

- 같은 소리 짝짓기 교구
- 소리나는 물건 찾기 교구
- 좋아하는 소리 그래프
- 좋아하는 동물소리 퍼즐(유아가 만든 것)
- 악기 바느질

소리

미술 영역

- 여러 가지 재료(포장지, 도화지, 셀로판지, 사포 등)
- 각종 재활용품
- 사인펜, 색연필, 연필 등
- 여러 모양의 모양펀치
- 풀, 가위, 핑킹가위, 만능본드, 테이프
- 재활용품 이용한 악기 만들기 꾸미기 재료(스팽글, 뽕뽕이, 완구눈, 색종이 등)

과학 영역

- 종이를 이용해 소리 만들기 실험 자료
- 몸 움직임 그림 자료
- 줄로 소리 만들기 실험 자료
- 물 속의 소리진동 실험 자료
- 색 물 컵 실험 자료
- 깡통으로 소리 만들기 실험 자료
- 청진기

언어 영역

- 목소리 녹음 테이프, 녹음기
- 소리나는 물건 찾기(NIE) 활동지 및 풀, 가위
- 소리 말 탑 이용하여 문장 완성하기 교구
- 모양 카드 보고 소리 말하기 교구
- '소리를 찾아서' 동시판
- 여러 가지 쓰기 도구(사인펜, 색연필, 연필, 지우개)

벽면 구성

- 소리에 대한 경험 나누기 그림
- 소리에 대한 생각 모으기 결과
- 소리 나는 물건 찾기 NIE 결과
- 여러 가지 악기 사진
- 소리가 가는 길(귓속은 어떻게 생겼을까?)

| 출처 | 부산광역시 유아교육진흥원(http://child.pen.go.kr).

| 그림 5-8 | '소리'에 대한 자유선택 활동 및 환경 구성 계획

이상에서 살펴본 주제 중심 통합보육과정을 작성하는 과정을 예시로 제시하면 다음 | 표 5-23 | 과 같다(한국보육진흥원, 2011).

| 표 5-23 | 주제 중심 통합보육과정의 작성과정의 예

우리나라와 다른 나라의 생활

<table>
<tr><th colspan="2">절차</th><th>방법</th><th>예시</th></tr>
<tr><td colspan="2">주제 선정</td><td>• 유아의 경험, 흥미, 계절, 행사 등을 고려하여 선정</td><td>• 주제: 우리나라와 다른 나라의 생활
• 주제 선정 근거: 유아가 우리나라와 다른 나라의 생활과 문화에 관심을 갖고 공통점과 차이점에 대해 살펴보면서 다양성을 존중하는 태도를 가질 수 있도록 하기 위해 선정</td></tr>
<tr><td colspan="2">주요 개념 파악</td><td>• 주제를 통해 형성해야 할 개념 친숙</td><td>• 나라마다 새해 첫날에는 특별한 인사, 음식, 옷, 놀이가 있다.
• 나라마다 독특한 옷(음식, 집)이 있으며, 각 국의 날씨와 지역조건과 관계가 있다.
• 나라마다 옷(음식, 집)의 이름과 모양, 재료, 입는(먹는) 방법이 다르다.</td></tr>
<tr><td rowspan="2">소주제</td><td>주제망 구성</td><td>• 주요 개념을 기준으로 다루어야 할 내용(소주제)으로 구성</td><td>
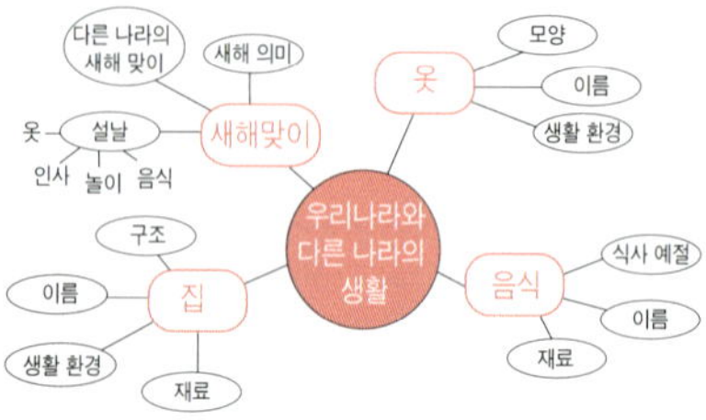

• 소주제: 우리나라와 다른 나라의 새해맞이, 옷, 음식, 집</td></tr>
<tr><td>전개 방법기술</td><td>• 소주제를 어떤 순서와 방법으로 다룰 것인가 명시</td><td>• 우리나라와 다른 나라의 새해맞이에 대해 알아보면서 우리나라와 다른 나라의 생활에 관심을 갖도록 하며, 이를 옷, 음식, 집의 순서로 구체적으로 경험해 보도록 한다.</td></tr>
<tr><td colspan="2">환경 구성 및 자료 준비</td><td>• 주제 관련 벽면 구성, 자유선택 활동 및 수업 자료 준비</td><td>• 자유선택 활동: 역할 영역(우리나라의 생활도구, 여러 나라의 민속의상 등), 과학 영역(세계 여러 나라의 민속품) 등
• 벽면 구성: 세계 여러 나라의 의상, 음식, 집 사진</td></tr>
<tr><td colspan="2">주간보육계획</td><td>• 주제망(전개 방법)을 바탕으로 논리 · 심리적 계열에 따라 소주제 순서화
• 소주제 관련 활동 구체화 및 요일별 명시</td><td>• 소주제의 선정: 우리나라와 다른 나라의 새해맞이 → 옷 → 음식 → 집
• 1주 소주제의 전개: 새해의 의미(월) → 우리나라와 다른 나라의 새해맞이 모습(화, 수) → 설날 하는 놀이(목) → 설날 입는 옷(금)</td></tr>
<tr><td colspan="2">일일보육계획</td><td>• 소주제 관련 활동을 일과에 따라 구성</td><td>• 소주제: 우리나라와 다른 나라의 새해맞이
• 일일목표
– 우리나라와 다른 나라의 새해맞이 모습에 관심을 가진다.
– 설날에 하는 놀이들을 알고, 규칙에 따라 직접 경험해 본다.
• 일과 순서에 따른 활동 내용 제시</td></tr>
<tr><td colspan="2">단위 활동계획</td><td>• 일과의 활동 중 단위 교수–학습 활동</td><td>• 활동명: 윷놀이(동화)
– 윷놀이 경험 이야기하기
– 동화 듣기
– 동화 내용 회상하기</td></tr>
<tr><td colspan="2">평가</td><td>• 단위 교수–학습 활동
• 주제 평가</td><td>• 단위 교수–학습 활동 평가
– 놀이 동화 내용을 이해하고 동화 듣기를 즐거워 하였는가?
• 주제 평가
– 우리나라와 다른 나라의 새해맞이 모습에 관심을 가지게 되었는가?
– 새해 첫 날 하는 특별한 일들에 대해 알게 되었는가?</td></tr>
</table>

| 출처 | 한국보육진흥원(2011). 보육교사 승급교육 교재.

2 보육과정의 운영

보육과정에 대한 계획이 끝나고 나면, 보육과정을 어린이집에서 운영하고 실시해야 한다. 여기서는 보육과정의 운영을 알아보기 위해서, 보육과정의 운영 지침과 보육과정이 구체적으로 적용되는 일과 운영을 살펴보고자 한다.

1) 운영 지침

보육과정 운영은 일반적으로 다음과 같은 지침에 따른다(보건복지부, 2011).

첫째, 보육 시간은 종일제를 원칙으로 운영한다.
둘째, 일반적으로 출생에서 취학 전까지의 영유아를 대상으로 운영한다.
셋째, 보육과정 영역을 통합적으로 운영한다.
넷째, 가족 및 지역사회와 연계하여 운영한다.
다섯째, 보육과정의 운영을 문서화하고 평가한다.

2) 일과 운영

영유아가 어린이집에 도착해서 귀가할 때까지 어떤 활동을 하느냐의 문제는 영유아의 발달에 매우 중요하다. 하루일과를 잘 계획하고 운영하는 것은 질 높은 교육적 경험과도 직결된다. 따라서 보육 교사는 보육목표와 보육내용에 적합한 보육 활동을 다양하게 선정하여 통합적으로 운영하고, 영역별 경험이나 활동을 균형 있게 제공해야 한다.

어린이집에서 하루일과의 운영은 교사가 보육실에서 영유아에게 제공할 교육 및 일상 활동을 일과 속에서 순서와 시간을 배열하여 실행하는 것을 의미하는데(한국보육진흥원, 2011), 일과 운영의 기본 원리와 구성 요소, 연령에 따른 일과 운영에 대해 살펴보면 다음과 같다.

(1) 일과 운영의 기본 원리

영유아의 연령이나 발달적 특성을 고려한 효율적인 보육과정을 운영하기 위해서는 체계적인 보육계획이 뒷받침된 일과 운영이 이루어져야 한다. 효율적인 일과 계획 및 운영의 기본 원리를 제시하면 다음과 같다(이기숙 외, 2010; Decker & Decker, 2005).

- 매일의 하루일과는 일관성 있게 계획되고 운영되어야 한다.
- 일과 운영 속의 일정한 시간은 영유아의 신체적인 욕구, 즉 화장실 가기와 간식 먹기가 반영되어야 한다.
- 하루일과 계획은 영유아의 요구가 반영되어야 한다.
- 하루일과 활동의 내용과 순서는 활동 간의 균형을 고려하여야 한다.
- 일과 활동계획은 여러 가지 유형의 상호작용이 일어날 수 있도록 계획한다.
- 일과 활동계획은 융통성 있게 운영되어야 한다.
- 효과적인 일일 활동계획은 활동을 계획한 다음 그 활동을 수행해 보고, 활동의 평가가 이루어질 수 있도록 한다.

(2) 일과 운영의 구성 요소

일과는 하루라는 단위를 다양한 단위 활동으로 구성한 것으로 시간별로 구분된 활동이 규칙적으로 제시된다(한국보육진흥원, 2011). 따라서 교사는 표준보육과정에 따라 편성한 보육내용을 교육적이고 일상적인 활동 등의 다양한 활동으로 풀어서 시간과 순서를 정한 다음, 영유아가 등원해서 귀가할 때까지 경험하는 하루일과 속에 구성하여 통합적으로 실행해야 한다.

일반적으로 어린이집에서 이루어지는 하루일과는 어린이집의 실정, 보육계획, 영유아의 연령, 보조인력 등에 따라 차이가 있을 수 있으나 등원, 자유선택 활동, 정리 · 정돈, 대 · 소집단 활동, 간식 및 점심(수유 · 이유), 휴식 및 낮잠, 손 씻기와 배변, 귀가 등의 활동 유형들로 구성된다. 이러한 일과의 구성을 도표화하면 다음 |그림 5-9|와 같다.

구분	내용
등원	• 어린이집의 영유아는 부모의 출근 시간에 맞춰 일찍 등원하게 되므로 교사는 이 점을 고려하여 등원 시간을 탄력 있게 운영해야 한다. 이 시간에 보육교사는 부모로부터 영유아에 대한 건강 상태, 투약 여부 및 투약 시간, 귀가 시 변동 사항 등의 특별한 정보를 받아 하루일과에 적용한다.
자유선택 활동	• 영유아의 발달 정도와 흥미를 고려한 다양한 활동과 자료를 영역별로 제시하여 영유아 스스로가 선택하여 활동에 참여하는 시간이다.
정리 · 정돈	• 자유선택 활동이 끝난 뒤 각자 사용했던 놀잇감과 자료를 제자리에 두는 활동으로, 정리 시간 5~10분 전에 치우는 시간을 미리 알려서 하던 활동을 마무리 짓도록 계획한다.
대 · 소집단 활동	• 주제, 일과, 행사 등에 따라 대집단 또는 소집단으로 활동한다. 또한 영유아의 특성과 각 활동의 성격을 검토한 후에 집단 활동(이야기 나누기, 음률 활동, 신체표현 활동, 게임, 문학 활동(동시 · 동화 · 동극), 요리 활동, 미술 활동, 실험 및 관찰 활동 등)을 효율적으로 구성할 수 있다.
간식 및 점심 (수유 · 이유)	• 하루일과 중 간식과 점심은 균형 있는 영양섭취뿐만 아니라 올바른 식습관을 기르는 시간으로 즐겁고 편안한 분위기에서 간식 및 점심을 먹을 수 있도록 계획할 수 있어야 한다. 특히 12개월 이전의 영아는 약 3~4회의 우유를 먹으므로 교사는 미리 부모에게 영아가 먹게 되는 분유의 양, 횟수 및 먹는 간격, 분유의 종류, 개인적인 취향을 알고 있어야 한다. 유아의 경우는 유아 스스로 먹는 속도와 양을 조절할 수 있도록 하고 편식 지도와 바람직한 식습관 지도가 이루어져야 한다.
휴식 및 낮잠	• 휴식 및 낮잠은 영유아가 피로하지 않도록 하나의 활동으로 계획되어야 하는데, 특히 영아의 경우는 수면이 하루 생활의 많은 부분을 차지하므로 매일 일정한 시간을 배정하여 계획한다.
손 씻기 및 배변	• 건강한 생활과 밀접한 관련이 있는 손 씻기 및 배변은 하루일과에서 지속적으로 실시해 습관화하도록 일과에 계획한다.
귀가	• 하루일과를 평가해보기도 하고, 다음날의 활동을 소개하고 안전한 귀가에 대해 안내하는 시간으로 계획한다.

| 그림 5-9 | 일과의 구성

(3) 연령에 따른 일과 운영

어린이집에서 이루어지는 하루일과를 계획하고 운영할 때에는 하루일과를 구성하는 내용, 순서, 시간의 양은 영유아의 연령에 따라 달라지기 때문에(한국보육진흥원, 2011), 영아반(만 0~2세)과 유아반(만 3~5세)으로 나누어서 교사의 역할을 중심으로 살펴보고자 한다.

① 영아반(만 0~2세)

영아반의 경우에는 영아의 발달 특성에 따라 대 · 소집단 활동보다는 개별 활동이 많이 이루어지고, 반복적으로 이루어지는 놀이나 일상생활 활동이 많이 포함된다. 따라서 영아반의 하루일과는 개별적인 요구가 배려되는 따뜻한 보호와 교육적인 경험이 동시에 이루어질 수 있도록 영양섭취, 수면, 배변, 휴식 등의 영아의 개개인의 신체 리듬을 고려하여 최대한 편안하고 융통성 있게 운영해야 한다. 또한 영아의 발달적 특성을 고려하여 영아의 기본적인 욕구의 충족뿐만 아니라, 전인적 발달을 촉진할 수 있는 다양한 보육 활동이 통합적으로 이루어질 수 있도록 일과가 구성되어야 한다.

이와 같이 영아의 발달 특성을 고려하여 하루일과를 구성하는 것이 바람직한데, 영아반에서 이루어지는 하루일과 운영의 예는 다음 | 표 5-24 | 와 같다.

| 표 5-24 | 영아반의 하루일과 운영의 예(만 1세 미만)

시간	활동명	보육내용
7:30~9:00	등원	• 밝은 미소로 영아 맞이하기 • 영아의 건강상태 확인 • 부모로부터 영아에 대한 정보 듣고 점검하기 • 부모가 기록한 대화수첩 확인 • 영아의 개인 용품 정리하기(기저귀, 우유, 여벌 옷, 약 등) • 놀이에 참여하도록 지도하기
9:00~9:40	수유 · 이유(간식)	• 자유롭게 놀이하기
9:40~10:00	화장실 가기 (기저귀 갈기)	• 기저귀 가는 장소 근처에 모빌이나 딸랑이 준비하기 • 기저귀 체조하기(팔다리 펴주기) 혹은 음악이나 노래 들려주기
10:00~10:30	오전 자유놀이	• 자유롭게 놀이하기
10:30~10:50	정리 · 정돈 및 전이 활동	• 교사가 정리 · 정돈하면서 영아도 스스로 치우도록 유도하기 • 정리 시간 5~10분 전에 치우는 시간을 미리 알려서 하던 활동을 마무리하도록 유도하기
10:50~11:10	화장실 가기 (기저귀 갈기)	• 기저귀 가는 장소 근처에 모빌이나 딸랑이 준비하기 • 기저귀 체조하기(팔다리 펴주기) 혹은 음악이나 노래 들려주기
11:10~12:20	낮잠 자기	• 휴식(월령에 따른 차이 고려) • 수면 준비 • 조용한 음악이나 자장가 들려주기
12:20~13:00	수유 · 이유 (간식 및 점심)	• 수유 시 눈 맞춤이나 스킨십해 주기 • 영아 개별 특성에 맞게 수유하기
13:00~14:00	대 · 소집단 활동/ 산책	• 신체 활동(팔, 다리 움직이기, 감각을 자극하는 놀이하기)
14:00~15:30	낮잠 자기	• 휴식(월령에 따른 차이 고려) • 수면 준비 • 조용한 음악이나 자장가 들려주기
15:30~16:00	일어나기와 기저귀 갈기	• 낮은 목소리로 이름을 불러주며 깨우기 • 기저귀 점검 및 갈아주기(기저귀 체조해 주기)
16:00~17:00	오후 자유놀이 (산책)	• 일광욕하기 • 영아가 좋아하는 자극놀이 하기
17:00~17:30	수유 · 이유 (간식)	• 수유 시 영아의 개별 특성에 따라 수유하기 • 노래 들려주기 혹은 스킨십해 주기
17:30~18:00	화장실 가기 (기저귀 갈기)	• 상쾌한 음악 들려주기 • 언어적 자극하면서 기저귀 갈기
18:00~19:30	귀가	• 하루일과 평가하기 • 귀가 준비하기(다음날의 활동 소개 및 안전한 귀가에 대해 안내하기) • 소지품 챙기기, 씻기, 옷 입기 등 • 영아의 하루일과를 부모에게 전달하기(대화수첩 혹은 대화)

| 출처 | 최애경 · 안부금 · 좌승화(2010). 영유아교육과정.

참고로, 일과 운영 시 유의 사항을 영아의 발달 특성에 따라 연령으로 구분하여 살펴보면 다음 | 표 5-25 | 와 같다(한국보육진흥원, 2011).

| 표 5-25 | 영아의 발달 특성에 따른 일과 운영 시 유의 사항

연령	내용
0세반	• 일과의 대부분이 수유 및 이유식 먹기, 기저귀 갈기와 씻기, 잠자기로 이루어진다. 신체, 탐색, 표현, 언어 활동이 균형 있게 개별적 상호작용을 통해 이루어진다. • 영아 자신의 발달 속도와 신체 리듬에 맞게 하루를 보낸다. • 눈 맞추며 한 명씩 수유한다. 수유는 단순히 먹는 것만이 아니다. • 수면 시간이 길고 불규칙적이나 차츰 규칙적인 수면을 취하도록 오전 오후 각 1회씩 2회 취한다. • 하루 30분 이상 일광욕, 실외놀이, 산책 등을 실시한다. • 12개월 지난 영아는 점심식사로 진밥부터 시작한다.
1세반	• 간식과 식사, 낮잠 자기, 기저귀 갈기(배변 훈련), 씻기 등 일상적인 양육 활동을 제외하고는 하루일과의 대부분이 실내 · 외 자유놀이 활동으로 이루어진다. • 월령에 따라 낮잠의 횟수와 시간이 다르므로 하루일과표가 있다고 하더라도 개별 영아의 수면 욕구에 따라 융통성 있게 운영해야 한다. • 대략 12개월 이후에는 한 차례 낮잠을 2시간~2시간 30분 정도 잔다. • 교사의 계획에 앞서 영아들의 생활리듬을 파악한 후 계획을 수립한다. • 영아의 발달과 함께 일과 운영은 계속 조정되어야 한다. • 배변 훈련 18~24개월경 시작한다. • 도구를 사용하여 정해진 자리에서 먹기 시작한다.
2세반	• 초기에는 배변 훈련 중이거나 기저귀 가는 영아가 있다. • 화장실 사용은 하루 중 수시로, 훈련 중인 경우에는 개별적 배려가 필요하다. • 손 씻기는 씻겨줄 수도 있으나, 혼자 해보도록 격려하고 적절한 도움을 준다. • 식사량에 맞추어 배식한다. • 일과 중 가장 긴 시간은 실내 자유놀이이다. • 다른 영아반과 통합보육으로 낮잠준비와 영아 돌보기를 분담할 수 있다. 먼저 일어난 아이 조용한 놀이도 통합보육으로 소음문제 해결가능하다. • 부정적인 감정 수용해주고, 놀잇감을 양보하기 어려우므로 같은 놀잇감을 여러 개 비치한다.

| 출처 | 한국보육진흥원(2011). 보육교사 승급교육 교재.

② 유아반(만 3~5세)

유아반은 영아반과 달리 교육적 활동의 비중이 일상적 활동보다 높아지도록 일과를 구성하는 것이 바람직한데, 다음의 고려 사항을 참고하면 일과 운영 시 도움이 된다.

- 부모 및 지역사회의 실정, 계절, 기후 등 여러 가지 사항을 고려하여 융통성 있게 운영한다.
- 일일 보육 시간을 고려해야 한다.

- 조용한 놀이와 활동적인 놀이, 실내 · 외 활동, 대 · 소집단 활동, 교사 주도 활동과 유아 주도 활동 간의 균형 잡힌 일과 계획 및 운영이 이루어져야 한다.
- 작성된 일일보육계획안을 토대로, 유아들의 흥미, 신체 · 심리적 상태, 일과가 진행되는 날씨, 우연히 일어난 상황 등을 고려하여 융통성 있게 보육계획을 운영한다.
- 일관성 있는 일과 운영을 통해 정서적 안정감을 주어야 한다. 하루일과는 정해진 시간보다는 하루일과에 어느 정도의 규칙성이 있게 정해진 순서대로 운영되는 것이 중요하다. 매일 반복되는 일과 순서에 의해 유아들이 앞으로의 일을 예측하면 심리적 안정감을 가질 수 있기 때문이다.
- 생리적 욕구 충족이 잘 이루어지고 있는가를 확인해야 한다.

| 표 5-26 | 유아반의 하루일과 운영의 예(만 5세)

시간	활동명	보육내용
7:30~9:00	등원 및 통합보육	• 유아 맞아들이기, 부모와 간단한 대화 나누기
9:00~10:30	자유선택 활동 및 오전 간식	• 놀이실에 준비된 여러 영역의 놀이를 개별적 혹은 소집단으로 선택하여 놀이하기 • 오전 간식은 유아가 원하는 시간에 원하는 양 먹기
10:30~10:45	정리 · 정돈 및 화장실 가기	• 정리 · 정돈하고 화장실에 다녀온 후 대 · 소집단 활동을 위한 준비하기
10:45~11:15	이야기 나누기 및 대집단 활동	• 자유선택 활동 회상하기 • 했던 활동 소개하고 평가하기 • 자유선택 활동 시의 특별한 사항에 대화 문제 제기와 논의하기 • 주제와 관련한 이야기 나누기 및 동화 듣기
11:15~12:30	실외자유선택 활동	• 대근육 활동, 탐구 활동, 물 · 모래놀이 활동 등 다양한 놀이하기
12:30~13:30	손 씻기와 점심식사, 이 닦기	• 손 씻고 점심식사 한 후 이 닦기
13:30~14:30	휴식 및 낮잠	• 시청각실 혹은 교실에서 휴식 취하기 • 낮잠이 필요한 유아는 낮잠 자기
14:30~16:30	실내자유선택 활동 및 오후 간식	• 오전 활동을 연계하거나 확장하는 놀이하기 • 유아를 참여시켜 간식 준비하기
16:30~16:50	정리 · 정돈 및 화장실 가기	• 정리 · 정돈하고 화장실 다녀온 후 실내 · 외 자유선택 활동 준비하기
16:50~18:00	실내 · 외 자유선택 활동	• 하루일과의 평가가 필요한 날은 평가 시간 갖기 • 오전 활동의 심화 활동, 특별히 계획된 프로젝트 활동하기 • 실외(혹은 놀이실)로 나가 놀이하기
18:00~19:30	통합보육 및 귀가	• 통합보육 공간에서 조용한 놀이하면서 부모님이 오시는 대로 귀가하기

| 출처 | 삼성복지재단(2005). 삼성어린이집 유아 프로그램: 5세.

(4) 일과 운영의 평가

보육교사 입장에서 하루일과를 끝낸 후에 평가할 수 있는 체크리스트를 소개하면 다음 | 표 5-27 | 과 같다(한국보육진흥원, 2010).

| 표 5-27 | 일과 운영 체크리스트

번호	내용	예	아니오
1	• 나는 충실하고 체계적인 일일보육일지를 작성하는 일을 늘 미리 준비한다.		
2	• 영아의 낮잠, 배변, 수유 등의 일상생활은 개별적으로 지도한다.		
3	• 나는 오늘의 보육계획은 무슨 일이 있어도 그대로 적용한다.		
4	• 영아반에서도 영아 전체가 모이는 집단 활동이 자주 운영된다.		
5	• 영유아반의 놀잇감은 색, 모양, 크기가 같은 놀잇감을 여러 개 제공해 주어야 한다.		
6	• 영유아의 건강과 발달을 위해 실외 활동은 매일 실시한다.		
7	• 영유아의 자유선택 활동을 충분한 시간 동안 실시한다.		
8	• 영아는 적응 기간 없이 부모가 원하면 어린이집에서 울고 힘들어 해도 그대로 적응시킨다.		
9	• 영아 중 예민한 기질의 영아는 다음 활동에 대해 예고하여 불안감을 느끼지 않도록 한다.		
10	• 유아의 활동 중에 생기는 갈등이나 문제를 일으키는 유아에 대해 중재와 해결을 잘한다.		
11	• 영유아의 활동을 위한 안전한 환경과 충분한 자료를 제공한다.		
12	• 유아의 일과에서 자유선택 활동을 위한 영역을 구성하고 충분한 놀이 시간을 제공한다.		
13	• 나는 하루일과를 표준보육과정을 토대로 실행한다.		
14	• 나는 일과 운영되고 난 후 보육일지의 실행 부분을 기록하고 평가하는 일을 그날그날 작성한다.		
15	• 나는 유아의 발달과 특성을 잘 이해하기 위해 관찰 기록을 하여 파악한다.		

| 출처 | 한국보육진흥원(2010). 보육교사의 전문성 제고를 위한 표준보육과정의 이해와 적용.

3) 보육과정 운영의 평가

보육과정의 운영에 대한 평가는 다음과 같다(보건복지부, 2012; 육아정책연구소, 2011).

첫째, 보육과정 평가란 보육과정 내에서 이루어지는 보육 활동에 대한 포괄적이고 체계적인 가치판단의 과정이다.

둘째, 보육과정 평가는 보육과정에 대한 평가와 영유아에 대한 평가로 이루어진다.

셋째, 보육과정의 평가는 보육과정의 운영 동안 지속적이고 정기적으로 실시한다.

넷째, 어린이집에서는 보육과정의 편성과 운영이 표준보육과정의 목표와 내용을 반영하는지 자체적으로 점검한다.

참고로, 어린이집에서 자체적으로 점검해 볼 수 있는 보육과정의 편성과 운영에 대한 평가 지침을 제시하면 다음과 같다(보건복지부, 2012).

| 표 5-28 | 평가 지침

영역	평가 내용
보육환경과 자료	• 보육실의 공간이 영유아의 연령, 발달 특성을 고려한 흥미 영역으로 적절히 구성되어 있는가?
	• 보육실 내 영유아가 혼자 활동하거나 휴식을 취할 공간이 마련되어 있는가?
	• 영유아가 실외놀이를 할 수 있는 공간과 자료가 있는가?
	• 신체 활동, 언어 활동, 자연탐구 활동, 예술 활동, 역할놀이 및 쌓기놀이 자료가 다양하고 충분하게 갖추어져 있는가?
	• 보육 활동 자료를 보관할 자료실에 활동 자료가 사용하기 쉽도록 체계적으로 정리가 되어 있는가?
	• 보육교사를 위한 공간이 있고 교사를 위한 참고 자료가 충분한가?
보육계획	• 보육과정의 목표는 표준보육과정 및 어린이집의 특징과 요구를 반영하여 구체적으로 진술되었는가?
	• 연간, 월간(또는 주간) 보육계획안이 영유아의 연령, 흥미, 계절 등을 고려하여 연계성 있게 수립되었는가?
	• 보육 활동이 균형 있게 계획되어 있는가?
일과 운영 및 보육 활동 구성	• 하루일과 중 자유선택 활동 시간을 충분히 주며 다양한 영역의 활동이 이루어지는가?
	• 하루일과 중 실외 활동 시간이 충분하고 실외에서 다양한 활동이 이루어지는가?
	• 하루일과를 통합적으로 운영하는가?
	• 기본생활 관련 활동을 적절히 하는가?
	• 신체운동을 위한 신체 활동을 적절히 하는가?
	• 의사소통을 위한 언어 활동을 적절히 하는가?
	• 사회관계 증진 활동을 연령에 맞게 적절히 하는가?
	• 자연탐구를 위한 수·과학 활동을 적절히 하는가?
	• 예술경험을 위한 음악, 동작, 미술 활동을 적절히 하는가?

영역	평가 내용
상호작용 및 교수법	• 보육교사는 영유아를 존중하고 평등하게 대하는가?
	• 보육교사는 영유아의 요구와 질문에 민감하게 반응하는가?
	• 보육교사는 영유아의 행동 지도에 긍정적인 방법을 사용하는가?
	• 보육교사는 영유아 또래 간 긍정적 상호작용을 격려하는가?
	• 보육교사는 영유아의 놀이를 활성화하는가?
	• 보육교사는 영유아 간의 다툼이나 문제 상황에 적절히 개입하는가?
	• 보육교사는 교수법을 효과적으로 사용하는가?
	• 보육교사는 영유아의 동기유발과 호기심을 장려하는가?
평가	• 정기적인 보육과정의 평가가 이루어지는가?
	• 보육과정 평가를 위해 다양한 평가 방법 적용을 위해 노력하고 있는가?
	• 개별 영유아 관찰을 실시하는가?
	• 영유아의 발달 수준과 활동을 알아보기 위한 다양한 방법을 사용하는가?
	• 평가 결과를 다음 보육계획 수립에 반영하는가?

| 출처 | 보건복지부(2012). 제2차 표준보육과정의 구체적 보육내용 및 교사지침.

Chapter 6

가정 및 지역사회와의 협력

1 가정과의 협력

2 지역사회와의 협력

3 가정 및 지역사회와의 협력과 어린이집 인증 평가

보육과정을 계획하고 운영하는 데는 보육교사뿐만 아니라 부모와 지역사회의 협력이 필요하다. 어린이집과 가정, 지역사회 간의 협력적인 관계는 보육 활동에 필수적인 관계이며 이들 간의 협력적인 관계는 궁극적으로 영유아의 발달에 긍정적인 영향을 미친다.

1 가정과의 협력

1) 가정과의 협력 필요성

여성들의 학력이 높아지고 사회 활동에 참여하는 여성들이 증가하였으며, 가족 구조와 기능이 변화됨으로 인해 전통적인 자녀양육에 많은 변화를 가져와 영유아가 어린이집에서의 보육 서비스를 이용하는 시기가 점차 빨라지고 있다. 이에 따라 어린이집의 보육은 가정 내 부모의 역할을 대행하거나 보완하여 영유아의 보호와 교육에 초점을 맞추고 일상생활 전반을 고려하여 전반적 발달을 지원하고 교육을 도모하고 있다.

영유아의 긍정적인 발달을 위해 어린이집에서 다양한 보육 프로그램들을 운영하지만 자녀양육과 관련하여 여전히 강조되어야 할 것은 부모와 가정의 역할이다. 부모는 자녀에게 영향을 미치는 다양한 환경 중에 가장 중요한 역할을 하는 요인으로 알려져 왔으며, 부모역할은 자녀의 지적 · 정서적 · 행동적 측면에 중요한 영향을 미친다.

그러나 현대 사회의 변화 속에서 부모의 역할이 의 · 식 · 주 해결과 교육 등의 단순한 관리와 교육만으로는 해결되기 어렵게 되었으며, 현대 부모들은 과거에 비해 자녀를 양육하고 지도하는 데 다양한 능력이 필요하며, 자녀를 가이드하고, 가르치고, 지도하고, 조직화하고, 강화하고, 양육하는 활동을 통해 자녀의 안녕을 촉진하는 역할을 수행해야 한다. 훌륭한 부모는 자녀의 요구에 민감하게 반응하고 자녀의 요구를 이해하고 수용하고 정서적으로 개방적이고 표현적이고 따뜻하며, 자녀의 성숙 수준에 따라 도전적인 목표를 제시하여 도전적인 경험을 제공해야 한다. 아울러 자율성에 대한 자녀의 발달적 요구를 받아들이고 자존감, 주도성, 유능함을 강화시킬 수 있어야 한다. 또한 자녀들에게 신뢰와 존경을 얻고 아이들의 긍정적인 모델이 되어야 한다.

급속하게 변화하는 사회에서 현대의 부모들은 가족의 기능, 역할의 변화로 인하여 역할갈등, 자녀양육 등 많은 문제와 책임을 드러내고 있다(김혜신 · 김경신, 2003; 강기정 · 박혜성 · 계선자, 2005). 또한 현대의 부모들은 맞벌이 부모의 양육 시간 부족, 영아기 중요성에 대한 인식 부족, 자녀 발달 단계에 대한 이해 부족, 발달 단계에 맞는 놀이 접근의 미숙함 등 여러 가지 이유로 인해 어린이집이나 유아교육 기관에 대한 의존이 지나쳐 가정에서의 역할을 다하지 못하고 있는 실정이다(김현희, 2009). 따라서 영유아기 부모교육 또는 지원의 필요성은 다음과 같이 다양한 측면에서 살펴볼 수 있다(김희진, 2006).

- 영유아기 자녀를 둔 부모는 그들에게 가장 큰 영향력을 지닌 존재이기 때문에, 교육과 양육의 효율성을 위해서 부모에 대한 교육과 지원이 필요하다.
- 위기에 처한 가정의 부모뿐만 아니라 모든 가정의 부모는 자녀양육과 관련된 교육과 지원을 받을 권리가 있기 때문에 부모교육과 지원이 필요하다.
- 부모의 역할은 인간으로서 사회에서 맡은 역할 중의 하나이기 때문에 준비가 필요하고, 그 준비로서 부모교육과 지원이 필요하다.
- 부모들이 부모로서 뿐만 아니라 인간으로서 성장할 기회를 얻기 때문에 부모교육과 지원이 필요하다.
- 현대 사회의 부모는 과거에 비해 더 많은 스트레스를 받고 그들이 자녀를 양육하는 환경이 악화되고 있기 때문에 부모교육과 지원이 필요하다.
- 현대 사회에는 다양한 형태의 가족이 존재하고 각 형태의 가족에게 요구하는 부모의 역할이 다르기 때문에 부모교육과 지원이 필요하다.
- 자녀 양육에 필요한 정보와 자원의 공유 및 공정한 분배 차원에서 부모교육과 지원이 필요하다.
- 현대 사회에서는 바람직한 부모 역할에 대한 서로 상충되는 정보가 공존하기 때문에 정확하고 효율적인 정보를 찾아 활용할 수 있도록 도와주기 위해서 부모교육과 지원이 필요하다.
- 현대 사회의 부모는 자녀를 양육할 때 참고로 할 적절한 모델이 적기 때문에 부모

교육과 지원이 필요하다.

- 현대 사회의 부모들은 만능부모가 되어 만능자녀를 양육해야 하는 중압감을 느끼기 때문에 부모교육과 지원이 필요하다.
- 미래 사회에 적응할 수 있는 사람으로 자녀를 키우기 위해 부모교육과 지원이 필요하다.
- 자녀양육의 많은 부분을 담당하고 있는 유아교육 기관과 가정과의 연계성 확립을 위해 부모교육과 지원이 필요하다.
- 정부나 국가 차원에서 투자의 효율성을 고려해 볼 때 어린 자녀를 둔 부모들을 교육하고 지원함으로써 효율적으로 부모역할을 하게 되고, 이를 통해 사회비용을 절감할 수 있기 때문에 부모교육과 지원이 필요하다.

|Tip| 함께 읽어봅시다

아이들에 대하여

그대의 자녀들은 그대의 자녀들이 아닙니다.
그들은 생명 자체의 갈망이 낳은 아들과 딸들입니다.
그들은 그대를 거쳐 태어났을 뿐, 그대로부터 온 것은 아닙니다.
그대가 자녀들에게 사랑을 줄 수는 있지만,
생각을 줄 수는 없습니다.
자녀들 자신이 스스로의 생각을 가지고 있기 때문입니다.
그대가 자녀들의 육체를 위한 집을 제공해 줄 수는 있어도
영혼을 위한 집을 제공해 줄 수는 없습니다.
자녀들의 영혼은 그대가 꿈속에서마저도 찾아갈 수 없는
내일의 집에 살고 있기 때문입니다.
그대가 자녀들처럼 되려고 노력하는 일은 좋지만,
자녀들을 그대처럼 만들려고 하지는 마십시오.
삶이란 뒷걸음쳐 가는 법이 없으며,
어제에 머물러 있는 것도 아니기 때문입니다.
그대는 활이고, 그대의 자녀들은 살아있는 화살로서,
그대로부터 쏘아져 날아갑니다.
활을 당기는 그대 궁수의 손에 기쁨 있을지어다.

| 출처 | 칼릴 지브란(Kahlil Gibran). 『예언자』 중에서.

2) 가정과의 협력 실제

보육 활동은 가정과 부모의 역할을 일정 시간 동안 대리하고 보완한다는 점에서 영유아의 발달 특성을 파악하고 일관성 있는 보육을 위해서는 가정과 부모와의 연계는 중요하다(이순형 외, 2005).

(1) 부모 및 가정연계의 방법

어린이집에서는 각 기관의 실정과 학부모의 특성에 맞게 다양한 가정연계 방안을 활용할 수 있다. 부모 및 가정과의 연계 방법 중에서 대표적인 것들은 다음과 같다.

① 강연회, 연수, 워크숍, 설명회

대집단 부모교육 방법으로 강연회, 연수, 워크숍, 설명회 등이 있다. 대부분의 어린이집에서는 신학기 초기나 신학기가 시작되기 전 전체 부모모임을 통해 어린이집의 운영 방침이나 교육철학 등에 대해 학부모 오리엔테이션을 실시한다. 또한 부모들의 공통 관심사나 특정 주제에 대해 관련 전문 강사나 원장이 강의를 하는 경우도 있다. 이 방법들은 주로 대집단으로 실시함으로써 부모들이 상호 정보를 교환하고 공통적 경험의 기회를 제공하여 기관 구성원으로서의 소속감을 높일 수 있다. 그러나 너무 많은 인원이 참가하게 되면 개별 부모의 요구에 효과적으로 반응할 수 없고, 운영 시간대에 따라서는 취업모들이 참가할 수 없는 경우가 많아 소외감을 유발할 수도 있다.

한편 지역보육정보센터에서는 어린이집의 부모교육 지원을 위해 부모교육 강사인력풀을 갖추고 부모교육 신청 어린이집에 대해 예산 범위 내에서 주제별 부모교육 전문강사 파견 및 교육을 실시하고 있다. 지역보육정보센터에서 제공하는 부모교육 주제목록 예시이다.

| 표 6-1 | 부모교육 주제목록 예시

부모교육 주제목록

구분	내용
장애아 보육시설	• 주의력 결핍, 과잉행동 장애 지도 • 감각통합치료 • 자폐아동에 대한 바람직한 교육 • 부모와 함께하는 아이의 언어 지도 • 장애아동 양육에 따른 가족의 스트레스 및 아동의 스트레스 대처방안
일반 보육시설	• 부모양육태도가 자녀에게 미치는 영향 • 유아 성교육 어떻게 할까요? • 부모님이 배우는 자녀 성교육 • 결정적 시기의 자녀교육 • 좋은 아버지가 되는 방법 • 아버지의 자녀교육 • 동화책을 활용한 인성 및 창의성 교육 • 좋은 습관 기르기 • 행복한 가정이 되기 위한 의사소통 • 우리 아이 경제 감각 기르기 • 영아의 놀이 지도(이하 생략)

| 출처 | 경상북도보육정보센터(http://gyeongbuk.childcare.go.kr/).

② 참관 및 참여수업

참관 및 참여수업은 부모에게 어린이집의 생활을 있는 그대로 보여주어 영유아의 발달 정도나 태도 등에 대한 객관적인 이해를 할 수 있는 기회를 제공하는 방법으로서 연 1회 혹은 한 학기에 1회 정도 실시하지만 어린이집의 형편에 따라 융통성 있게 운영할 수 있다.

③ 가정통신문(안내문), 연락장, 뉴스레터

서면으로 가정에 보내는 통신문은 어린이집의 필요나 편의에 따라 손쉽게 이용할 수 있는 간편한 방법이다. 가정통신문(안내문)은 기관의 공지 사항을 알리는 공식적인 것으로서 다양한 내용을 적어 보낼 수 있고, 학부모의 동의가 필요한 경우는 통신문 하단을 절취하여 부모로부터 답신을 받을 수도 있다. 연락장은 그때그때 일어난 사항을 적어 보내는 쪽지통신과 영유아의 일과나 특이 사항을 교환하는 일일 연락장 등의 비공식적인 형식으로 활용할 수 있다. 뉴스레터는 어린이집의 다양한 소식을 기관의 형편에 따라 월 1회, 혹은 연 2회 정도 발행할 수 있으며, 이를 통해 가정과 어린이집은 공감대를 가질 수 있다.

④ 전화, SNS 등

전화는 어린이집에서 부모 및 가정과 가장 간편하게 연락할 수 있는 방법으로서 활용되고 있으며, 최근에는 스마트 기기의 보급으로 SNS를 활용하여 집단 문자를 보내거나 그룹으로 연락을 주고받는 경우도 있다.

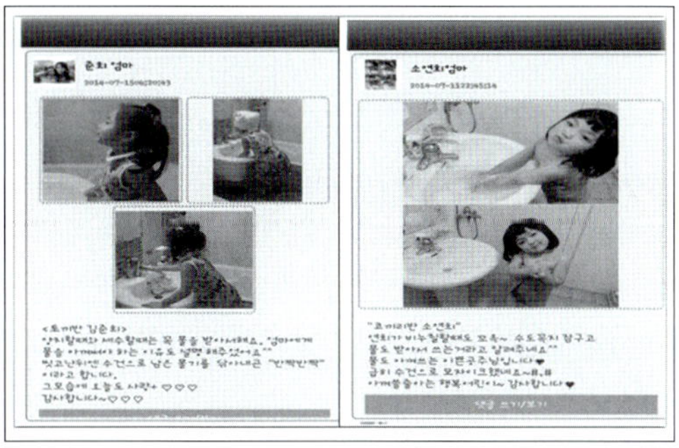

⑤ 홈페이지, 이메일

홈페이지나 블로그, 인터넷 카페 등을 통해 제반 공지 사항을 전달하고 영유아의 활동모습을 알려주기도 하며 가정과 연계하는 방법이다. 인터넷을 활용하는 부모가 많은 어린이집에서 유용하게 활용할 수 있는 방법이며, 정기적인 자료 업데이트와 질문 등에 대한 신속한 답변이 이루어져야 한다.

(2) 부모 및 가정연계 프로그램 예시

① 포괄적 부모 지원 프로그램

삼성복지재단(2006)에서는 빈곤아동 문제와 예방에 대한 대안을 모색하던 중에 저소득 가정 어린이를 위한 포괄적 보육 프로그램 개발의 필요성을 느끼게 되어, 1999년부터 다각적인 관점에서 '삼성 포괄적 보육 서비스'를 개발하였다. 생태 체계적인 관점에서 '포괄적'이라는 개념은 보육 서비스가 아동의 발달적 욕구를 충족하기 위한 목적과 기능 외에도 부모와 가정, 지역사회의 욕구를 포괄하는 서비스라는 관점이다. 즉, 가족의 기능을 지원, 보호할 뿐 아니라 지지적인 역할을 통해 가정의 기능을 강화할 수 있도록 도와주는 것이다.

포괄적 보육 프로그램은 아동교육 프로그램, 부모 지원 프로그램, 지역사회 연계 프로그램으로 구성되어 있는데 그 중 포괄적 부모 지원 프로그램의 실제(김희진, 2006)를 살펴보면, 프로그램의 목적은 기관마다 매우 다양하지만 다음 두 가지의 상위 목적이 반영되어야 한다. 첫째, 부모가 자녀를 잘 양육하도록 돕는 것, 둘째, '온' 가족의 교육적 · 사회적 · 경제적 상황을 향상시키도록 돕는 것, 즉, 유아와 부모(가족)에게 도움을 주는 '2세대 돕기 프로그램'이 되어야 한다. 포괄적 부모 지원 프로그램의 목적과 목표의 예는 다음과 같다.

| 표 6-2 | 포괄적 부모 지원 프로그램의 목적과 목표의 예

대상		프로그램의 목적과 목표
부모로서의 부모		• 부모와 자녀 간의 건강한 애착 발달 향상시키기 • 부모가 자녀의 발달 상황이나 발달의 징후에 대해 인식하고 반응하도록 격려하기(신체, 인지, 언어, 사회, 정서) • 자녀의 보호와 안전에 필요한 기본적인 기술 가르치기(예) 예방주사, 가정 내의 위험한 장소와 물건) • 발달 지체에 대한 초기 징후를 발견하고 지원 요청하기 • 부모가 자녀의 원하는 것을 이해하고 적절히 반응하도록 돕기 • 부모와의 상호 작용을 시도하려는 유아의 행동을 인식하고 적절히 반응하도록 돕기 • 부모들이 자녀와 자주 대화하고, 자녀가 하는 말에 적절히 반응하도록 격려하기 • 부모-자녀가 놀이의 중요성을 인식하게 하기 • 부모들이 자녀의 놀이를 확장하고 정교화하는 방법을 배우도록 돕기 • 부모들이 일상적인 집안일에 자녀를 참여시키도록 격려하기 • 자녀의 행동을 지나치게 억압하지 않으면서도 부적절한 행동을 조절할 수 있도록 지원하기 • 자녀가 다니는 교육 기관과의 협력의 중요성을 인식하고 실천하도록 지원하기
인간으로서의 부모	개인적 발달	• 자신, 자녀, 가족의 미래를 계획하고, 실현 방안을 찾도록 돕기 • 자신과 가족의 문제를 인식하고 해결하도록 돕기 • 부모들이 교육적 또는 직업적 성취를 이루도록 지원하기 • 부모의 자신감, 통제 능력, 자기 존중감 촉진시키기 • 부모 자신의 장점을 찾고 활용하도록 돕기 • 부모 자신의 개인적 또는 감정적 문제를 인식하고 지원 기관의 도움을 찾도록 돕기 • 약물, 술, 노름 등의 중독을 극복하도록 돕기
	대인관계 또는 사회적 관계의 발달	• 다른 가족 구성원이 부모의 자녀 양육을 지원하도록 격려하기 • 부모들이 균형 잡히고 긍정적인 대인 관계를 확립하도록 돕기 • 건전한 사회적 지원망 구축하도록 돕기 • 지역사회 자원에 대한 부모의 인식 증가시키기 • 지역사회의 자원을 적절히 활용하도록 돕기

| 출처 | 김희진(2006). 포괄적 보육 서비스 부모지원 프로그램-진행자 매뉴얼.

② 어린이집 연간 부모연계 프로그램

대부분의 어린이집에서는 부모와의 협력을 위해 연간 프로그램을 계획하여 운영한다. 어린이집의 특성에 따라 가정연계의 방법이나 대상, 횟수 등은 다양하게 운영될 수 있다. 어린이집의 연간 부모연계 프로그램 예시를 소개하면 다음 | 표 6-3 | 과 같다.

| 표 6-3 | 연간 부모교육 프로그램(예시)

○○ 어린이집

시기	프로그램명	방법	대상	내용
2월	신입원아/재원아 학부모 오리엔테이션	강연회	전체 학부모	• 어린이집 운영 안내 – 보육과정 안내, 교사 소개 • 졸업식 실시
	졸업식		5세아 학부모	
4월	적응 보고서	부모통신	전체 학부모	• 영유아의 어린이집 적응에 관한 교사의 관찰 기록
5월	학부모 주제 강연 및 간담회: 유아반 관련 주제	강연회 및 간담회	유아반 학부모	• 유아반에 적합한 특정 주제에 관한 강연을 들은 후 학급별 간담회(부모 교류)
9월	학부모 주제 강연 및 간담회: 영아반 관련 주제	강연회 및 간담회	영아반 학부모	• 영아반에 적합한 특정 주제에 관한 강연을 들은 후 학급별 간담회(부모 교류)
11월	부모 개별상담	개별상담	전체 학부모	• 영유아의 발달 및 생활에 관한 교사와의 개별면담, 만 5세반 아동의 학교 준비에 관한 심층 상담
1월	생활 보고서	부모통신	전체 학부모	• 영유아의 어린이집 생활에 관한 교사의 관찰 기록
홈페이지를 통한 상설	교육상담	개별상담	원하는 학부모	• 자녀양육과 교육에 관한 개별적인 문제를 홈페이지를 통해 교사 및 원장과 상담
	공지 사항	개별상담	전체 학부모	• 어린이집의 행사 및 식단, 견학 등의 공지 사항을 홈페이지 및 어린이집 게시판을 통해 알림
	주간교육계획안	부모통신	전체 학부모	• 연령별 주간교육계획안을 간단한 설명과 함께 제공
	가족생활	정보 제공	지역사회	• 부모교육 및 가족 지원 차원에서의 정보 제공
	육아 및 교육상담	개별상담	지역사회	• 자녀양육과 교육에 관한 개별적인 문제를 홈페이지를 통해 교육 전문가와 상담
	육아 및 교육정보	정보 제공	지역사회	• 자녀양육과 교육에 관한 다양한 정보를 제공
	육아칼럼	정보 제공	지역사회	• 자녀양육과 교육에 관한 전문가의 칼럼

| 출처 | 중앙보육정보센터(2012, http://central.childcare.go.kr/). 2012년 어린이집 운영서식 및 문서자료집(개정판).

2 지역사회와의 협력

1) 지역사회의 중요성

영유아의 성장에서 환경의 중요성과 환경 안에서의 다양한 체계 간의 상호작용을 강조한 브론펜브레너(Bronfenbrenner, 1979)의 생태학적 이론을 통해 유아교육 기관과 지역사회 환경의 중요성에 대한 이론적 근거를 찾을 수 있다. 생태학적 체계 이론에 따르면 영유아는 자신을 둘러싼 여러 환경 층의 영향을 받는 복잡한 관계 체계 속에서 발달한다. 즉, 발달이란 아동의 직접적인 주변 환경뿐만 아니라 보다 폭넓은 사회적 문화적 체계로부터 일어나는 경험의 영향을 받는 것이다. 생태학적 환경은 미시 체계, 중간 체계, 외체계, 거시 체계, 시간 체계 등의 동심원적 구조로 이루어져 있는데 이들은 아동을 둘러싸고 있는 직접적 환경에서 아동이 살고 있는 문화적 환경까지를 다 포함하는 것이다.

미시 체계(microsystem)는 영유아에게 가장 가까운 겹을 형성하는 환경으로 영유아가 일상적으로 경험하는 장면이나 사회적 관계를 표상한다. 가정, 유치원, 또래집단, 놀이터 등의 물리적 특성이나 함께 상호작용했던 사람들, 그리고 그들과의 대인관계나 경험 등도 미시 체계가 된다. 중간 체계(mesosystem)는 미시 체계 다음 겹으로 발달하는 개인이 적극적으로 참여하는 둘 이상 환경들 간의 상호관계, 즉 미시 체계들 간의 연결이나 상호관계를 나타낸다. 영유아에게 중간 체계는 가정, 유치원, 이웃, 또래집단 간 관계들이다. 외체계(exosystem)는 영유아에게 간접적인 영향을 미치는 사회적 환경으로 부모의 직업이나 사회 · 경제적 지위, 대중매체, 특히 TV나 인터넷 등도 중요한 외체계 요소이다. 이러한 외체계로 인해 영유아는 여러 가지 다른 경험을 하게 된다. 거시 체계(macrosystem)는 영유아로부터 가장 먼 생태환경으로서 영유아가 속한 집단의 문화 수준에서 나타나는 각 문화권 특유의 가치관, 태도, 신념, 관습, 일상생활습관, 이념 등을 의미한다. 거시 체계의 영향은 다른 문화권으로 이동할 때 강하게 나타난다. 발달하는 개인과 가장 밀접한 관계가 있는 체계는 미시 체계이지만 나머지 세 체계의 보다 폭넓은 지원이 있을 때에 최적의 발달 상태를 이룰 수 있다(황해익 외, 2008).

비고츠키(Vygotsky, 1978)는 개인의 발달이 사회 · 문화적 환경의 영향을 받는다고 하였다. 발달은 기본적으로 사회 · 문화적 환경의 영향을 받으며 두 가지 맥락에서 이루어진다. 생물학적 성장과 신체 및 정신구조의 성숙과 같은 자연적 발달과 사회 · 문화적 활동에 참여함으로써 이루어지는 사회 · 문화적 발달이 그것이다. 전자의 발달을 통해서는 하등 정신 기능을 습득하는 반면, 후자의 발달을 통해서는 인간에게만 나타나는 고등 정신 기능의 발달이 이루어진다. 영유아가 살고 있는 지역사회는 영유아의 일차적인 생태학적 환경인 가족이 거주하는 곳으로서 영유아의 직 · 간접적인 경험에 영향을 미친다. 유아는 일상생활에서 지역사회의 구성원과 상호작용하면서 성장하고 학습하는 과정을 통해 사회화되어 가는데 교육과 보육을 통해 영유아의 건전한 발달과 함께 지역사회의 발전을 이룰 수 있도록 하기 위해서는 지역사회 내의 폭넓은 교육 주체 간의 체계적이며 유기적인 협력이 필요하다(조부경 · 남옥자, 2008).

듀이(Dewey, 1956)는 일찍이 지역사회와의 상호작용을 강조하여, 교육이란 아동이 살아가는 사회와의 끊임없는 상호작용으로 얻게 되는 지식의 재구성과정 그 자체이며 그것은 삶 그 자체라고 하였다. 학습자에게 경험이란 인간과 사회의 상호작용이며 인간이 환경과 접촉할 때에 경험이 생기며 이 경험이 풍부해짐에 따라 인간생활이 성장하는 것이다.

2) 지역사회와의 협력

지역사회(community)는 '일정한 지리적 공간 안에서 서로 사회 · 심리적 인연을 가지고 있는 사람들' (Mattessich & Monsey, 1997)로 정의하는 관점과 '일정한 지리적 공간인 생활권 안에서 사회적 상호작용을 통하여 공통된 이해관계, 문화 등을 형성하여 공통의 경험과 공동생활을 향유하는 일정 지역의 범위' (강준렬, 1997)로 정의되는 지역성에 기초한 관점의 두 가지 속성을 포함하는 개념이다. 즉, 경계를 갖는 지역(지리적 공간), 사람들의 삶터(생활 공간), 지역사회 내에서 생활하는 사람들(지역사회 주민), 지역사회 내에서 하위 공동목표를 갖는 사람들의 집합체(조직), 지역사회 주민들이 문화를 공유하는 과정(상호작용)을 중심으로 지역사회가 구성된다(최옥채 · 박미은 · 서미경 · 전석균, 2006). 지역사회는 유아의 일차적인 생태학적 환경인 가족이 거주하는 곳으로서 유아의 직 · 간접적인 경험에 영향을 미친다. 유아는 일상생활에서 지역사회의 구성원과 상호작용하면서 성장하고 학습하는 과정을 통해 사회화되어 간다.

영유아가 살고 있는 지역사회는 생기 있게 살아 숨쉬는 수많은 다양한 자원들의 보고이다. 유아교육 기관에서 활용할 수 있는 지역사회 자원은 다음 |표 6-4|와 같은 유형으로 구분할 수 있다.

|표 6-4| 유아교육 기관에서 활용할 수 있는 지역사회 자원 유형

구분	하위 내용
인적 자원	• 의사와 간호사, 경찰관이나 소방관 등 지역사회 기관에 종사하는 사람들
물적 자원	• 인간 외부에 존재하는 자원으로 화폐, 물품, 생활공간, 동력 자원, 지역사회 내의 기관이나 시설 등 직접 소유하거나 혹은 소유하지 않더라고 사용이 가능한 것
문화적 자원	• 지역사회에서 주최하는 행사, 문화공연, 각종 대회 등

|출처| Gestwicki(2009). Home, school, and community relations(7th). 재구성.

유아기는 가정에서 만나는 부모나 형제처럼 그들의 삶에 직접적인 영향을 미치며, 그들의 생활과 매우 근접하게 존재하는 사람들로부터 가장 많은 영향을 받는 시기이다. 하지만 자신이 속한 지역사회의 각종 시설에서 일하는 사람들이나 유아가 살고 있는 공동체와 지역이나 도시, 국가 등의 정책이나 행정의 방향을 결정하는 사람에 이르기까지 직접적으로 상호작용을 하지 않는 환경에 의해서도 간접적으로 많은 영향을 받고 있다(Gestwicki, 2009). 지역사회는 유아의 여러 가지 탐색 활동과 사회적 상호작용을 위한 주요 영역이며 동시에 사회·정서적 발달을 위한 중요한 장면을 제공하며, 지역사회의 다양한 교육자원은 가정과 교육 기관에서 배울 수 없는 부분들에 대한 학습도 가능하게 한다(전예화 외, 2010).

지역사회에 대한 강조는 사회적 변화와 이에 따른 행정적 체제의 변화, 교육체제의 변화에 따른 것으로서(남미경, 2011), 사회적 변화에 발맞추어 행정체제도 점차적으로 각 지역의 다양성을 존중하고 지역의 특성에 맞는 체제로의 전환이 중요하게 논의되어 왔다. 우리나라 국가 수준의 영유아교육과정인 3-5세 연령별 누리과정과 표준보육과정에서는 유아교육 기관의 지역사회 연계 교육에 대한 내용을 선정하고 있다.

어린이집의 경우는 평가인증이 실시되면서 지역사회 연계 교육을 더욱 강화하고 있다. 즉, 평가인증 기준의 7번째 영역 '가족 및 지역사회와의 협력' 부분에서 보육 서비스 제공에 있어 아동의 보호 및 교육뿐만 아니라 가족과의 협력(6항목) 및 지역사회 협력(2항목) 서비스를 제공할 것을 명시하여 지역사회 기관과의 협조체제와 영유아의 가족을 돕기 위한 전문가와의 협조 등의 내용이 포함되었다.

3) 지역사회 협력의 실제

(1) 포괄적 보육 프로그램의 지역사회 연계 프로그램

삼성복지재단(2006)에서 개발한 포괄적 보육 프로그램의 지역사회 연계 프로그램의 내용을 간략하게 소개하면 다음과 같다.

- 지역사회의 자원조사 및 연계 서비스
  - 지역복지관, 의료 기관, 직업보도 기관, 직업 훈련, 평생교육센터, 아동상담 및 개발
- 자원봉사자의 개발 및 교육
- 후원자 개발 및 연계(예 물품 및 후원금 지급)
- 공공 기관과의 협력에 의해 보육료 감면 및 면제 혜택
- 어린이집의 개방과 사회복지 서비스 제공(예 놀이터, 강당, 이・미용 서비스, 바자회, 의료・보건 서비스)

그리고 위 재단의 지역사회 연계 프로그램의 운영사례를 지역사회 연계 서비스로서 자원개발 및 관리와 자원봉사 관리를 중심으로 살펴보면 다음과 같다.

|Tip|

지역사회 자원개발 및 관리

- 목적: 지역사회의 다양한 자원을 발굴하여 이를 활용한 다양한 서비스를 아동과 가정에 제공하고자 한다.
- 개요
  - 대상: 지역사회 내 관공서, 교육 기관, 사회복지 기관, 시민단체, 의료 기관 등
  - 일시: 연중 수시
  - 장소: 어린이집 외
- 내용

번호	연계 기관	연계 서비스
1	○○학교	• 장애아동통합보육
2	○○종합사회복지관	• 방과 후, 재가사례 의뢰
3	○○동사무소	• 저소득 아동 확보
4	○○대학교 유아교육과	• 전문가 상담 및 부모교육
5	○○대학교 치과대학	• 무료 치과 진료
6	○○병원 사회사업실	• 아동상담 및 검사
7	○○가정폭력상담소	• 가정폭력 상담 의뢰
8	○○한의원	• 저소득 무료진료
9	○○노인요양원	• 세대 교류 프로그램
10	○○어린이집	• 졸업아동 방과 후 의뢰
…	그 외	• 기타 내용

- 평가
  - 프로그램 진행 및 자원의 필요성에 의해 지역사회 자원을 발굴하고 활용하였다.
  - 인근 지역에 한정된 자원연결이 아닌 ○○시 전역을 대상으로 필요한 자원을 다양하게 발굴하여 클라이언트와 연결시킴으로써 다양한 서비스 이용이 가능하였다.

자원봉사 관리

- 목적: 대학생 사회봉사 활동과 전문 자원봉사자 발굴 및 지원을 통해 아동의 정서적 지원 및 사회성 발달을 돕고 교사 지원을 통해 질 높은 아동보육을 지원한다.
- 개요
  - 대상: 전문 자원봉사자, 대학생 자원봉사자, 어르신 자원봉사자
  - 일시: 연중 수시
  - 장소: 어린이집
- 자원봉사 내용
  - 멘토링 프로그램
  - 미술치료 프로그램
  - 보육도우미
  - 현장학습 봉사자
  - 어르신 자원봉사자
  - 환경미화 봉사자

(2) 어린이집의 지역사회 협력 프로그램

어린이집에서는 영유아의 건강한 발달을 위해 지역사회의 다양한 자원을 활용하고 지역사회와 연계하는 방안을 계획하여 운영한다. 지역사회와의 협력방안은 각 어린이집의 실정과 지역사회의 특성에 따라 다양하게 계획·운영될 수 있다. 어린이집의 연간 지역사회 협력 프로그램의 예시를 소개하면 다음과 같다.

| 표 6-5 | 지역사회 연계 연간계획서(예시)

월	주제(만 4세)	소주제	지역사회 연계
3	어린이집 생활	• 새로운 반 • 어린이집에 대해 알아보기 • 약속과 규칙 • 친구와 사이좋게 지내기	• 협력 기관과 협약 • 공원 관리사무소와 연계한 공원 이용 교육
4	봄	• 봄의 변화 • 봄의 생활 • 봄의 식물 • 봄의 동물	• 협력병원(보건소)에서 구강교육 실시
5	나와 가족	• 특별한 나 • 나의 몸/나의 마음 • 가족의 역할 • 가족의 소중함 알기	• 노인정(노인대학, 노인시니어클럽)과 교류 책 읽어주기 실시
6	우리 동네	• 지역사회 돌아보기 • 우리 동네 가게 • 우리 동네 공공 기관 • 여러 가지 직업	• 도서관 견학(도서대여 프로그램 참여)
7	여름	• 깨끗한 우리 몸 • 여름의 날씨와 생활 • 여름철 놀이와 안전 • 신나는 물놀이 • 바다 속 친구들 • 즐거웠던 여행	• 아동보호전문 기관과 연계하여 아동학대 예방교육 실시
8	교통수단	• 육상 교통수단 • 해상·항공 교통수단 • 교통안전	• 동사무소(주민자치센터) 방문
9	건강한 몸과 마음	• 건강한 생활 • 우리 몸에 필요한 음식 • 여러 가지 운동 • 내가 좋아하는 운동 • 즐거운 운동 경기	• 도로교통안전관리공단 의뢰 교통안전교육 실시

월	주제(만 4세)	소주제	지역사회 연계
10	가을 · 추석	• 가을의 날씨와 생활 • 가을의 열매와 추수	• 보육정보센터 방문 프로그램 참여 – 지역 내 사회복지관/자활 후견 기관과 연계
11	우리 주변의 것들	• 색 • 모양 • 소리	• 소방서 견학 프로그램 참여(화재대피교육)
12	도구와 기계/겨울	• 생활에 도움을 주는 도구와 기계 • 미래의 도구와 기계 • 겨울의 날씨와 생활 • 겨울의 동 · 식물 • 성탄절	• 경찰서 방문 프로그램 참여 • 아름다운가게와 연계하여 재활용, 교육 후 벼룩시장 개최(어려운 이웃에게 나눔)
1	우리나라와 다른 나라의 생활	• 우리나라와 다른 나라의 새해맞이 • 우리나라와 다른 나라의 옷 • 우리나라와 다른 나라의 음식 • 우리나라와 다른 나라의 집	• 도서관 견학
2	형, 언니가 되어요	• 나의 성장/설날 • 즐거웠던 ○○반 • △△반이 되어요	• ○○초등학교 방문

| 출처 | 중앙보육정보센터(2012, http://central.childcare.go.kr). 2012년 어린이집 운영서식 및 문서자료집(개정판).

3 가정 및 지역사회와의 협력과 어린이집 인증 평가

1) 어린이집 인증 평가에서의 가정 및 지역사회 협력의 중요성

2005년 도입된 어린이집 평가인증제도는 1, 2차 시행을 거치면서 어린이집의 전반적인 질적 수준 향상에 기여하였다. 그러나 무상보육 시행, 누리과정 도입 등 보육환경의 급격한 변화에 따라 보육 서비스 질 제고에 대한 사회적 요구가 증대되었다. 이에 보육 서비스의 질적 수준 변별과 효과성 있는 질 관리 제도로 개선을 위한 어린이집 평가인증 3차 지표가 2014년부터 시범 운영되었다. 3차 평가인증 지표는 6개 영역 50개 지표로 구성되어 있으며, 이 중 가정 및 지역사회와의 협력과 밀접한 관련이 있는 평가인증 지표는 운영관리 영역의 3개 지표 '어린이집과 가정 간 의사소통이 원활하게 이루어진다.', '어린이집은 가족을 지원하고 참여 기회를 다양하게 제공한다.', '어린이집은 지역사회와 활발하게 교류한다.' 이다.

(1) 어린이집과 가정 간 의사소통이 원활하게 이루어진다

어린이집에 다니는 영유아는 이른 시기부터 기관에서 생활하는 시간이 많기 때문에 부모와 보육교사와의 소통과 협력이 원활히 이루어지면 영유아의 생활이 안정되고 어린이집에서는 영유아의 건강한 성장을 순조롭게 지원할 수 있게 된다.

따라서 어린이집에서는 부모와의 협력을 통해 영유아에게 의미 있는 경험을 계획하고 발전시켜 나갈 수 있도록 가정과의 긴밀한 의사소통 방법을 모색하고 양방향 소통이 이루어지도록 하는 노력이 필요하다.

본 지표는 총 6개의 구성 요소로 평정하게 되며, 신입원아 부모 오리엔테이션 실시, 가정과의 의사소통 방법의 다양성, 양방향 의사소통 실시 여부, 보육계획안, 급 · 간식 식단, 어린이집 행사 등에 대한 부모 안내, 부모와의 개별면담 실시, 개별 영유아에 대한 관찰, 평가기록에 대한 부모와의 공유 등에 대해 평가한다.

이와 같은 평가인증 지표를 통한 어린이집 운영과 가정 및 부모와의 협력 내용에 대한 지속적인 관리는 개별 영유아의 어린이집에서의 생활 및 활동에 대한 관찰 결과와 기록을 부모에게 전달하고, 어린이집에서 진행되는 다양한 교육 행사와 정보를 부모에게 안내하고 적극적으로 소통함으로써 영유아의 전인적인 발달과 건강한 성장을 효율적으로 지원할 수 있게 하기 위함이다.

| 표 6-6 | '어린이집과 가정 간 의사소통이 원활하게 이루어진다.' 지표의 구성 요소

구성 요소	주요 내용	평가방법
신입원아 부모 오리엔테이션 실시	• 신입원아 부모를 위한 오리엔테이션 자료: 오리엔테이션 자료에는 필수기재 사항(보육교직원 소개, 보육 시간, 어린이집의 환경, 보육 프로그램 및 보육과정, 어린이집의 개방원칙, 등·하원 절차 안전 지침 등)이 모두 포함되어야 함 • 신입원아 부모를 위한 오리엔테이션을 실시한 기록이 있음 – 대상: 학기 초 신입원아 부모, 중간입소 원아 부모 – 방법: 집단 또는 개별 오리엔테이션 실시	기록/면담
가정과의 의사소통이 알림장 등 세 가지 이상의 방법으로 이루어짐	• 어린이집에서 사용하는 가정과의 의사소통 방법이 세 가지 이상이어야 함 • 가정통신문, 게시판, 전화, 이메일, 알림장(일일보고서, 대화수첩 등), 인터넷 홈페이지 내용, 스마트폰 어플리케이션(스마트 알림장) 등	기록
가정과의 의사소통이 양방향으로 이루어짐	• 어린이집과 가정 간 의사소통이 양방향으로 이루어진 기록(예 대화수첩, 일일보고서 등)이 있음 • 영아: 매일 이루어져야 하며 어린이집과 가정에서의 수유, 이유, 배변, 수면 상황과 영아의 전반적 기분과 건강상태, 참여한 놀이, 특이 상황 등이 포함되어야 함 • 유아: 주기적으로 이루어져야 하며 참여한 보육 활동이나 또래 관계 등 어린이집 전반적인 생활을 가정에 전달해야 하며, 주말을 지낸 상황이나 특별한 상황을 가정으로부터 전달받아야 함	기록
부모에게 어린이집의 보육계획안, 급·간식 식단, 어린이집 행사 등이 안내됨	• 부모에게 어린이집 행사 등과 같은 연간 공지 사항과 보육 활동 계획안, 급·간식 식단과 같은 주기적인 공지 사항이 안내된 자료가 구비되어야 함	기록
부모와 연 2회 이상 개별면담을 실시	• 부모와의 개별면담을 연 2회 이상 실시한 기록이 구비되어야 함(단, 부모가 어린이집을 직접 방문하기 어려운 경우 개별면담의 목적으로 전화를 이용하여 상담할 수 있음) • 보육교사는 영유아에 대한 관찰 결과를 토대로 영유아의 발달적 변화와 영유아를 위한 지도방법을 중심으로 부모와 면담을 실시 • 영유아의 보육을 담당하고 있는 보육교사가 부모와 면담하는 것이 바람직함 • 가능한 많은 부모들이 개별면담에 참여할 수 있도록 운영하는 것이 좋음	기록/면담
개별 영유아의 관찰, 평가 기록을 부모와 공유	• 개별 영유아의 관찰 기록 및 평가 자료를 부모와 공유하는지에 대한 여부 그리고 어떤 방법으로 공유하는지에 대한 운영 방침 • 개별 영유아 관찰 기록, 신체 측정, 활동 결과물, 검사 결과 보고서 등	면담

| 출처 | 한국보육진흥원(2014). 어린이집 평가인증 안내.

(2) 어린이집은 가족을 지원하고 참여 기회를 다양하게 제공한다

영유아가 어린이집에서 보내는 시간이 많다 하더라도 부모를 포함한 가족이 자녀에게 미치는 영향은 여전히 매우 크기 때문에 부모가 어린이집에 관심을 가지고 참여하는 것이 중요하다. 어린이집에서는 가족이 어린이집 운영과 행사 등에 참여할 수 있는 다양한 기회를 마련함으로써 양육에 대한 부모 효능감을 갖도록 지원하고, 어린이집과 가족이 공동의 노력을 통해 영유아의 사회화 과정과 발달, 학습 등에서 일관성 있는 경험을 제공하도록 해야 한다.

본 지표는 총 6개의 구성 요소로 평정하게 되며, 어린이집 개방, 부모교육 실시, 부모를 위한 교육 자료 제공, 가족참여 프로그램 실시, 영유아나 가족의 문제 해결 지원을 위한 전문 기관 정보 보유, 영유아나 가족의 문제 파악 노력 등에 대하여 평가하도록 구성되어 있다.

어린이집에서 가족이 참여할 수 있는 다양한 프로그램과 자료를 제공하고 지원할 때 어린이집과 가족이 서로 협력하게 되고, 동반자적인 관계를 유지할 수 있게 된다. 이러한 관계는 영유아의 성취와 적응을 도와주며 보육에서 최선의 효과를 거둘 수 있음으로 중요하게 다루어져야 한다.

| 표 6-7 | '어린이집과 가족을 지원하고 참여 기회를 다양하게 제공한다.' 지표의 구성 요소

구성 요소	주요 내용	평가방법
어린이집은 부모와 상호 협의 하에 언제든지 개방	• 부모에게 보육실 참관에 관한 구체적인 절차와 방법을 안내한 자료 • 영유아의 부모가 희망할 경우 자녀의 보육실을 참관할 수 있어야 하며, 보육실 참관을 위한 구체적인 절차와 방법이 마련되어 있어야 한다. • 보육실 참관을 위한 구체적인 절차와 방법에 대해 사전에 부모에게 공지하거나 안내해야 함	기록/면담
어린이집은 부모교육을 단독 또는 공동으로 연 1회 이상 실시	• 부모교육 실시 관련 기록 • 부모교육의 내용, 실시 시기 및 장소, 방법, 참석인원, 부모의 반응 혹은 만족도 등과 관련된 자료 구비	기록/면담
어린이집은 다양한 내용의 부모교육 자료를 제공	• 어린이집에 양육 및 영유아 교육과 관련한 부모교육 자료 • 두 가지 이상 다양한 내용의 부모교육 자료가 부모에게 제공: 리플릿, 양육정보지, 소책자, 양육안내 편지, 가정통신문, 홈페이지 게시글 등	기록/면담
가족참여 프로그램을 연 1회 이상 실시	• 가족참여 프로그램 실시 관련 기록(예 실시 여부, 시기, 횟수, 형태와 내용, 참여율, 만족도 등)이 있음 • 부모가 자원봉사자, 보조교사, 주제 활동의 주교사 등 다양한 역할을 맡아 보육 활동의 일부분에 참여하기, 어린이집에서 영유아들이 단체로 외출할 때(예 현장학습, 산책, 소풍 등), 어린이집 행사(예 알뜰시장, 크리스마스 행사, 생일잔치 등)에 자원봉사자로 참여하기 등	기록/면담
영유아나 가족의 문제 해결을 지원하기 위한 전문 기관의 정보를 가지고 있음	• 영유아와 가족의 특정 문제 해결을 지원해 줄 전문 기관의 정보가 마련되어 있음 • 서비스 종류, 전화번호, 비용 등 전문 기관에 대한 실질적인 정보가 정리되어 있음	기록
영유아나 가족의 문제에 대하여 파악하려는 노력	• 어린이집에서는 영유아 관찰, 개별면담, 가정통신문 등을 통해 영유아의 적응문제나 영유아 가족의 당면 문제에 대해 파악하고 이해하려고 노력함 • 현재 재원하고 있는 영유아나 가족의 문제에 대한 이해 정도와 방법 • 영유아나 가족 문제가 있어서 지역사회의 전문 기관, 동사무소, 구청 또는 전문가(예 의사, 상담전문가, 특수교육전문가, 건강가정사, 사회복지사 등)에게 도움을 받고 있는 경우, 어떤 도움을 받고 있는지에 대해 파악 여부	면담

| 출처 | 한국보육진흥원(2014). 어린이집 평가인증 안내.

(3) 어린이집은 지역사회와 활발하게 교류한다

영유아는 태어나면서 가정과 다양한 지역사회에 속하게 되며, 이러한 환경 속에서 자아를 형성해가고 사회화 되어간다. 즉, 지역사회는 영유아의 사회화 과정에 직·간접적으로 영향을 주는 중요한 사회·문화적 환경이다. 따라서 어린이집에서 영유아의 학습과 안녕을 지원하는 다양한 지역사회 기관과 협력 관계를 체결하고, 지역사회 기관에 대한 다양한 정보를 가족에게 제공함으로써 어린이집과 가족이 지역사회와 상호호혜적인 관계를 형성할 수 있도록 도와야 한다. 또한 지역사회에서 어린이집의 역할이 중요해진 만큼 책임과 나눔에 대한 인식도 함께 발전해야 한다.

본 지표는 총 6개의 구성 요소로 평정한다. 지역사회에서 협력하거나 이용할 수 있는 다양한 기관에 대한 정보 마련, 지역사회 자원을 이용한 활동 실시, 지역사회 관련 정보나 행사 관련 부모 안내, 지역사회 주민과 연계하는 활동 실시, 건강주치의제 협약 및 이행, 예비보육교사를 위한 보육실습 지도 실시 등을 평가하는 지표이다.

어린이집에서 지역사회와의 협력 관계를 구축하고 다양한 정보를 가족에게 제공함으로써 영유아는 성장하는 데 필요한 다양한 자원을 지역사회와 공유하며, 지역사회의 일원으로써 소속감을 느낄 수 있다. 또한 어린이집은 예비보육교사에게 보육교사로서의 소양과 전문적 지식을 습득할 수 있도록 훈련 기관의 역할을 함으로써 우수한 보육교직원 양성에 기여하고 장기적으로 보육의 질을 높일 수 있다.

| 표 6-8 | '어린이집은 지역사회와 활발하게 교류한다.' 지표의 구성 요소

구성 요소	주요 내용	평가방법
지역사회에서 협력하거나 이용할 수 있는 다양한 기관의 정보가 마련됨	• 지역사회와의 협력 및 이용 가능한 기관에 대한 정보가 마련되어 있음 • 기관에 대한 기본정보(예 기관 명칭, 위치, 연락처, 특징, 담당자 등)가 정리되어 있음	기록/면담
지역사회 자원을 이용한 활동을 월 1회 이상 실시	• 유아에게 지역사회 자원을 이용한 활동을 월 1회 이상 실시한 기록이 있음 • 지역사회 자원을 이용한 활동의 예로는 지역사회에 있는 공원, 산책로 등을 활용한 일상생활 관련 활동 각 지역에 있는 특별한 자원(예 해변, 생태습지, 박물관, 기념관 등)을 방문하는 등의 활동 지역사회 경찰서의 경찰관이 어린이집을 방문하여 안전에 대해 교육하는 활동 등이 해당됨	기록
지역사회 관련 정보나 행사 등을 부모에게 안내	• 지역사회에서 도움이 필요한 기관이나 주민을 위한 활동을 연 1회 이상 실시한 기록이 있음 • 지역사회 주민과 연계하는 활동의 예로는 어린이집 인근 노인정 · 마을회관에 방문하여 어르신들을 즐겁게 해드릴 수 있는 미니 공연, 아나바다 활동을 통해 얻은 수익금 기부 활동 등이 해당됨	기록
지역사회 주민과 연계하는 활동이 이루어짐	• 가족참여 프로그램 실시 관련 기록(예 실시 여부, 시기, 횟수, 형태와 내용, 참여율, 만족도 등)이 있음 • 가족참여수업 • 부모가 자원봉사자, 보조교사, 주제 활동의 주교사 등 다양한 역할을 맡아 보육활동의 일부분에 참여하기, 어린이집에서 영유아들이 단체로 외출할 때(예 현장학습, 산책, 소풍 등), 어린이집 행사(예 알뜰시장, 크리스마스 행사, 생일잔치 등)에 자원봉사자로 참여하기 등	기록
건강주치의제 협약을 맺고 협약 사항을 이행	• 어린이집 인근 병원과 건강주치의제 협약을 체결한 협약서가 있음(협약서에는 협약일자 및 의료 기관장의 직인 또는 자필서명이 기재되어야 함) • 해당 의료 기관과 협약 사항의 실제 이행을 증빙할 수 있는 자료가 있음 • 협약 사항: 예방접종, 건강검진, 응급처치교육, 건강정보 제공 등(실적 증빙은 협약서 체결 이후 이행된 자료로 관찰월 기준 1년 이내에 한함) • 증빙 자료는 확인이 가능하도록 구비하여야 함(사진, 강사명, 연락처 등이 기재된 자료)	기록(서식)/면담
예비교사를 위한 보육실습 지도가 이루어짐	• 예비보육교사에게 연 1회 이상 보육실습 기회를 제공하고, 실습 지도를 한 기록이 있음 • 보육실습확인서(어린이집 지원시스템 출력물) 등	기록(서식)

| 출처 | 한국보육진흥원(2014). 어린이집 평가인증 안내.

활동하기

◈ 보육기관에서의 지역사회 협력 프로그램을 계획하기에 앞서 우리가 살고 있는 지역사회의 자원을 조사해 보자. 그리고 이들 자원을 활용하여 계획하고 수행할 수 있는 세부 활동들을 계획해 보고 계획된 활동과 밀접한 관련이 있는 '주제'를 기록해 보자.

구분	자원의 예	세부 활동	관련 주제
물적 자원			
인적 자원			
문화적 자원			

Chapter 7

영유아 프로그램

1 몬테소리 프로그램

2 프로젝트 접근법

3 레지오 에밀리아 접근법

4 발도르프 프로그램

5 생태유아교육 프로그램

현재 우리나라의 보육 현장에는 국내 · 외에서 개발되고 적용되어온 다양한 영유아 프로그램들이 많은 영향을 끼치고 있다. 본 장에서는 대표적인 국내 · 외 영유아 프로그램들을 소개하고자 한다. 이런 과정은 우리나라의 보육현장과 영유아에게 적합한 효율적인 보육과정을 재구성하는 데 필요한 기초 자료를 제공해 줄 것이다.

1 몬테소리 프로그램

1) 배경

몬테소리

이탈리아 최초의 여성 의학박사인 몬테소리(Montessori)는 의사로서 장애아들을 관찰한 결과, 무리한 통제와 지나친 의학적인 접근은 이들에게 진정한 도움이 되지 못하며 교육적인 치료법이 이들의 장애를 극복하게 하는 충분한 기회가 될 것이라고 생각하였다. 이후 몬테소리는 1900년 장애아를 위한 교사 양성을 목적으로 로마에 설립한 국립특수학교의 교장을 맡으면서 특수아에 대한 교육 방법을 발전시켰다. 이러한 새로운 교육 방법을 통해 정신지체아들의 지적 능력에 놀라운 변화가 나타났으며, 일반아동에게서나 가능하다고 생각했던 문해를 정신지체아들도 배우는 데 성공하게 되었다.

몬테소리는 정신적으로 지체가 있는 아동들에게 감각적인 자극을 주는 치료법을 제공하였던 프랑스 정신과 의사 이타르(J. Itard)와 세겡(E. Seguin)의 방법에 자신의 철학과 관찰 결과를 결합하여 몬테소리 교육 방법을 창시하였고 이를 정상화교육이라 명명하였다. '정상화'란 '환경의 부적절함으로 인해 잠재적 발달궤도로부터 일탈된 상태를 본래의 발달궤도로 되돌려 놓는 것'을 의미한다.

몬테소리는 로마 빈민지역인 산 로렌조에 '어린이집(Casa dei Bambini: The

Children's House)'을 세워 자신의 교육에 관한 신념들을 계속 실천해 나갔으며, 영유아에 대한 면밀한 관찰을 통해 몬테소리 교구를 개발 · 사용하였다. 영유아에 대한 관찰을 통해 몬테소리는 이들에게는 놀랄만한 집중력, 반복 작업에 대한 선호, 질서의 존중, 자유로운 선택적 활동의 욕구, 일을 좋아하는 성향, 상벌의 불필요, 조용함의 선호, 개인 존중의 자각, 읽고 쓰는 것에 대한 흥미, 자발적인 자기 훈련 등이 있음을 발견하였으며, 준비된 환경에서 영유아의 발달 수준에 적합한 과제를 제공하면 자발적으로 학습이 일어날 수 있다고 보았다.

이후 몬테소리는 활발한 저술 활동과 강연으로 자신의 교육사상을 알렸으며, 이런 과정을 통해 일구어낸 교육적 효과는 세상의 주목을 끌기에 충분하였고 이후 세계 각국에서 많은 교육자, 교사, 학부모들이 어린이집을 방문하였다. 또한 『몬테소리 교육 방법』이라는 저서가 세계 각국에 소개되면서 그녀의 교육사상은 전 세계에 전파되었다.

2) 기본 개념

몬테소리교육의 기본 개념은 민감기, 흡수정신, 자율성, 준비된 환경, 자동교육 등으로 나누어 볼 수 있다(정금자, 2001).

(1) 민감기

몬테소리는 영유아의 경우에는 발날에 필요한 요소들이 외부 에너지에 의해서 자연스럽게 안내되는데, 이 시기에 각기 다른 강력한 감수성이 존재한다는 것을 발견하였다. 이러한 시기를 몬테소리는 민감기(sensitive period)라 하였다. '민감기'란 생물학적 용어로 모든 생물의 어린 시기에 환경 속의 특정 요소에 대해 특별히 예민한 감수성이 일정한 기간 동안 나타나는 것으로, 이 시기에 맞물려 영유아는 특정 행동에 민감하며 특정 기능을 배우고자 하는 욕구가 강하여 쉽게 배울 수 있도록 유전적으로 계획되어 있는 시기를 말한다. 이때 교사는 영유아가 자신의 본성에 따라 민감기를 충분히 경험할 수 있도록 이들이 원하는 것이 무엇인지 잘 살펴서 최적의 환경을 제공하여야 한다. 발달 단계와 관련지어 나타나는 민감기를 살펴보면 다음과 같다.

구분		내용
제1기	질서에 대한 민감기	• 질서에 대한 감각은 감각기 초기에 나타나며, 1~2세까지 지속된다.
제2기	오관에 대한 민감기	• 2개월~2세에 나타나며, 주로 손과 혀를 사용하는 시기로 손과 입을 사용하여 환경을 탐색하려는 행동이 나타난다.
제3기	걸음마에 대한 민감기	• 18개월~3세에 나타나며, 왕성한 걷기의 발달 단계이다.
제4기	작은 사물에 대한 민감기	• 2~3세에 나타나며, 전체의 특정 부분이나 작은 사물에 대한 흥미가 커지는 시기다.
제5기	사회생활에 대한 민감기	• 3~6세에 나타나며, 이웃과 사회생활에 관심이 생기는 시기이다.

(2) 흡수정신

몬테소리는 영유아의 정신을 흡수정신(absorbent mind)으로 보고, 6세까지 지속되는 동안 이들은 자신을 둘러싸고 있는 주위 환경, 정보, 사건으로부터 정신적인 영양분을 빨아들여 자신의 것으로 흡수한다고 하였다. 흡수정신은 유아가 내부에 잠재해 있는 정신 능력을 통하여 환경을 빨아들이듯 강하게 학습하여, 스스로 체험적으로 배우는 심리적 특성이다. 따라서 영유아는 이 시기에 특별한 노력 없이도 모든 것을 받아들이기 때문에 성인은 흡수정신이 강한 영유아에게 어떤 환경을 제공할지 충분히 고려해야 하며 긍정적인 영향을 줄 수 있도록 배려해야 한다(황해익 외, 2012). 더불어 영유아의 경우에는 민감기에 맞는 최적의 작업을 할 때에 흡수정신이 최대화된다는 점을 간과하지 않도록 한다.

흡수정신은 크게 무의식적인 단계와 의식적인 단계를 통해 발달한다(한미라 외, 2005). 첫째, 무의식적인 단계는 0~3세의 시기이다. 이 시기에는 가능한 한 모든 감각 자극들을 무의식적으로 흡수하며, 흡수한 인상을 즉석에서 구체화시키고, 사전에 이루어졌던 모든 것에 연합시킨다. 둘째, 의식적 단계는 3~6세의 시기이다. 이 단계에서는 자신이 아는 것을 선택적으로 좀 더 정교하게 한다. 이 시기의 유아는 의식적으로 혹은 계획적으로 무엇을 새로이 경험하고자 하는 의지를 강하게 보이며, 필요한 자극을 보다 적극적으로 더 많이 요구한다.

(3) 자율성

몬테소리는 유아의 능동적 정신(active mind)을 인정하고, 이를 교육의 출발점으로 삼고 있다. 영유아는 연약하지만 출생하는 순간부터 이미 정신적인 삶을 영위할 수 있는 발전 가능성을 가진 존재, 독립된 인격과 창의적 정신을 가진 존재로 이러한 영유아의 자발성에 대한 견해는 영적인 힘, 자율성, 순종 등과 더불어 몬테소리의 자유에 대한 사상의 토대가 되었다. 몬테소리가 "어린이들이 원하는 대로 놓아두세요."라고 말한 것은 어린이의 자유 의지적 행동을 인정하는 의미이다.

(4) 준비된 환경

몬테소리 교육 방법 중 준비된 환경(정금자, 2001)이란 영유아의 발달 단계와 교사의 관찰에 의해 발견된 영유아의 민감기 영역에 적절한 교구를 갖춘 환경을 의미하며, 준비된 환경의 가장 핵심적인 요소는 몬테소리가 특별히 제작한 교구들이다. 교사에 의해 조심스럽게 선택되어진 교구들은 어린이 수준에 맞게 이해하고 탐구하도록 정리되어 있다. 몬테소리 프로그램에서 영유아는 잘 준비된 환경에서 가장 잘 학습한다.

몬테소리 교육에 사용되는 교구의 목적은 올바른 사용법을 통해 지식이나 기술을 가르치는 외적인 것에 있는 것이 아니라, 오히려 영유아의 자기 조절과 정신 발달에 도움을 주는 내적인 면에 두고 있다. 그래서 각각의 교구가 영유아의 발달 단계에 맞게 적절하게 제시되는 것이 중요하다.

또한 몬테소리 교실을 둘러보면 타 교육 기관과 다른 점을 쉽게 발견할 수 있다. 몬테소리 교실은 아름다우며 온화한 분위기를 느끼게 하는데, 환경 내의 모든 것이 유아의 적극적이고 자발적인 반응을 유도하도록 잘 정돈되어 있다. 미적인 분위기를 갖춘 준비된 환경으로 어린이집의 교실은 밝고 매력적이며 영유아에게 적절한 책상, 안락한 의자 등 다양한 가구를 갖추고 있다. 또한 아름다운 색깔로 된 교구와 다양한 자료들이 준비되어 있으며, 예술적인 그림 · 사진 · 아름다운 꽃병 등으로 어린이집을 꾸며 준다.

(5) 자동교육

자동교육(auto-education)은 준비된 환경, 자유의 원칙과 관련된 것으로, 영유아에게는 자신을 스스로 교육할 수 있는 능력이 있다는 개념이다(한미라 외, 2005). 몬테소리의 '어린이집' 에서 영유아는 각자 몬테소리 교구를 통해 열심히 몰입하는데, 어느 교구도 강제로 하지 않도록 하였으며 틀렸을 때에는 자기 수정이 가능하게 구성되어 있다. 이처럼 자동교육에는 자유의 역할이 중요하고 아울러 자기 수정적 교구를 통해 유아 스스로 자신의 실수나 오류를 발견하는 것이 매우 중요하다. 몬테소리는 자동교육을 위해 분홍탑, 원기둥 꽂이 등 다양한 자기 수정적 교구를 개발 · 제작하였다.

3) 주요 내용

국제몬테소리협회에서 제공하는 3~6세용 몬테소리 프로그램의 보육내용은 크게 다음의 5가지 영역으로 나누어진다(공인숙 · 한미현 · 김영주, 2005; 이정환, 1999; 조성자, 1994, 1995; 조옥희 · 권영자, 1998; 한미몬테소리협회, 2004).

(1) 일상생활 영역

일상생활교육은 몬테소리 교육의 전 과정 중 기초에 해당되며 인격형성의 기본이 된다. 일상생활 영역에서는 영유아의 모방 본능에 주목하여 영유아가 일상생활을 성공적으로 수행해 갈 수 있도록 실제적인 경험을 제공한다. 옷 입기와 씻기, 벗기, 집 보기, 정원 가꾸기와 식사 차리기 등이 있으며 이외에도 진흙으로 만드는 수작업, 아이들이 매달릴 수 있는 기구를 사용한 운동, 음악에 따라 행진하는 운동 등이 있다. 아이들은 실생활과 같은 장면에서 실제적인 작업을 하도록 실물들을 사용할 수 있기에 흥미를 갖고 작업하게 된다(Kramer, 1988). 이런 측면에서 볼 때 아이들의 '혼자 할 수 있도록 도와주세요' 를 근원적으로 할 수 있도록 도와주는 것이 바로 일상생활 교육이라고 할 수 있다.

일상생활 영역의 교육 내용은 운동교육, 자기관리와 질서에 대한 훈련, 사회성 발달 영역, 운동 조절과 분석으로 네 가지로 구성된다.

 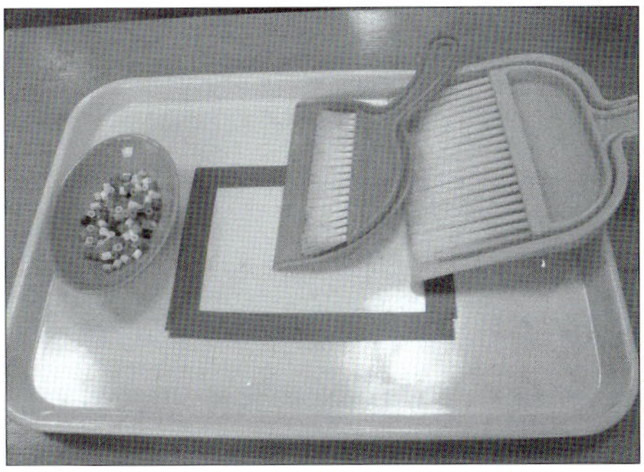

(2) 감각 영역

영유아는 정신적 발달에 필요한 모든 것을 감각 기관을 통해 주변 환경으로부터 흡수한다. 즉, 환경에서의 자극은 감각 기관이 수용하여 뇌에 전달하고 지각 신경을 통해서 근육에 전달되면 운동이 발생되게 된다. 이러한 과정의 반복으로 감각 운동 발달에 의해 정신이 발달하게 된다. 따라서 감각의 어느 곳에 장애가 생기면 환경에서의 자극을 바르게 수용할 수 없으므로 정신적 발달에 지장을 초래하는 원인이 된다. 감각 발달이 정신 발달에 선행되고 정신 발달은 인격형성의 주요 요인이기 때문에 감각의 결점은 곧 인격형성의 장애로 작용한다. 따라서 영유아의 감각 기관이 정상적으로 발달되어야만 정신 발달이 신체적인 발달과 조화를 이루어 성장하게 되며 나아가서는 원만한 인격을 형성하게 된다.

따라서 영유아에게는 적절한 시기에 감각적 경험을 쌓을 수 있는 기회의 제공과 감각을 훈련할 수 있는 준비된 교육환경이 필요하다(한미몬테소리협회, 2004). 이에 몬테소리는 형태, 크기, 색, 무게, 온도, 질감 등을 분별할 수 있는 자기 수정적 교구를 제공하여 영유아의 감각 기능을 발달시키며, 주의집중, 비교, 판단, 지능 등을 발전시킬 수 있다고 믿었다. 감각교육 영역의 내용은 시각, 촉각, 청각, 미각, 후각과 관련된 내용들을 담고 있다.

 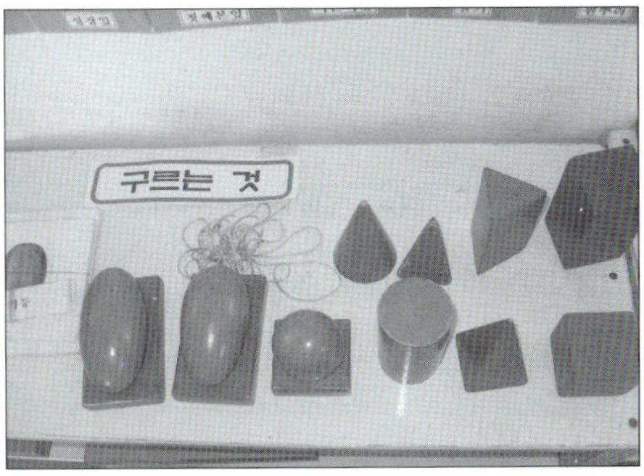

(3) 수학 영역

몬테소리는 영유아 지능발달의 기초가 되는 수학교육을 중요시하여 아이들의 생리적 · 심리적 조건에 적합한 과학적이고도 구체적인 감각적 교구를 수학교육에 사용하였다.

영유아의 놀이를 관찰해 보면 어린이는 성인의 도움 없이도 끊임없이 수의 관계와 수학적 개념을 경험하고 있음을 발견할 수 있다. 이에 몬테소리는 영유아가 자연스럽게 수학적인 세계를 구축하도록 하기 위해서는 인간의 성장 발달과정 중 가장 민감한 1세에서 6세 사이에 유아의 일상생활의 경험을 반영한 수학교육이 이뤄져야 함을 강조하는데, 이는 영유아의 수학적 지식이 일상의 세계와 분리되거나 고립되어서는 획득될 수 없기 때문이다. 이처럼 몬테소리가 일상생활 경험을 토대로 구체적 사고에서 추상적 사고로 이행할 수 있도록 준비된 환경을 제공하여 수학교육을 실천한 것은 어린이의 본성에 입각한 교육의 토대를 세웠다고 할 수 있다.

숫자막대, 숫자판, 구슬 등의 교구를 이용하여 양과 차이의 개념을 이해하도록 고안되었고, 이런 수학교구를 이용해서 기본수의 이해, 십진법, 연속 수의 소개, 기억에 의한 연산, 추상화 과정, 분수 영역으로 구성된다(박성은 외, 2003).

(4) 언어 영역

몬테소리는 영유아가 언어를 학습하기보다는 오히려 언어를 흡수한다고 보았다. 한 음절만을 발음하는 시기가 지나면 전체 문장을 발음하게 되고 최종적으로는 구문이나 문법의 모든 법칙을 알게 된다. 이러한 현상은 유아기에만 있는 흡수정신을 통해 주위 환경으로부터 주어지는 언어적 자극을 무의식적으로 흡수함으로써 복잡한 구조를 지니는 언어를 쉽게 배운다는 것이다. 모국어를 의식적으로 가르치지 않아도 생후 2년 전후가 되면 모든 영유아가 자신이 속한 문화권의 언어를 자연스럽게 습득하게 되는 현상도 이를 입증하는 것이다.

따라서 몬테소리는 영유아기의 이러한 언어발달 특징을 토대로 영유아의 발달 수준을 고려한 언어교육 방법을 창안하여 체계화시키고자 노력하였으며 특히 읽기와 쓰기에 관심을 기울였다. 언어교육 영역은 구두 언어교육과 읽고 쓰기를 위한 교육으로 구분되며, 영유아가 모국어를 정확하게 이해하고 표현하도록 하며 모국어를 존중하는 태도를 기르고자 하였다. 언어교육의 내용은 어휘력 연습, 듣기, 말하기, 읽기, 쓰기, 품사 익히기, 문법 익히기 등을 포함한다.

(5) 문화 영역

몬테소리의 문화교육은 기본적으로 삶을 위한 교육이다. 우주 내에서 자신의 위치를 파악하고 자기 정체성을 탐색해보는 기회를 통해 어떻게 살아야 하는가에 대한 해답을 찾게 하는데, 이러한 문화교육을 통해 몬테소리는 인류가 서로 이해하고 서로에 대한 적대감과 배타성을 버리고 세계평화를 도모하는 데 도움이 되기를 바랐다. 이에 몬테소리는 영유아에게 세계를 보여주고 문화의 씨앗을 많이 뿌릴 것을 주장하고 있는데, 이러한 관점은 영유아가 호기심과 탐구심을 만족시키며 언어 확장의 기회를 확대하고 우주 내의 모든 생명체와 환경에 대하여 다각적인 측면에서 이해할 수 있는 완전하고 종합적인 세계적 안목을 갖도록 한다(한미몬테소리협회, 2004). 문화교육에는 지리, 역사, 과학, 미술, 음악 등의 관한 내용이 포함된다.

4) 교사 역할

몬테소리 교육은 어린이 안에 내재되어 있는 발달을 향한 에너지를 자극하기 위해 준비된 환경을 마련해 주고, 어린이가 스스로 환경과의 긍정적인 상호작용을 하도록 돕는 간접교육이다. 이때 어린이와 환경을 잘 매개해주는 역할이 바로 몬테소리 교사의 역할이다. 일반적인 교육과는 달리 몬테소리 교육에 있어 교사는 지시자, 주도자가 아니라 어린이를 관찰하고 그것을 토대로 환경을 마련하고, 교구를 제시해주는 교수자의 역할을 수행한다. 그러므로 몬테소리 환경 내에서 교사의 역할은 대단히 중요하다. 몬테소리는 모든 과정의 단계마다 직접적으로 가르치는 교사(teacher)라는 개념 대신에 영유아의 심리적 활동과 신체적 발달을 돕는 지도자 혹은 방향제시자(director)라는 말을 사용하였다. 따라서 몬테소리의 준비된 환경에서 지도자로서의 교사는 첫째, 어린이의 작업과정과 발달을 관찰하는 관찰자 둘째, 작업 공간에서 영유아를 보호하는 보호자 셋째, 영유아와 교구 간의 상호작용이 촉진되도록 도와주는 촉진자로서의 역할을 한다고 보았다.

이외에도 박성은 등(2003)은 몬테소리의 교사 역할에 대해 다음과 같이 제시하고 있다. 첫째, 생명을 이끌어 주는 역할로서의 교사이다. 어린이의 삶을 직접적으로 준비하는 것은 어린이 자신의 정신적인 에너지이고, 간접적인 준비자는 환경이다. 그러므로 자기 발달에 충실하다는 것은 어린이 자신이 삶의 주체자로서 적극적으로 활동에 참여하는 것이고, 참여할 수 있도록 자극하는 것이 교사의 역할이라는 것이다. 둘째, 관찰자로서의 교사 역할이다. 과학적인 관찰을 위해서 교사는 우선적으로 관찰의 의미와 목표를 분명하게 인식해야 하며, 이에 따른 지식과 준비 또는 관찰 방법에 대한 특별한 지식을 갖추어야 한다. 셋째, 준비자로서의 교사 역할이다. 몬테소리 교사는 근본적으로 항상 무엇인가를 준비하는 사람이다. 넷째, 보호자로서의 역할이다. 몬테소리 교사는 유아의 활동과 생명, 내적 신비 등을 보호하여야 한다. 다섯째, 촉진자로서 교사의 역할이다. 촉진자로서의 역할은 교사가 유아에게 교구 사용 방법에 대한 시범을 보이는 시간부터 시작한다. 교사의 시범을 통해서 유아는 작업을 하고 싶은 내적 욕구를 느낄 수 있어야 하고, 이러한 욕구로 인해서 작업을 진행하는 동안 관심의 집중화 현상이 일어나야 한다(조성자 역, 1995).

2 프로젝트 접근법

1) 배경

프로젝트란 영유아가 일상생활에서 발생하는 실제 관심거리를 공통적인 학습 주제로 선정하여 개인이나 소집단별로 탐구하는 활동으로, 듀이(Dewey)의 이론적 바탕(아동 중심 교육정신과 통합교육과정 원리) 위에 킬패트릭(Kilpatrick)이 체계화한 '프로젝트법'을 캐츠(Katz)와 차드(Chard)가 현대의 유아교육에 알맞게 재구조화한 방법(Project Approach)으로 적용되고 있다(지옥정, 2009).

캐츠

프로젝트 접근 방식은 유아로 하여금 주변 세계에서 발생되는 모든 사건과 인간관계를 이해하도록 하고, 그 속에서 스스로 지식을 구성해 가는 교수 전략을 이행하기에 '구성주의 학습'이라고도 한다(Allison, 1997). 프로젝트의 특징은 유아나 교사 또는 유아와 교사가 함께 어떤 주제가 제시하고 있는 문제에 대한 해답을 얻고자 탐색해 보는 과정에 있으며, 프로젝트의 목적은 교사가 단순히 제시한 문제에 대한 정답을 찾는 일이라기보다는 주어진 주제에 대하여 보다 심층적인 연구를 통하여 다양하고 폭넓은 것들을 배우도록 하는 것이다.

프로젝트의 진행은 유아의 흥미, 교사의 지원 및 안내에 따라 역동적으로 달라지기 때문에 정해진 활동이 정해진 시간에 이루어지는 것은 아니며, 토의 · 현장 활동 · 표현 · 조사 · 전시라는 요소를 중심으로 프로젝트 각 단계의 특성에 따라 활동이 진행된다. 따라서 프로젝트 운영 방법과 활동 시간은 보육 기관이나 교사의 특성에 따라 융통성이 있다. 즉, 일과의 대부분을 프로젝트 활동으로 운영할 수도 있고, 한 주에 2회 정도 일과 후의 시간을 이용할 수도 있으며, 학급의 한 흥미 영역으로 설치하여 운영하거나 일과의 교육 내용으로 다룰 수도 있다.

2) 기본 개념

(1) 목적

프로젝트 접근법에서 '프로젝트란 한 명, 소집단 또는 전체 유아가 이행하는 특정 주제에 대한 깊이 있는 연구' 로서 그 궁극적인 목적은 어린이의 정신(mind) 계발에 있다. 여기서 '정신' 이란 지식, 기능뿐 아니라 정서적, 도덕적, 심미적인 감수성까지 포함하는 개념으로 지식의 획득, 기능의 습득, 성향의 계발, 느낌의 발달을 목적으로 한다(Katz & Chard, 1989).

프로젝트 접근법의 목적에 대해 관련 문헌들(김대현 외, 1999; 김숙자, 2001; 이기숙 · 이영사, 1990; 지옥징, 2009)은 다음과 같이 제시하고 있다. 첫째, 프로젝트 접근법은 영유아의 주변 세계에 대한 이해를 증진시키고 학습자의 내적 동기를 유발시켜 긍정적인 학습 성향을 발달시킨다. 둘째, 프로젝트 접근법은 영유아로 하여금 신체적, 인지적, 사회적, 의사소통 능력 발달에 필요한 다양한 기술을 획득하도록 돕는다. 셋째, 어린이집에서의 학습이 영유아의 삶과 분리되지 않도록 교육 및 보육 활동을 실제 생활과 연결시킨다. 넷째, 프로젝트 활동에 스스로 참여하고 수행하는 과정을 통해 영유아는 자신을 능력 있는 존재로 여기며 긍정적인 자아 개념을 갖게 한다. 다섯째, 프로젝트 학습을 통해 조사탐구 활동을 촉진하고 다양한 표현 능력을 기르게 됨으로써 인간이 가진 제능력을 균형 있게 발달시킨다.

(2) 프로젝트 접근법의 특성

프로젝트 학습에서 영유아에 대한 기본 관점은 학습자가 독립적으로 지식을 구축하고자 하는 자발적, 내재적 동기를 가지고 있다고 보는 개인적 구성주의의 관점을 넘어 또래나 성인, 사회 · 문화적 환경과의 관계로부터 동기 유발되며 학습하는 능력이 있고, 잠재력이 풍부한 '사회적 구성주의자' 로 인식한다. 이러한 특징은 프로젝트 학습의 철학적 관점에 기인한 것으로 프로젝트 접근법의 특징을 살펴보면 다음과 같다(김대현 외, 1999; 이경화, 2000; 이순형 외, 2005; 지옥정, 2009; 황해익 외, 2008; Katz & Chard, 1989).

① 영유아 주도 학습

영유아의 자율성과 탐구력을 존중하는 프로젝트 접근법에서는 교사 주도의 교육 방식과는 대조적으로 개별 영유아 혹은 집단 아이들이 자신의 관심과 흥미에 따라 원하는 주제를 자유롭게 선택하고, 준비된 환경 속에서 자신이 선택한 주제를 깊이 있게 탐구하도록 한다. 아이들이 프로젝트 학습의 전 과정에 주도적으로 참여함으로써 학습 내용이 영유아에게 보다 유의미한 것이 되며, 같은 맥락으로 각 영유아의 주제에 대한 사전 지식과 사전 경험에 큰 의미를 부여한다.

② 주제를 중심으로 한 경험의 통합

영유아가 선택한 어떤 주제에 대해 깊이 있게 탐구하는 과정에서 다양한 영역의 활동이 통합되어 진행된다. 조사탐구 활동과 표현 활동 등을 통한 활동 진행과정에서 영유아는 과목마다 분리된 것들을 경험하는 것이 아니라, 한 가지 주제 아래 신체, 언어, 수학, 과학, 음률, 미술 등의 연관된 활동들을 수행하며, 발달의 전 영역에 걸쳐 균형 잡힌 통합교육을 경험한다.

③ 영유아의 흥미와 욕구에 따른 발현적 교육

프로젝트를 수행하기 전 구체적인 계획안을 구성하고, 미리 계획된 주제망을 따르기보다는 매일의 활동 속에서 아이들이 제시하는 새로운 아이디어, 흥미, 욕구 등을 반영하여 유동적으로 변경될 수 있는 목표를 세우고 융통성 있게 운영하는 것을 원칙으로 한다. 즉, 프로젝트 학습은 만들어 가는 보육과정이다.

④ 시간과 공간의 제약을 받지 않는 심층적 탐구

프로젝트 수행 중에 아이들은 자신의 호기심과 흥미가 충족될 때까지 시간 제한 없이 활동을 지속할 수 있으며, 이렇게 특정 주제에 대해 몰입하는 동안 새로운 정보를 획득하게 되고 이는 새로운 흥미로 이어져 지속적인 심화학습이 가능하다. 계획된 시간표에 따라 단편적인 활동들로 진행되는 것이 아니라 활동의 심층적인 탐구가 가능하도록 시간 운영의 유연성을 가진다. 또한 프로젝트를 통해 이루어지는 학습은 대개 실생활과 관련되어 있어 가정, 어린이집, 지역사회 등 영유아가 존재하는 모든 공간에서 연속성을 가지고 이루어진다.

⑤ 협력과 공유

프로젝트 접근은 부모 및 지역사회와의 지지적인 관계를 중요한 전제로 삼고 있다. 프로젝트 준비에서부터 마무리하기에 이르기까지 이들과의 긴밀한 협조 관계는 프로젝트가 순조롭게 이루어지는 데 매우 중요한 요소이다. 또한 교사와 영유아는 대집단, 소집단, 개별 활동, 질문, 토론 등을 통해 또래를 지원하거나 도움을 받고 협동정신을 발휘할 수 있는 기회를 경험하게 되며 공동의 문제를 해결하는 과정에서 의미 있는 협력학습을 하게 된다. 이처럼 공동의 협력 하에 구축된 지식은 그 과정과 결과 면에서 공유가 이루어지며 프로젝트 학습의 전 과정에서 다양한 형태로 나타난다(Malaguzzi, 1993).

3) 진행 단계

프로젝트 진행은 영유아의 흥미, 교사의 지원 및 안내에 따라 역동적으로 달라지기 때문에 예상된 활동이 정해진 시간에 이루어지지 않기도 한다. 그렇다고 해서 모든 활동이 비구조화된 상태로 이루어진다는 의미도 아니다. 프로젝트 접근법의 일반적인 절차는 크게 준비 단계, 시작 단계, 전개 단계, 마무리 단계로 진행되는데 토의, 현장 활동, 표현, 조사, 전시 등의 요소를 중심으로 프로젝트 각 단계의 특성에 따라 활동이 진행된다.

(1) 교사 준비 단계

프로젝트의 성공 여부는 프로젝트과정 중 준비 단계의 충실한 정도에 달려있다고 볼 수 있다. 역동적인 프로젝트가 되기 위한 직접적인 조건은 영유아들의 흥미와 관심, 하고자 하는 내적 동기 유발이지만 이를 가능하게 하는 전제 조건은 다양하고 충분한 준비과정이다. 특히 우리의 교육 현장처럼 교사 대 영유아 비율이 높은 경우에는 가능한 예상되는 활동을 중심으로 충분한 준비를 사전에 해두는 것이 실제 프로젝트를 진행하면서 교사의 부담을 덜 수 있다.

프로젝트에 들어가기 전에 교사가 계획하고 준비하는 단계로서, 이 단계에서 교사는 적합한 주제 선정, 주제망 구성, 기본 어휘 및 중심 개념 선정, 예상되는 활동/교육과정 조직망, 자원 목록을 만들고 이에 따라 필요한 자원을 준비하고, 부모에게 알리는 등

철저한 준비 작업이 필요하다. 이 중 교육과정 조직망 구성하기, 기본 어휘 및 중심 개념 선정 같은 작업은 국가 수준의 누리과정이나 표준보육과정이 있는 우리나라 보육현장에 적용할 때에 보다 유용하게 활용할 수 있다.

|Tip|

❶ 프로젝트 관련 자료 탐색
❷ 예비 주제 선정
❸ 예비 주제망 작성
❹ 교육과정 조직망 구성
❺ 자원목록 작성 및 필요한 자원 준비
❻ 프로젝트에 대한 이해를 도모하기 위한 가정통신문 작성 및 발송
❼ 환경 구성(자원목록, 기본 개념 카드)
❽ 부모들에게 알리기

주제를 선정하는 일은 매우 중요하다. 유아 생활과의 관련성, 필요한 자료나 장비의 유용성 및 자원에 쉽게 접근할 수 있는지의 여부, 연령이 어린 유아일수록 프로젝트 주제는 보다 구체적이고 현재에 관한 것, 소규모의 것이 됨이 바람직하다.

접근법

- 접근법이란 용어는 현장의 적용 가능성을 용이하게 한다. 미국이나 이탈리아와 달리 국가 수준의 표준보육교육과정이 있는 우리나라에서는 '누리과정 & 표준보육과정 지도서'에 제시된 생활 주제를 기본으로 영유아들과의 과거 경험을 회상하거나 실제 생활하면서 파생될 수 있는 주제들을 살펴볼 필요가 있다.

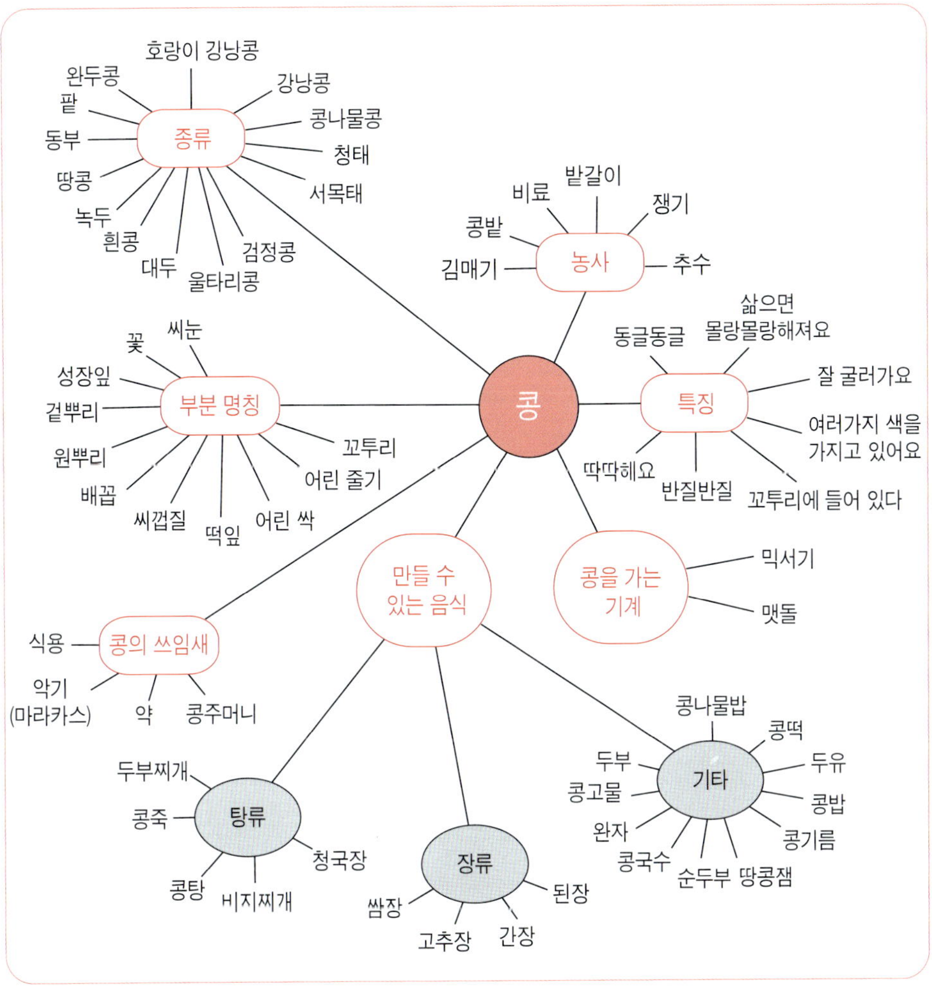

| 그림 7-1 | '콩' 교사 주제망

| 표 7-1 | '콩' 프로젝트 활동 예상안

<table>
<tr><th>날짜</th><th>내용</th><th colspan="2">구체적 일정</th><th>활동</th><th>교사 역할</th></tr>
<tr><td rowspan="2">10. 11.
~
10. 12.</td><td rowspan="2">사전 경험</td><td>10. 11. (월)</td><td rowspan="2">소그룹 활동</td><td rowspan="2">• 개념망과 관련된 활동을 제안하여 1가지 이상의 활동 경험하기
• 사전 경험 이야기 나누기
• 사전 경험 그리기</td><td rowspan="2">• 부모가 보내준 설문지 취합
• 콩에 대한 예비 주제망 활동 목록 작성
• '콩'과 관련 책자 비치하기</td></tr>
<tr><td>10. 12. (화)</td></tr>
</table>

날짜	내용	구체적 일정		활동	교사 역할
10. 13. ~ 10. 15.	시작하기	10. 13. (수)	브레인스토밍 & 유목화	• 글과 그림으로 브레인스토밍 작업하기 • 유목화	• 유목화 전시
		10. 14. (목)	주제망 구성	• 유목화한 것을 바탕으로 주제망 구성	• 웹(Web) 전시
		10. 15. (금)	질문지 작성 & 해결 방법 찾기	• 질문지 소개하고 해결 방법 이야기 나누기	• 질문지 소개 • 해결방안 탐색
10. 18. ~ 11. 8.	조사 탐구 및 표현 활동	10. 18. (월)	주제 관련 활동	• 여러 종류의 콩 만져보기(느낌 표현) • 식물이 자랄 때 필요한 것 알기	• 활동에 대한 흥미 유발 • 콩으로 만든 음식 종류 미리 알아보기
		10. 19. (화)		• 콩은 어디서 날까? 콩으로 만든 음식 알아보기	
		10. 20. (수)	견학	• 들꽃 학습원	• 견학 시 지켜야 할 사항 일러두기
		10. 21. (목)	신체 활동	• 콩 되어보기 • 게임(콩 주머니 던지기) • 여러 가지 콩 이름 알기	• 놀이에 대한 유아의 흥미 유발
		10. 22. (금)	주제 관련 실험	• 콩 부분 명칭 I • 실험–콩 불리기	• 교사 사전 실험 • 실험에 대한 흥미 유발
		10. 25. (월)	주제 관련 활동	• 색에 따라 다른 콩(검, 백, 청) • 동시 짓기	• 유아 생각 끌어 내기
		10. 26. (화)		• 콩–부분 명칭 II • 찰흙으로(콩 & 콩깍지 만들기)	• 콩의 생김새에 대해 자세히 표현하도록 유도
		10. 27. (수)		• 콩 관찰하고 그리기 • 2차 생각 모으기	
		10. 28. (목)		• 2차 표상하기	
		10. 29. (금)		• 콩으로 마라카스 만들기 • 땅콩 관찰	• 작업에 대한 흥미 유발
		11. 1. (월)		• 콩은 우리 몸을 왜 튼튼하게 해 줄까?	• 콩의 소중함 알기
		11. 2. (화)	주제 관련 실험	• 콩 잘라보기 • 콩–부분 명칭 III	• 실험에 대한 흥미 유발
		11. 3. (수)	주제 관련 활동	• 콩 무게 알아보기 • 벤다이어그램(흰콩, 검은콩)	
		11. 4. (목)		• 콩으로 꾸미기 • 콩과 관련된 속담	• 속담의 뜻 알기
		11. 5. (금)		• 내가 좋아하는 콩→그래프 만들기 • 콩–부분 명칭 IV	• 여러 가지 콩 이름 특성 알기
		11. 8. (월)		• 3차 표상 • 3차 생각 모으기	• 웹(Web) 추가 사항 기록
11. 9. ~ 11. 12.	마무리	11. 9. (화)	표현하기	• 노래 만들기	• 유아들의 노래를 악보로 표현하기
		11. 10. (수)	주제 관련 활동	• 두부 이야기 • 두부 과자 시식	• 두부 만드는 과정과 주의해야 할 점 알아두기
		11. 11. (화)		• 두부 만들기	
		11. 12. (수)	편지 쓰기	• 콩에게 편지 쓰기	• 지난 활동 회상 및 재구성

(2) 시작 단계: 주제 결정하기

프로젝트 시작 단계에서 영유아와 교사는 조사 · 탐구하고 싶은 주제를 선택하고 정의하기 위하여 몇 번에 걸친 토의 시간을 가진다. 주제는 영유아나 교사에 의해서 제안될 수 있으며, 교사는 학급 전체 유아들이 그 주제에 대해 얼마나 알고 있는지 그리고 어떤 경험들이 현재 영유아가 이해하고 있는 것의 기초가 되었는지에 특별한 관심을 가져야 한다.

일단 주제가 선정되면, 교사는 통상적으로 유아들과 함께 브레인스토밍(brain storming)을 거쳐 주제망을 작성한다. 제안된 주제에 대한 웹망이나 하위 주제들에 대한 개념도를 표상해 보는 것은 프로젝트가 진행되는 동안에 계속적으로 진행되는 토의들을 간략하게 단순화할 수 있게 하며 주제의 전개 흐름을 보여주는 역할을 한다. 시작 단계에서의 토의를 통해 교사와 영유아들은 그 주제에 대한 자신들의 이전 경험을 회고해 볼 수 있으며 선택된 주제에 대해 알고 싶은 것들을 찾아본다.

영유아들은 그 주제와 관련하여 자신이 경험한 것과 이해하고 있는 것을 그림으로 그리고 쓰기도 하며 이를 극화놀이나 역할놀이를 통해 드러내기도 한다. 서로의 경험들을 공유함으로써 주어진 주제에 대하여 학급 전체가 어느 정도 이해하고 있는지 인식하게 된다.

이 단계에서는 교사와 영유아의 이전 경험 나누기, 공동 주제망 구성, 주제에 대해 궁금한 것을 적어보는 질문목록 작성, 가정통신문 보내기 등이 이루어진다.

|Tip|

- 제안된 주제에 대한 개념도나 하위 주제들에 대한 개념도를 표상해 보는 것은 프로젝트가 진행되는 동안에 계속적으로 진행되는 토의들을 간략하게 단순화할 수 있게 하며 주제의 전개 흐름을 보여주는 역할을 한다.
  1. 영유아의 흥미 유발
  2. 경험 나누기 및 사전 경험을 바탕으로 그림이나 글로 표상하기
  3. 주제망 작성
     - 생각 모으기, 유목화, 공동 주제망 구성
  4. 질문거리 및 해결방안 탐색
  5. 전시
     - 유목화, 주제망, 자원목록, 질문목록 등
  6. 프로젝트 시작 안내문 보내기

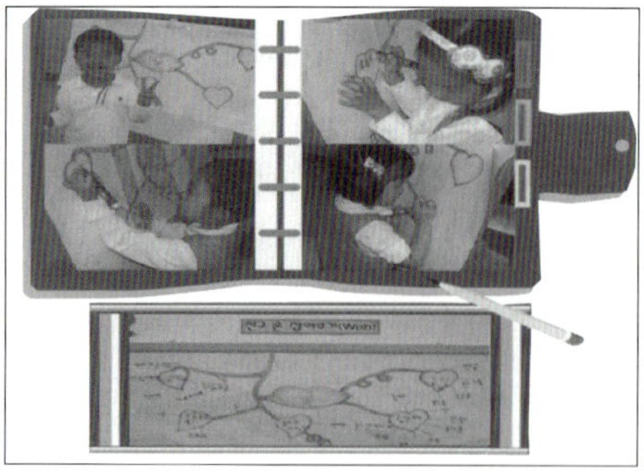

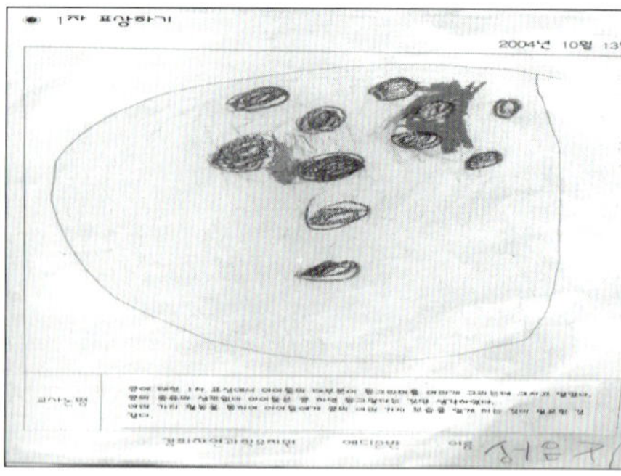

(3) 전개 단계: 조사 · 탐구 · 표현 활동

프로젝트 전개 단계는 시작 단계에서 제기된 유아들이 궁금하게 여기는 질문들이나 교사가 목표로 세운 내용들을 통합적으로 진행하고 이러한 조사 · 탐구 활동을 통해 알게 된 것을 다양한 방식으로 표현해보는 조사 · 탐구 및 표현 단계라 할 수 있다. 이제 본격적으로 활동을 통해 문제해결을 해가며 탐구하게 되는데 시작 단계에서 제기되었던 많은 궁금증들이 이 단계에서 해결된다.

조사 · 탐구 활동은 장소나 자료나 사건을 조사하기 위한 현장조사를 종종 포함하며 이를 통해 유아들은 조사하고 관찰한 것을 그리며 모형들을 만들어 보고 새롭게 이해한 것을 여러 가지 표상 활동을 통하여 드러냄으로써 확고히 하게 된다. 조사 · 탐구는 표현 활동과 서로 맞물리면서 프로젝트 전반에 걸쳐 견인차 역할을 한다.

|Tip|

- 교사의 관심은 유아에게 새로운 정보를 소개하는 것과 유아가 이미 가지고 있는 기술을 독립적으로 사용하도록 격려하며, 유아들이 몰입하여 지속적으로 특정 주제를 추적하고 주제에 대해 알고자 하는 심리적 경향이 강화되도록 노력해야 한다. 이를 위해 교사는 유아들이 발견한 지식을 적절히 표현하는 방법에 대해 제안하고 조언하며 자료(예 그림, 학급책, 차트, 그래프, 벤다이어그램 등)를 제공하고 표현하고 전시한다.

❶ 질문목록을 중심으로 한 조사 · 탐구 활동/교사 계획의 활동

❷ 현장 견학

❸ 현장 견학 후의 다양한 표상 활동
– 언어적 표상, 미술적 표상, 수 · 과학적 표상, 사회적 표상

❹ 전문가와 함께 활동하기

❺ 전시
– 다양한 조사 · 탐구 활동 및 표현 활동 결과물

❻ 프로젝트 전개과정에 대한 안내문

콩으로 꾸미기

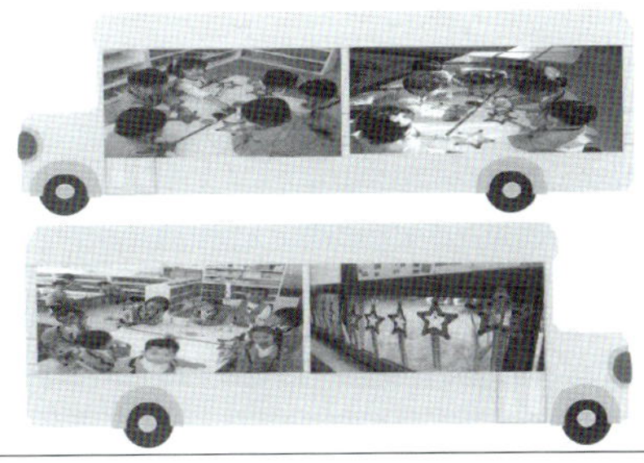

교사 이야기

대두, 강낭콩, 서리태, 팥 등, 여러 가지 콩으로 '요술봉' 꾸미기를 했다. 흔히 '요술봉' 하면 반짝반짝 불빛이 나오고 화려하지만, 콩으로 만든 마술봉도 이에 뒤지지는 않았다. 아이들은 자기들이 직접 꾸민 요술봉을 보며 자랑스러운지, 작업 시간 동안 계속 웃음을 잃지 않았다.

콩으로 요술봉을 꾸미면서 "나는 강낭콩으로 쓸거다.", "선생님, 검은 콩 더 주세요." 등 그동안 배웠던 콩 이름을 술술 말하기도 했다. 목공본드가 마르는 시간이 길어서 요술봉을 다음날 집에 가져가라는 교사의 말에, 대부분의 아이들은 실망하는 표정을 감추지 못했다.

(4) 마무리 단계: 공유

프로젝트 마무리 단계에서는 영유아들이 프로젝트 전 과정을 통해 이루어온 학습 결과물이나 표상물들을 전시회나 발표회와 같은 행사로 준비하여, 다른 사람들 즉 학부모, 지역사회 인사, 다른 유아들에게 보여주고 소개하며 의견을 교환하는 과정이 이루어진다. 프로젝트 시작 · 전개를 통해 발견한 점들과 인위적으로 만든 것들과 대화 · 발표 및 사진 등 프로젝트 전 과정을 안내 여행의 형태로 결과를 준비하여 보고할 수 있는데, 교사는 주제망에서 제시된 질문들의 조사 · 탐구과정을 체크하고 프로젝트 결과물들을 주변 사람들과 어떻게 공유할 것인지 결정해야 한다.

마무리 단계가 꼭 전시회 및 발표회의 형식을 빌어야만 하는 것은 아니며(지옥정, 2009), 교사와 유아의 합의에 따라 프로젝트의 전 과정을 재창조하고 점검하고 정리해 봄으로써 학습과정 및 결과에 대해 상호 공유하고 지식을 내면화하도록 하는 기회를 제공하도록 한다.

|Tip|

● 프로젝트 전시는 도입, 전개, 종결이 있는 하나의 이야기로 만들어 보자.

- 제목은 문장으로 진술하며, 다른 글씨보다 크게 쓸 것
- 배지를 사용하여 작품을 돋보이게 하며, 같은 종류는 부분적으로 겹쳐서 제시함
- 실물에도 제목을 붙일 것
- 사진 부착 시에는 내용과 과정에 대한 설명 제시
- 색깔을 이용해 같은 정보끼리 모으고 다른 정보와 구별되게 전시함
- 각각 다른 정보를 다양한 크기, 모양, 형태, 방법으로 제시할 수 있음
  - 벤다이어그램식, 병풍책자 형식 전시
- 사진, 작업표본, 유아의 대화 그리고 이에 대한 교사의 해석 및 논평을 포함하여 패널을 구성하며 미적 감각을 고려함
- 스토리를 알아보도록 구성하며 기록할 때는 외부인도 이해 가능하도록 구성함

❶ 마무리 행사 준비
- 전 과정 돌아보기
- 마무리 행사 협의 및 준비하기

❷ 전시회 및 발표회

❸ 마무리 행사 후 정리하기
- 프로젝트 평가하기
- 교실 정리
- 개인 포트폴리오 구성하기

❹ 평가

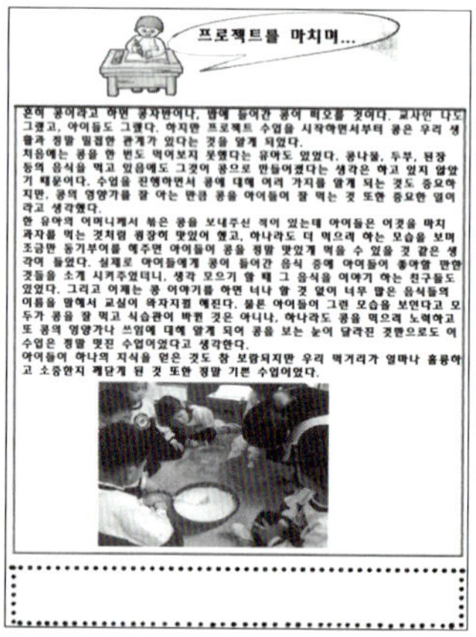

4) 교사 역할

프로젝트 활동이 계속적으로 의미 있게 진행되기 위해서 교사는 학습 파트너로, 학습 촉진자로, 조정 및 안내자로서의 역할을 잘 감당하여야 한다. 프로젝트 접근법에 많은 영향을 미친 비고츠키(Vygotsky)의 '훌륭한 교수는 발달을 이끈다' 라는 견해(Bodrova & Leong, 2007)는 프로젝트 학습과정에서의 교사 역할에 큰 의미를 부여한다. 특히 프로젝트 특성처럼 '교사와 영유아가 함께 만들어 가는 교육과정'(The emergent creative approach)인 경우에는 특히 '민감한 관찰자와 안내자로서의 교사 역할' 은 영유아 발달에 매우 중요한 영향을 미친다. 즉, 교사의 적절한 개입은 학습을 촉진시키는 중요한 계기가 되며 이는 곧 발달의 촉진과 직결되기 때문이다.

그러나 이처럼 중요한 의미를 갖는 교사의 '적절한 개입' 이 쉽게 이루어지는 것은 아니다. 이는 프로젝트 활동에 대한 충분한 이해와 함께 영유아 활동에 대한 정확한 관찰 및 기록 방법, 분석 방법, 매체 활용 방법 및 다양한 표현 방법에 이르기까지 그 의미 및 방법론에 관한 지식이 뒷받침될 때에 효과적으로 이루어질 수 있기 때문이다. 그러므로 이에 관한 재교육의 기회를 통해 교사가 프로젝트 활동의 본질에 맞게 이끌어갈 수 있도록 뒷받침해 주는 것이 필요하다.

3 레지오 에밀리아 접근법

1) 배경

레지오 에밀리아 접근법(Reggio Emilia Approach)은 이탈리아에서 지난 30여 년에 걸쳐 교사, 부모, 지역사회가 한 일원이 되어 발전시켜온 독특한 영유아교육 체제로서, 말라구치(Malaguzzi, 1920~1994)에 의해 창안 · 적용되어 왔다.

말라구치

1945년 파시스트의 독재와 2차 세계 대전의 종결 직후 레지오 에밀리아 시에서는 새로운 세계를 창조하고자 하는 변화에 대한 시민들의 요구가 그 어느 때보다 강렬하였으며, 이러한 염원을 담아 부모들은 손수 자신들의 힘으로 자녀들을 위한 학교(탱크유치원)를 짓기 시작하였다. 당시 교사였던 말라구치는 이러한 역사적 현장을 목격하고 감동을 받아 1994년 사망하기까지 교육자로서의 헌신적 봉사와 노력으로 레지오 학교들이 시립 유아교육 체제로 전환하고 운영 · 발전하는 데 평생을 바쳤다.

흔히 레지오 접근법으로 알려진 레지오 에밀리아에서 이루어진 업적들이 1980년대에 이르러 다른 지역뿐만 아니라 국제적으로도 알려지면서 세계 여러 나라 대표단들의 방문이 잇달아 이루어졌고, 1991년 『뉴스위크(Newsweek)』 지에 '세계 최고의 학교'로 선정되는 과정을 거치면서 전 세계에 많은 공감을 불러일으키고 있다. 이처럼 영유아들에게 꿈을 심어 주기 위해 부모들의 공동조합 형태로 출발한 레지오 에밀리아 접근법은 보육과 교육을 통합한 교육철학 및 교육과정과 교수 방법, 학교조직의 방법, 환경구성을 총칭하는 영유아 프로그램으로 피아제나 비고츠키의 구성주의 철학을 토대로 영유아의 지식이 능동적으로 구성되는 과정을 중시하고 있다.

레지오 교육자들은 자신들의 프로그램을 다른 나라에서 그대로 모방하는 하나의 모델로 보지 않고 있으며, 오히려 자신들의 프로그램을 계속적으로 반성하고 실천하는 하나의 교육 경험으로 인식하고 주의 깊은 반성을 통해 계속 재구성하고 재적용되어야 함을 주장한다.

2) 기본 개념

레지오 접근에서는 미리 정해진 교육 목적이나 교육목표가 없기 때문에, 교육 실제에 있어서도 어떤 단계가 명확히 있는 것이 아니다. 활동 대부분이 소집단으로 이루어지며, 프로젝트 주제가 선정되면 교사들이 교육 목적을 세우고 활동에 대해 여러 측면으로 가정해 본 후 적절한 준비를 한다. 이후 이루어지는 매일의 학습 내용과 활동 방법은 교사와 영유아에 의해 끊임없이 조정되어 간다는 점에서 다른 일반 보육과정과 구분된다(김혜경 · 유희정, 2004).

따라서 다음에 제시하는 원리나 기본적 아이디어들은 명료성을 위해 하나하나 따로 제시하지만, 이 원리들은 서로 영향을 주고받는 하나의 밀접한 연계성과 일치된 철학으로 고려되어야 한다(김은희, 2000, 2005; 김은희 외, 2006; 김희진 · 오문자, 1997; 서영숙 · 서지영, 2002; 이연섭, 1998; 임영심 · 김은희 · 홍순옥, 2006; 황해익 외, 2008).

(1) 영유아에 대한 이미지

레지오 교육의 기초는 풍부하고 강하고 능력 있는 영유아의 이미지에 있다. 영유아는 단순한 욕구보다는 권리를 가진 독특한 주체이며 사고하는 존재이다. 잠재력과 성장에 대한 열망, 호기심, 풍부한 열정, 다른 사람과의 관계를 형성하고 소통하고자 하는 욕구를 지니며, 주어진 환경 내의 것들과 상호작용하면서 자신의 학습을 구성해가는 사회적 구성주의자이다. 이같은 풍부한 영유아의 이미지는 풍부한 교육자와 풍부한 부모를 만든다.

(2) 유기적인 관계로서의 학교 체제

레지오 접근에서 유아학교는 유아를 위한 살아 있는 종합적인 유기체로 성인과 유아가 함께 삶을 나누고 관계를 맺는 생활의 터전으로 생각된다. 그래서 유아학교는 유아만을 위한 곳이 아니라 유아, 교사, 학부모 모두를 교육하는 곳이기도 하다. 이러한 관계는 교사-교사 간, 부모-교사 간에도 수립되며, 이 모든 관계는 유아학교를 중심으로 의사소통을 원활하게 하고 영유아교육의 효율성을 높이는 데 필요한 연대감 수립에 근본이 된다.

(3) 교육의 세 주체: 유아, 부모, 교사

영유아는 질 높은 교육과 보호를 받을 권리를 갖는데, 이러한 영유아의 복지는 부모 및 교사의 복지와 연결되어 있다. 이는 영유아의 요구뿐만 아니라 부모와 교사 모두의 권리도 인정되어야 함을 의미한다. 따라서 레지오 교육에서는 부모가 학교 일과에 참여할 권리와 교사가 전문적으로 발달할 수 있는 권리를 존중한다. 이 때문에 레지오 학교에서는 영유아를 중심으로 교사, 부모를 교육의 세 요소로 간주하며, 이 요소 간의 '관계', '의사소통', '상호작용'에 기초한 교육을 강조하는 철학적 이념을 갖는다.

(4) 부모의 참여

레지오 학교에서는 부모를 교육시키기보다는 부모와 함께 배우기를 원하며 양육과 교육의 책임을 부모와 공유하려고 한다. 따라서 레지오 학교는 부모에게 항상 기관을 개방하며 긴밀한 연계를 통해 적극적으로 학교 운영에 참여하는 것을 원칙으로 한다. 부모들은 개인적으로, 소집단으로, 학급 수준 또는 학교 단위 등의 다양한 목적과 형식의 모임을 통해 연중 내내 수시로 참여하며, 이러한 부모의 참여 형태가 레지오 학교에서는 기대되고 지지된다. 그리고 부모들도 이러한 방식으로 역할이 계획 · 선택 · 제안될 때에 기꺼이 참여한다.

(5) 시간의 역할과 연속성의 중요성

프로젝트를 계획하고 수행함에 있어 시간 제한 때문에 어린이의 감각과 개별적 리듬이 방해받아서는 안 된다. 특히 종일반에선 짜여진 계획대로 진행되기를 요구하기보다는 아이들이 풍부한 환경 속에서 친구들과 함께 하고, 만족감 속에서 활동하도록 충분한 시간을 마련해준다. 또한 교사와 영유아는 3년 간 함께 지내기 때문에 교사는 각 유아의 특성을 잘 안다. 아이들의 발달적 요구와 관심은 변하기 때문에 학급환경은 매년 변화를 주지만, 교사와 아이들의 관계성은 변하지 않고 유지되어 영유아, 부모, 교사는 확대가족과 같은 작은 지역사회의 구성원이 그러하듯이 서로서로 강하고 지속적인 관계를 유지한다.

(6) 자원의 재활용

레지오 에밀리아 접근법을 지원하는 기관의 하나인 재활용 센터는 레지오 접근법의 정신적 기반으로, 표상 활동의 주된 매체로서 중요한 위치를 차지한다. 레지오의 재활용 센터는 자원을 교육적으로, 창조적으로 재생-재활용-재사용하고자 하는 목적을 이루도록 다양한 문화 활동을 독자적으로 실시하기도 한다. 예를 들면 다양한 주제에 대한 어린이, 부모, 교사를 위한 워크숍(예술적 창의적 표현 · 구성표현 · 음악교육 · 과학과 수학교육 · 인형극), 공공회의, 미술 및 디자인 전시회, 고물 필름 시리즈, 젊은 예술가 초청 활동, 어린이 창작품 전시회 등의 활동이 있다.

3) 주요 내용: 발현적 교육과정

레지오 에밀리아 교육자들은 영유아들이 흥미를 갖는 주제나 대상을 심도 있게 탐색해가는 프로젝트를 전개해가는 가운데 영유아 자신들이 조사하고 싶은 문제나 질문에 직면하여 자연스럽게 발현적 교육과정(emergent curriculum)이 일어난다고 믿는다. 발현적 교육과정이란 교사가 일반적인 교육 및 활동의 목표를 세워 놓지만 각 프로젝트나 활동의 구체적인 세부목표는 미리 세우지 않으며, 과거의 경험과 영유아들에 대한 지식과 경험을 토대로 가설을 세우고, 이 가설과 함께 영유아들의 관심과 욕구에 맞출 수 있는 융통성 있는 목표를 세워 프로젝트를 진행시키는 형태의 계획을 말한다(서영숙 · 서지영, 2002; Hendrick, 1994; Rinaldi, 1993).

이때 영유아의 욕구 및 흥미란 아이들이 제기할 수도 있고, 교사가 유추해서 프로젝트가 진행되어 감에 따라 끌어낸 것일 수도 있다. 결과적으로는 교사의 경험 및 관찰에 따른 판단과 영유아의 학습 진행 상태와의 지속적인 협상 및 조정에 의해 교육과정이 발현된다. 프로젝트 기간은 영유아의 흥미 및 프로젝트 주제에 따라 장 · 단기의 프로젝트로 이루어지고 짧게는 하루, 길게는 3~4개월에 걸쳐 운영하기도 한다.

레지오 에밀리아 교육 방법을 가리켜 다상징적 접근법(Multisymbolic approach)이라고 한다. 일정 기간 동안 한 가지 주제에 대해 언어로 토의하고, 그림으로 그리고, 조사한 후, 다시 그리고, 탐색하고, 대상물을 복사하여 가상의 모형을 만드는 등의 다상징적 과정을 거치면서 유아가 자신의 현재 가설, 아이디어, 이론을 표상하고, 재방문하여 재표상, 재재표상을 해나가는 과정을 포만 등(Forman et al., 1993)은 '상징화 주기' 라는 개념으로 소개하고 있다.

상징화 주기는 유아의 반성적 사고 능력을 향상시키기 위한 교수전략이다. 한 가지 상징 체계로만 표상할 때에 흔히 발견되지 않는 개념들을 다양한 매체를 사용하여 다각도로 표상하게 함으로써 영유아의 반성적 사고와 상위인지 능력을 깊게 하여 자신이 이해하고 아는 것들 간의 일관성을 높이고 이해의 수준을 심화시켜준다.

이러한 표상전략을 활용하여 '눈 속의 도시'라는 장기 프로젝트에서 전개된 상징화 주기를 제시하면 다음과 같다(김은희, 2000; 서영숙 · 서지영, 2002; Forman et al., 1993).

(1) 주기 1. 아는 것을 말로 표현하기(Verbal Outpouring)

소그룹으로 편성된 유아들이 협동으로 수행할 프로젝트 주제를 선정하고 주제가 갖는 제반 특성을 이해하기 위해서 각자의 생각이나 느낌, 경험한 바를 말로 표현하는 단계이다. 프로젝트의 주제나 내용보다는 유아들이 다른 유아들과 함께 생각하고 느끼고 작업하고 발견해가는 과정을 중시한다. 교사는 유아들이 주제를 선정하기 위하여 토론한 내용을 기록해둔다.

(2) 주기 2. 첫 그리기와 토의(Initial Drawing & Discussion)

전 단계에서 언어로 표현한 것을 기억하면서 이를 그림으로 표현하고 그림에 대해 토의하면서 새로운 아이디어가 생긴다. 말과 그림 간의 불일치는 유아에게 의문을 제기하고 문제를 해결하는 원동력이 된다.

(3) 주기 3. 모형 만들기(Simulation)

2주기에서 시행한 내용이 실제 상황과 유사한지 알기 위해, 가상적인 모의 상황을 마련하여 예측해 본다. 토의하고 그림을 그리면서 제기되어진 문제에 대한 유아들의 가설과 이론을 물리적, 외형적으로 확인하는 활동으로 이를 통해 유아들은 자신들의 가설에 대한 증거를 찾는 기회를 갖는다.

(4) 주기 4. 참조 자료로 그림 활용(Using the Drawing as the Referent)

제3주기까지 진전된 내용을 토대로 그리기 이외의 다른 매체로 표현해 보는 과정으로 가상의 활동을 해보면서 계획하고 토의한 내용을 그림으로 표상, 예측, 비교하면서 새로운 문제와 가설을 갖게 된다.

(5) 주기 5. 현장 경험(The Experience)

주제의 성격을 바르게 이해하기 위해서 현장 경험을 해본다. 말하기, 첫 그림, 가상 활동, 그림 그리기 등의 이전 활동과정에서 얻어낸 질문을 가지고 현장에 나가 현장 경험을 통해 질문에 대한 답을 얻는 기회를 가진다.

(6) 주기 6. 경험 후 그리기(The Postexperience Drawing)

현장 경험을 한 후에는 주제에 관해 그림을 다시 그려본다. 그림을 그리는 동안 유아 자신들이 발견한 것을 다른 유아와 같이 이야기하며 자신이 기존에 잘못 알고 있었던 것들을 수정해서 재표현해 본다.

(7) 주기 7. 확장(Broadening)

현재 하고 있는 활동을 다른 부분까지 연결해 보는 것을 말한다. 비시각적인 것을 시각적으로 표현하는 것과 같은 것이다. 실제 경험에서 직접 관찰할 수 없는 비시각적 경험을 시각적으로 표상하는 교차 양식적 즉, 메타 상징적 표상을 통해 재인식함으로써 유아 내부의 주관적 관찰과 객관적 현실을 연결시킨다.

(8) 주기 8. 심화(Deepening)

주제에 관하여 토론하고, 표상하고 시뮬레이션하고 경험하고 재표상하는 등의 상징화 주기는 일종의 나선형적 교육 활동이다. 처음에는 하나의 주제에 불과하지만 상징화 주기를 통과하는 동안 주제와 관련 있는 여러 가지 내용이 첨가되면서 지식의 범위가 점점 넓고 깊어지게 되는 나선형 교육 활동을 하게 된다. 예를 들면 교사는 주제를 시청각 자료 같은 영상매체로 제시하여 영유아의 사고를 깊이 이해시킨다. 이러한 시청 후에는 소집단의 토론을 거쳐 영유아는 자신의 사고를 수정할 수 있다.

(9) 주기 9. 발전된 확장과 심화(More Broadening & Deepening)

이 단계는 끝없이 계속될 수 있는 단계이다. 교사는 영유아들의 흥미와 이해를 계속하여 확장시키고 심화시키기 위해 다음 단계의 프로젝트로 유도한다.

이러한 상징화 주기는 전형적인 것이 아니라 프로젝트의 특성이나 집단에 따라 서로 다르게 발현되기도 한다. 유아가 가상의 모형 만들기나 실제 경험을 한 후에 다시 그림으로 표상해 봄으로써 주기를 거슬러 올라가게 하는 재순환은 매우 중요하다. 재방문한다는 것은 단순히 이전 경험을 재생하는 것이 아니라 반성적 추상을 하는 재구축 과정이며, 이러한 재표상 과정들은 유아로 하여금 자신의 지식을 강화하고 잘못된 개념을 재정의하고 개선하게 하여 지식의 일관성을 갖도록 도와준다(김은희, 2006).

이처럼 레지오 교육자들은 다양한 매체를 활용하여 주제에 대해 나선형적으로 방문·재방문, 고찰·재고찰, 표상·재표상하는 상징화 주기를 거치면서 보다 깊이 있는 이해와 의미 있는 학습을 추구하기 때문에, 영유아에게 비교적 친숙한 방법인 그림, 몸짓, 점토 조각, 구조물 만들기 등의 다양한 매체를 통해 영유아의 사고, 즉 현재 지니고 있는 생각과 가설을 표현하게 한다. 이처럼 영유아의 초기 가설이 표상화되면 이를 토대로 하여 후속 표상물을 점차 개선시켜 나가도록 한다.

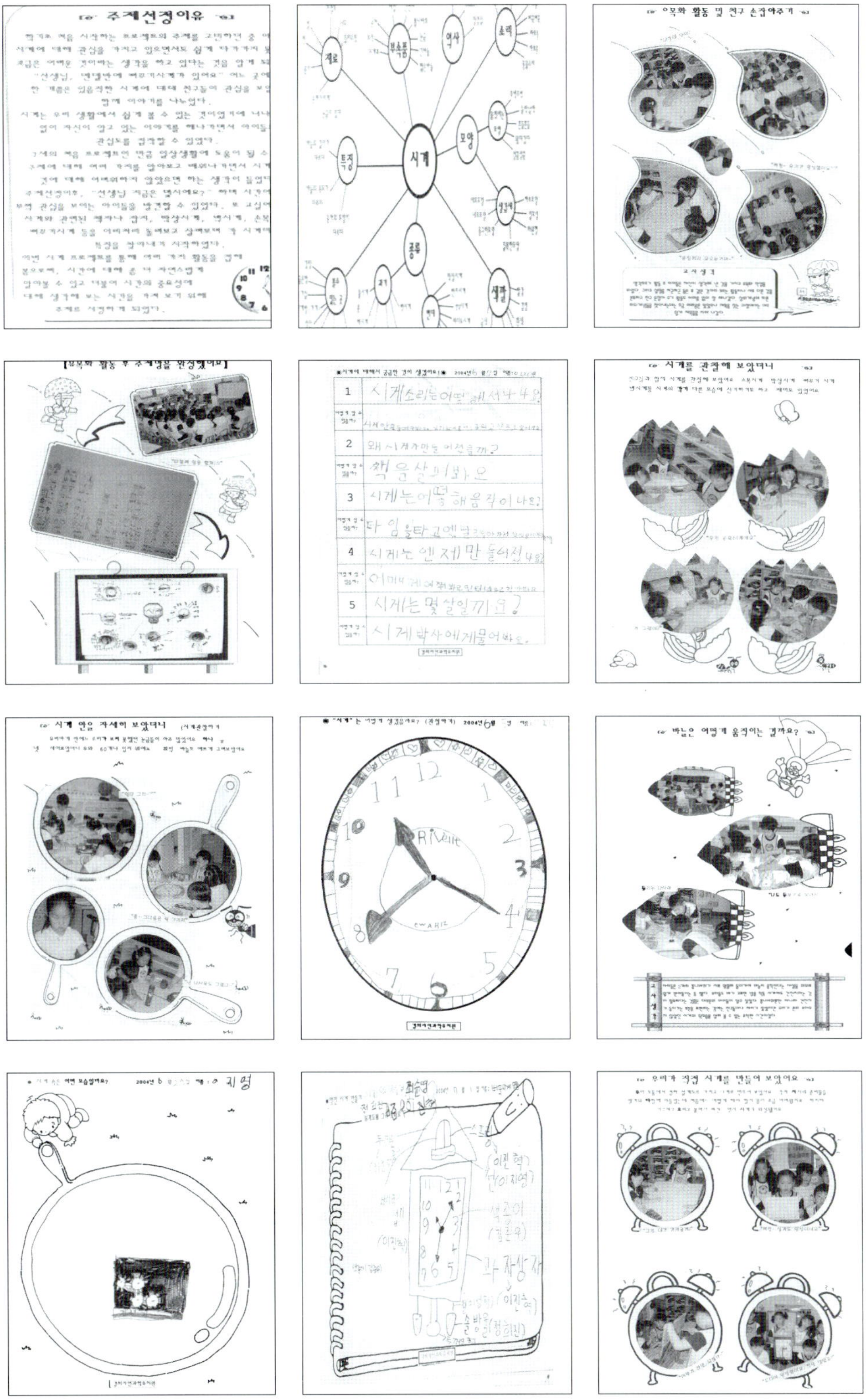

시계 프로젝트의 진행 과정

4) 환경: 제3의 교사인 환경과 호감 가는 학교

레지오 학교에서 교육은 복합적인 상호작용의 산물이며, 환경은 많은 상호작용을 가능하게 하는 제3의 교사로 본다. 이런 의미에서 레지오 접근에서는 공간을 그 안에 살고 있는 사람들의 생각, 가치, 태도, 문화를 반영하는 수족관이라고 말하며, 공간의 교육적 질과 힘에 대해 생각하고 실천해왔다.

레지오 학교의 물리적 환경은 이들이 지향하는 교육철학, 교육 이론, 교육 내용이 최대한 실현되도록 구성되어 있으며, 순환성과 투명성이란 두 개념으로 가장 잘 표현된다. 순환성이란 모든 공간이 자연스럽게 연결되며 막힘없이 어느 곳으로나 통할 수 있음을 의미하는 것으로 유아–유아, 유아–교사, 유아–환경 간의 상호작용을 최대한 장려하는 레지오 에밀리아의 교육철학을 반영하고 있는 개념이다. 따라서 레지오 에밀리아 유아학교의 환경은 공통적으로 거울이 어느 곳에나 있으며, 구성원들 간에 직접 연결되는 중앙 공용 공간(피아자)이 중심부에 있고, 네 면을 따라 아뜰리에, 활동실, 각 학급별 미니 아뜰리에, 화장실이나 부엌 같은 부대시설이 배치되어 있으며 문을 통해 모두 연결되어 있다. 투영성은 같은 공간에 있지 않아도 서로의 존재를 보고 느낄 수 있는 가능성을 의미하는 것으로서 모든 문과 창에 유리를 사용하여 서로 볼 수 있도록 하였다. 모든 공간을 비추는 빛, 교실의 빛을 받아 반사하는 거울, 라이트테이블, 유리 항아리 등, 이처럼 관계 맺음을 은유하는 투영성이 레지오 학교 모든 곳에서 드러나는데, 이러한 레지오 학교의 투영성은 물리적 환경뿐만 아니라 부모와 방문객들에 대한 개방적인 태도를 시사해준다.

따라서 레지오 학교는 학교에 오는 모든 사람을 환영하고, 만남과 의사소통, 관계가 잘 조성되도록 물리적 공간과 대상물들이 적절히 배치되고 구성되어 있다. 각 교실에는 유아들의 학습에 소요되는 여러 가지의 원재료가 풍부하게 비치되어 있다. 또한 유아들이 프로젝트를 진행하면서 만든 작품들 즉, 도식적 표상인 그림, 서로 토론한 내용을 옮겨 적은 기록물, 여러 가지의 상징물 등의 방대한 작품들이 교실을 채우고 있다. 또한 이미지에 대한 이해를 높이기 위해 설치된 오목거울, 볼록거울, 평면경 및 반투명 공간, 빛의 성질을 이용한 과학 재료 등은 유아들에게 심미적으로 기쁨을 줄 수 있는 환경으로 섬세한 교육적 배려를 느끼게 한다. 유아학교마다 아뜰리에와 시각디자인을 전공한 아뜰리에리스타가 상주하고 있어 유아들의 학습에 도움을 주며, 각 교실에도 미니 아뜰리에가 마련되어 유아들은 프로젝트를 수행하는 과정에서 필요한 것을 이곳에서 자유롭게 이용한다. 또한 교실은 최대한 활용할 수 있도록 세세한 부분까지 꾸며져 있고, 자연과 쉽게 접하도록 설계되어 있어 시야를 넓혀 준다. 창문도 크게 설계되어 채광이 충분하여 유아들의 상호작용을 촉진하는 데 도움을 준다.

종합적으로 볼 때 레지오 학교들은 영유아, 교사, 부모 모두가 역동적인 유기체로서 학교에 복리감을 느끼고 호감이 가는 학교를 만들기 위해 노력한다. 관계 형성을 지원하는 물리적 환경으로서 각 학급의 영유아들이 함께 모이는 피아자, 부모나 외부에 학교의 정보를 알리기 위해 활용되는 벽면, 학습과정의 기록화를 위한 학교 단위의 아뜰리에, 프로젝트를 위한 학급 내의 미니 아뜰리에 등을 구성하여 활용하는 환경은 레지오 학교만의 독특한 철학에서 비롯된 것이다(김은희, 2005). 따라서 레지오 에밀리아의 환경은 연령과 발달 수준에 적합한 공간, 기록하는 공간, 변화하는 공간, 배움이 일어나는 공간이라고 할 수 있다.

5) 교사 역할

레지오 학교의 교직원은 교사와 미술전공교사, 이들을 돕는 교육조정자, 요리사와 청소부 직원으로 이루어지고 있다. 여기서는 교사의 역할에 초점을 맞춰 살펴보고자 한다.

(1) 파트너로서의 교사

레지오 학교에서 교사의 역할은 '지식의 공동 구성자' 이다. 이는 '공의 주고 받음' 에서 잘 나타나는데, 교사가 넘긴 공을 영유아가 잘 받아서 되칠 수 있도록 넘겨주는 것으로 비유된다. 이러한 과정에서 교사는 영유아의 학습을 도울 뿐 아니라 교사와 유아가 함께 성장 · 발달해 나간다(Malaguzzi, 1993).

교사는 유아를 위한 활동을 계획하고 진행하는 방법을 알기 위해 영유아 가까이에서 면밀하게 관찰하고 경청하며, 이런 과정에서 얻어진 이해는 영유아를 위한 자원으로 활용한다. 학습을 단선적 과정으로 보는 것이 아니라 나선형 과정으로 보기 때문에 유아의 경험을 발견하고 재방문할 기회를 제안하게 되는데, 교사들은 질문을 하고 유아의 생각과 가설, 이론들을 발견하고자 노력한다. 사실상 교사들은 자신을 학습과정의 파트너로 보고 있다.

(2) 교육 조정자와의 협력 체제

각 학교에는 페다고지스타(pedagogista)로 불리는 교육 조정자가 있어 3~4개의 유아학교나 영유아센터를 지원하고 유지시키는 복잡한 역할을 수행한다. 페다고지스타는 시 정부 산하에서 운영하는 6세 미만의 유아학교와 영유아센터의 운영이 질적 수준을 유지하도록 관리하는 유아교육 담당관의 감독 하에 있는 직책이다.

교육 조정자들은 각 학교 교사들과 동등한 위치에서 협력하여 일하며, 일주일에 한 번씩 담당 장학관과 함께 모여 유아 교육체제와 관련된 정책이나 문제점에 대해 논의한다. 또한 시 정부의 관련 행정가들과 협력하며, 교직원들의 지위 개선과 교육에 대해서도 책임을 진다. 페다고지스타의 활동 목적은 교사들을 위해 문제를 해결해 주기보다는 그들의 자율성을 촉진함으로써 교사들을 지원해 주는 데 있다. 페다고지스타의 이러한 다면적인 역할은 유아학교라는 복합적인 체제의 다양한 부분들과 협력하여 필수적인 연계성을 유지하도록 하며, 동시에 이 과정에서 영유아, 부모, 교사 집단의 권리와 요구를 분석하고 해석하는 것이다.

(3) 미술전담교사와 아뜰리에

레지오 학교에서는 시각디자인을 공부한 아뜰리에스타(미술전담교사)가 상주하며 아뜰리에라는 특별한 스튜디오가 구비되어 있어 어린이, 교사, 아뜰리에스타가 이곳을 사용한다. 아뜰리에스타는 학교 구성원들과 긴밀한 관계를 맺고 장기 프로젝트를 개발하고 전시작업을 하며(Estacchini, 1993), 교사나 유아들의 작품을 평가하고 창의적인 방향으로 작업할 수 있도록 돕는다.

아뜰리에에는 지난 프로젝트 경험에 대한 기록과 다양한 미술 자료들이 항상 준비되어 있어 유아들이 교사의 도움을 요청하거나 새로운 도구 · 기술 · 자료들을 탐색하는 공간으로 활용된다. 프로젝트 활동들이 아뜰리에에서만 수행되는 것은 아니며 미니 아뜰리에라고 하는 조그만 공간이 각 교실에 배치되어 있어 아뜰리에와 아뜰리에스타의 역할은 더 확대되고 유아학교의 한 부분으로 완전히 자리잡고 있다. 나아가 교사와 아뜰리에스타는 점점 더 함께 일하게 되고 서로 간에 상호 보완적 기술을 교환하고 있다.

4 발도르프 프로그램

1) 배경

슈타이너

발도르프 학교의 창시자인 루돌프 슈타이너(1861~1925)는 오스트리아에서 출생하였으나 교육에 대한 자신의 관점을 발전시킨 곳은 독일이다. 제1차 세계대전이 끝난 20세기 초반 독일의 경우에는 어린이들을 위한 교육은 순수한 의미의 교육보다는 공장 작업자로서의 양성교육에 더 치우쳤다고 할 수 있다. 이러한 상황에서 1919년 발도르프 아스토리아(Waldorf-Astoria) 담배공장의 사장인 에밀 몰트의 부탁으로 자유 발도르프 학교를 설립하였으며, 여기서 그는 인간정신에 대한 깊은 이해와 자연과의 조화로운 삶에 대한 경험을 강조하는 프로그램을 펼쳤다.

슈타이너는 참된 교육은 참된 인간에 대한 이해를 토대로 이루어진다는 생각으로 인간 탐구에 많은 노력을 기울였고 이를 인지학(Anthroposophy: 인간의 지혜)이라 하였다. 발도르프 프로그램의 철학적 근간인 인지학에 의하면 인간은 감각으로 지각할 수 있는 것 이외의 초감각적인 것까지 자각할 수 있는 존재로 신체(body), 영혼(soul), 정신(spirit)의 통합체이다. 신체는 인간이 어떻게 외적 환경으로부터 학습하는가에 관여하고, 영혼은 외적 환경으로부터의 경험을 자신만의 독특한 것으로 연결시킴으로써 개인적 의미를 이끌어내는가에 관여하며, 정신은 개개인의 독특한 인성이 어떻게 탄생하는가에 관여한다는 것이다. 이러한 인간의 본성에 대한 인지학을 바탕으로 슈타이너는 교육이란 인간의 신체와 영혼, 정신을 조화롭게 발달시키는 전인교육이어야 함을 주장했다.

이후 슈타이너는 인지학에 관한 각종 저술과 강연 활동을 활발히 하면서 괴테아눔이라는 건물을 통해 예술적 활동에 활발히 참여하였는데, 이곳에서 발도르프 교육의 주요 활동인 오이리트미를 창안하였으며 이후 인지학 활동의 중심지가 되었다. 슈타이너는 생을 마감할 때까지 자신의 인지학적 정신적 세계를 사회에 알리기 위해 많은 활동을 하였고, 그 결과 현재 발도르프 교육은 오늘날 전 세계 40여 개 국가에 1,600개 이상의 발도르프 유아교육 기관이 설립되어 그 영역을 확대해가고 있다.

2) 기본 개념

(1) 교육 목적 및 원리

인지학에 근거한 발도르프 프로그램은 인지 중심으로 치우친 교육에 반대하며 전인 발달을 강조한다(정옥분 외, 2009). 슈타이너는 모든 발달 단계에서 교육은 손(hands)과 가슴(heart), 머리(head)의 균형 잡힌 발달을 실현해야 하며, 이처럼 균형 잡힌 발달을 통한 교육을 통해서만이 영유아는 자발적으로 활동에 참여하고 느끼고 생각하는 사람으로 성장할 수 있다고 하였다. 따라서 발도르프 프로그램에서는 미술이나 음악, 작업 활동을 읽기, 쓰기, 셈하기 활동만큼 중요시하며 하루일과에 지적인 활동뿐만 아니라 손과 가슴을 위한 활동을 포함시킨다.

① 모방과 본보기 교육

슈타이너는 인간의 건강한 발달과 성장을 7년 주기로 설명하면서, 첫 7년 주기에는 세계 어느 곳에서나 보편적으로 볼 수 있는 걷기, 말하기, 사고하기, 상상력과 의지력의 발달이 이루어진다. 이 시기의 아이들은 모방을 통해 세상을 배우기 때문에 부모나 교사는 모태와 같은 교육환경을 형성하여 본보기가 되어야 한다. 따라서 발도르프 유아교육 기관에서는 교사가 가르치지 않고 진지한 태도로 삶에 필요한 작업을 하고, 영유아가 모방을 통해 계절과 일상생활을 체험하면서 자신의 신체 형성에 충분히 몰두할 수 있게 한다(이순형 외, 2009).

② 감각 중시 교육

영유아기는 신체감각이 발달하는 시기이지만 현대문명의 발달로 인해 이 감각들이 많이 손상되고 있다. 그래서 발도르프 프로그램에서는 자연물로 이루어진 놀잇감을 제공하고 영유아에게 적합한 색깔로 된 환경을 구성하며, 영유아의 신체동작 감각을 충분히 경험할 수 있는 라이겐(시, 노래와 율동이 담긴 리듬놀이)을 하고 있다.

③ 리듬과 반복을 중시하는 생활교육

리듬은 생활에 안정감을 주고 두려움을 없애며, 새로운 환경에 능동적으로 적응할 수 있는 힘을 주고 조화롭게 살아가게 하며, 삶의 근원적인 힘을 체험하게 하는 중요한 요소이다. 따라서 교사는 들숨과 날숨이 반복되는 하루일과를 제공함으로써 리듬이 있는 분위기를 조성하여 생활습관을 형성하게 한다. 발도르프 기관은 영유아에게 안정감을 주기 위해 3~4주 동안 한 가지 일을 계속해서 반복하며 어린이의 내적인 호흡작용을 고려한 반복적인 리듬이 담긴 하루일과를 진행한다.

④ 상상력 발달을 중시하는 창의성과 감성교육

영유아의 상상력을 제한하지 않기 위해 완벽하게 만들어진 놀잇감 대신에 나뭇가지나 나무토막 또는 눈, 코, 입이 없거나 점만 찍힌 단순하게 만든 인형을 제공한다. 동화도 가급적 그림 없이 들려주고 인형극의 인형도 옷의 색깔만으로 상징적으로 표현하여 상상의 여지를 남겨둔다.

3) 주요 내용

발도르프 프로그램은 나선형 교육과정을 지향하지만 프로젝트나 레지오 접근처럼 영유아기를 위해 미리 정해진 교과과정은 없으며, 시간적 · 내용적 기본틀은 계절의 변화와 축제 등에 의해 결정된다. 구체적인 보육내용은 각 어린이집 나름대로의 다양한 형태로 구성되지만 자유놀이와 창의적인 교사 제시 활동의 균형이 중요하다. 자유놀이 시간에는 다양한 예술 활동을 위한 기회가 주어지며 놀잇감으로는 기능이 정해져 있거나 플라스틱으로 만들어진 기성제품을 사용하지 않으며, 크고 작은 천, 조개껍데기, 나무토막, 돌, 말린 과일, 씨앗 등의 자연물을 제공하여 유아 스스로 상상력과 조형 능력을 발휘하여 다양한 놀이를 즐길 수 있도록 한다. 이러한 놀이를 통해 유아들은 가장 자연스러운 방법으로 환경에 대해 학습한다. 집단 활동으로는 그리기와 미술작업, 이야기 듣기, 노래, 바깥나들이 등을 실시한다. 노래와 시는 통합교육과정의 일부로 운영되며 다른 활동에도 자연스럽게 스며들어 있다(김정원 외, 2006; 백혜리 외, 2007).

(1) 리듬

발도르프 프로그램에서는 리듬을 중시한다. 리듬은 자연의 순환법칙이기에 영유아도 리듬적인 생활을 통해 자신의 리듬을 깨달아야 한다. 연간 보육과정에서는 계절과 절기의 리듬에 따라 하누카 축일, 봄산책, 미카엘 축제, 할로윈 축제, 추수감사절, 강림절, 성탄절, 생일 파티 등의 연중행사가 계획되고, 일일보육에서도 영유아의 기본적인 생활리듬에 따라 일과가 구성되는데 다함께 모여서 하는 활동(들숨)과 자유롭게 개별적으로 활동할 수 있는 시간(날숨)으로 구성된다(정윤경, 2004). 식사 시간, 이야기 듣기, 낮잠 시간은 들숨에 해당되며 정리 · 정돈, 자유놀이, 바깥놀이, 나들이 시간 등은 날숨에 해당된다. 이러한 일과는 정확한 시간표에 의해 규정되는 것이 아니라 영유아의 내적 상태에 따라 유동성 있게 운영한다.

(2) 예술 활동

발도르프 프로그램은 예술로서의 교육이라고 할 만큼 예술 활동을 중시한다. 예술은 영유아의 정신, 영혼 및 신체를 조화롭게 할 수 있는 것으로 이를 통해 전인교육의 효과를 최대한 거둘 수 있다고 한 슈타이너의 교육철학을 반영하여 발도르프 프로그램에서는 조각과 회화, 음과 시, 오이리트미 등 다양한 형태의 예술교육을 실시한다.

① 예술작업

주로 교사에 의해 이루어지며 인형 만들기, 요리, 수놓기, 조각 바느질, 놀잇감 만들기, 명절이나 풍습, 기타 특별한 날을 준비하는 과정 등이 포함된다. 특히 영유아의 손과 손가락 발달을 촉진시키기 위한 바느질과 수예 등 수작업을 할 수 있는 환경을 제공하여 영유아는 즐거움을 가지고 참여한다. 수작업에 필요한 재료들로 각종 천 조각, 가위, 실, 바늘꽂이 등이 구비되어 있으며, 영유아가 자신의 능력과 아이디어로 작업에 임할 수 있도록 자유롭게 허용한다. 가위질이 서툴거나 바늘에 실을 잘 못 꿰거나 실에 매듭을 맺는 일과 같이 아이 스스로 해결하기 어려운 문제가 생기면 교사가 조심스럽게 돕는다(윤선영 역, 2000).

영유아는 이러한 작업 활동을 통해 인간생활에 필요한 모든 문화적 행위와 미술과정을 직 · 간접으로 체험하며 노동의 가치, 물건 제조과정, 만든 물건의 소중함, 자연과 더불어 사는 즐거움 등을 배운다. 교사는 영유아의 모방을 염두에 두고 작업에 임하며 지시를 통해 결과물을 요구하지 않도록 한다.

② 라이겐(윤무)

리듬 활동의 하나인 윤무를 통해 운율이 담겨 있는 시, 노래, 동화의 내용으로 영유아들과 함께 자연현상이나 인간의 문화적 행위를 신체 움직임으로 표현한다.

③ 그리기(습식 수채화)

그림은 영유아의 내적 표현이며 색깔의 본질적 체험으로서 주제를 주지 않고 교사가 모범으로 그림을 그린다. 주로 크레용과 물감을 이용하며 선을 사용하기보다는 면으로 형태가 드러나는 그림을 그려서 영유아로 하여금 생동감 있는 그림을 경험하게 한다. 수채화 그리기를 할 때는 도화지를 물에 적신 후 천으로 물기를 닦아내고 그 위에 젖은 붓으로 물감을 찍어 도화지에 물감이 스며들게 하며 경계가 없이 조화를 이루는 자연의 원리를 경험하게 한다.

④ 오이리트미

인간의 신체 움직임을 통해 인간의 영적 상태와 정신적 상태, 인간 전체를 투사하여 표현하는 동작 예술로서 음악과 시, 회화 등을 모두 포함한다. 슈타이너는 오이리트미를 인간의 몸을 통해 소리를 보여주는 움직임의 예술이라고 하였으며, 영유아의 경우에는 간단한 리듬에 따라 움직이는 것이나 막대를 이용한 간단한 오이리트미를 시작하다가 점차 복잡한 리듬의 오이리트미로 발전하게 한다(정윤경, 2004). 이처럼 신체와 정신의 통합을 통한 전인교육을 강조한 발도르프 프로그램에서 오이리트미는 영유아가 신체동작을 통해 내적인 체험을 갖게 하는 중요한 역할을 담당한다.

(3) 스토리텔링과 인형극

아이들은 집에 가기 전 모여서 동화를 듣는데, 동화모임은 아주 조용한 노래로 시작한다. 이는 바깥에서 뛰놀던 활발한 기운을 차분하게 가라앉히는 역할을 한다. 동화를 들려주는 목적은 동화의 내용을 숙지하는 것이 아니라 교사와 영유아 간에 만남이 있게 하고 이로 인해 즐거움을 느끼는 데 있다.

동화나 이야기는 동화 자체가 포함하고 있는 도덕적 · 교육적 의미를 보존하고 영유아가 상상력을 발휘하여 다시 한 번 이야기를 재창조할 수 있도록 교사가 직접 들려주는데, 이때 상상력을 제한하지 않도록 그림 없이 이야기만 들려주며 한 주제에 대한 이야기를 일주일 내내 반복한다. 인형극에 사용하는 인형들도 등장인물의 성격 묘사를 위해 과장된 모습으로 표현하지 않으며, 색깔을 사용하여 상징적인 표현을 한다.

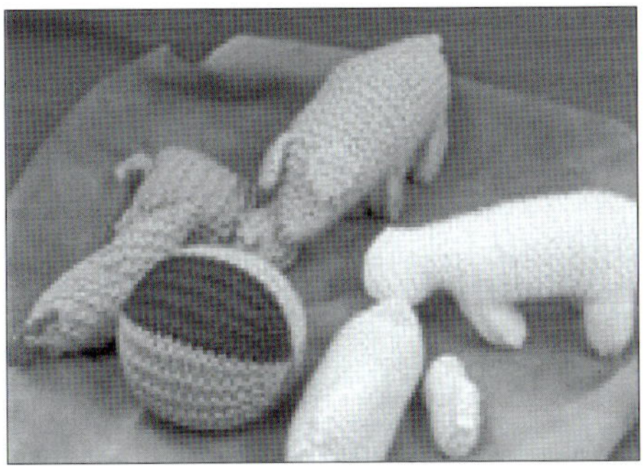

(4) 자유놀이와 놀잇감

대부분 자유놀이로 하루를 시작한다. 발도르프 프로그램의 자유놀이도 다른 기관에서의 자유놀이와 유사하게 이루어지나 그 놀잇감에서 많은 차이가 난다. 자연적이고도 단순한 놀잇감들이 준비되어 있는데, 나뭇가지나 나뭇조각, 돌, 여러 가지 색 헝겊, 조개껍데기, 찰흙으로 만든 그릇 등이며 많은 놀잇감을 보모나 교사들이 직접 만든다. 자유놀이는 요리, 설거지, 상상놀이, 목공놀이, 수공예, 진흙놀이, 모래놀이 등 영유아가 원하는 다양한 활동으로 이루어진다. 이처럼 발도르프 프로그램에서는 구조화되고 정교한 놀잇감이나 비디오, TV가 없는데 이는 영유아의 상상력을 펼칠 시간과 기회를 빼앗을 뿐만 아니라 영유아가 건강하게 성장하는 것과 집중력을 방해한다고 보기 때문이다(홍지연, 2002).

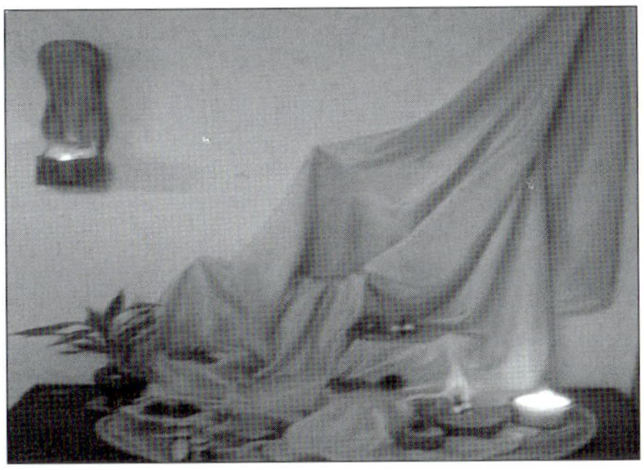

4) 환경

슈타이너는 교육환경 구성 시 공간적 질서와 시간적 리듬을 매우 중요히 여긴다. 공간적 질서란 사물이 제자리에 놓여있는 상태를 의미하는 것으로 이러한 개념은 자연 속에 실존하는 천연의 재료만을 놀잇감으로 사용하려는 경향으로 나타난다. 천연 재료의 형태와 표면처리도 가능한 한 원래 상태의 것을 사용하려고 하기 때문에 일반 교실에서 흔히 볼 수 있는 블록 같은 교구도 없으며 그림책도 아주 특별한 경우에만 사용한다. 시간적 질서란 마치 숨을 들이쉬고 내쉬는 것과 같은 아주 자연스러운 리듬을 의미하는데 하루일과의 자연스러운 리듬은 영유아로 하여금 안정감을 갖게 한다.

이런 기본원칙에 따라 발도르프 교실은 가정과 같은 분위기를 제공하며 교실은 자연소재로 만들어진 놀잇감, 가구, 자연조명과 색감들로 채워져 있다. 무늬나 도안이 없는 밝은 파스텔톤의 한 가지 색상으로 벽을 구성하며, 자연물을 이용한 공간이나 천으로 장식된 환경을 통해 영유아에게 최대한 정서적 안정감과 편안함을 주고자 한다. 또한 비디오, 컴퓨터 등 인위적으로 만들어진 교구나 완제품의 놀잇감을 배제하며, 교실 한쪽에는 계절에 따른 자연의 변화와 인간의 삶의 모습이 담긴 각종 자연물과 교사가 직접 만든 인형 등으로 꾸며진 계절 탁자를 두어 유아로 하여금 자연적인 미와 계절의 리듬을 느끼게 한다(김수영 외, 2003; 황해익 외, 2012).

실외환경도 최대한 자연물을 활용하여 조성하며, 자연과 인접해 나무가 우거진 뒷동산이나 공원, 시냇물, 오솔길 등 영유아가 언제라도 산책할 수 있는 환경이 마련되어 있다. 이외에도 날씨의 영향을 덜 받는 놀이 공간, 탈것이 다닐 수 있는 곳, 모래밭, 오두막집 등이 마련되어 있으나 그네, 미끄럼틀, 정글짐 등은 없다. 인위적인 시설보다는 최대한 자연물을 이용하거나 원형 그대로의 자연물을 활용하여 실외환경도 조성하고자 한다. 발도르프 유아교육 기관은 지붕이나 교실, 복도 등이 모두 곡선 구조로 되어 있어 전체적으로 각이 없고 다양한 곡선으로 지어져 있는데 이는 자연의 특성을 반영한 사상이라 할 수 있다.

5) 교사 역할

발도르프 유아교육 기관에서는 모든 연령을 포함하는 혼합연령학급을 구성하며 어린이집을 다니는 동안 동일한 교사가 지도한다. 교사의 임무는 무엇을 가르치는 것이 아니라 영유아가 원래 가지고 있는 자연적인 힘을 이끌어내는 것(김정임, 2006)이므로 교사는 지식을 전달하기보다는 영유아가 지닌 기질을 잘 관찰하고 이를 토대로 좋은 본보기와 모범을 보임으로써 영유아가 자발적인 활동을 하는 데 도움을 주는 역할을 한다. 따라서 발도르프 프로그램에서 추구하는 교사상은 자기수양이나 자기교육을 지속적으로 실천하는 교사, 영혼과 정신과 신체를 통합하는 교육을 실시하는 교사(홍지연, 2002)이다.

발도르프 교사는 1년의 예비 관찰 실습과 2년 간의 학교 강의를 들은 후 시험을 보아 합격하면 1년 간의 실습을 거쳐 자격을 취득하게 된다. 발도르프 프로그램은 3~6세까지의 유치원 교육과 발도르프 학교에 들어가게 되는 7세 유아의 교육을 포함하며 종종 3세에서 6, 7세까지 같은 교사가 계속 지도한다. 이처럼 몇 년에 걸쳐 교사-유아의 관계를 유지하는 전략을 담임 연임제(교사와 유아 간에 밀접한 연결고리 형성하기: looping)라 한다. 이러한 담임 연임제는 유럽에서는 보편적이며, 미국에서도 레지오 에밀리아, 발도르프, 몬테소리와 같이 유럽에서 유래된 프로그램을 실행하는 기관에서는 많이 적용되고 있다(김정원 외, 2006).

5 생태유아교육 프로그램

1) 배경

생태유아교육은 시대 · 사회적 배경과 사상적 · 철학적 배경 및 심리학적 · 신과학적 배경 등을 지니고 있다. 그러나 여기서는 시대 · 사회적 배경을 중심으로 산업화에 따른 생태계 파괴와 같은 현대 사회의 다양한 위기로부터 생태유아교육이 대두된 배경을 살펴본다(임재택, 2008).

첫째, 산업문명의 폐해와 전지구적 생명위기이다. 산업 사회가 이룩한 산업문명은 인류에게 많은 편리함과 이로움을 가져다주었지만 20세기 말에 접어들면서 인류 전체가 파멸할지도 모른다는 자연생태계 위기에 봉착해 왔다. 이러한 생태계의 위기는 국지적인 현상이 아니라 전지구적으로 모든 나라가 당면한 공통문제가 되고 있다.

둘째, 한국의 생태위기와 인간성 상실이다. 우리나라의 자연생태계 파괴와 인간성 상실의 위기는 1960~1970년대 시작된 경제개발에서부터 초래되었다. 경제개발과정에서 우리는 농경 사회와 민족 전통문화의 붕괴, 자연생태계의 파괴, 민족성과 인간성의 상실과 같은 문제점을 안게 되었다.

셋째, 산업문명의 피해자인 아이들이다. 산업문명과 경제성장을 통해 아이들은 얻은 것보다 잃은 것이 훨씬 많다. 또한 아이들의 양육 · 교육환경이 급작스런 변화를 겪으면서 아이를 낳고 기르는 일이 종전의 자연스런 일에서 과도하고 인위적이고 가식적인 일로 변질되어 가고 있다. 이러한 현실에서 아이들의 몸과 마음과 영혼이 병들어 가고 있다.

넷째, 아이 살림을 외면한 유아교육 현실이다. 산업 사회에서의 교육은 과학기술 향상을 통해 경제발전에 유용한 인력양성에 주력한다. 그 과정에서 우리 아이들은 학교교육을 통해 고도의 경쟁을 경험하고 깊은 패배의식을 배우게 된다. 일부는 왜곡된 우월의식을 배운다. 오늘의 유아교육도 아이들의 삶과 생활을 외면한 채 보여주기식 유아교육으로 진행되고 있는 현실이다.

이러한 시대 · 사회적 배경에 따라 유아가 처한 현실을 바로잡고 올바른 유아교육의 방향을 모색하면서 대두된 생태유아교육의 목적은 사람과 자연이 하나되는 세상, 사람과 사람이 더불어 사는 세상, 아이들이 행복하게 사는 세상을 지향하며, 궁극적으로 신명나는 어린이를 키우고자 한다(임재택 외, 2006). 즉, 개성과 창의력을 지니면서 흥겨움과 우리 멋이 흘러넘치는 가운데 자연과 하나되어, 사람과 더불어 행복한 삶을 누리는 어린이다운 어린이를 키우는 것이 생태유아교육이라고 할 수 있다.

2) 기본 개념

(1) 보육 이념

생태유아교육의 이념은 다음 세 가지로 살펴볼 수 있다(임재택, 2008).

첫째, 생태(생명) 중심 유아교육이다. 생태유아교육은 기존의 아동 중심 교육에서 생명 중심 교육으로 나아가고자 한다. 생명 중심 유아교육은 생명론적 세계관에 기초한 유아교육으로서 아동 중심의 유아교육을 부정하는 것이 아니라, 아동 중심이라는 틀의 한계점을 인식하고 이를 넘어서는 새로운 관점이라고 할 수 있다.

둘째, 공동체 중심 유아교육이다. 생태유아교육은 기존의 개인 중심 교육에서 공동체 중심 교육으로 나아가고자 한다. 산업 사회에서는 개인과 개인, 개인과 가족, 사람과 사회, 사람과 자연이 별개로 분리됨으로써 사람들은 기능론적 이기주의에 빠져들면서 공동체 의식이 점차 사라지고 있다. 그러나 미래 사회의 유아교육은 사람과 사람이 더불어 살아가는 사람공동체, 개인과 가족이 함께 어우러지는 가족공동체, 사람과 사회가 함께 하는 사회공동체, 사람과 자연이 함께 하는 생명공동체를 재건하는 방향으로 이루어져야 한다.

셋째, 전인(몸 · 마음 · 영혼)교육이다. 생태유아교육은 기존의 이성 중심 교육에서 아이들의 몸과 마음과 영혼을 돌보는 유아교육으로 나아가고자 한다. 오늘날과 같이 지식과 기술, 정보에 의존하는 지식기반 사회에서는 국가경쟁력을 높이기 위해 필요한 지식과 기술, 정보를 중요시한다. 그리하여 아이들을 이성과 감성, 정신과 육체, 지능과 감각으로 분리하여 정보 습득에 필요한 이성, 정신, 지능을 우위에 두는 경향이 있다. 이러한 가운데 아이들은 자연과 놀이와 아이다움을 잃어버리게 되었다. 그러므로 생태유아교육은 이성과 감성, 정신과 육체, 지능과 감각을 동시에 강조하는 방향으로 나아가야 한다. 즉, 지 · 덕 · 체를 고루 갖춘 전인적 인간, 머리, 가슴, 손이 조화된 인간을 기르는 것이 바람직한 교육이다.

(2) 생태유아교육의 기본 관점

① 세계관

생태유아교육은 생명 중심 세계관을 지향한다. 생명 중심 세계관은 우주 만물의 중심이 오직 인간이라고 보는 인간 중심 세계관이 아니라 모든 생명체와 무생물까지도 포함하는 우주 만물이 그 나름의 존재 가치와 선을 지니고 있으므로 존중받아야 한다는 천인합일적(天人合一的) 사상에 바탕을 두고 있다.

② 아동관

생태유아교육에서는 아이를 한울님, 생명, 자연의 아이, 선한 존재, 고귀한 생명체로 보고 있으며, 심지어 '아기부처', '아기예수'로도 표현한다. 아이는 몸과 마음과 영혼을 지닌 존재이고, 이성과 감성과 영성을 지닌 존재로 보고 있다. 생태유아교육의 아동관은 아이를 '자연의 아이'로 보고 있는데, 이는 아동이 살아있는 모든 유기체와의 관계망 속에서 한 생명체이자 자연의 본성을 지닌 자연의 일부로서 존중되어야 할 존재로 보고 있음을 나타낸다.

③ 발달관

생태유아교육에서의 발달관은 조화론, 즉 창조진화론(創造進化論)에 바탕을 두고 있으며 아이들의 생명력 증진과 몸과 마음과 영혼의 조화를 지향한다.

④ 교육관

생태유아교육에서는 자연의 순리, 천지인의 도를 따르는 근본교육을 지향한다.

3) 주요 내용

생태유아교육의 보육내용을 관련 문헌(임재택 외, 2006)과 부산대학교 어린이집 홈페이지(http://www.ecochild.or.kr)를 참고하여 실천적 프로그램을 중심으로 살펴보면 다음과 같다.

(1) 바깥놀이 프로그램

아이들을 교실의 '밖으로, 밖으로' 데리고 나가려는 노력은 생태유아교육 실천의 출발점이다. 바깥놀이는 특별한 날만 하는 활동이 아닌 아이들의 일상생활이다. 흐린 날, 비오는 날, 추운 날도 가능하다. 바깥놀이는 '뭔가 가르쳐야 한다'는 부담감을 버리고 아이들의 흥미를 자연스럽게 따라가면 되는 것이고 일상생활로서의 바깥놀이를 통해 영유아가 자연을 통해 생명의 소중함을 느끼고 자신의 지식, 개념, 경험을 자유롭게 펼치게 된다.

(2) 산책 프로그램

산책은 영유아가 온갖 자연물을 보고, 만지고, 듣고, 느끼는 체험적 교육 활동으로 일과 중 10분 길게는 2시간 이상이 소요되기도 한다. 산책은 맑은 날뿐만 아니라 흐린 날, 바람 부는 날, 비오는 날도 가능하다. 추운 겨울이면 추운대로, 비가 오는 날에는 비옷을 입고 산으로 들로 가까운 곳으로 또는 먼 곳으로, 늘 가던 곳으로 또는 새로운 곳으로 찾아 나선다. 또한 하루일과 중 언제라도 가능하며, 마음을 비우고 오감으로 자연의 생명을 느끼고 체험하는 것이 중요하다.

(3) 텃밭 가꾸기 프로그램

텃밭 가꾸기 프로그램을 통해 아이들이 흙냄새를 맡고 제 손으로 텃밭을 일구고 채소를 길러 봄으로써 계절과 날씨의 변화, 식물의 생장, 수확에 대한 기쁨, 자연을 사랑하게 되고 자연과 함께 하는 삶을 이해하고 노동의 신성함과 보람을 몸과 가슴으로 느끼게 된다. 1년 내내 어린이집 텃밭에서 채소를 길러보면서 계절과 날씨의 변화, 식물의 생장, 수확에 대한 기쁨, 자연을 이해하게 되고 텃밭에서 수확한 작물로 음식을 만들어 먹거나 잡은 곤충을 교실에서 키워 볼 수도 있다.

(4) 노인 · 아동 상호작용 프로그램

노인들이 어린이집의 영유아 보육 활동에 자원봉사자로 참여하여 아이들과 함께 생활하면서 노인–아동 간의 상호작용 기회를 체계적으로 제공하는 세대 간 프로그램이다. 노인–아동 상호작용 프로그램은 현대 사회에서 단절되어 있는 노인과 아동과의 교류를 어린이집이라는 장을 통하여 의도적으로 연결하고자 하려는 것이 목적이다. 노인들은 소일거리가 생겨 인생의 보람을 갖게 되며, 아이들은 노인들과 상호작용을 통해 조부모들에게서 받을 수 있는 사랑을 경험하고, 노인에 대한 긍정적인 태도를 갖게 되며, 우리의 전통문화를 체득할 수 있는 좋은 기회를 갖게 된다.

(5) 세시풍속 프로그램

영유아가 겨레의 얼을 느끼도록 하는 프로그램이다. 4계절과 24절기를 거치면서 조상의 삶 전반에 걸친 생활의 지혜를 온 몸으로 익힌다. 세시풍속을 통하여 우리 겨레의 얼을 느껴보며 아이들에게 계절의 변화에 따른 생활의 주기성을 알게 하고 우리의 건강한 먹거리를 먹으며 더불어 즐길 수 있는 놀이와 조상들의 삶의 지혜를 알 수 있다.

(6) 명상 프로그램

명상은 사람에 따라 다양하게 쓰이지만 보편적으로 명상은 마음을 닦는 행위를 가르친다고 할 수 있다. 즉, 몸과 마음 · 영혼을 닦는 행위를 포괄한다. 영유아의 몸 · 마음 · 영혼을 치유하기 위한 명상 활동은 연령별 발달 특성을 고려하여 일상생활 속에서 체험 활동으로 접근한다.

(7) 절제 · 절약 프로그램

절제 · 절약 프로그램은 생태의 핵심인 순환과 돌림의 경제를 인식시키고 실천하도록 도와주는 데 목적이 있다. 영유아기 때부터 제대로 된 삶의 양식과 태도를 형성하는 것이 무엇보다 중요하고 영유아 시기에 삶의 양식 속에서 소비 욕망에 근거하는 사고를 하는 인간이 아니라 자연과 인간과의 공동체적 삶의 양식에 대한 중심을 가진 인간이 되도록 교육할 필요가 있다. '아나바다 운동'이나 아이들의 시장놀이를 통한 물물교환, 알뜰마당이 구체적인 사례가 될 수 있으며, 어린이집 내에서의 교육으로 끝나서는 안 되고 학부모들과 지역 주민들이 함께 협력하는 것이 필요하다.

(8) 먹을거리 프로그램

영유아는 먹으면서 자라므로 영유아의 급식 및 간식을 유기농 먹거리로 제공한다. 아이들에게 자연의 맛을 알게 해야 한다. 유기농의 무공해 식품을 먹이고, 육류보다는 신선한 야채와 과일을 먹인다.

프로그램 실천 첫 단계는 어린이집의 먹을거리를 바꾸고, 제철 야채를 직접 키워보는 경험을 하며, 유기농산물 농장을 방문하고, 절기에 따른 음식이나 제철 재료를 이용한 먹을거리를 만든다.

(9) 도시 · 농촌 프로그램

아이들에게 자연과 먹을거리의 소중함을 느끼는 경험을 제공하고, 농촌과 도시 아이들이 부대끼며 서로의 문화를 이해하게 되어 자연과 농촌 및 도시를 동시에 살리는 프로그램이다. 영유아가 자연과 먹을거리의 소중함을 느끼는 경험을 제공하고, 농촌과 도시 영유아가 함께 할 수 있는 경험을 제공한다. 농사나 농악교실을 체험하고, 전통

농기구 사용법을 알거나 갯벌을 체험하고 농촌 아이들과 친구 맺기와 편지 나누기 등의 활동을 한다.

(10) 손끝놀이 프로그램

손의 사용을 통해 전인적인 존재가 되도록 영유아가 손끝을 사용해서 놀 수 있는 놀이를 제공한다. 소근육과 대근육 발달을 도모하며 '손'의 사용은 '일'을 한다는 의미를 일깨우며 영유아에게 삶을 살아가는 건설적인 생명력을 키운다. 곡식, 먹을거리 등을 이용하여 손끝을 여물게 하는 젓가락을 이용하여 곡식 옮기기, 종이 오리고 접기, 바느질, 털실 짜기 등이 예이다.

(11) 몸짓놀이 프로그램

몸을 자극하여 오장육부를 튼튼하게 하고 몸을 유연하게 하도록 하는 놀이를 제공하다. 몸짓놀이는 몸을 튼튼하게 함으로써 몸을 유연하게 한다. 기 순환을 도울 수 있는 여러 동물 모양과 숨 쉬는 법뿐만 아니라 바른 자세를 가르치고 자연의 경지에 몰입할 수 있는 춤도 가르친다. 붕어, 달팽이, 거북, 악어 등의 모양과 행동을 흉내내며 신체 훈련과 함께 표현력을 키운다.

(12) 생태미술 프로그램

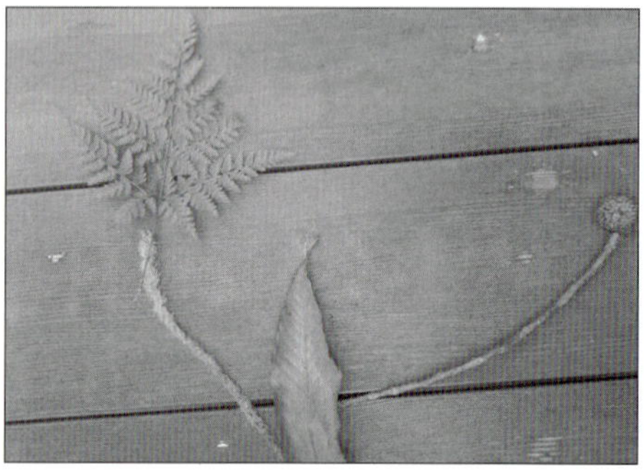

아이는 예술적 감성을 지니고 태어나 자신이 오감으로 체험하는 것들을 미술로 표현하려고 애쓴다. 생태미술 프로그램에서의 미술은 '아이 살림'에 근거해야 하는데, '아이 살림'이란 아이의 스스로 그러함(自然)을 강조하고 아이들의 본성을 살리는 것이다. 아이들이 '스스로 그러할 수 있도록' 미술을 하려면 기존의 구조적인 교육의 틀은 벗어나는 것이 기본이고, 그런 의미에서 정해진 시간에 정해진 활동을 교사가 정한 순서대로 진행하는 구조적인 미술 활동은 감성과 영혼을 살리는 미술이라고 볼 수 없다. 생태미술 프로그램에서는 미술을 통하여 아이들이 좋은 작품을 만드는 잔재주만 기르게 하는 것이 아니라 틀 속에 얽매이지 않는 자유와 대자연에 교감할 수 있는 생명력을 갖도록 한다.

생태미술은 장소에 구애 받지 않고 어디서나 가능하다. 산책을 나가서는 계절의 변화를 몸으로 느끼고 어디서든 자연의 모습을 그려 보기도 하고 주위에서 쉽게 구할 수 있는 나뭇가지와 돌멩이로 땅바닥이나 바위 위에 그림을 그리기도 하고, 땅을 파서 모양을 만들거나 흙, 물 등으로 만져 보고 주물러 보면서 그리고 삽과 호미로 놀이를 하면서 감각적 경험을 통한 미적 조형물과 입체적인 작품을 만들기도 할 수 있다. 텃밭 가꾸기를 하면서도 미술놀이는 가능하다.

4) 교사 역할

생태유아교육의 하루일과는 느슨하고 여유 있게 운영이 되며 세부적인 일과 운영은 교사의 자율에 맡기게 된다. 기다림과 느림의 교육 방법, 영유아의 몸을 살리기 위한 교육, 신명나는 놀이를 통한 교육, 자유를 살리는 교육 그리고 교육이 곧 생활이며 일상적인 삶이라고 보는 생태유아교육에서는 교사의 역할도 달라질 수밖에 없다. 농부이자 어머니이자 생명인으로서 아이를 돌보고 모시고 삶을 열어가는 사람으로서의 생태유아교사의 역할은 다음과 같다(임재택, 2008).

첫째, 돌봄의 삶을 사는 교사다. 생태유아교사는 아이들을 가르치는 교사가 아니라 아이들을 돌보는 엄마의 역할에 가깝다. 아이들의 교육보다는 아이들과의 생활을 중요시하는 '아이들이 스스로 잘 자라고 더불어 잘 자라도록 돌보는 사람' 이다.

둘째, 땀을 흘리는 교사다. 생태유아교사는 땀의 의미를 체득한 사람이다. 땀은 그 속에 삶이 있고 자연의 원리가 숨어 있다. 땀 흘리며 노는 아이, 그 옆에서 땀 흘리는 교사가 아름답다.

셋째, 모심을 실천하는 교사다. 생태유아교사에게는 구체적인 교육 방법보다는 아이라는 생명에 대한 모심과 섬김, 즉 사랑이 근본이다. 우주생명인 아이를 모시고 존중하는 것이 생태유아교사의 역할이다.

넷째, 생명의 결대로 키우는 교사다. 아이들은 태어나면서부터 생명의 본성을 지니고 있으므로 부모나 영유아교사는 아이들이 본래부터 지니고 있는 그 생명이 스스로 잘 자라도록 돌보는 일을 하면 된다.

다섯째, 지금을 준비하는 교사다. 생태유아교육은 지금 행복한 아이로 키우고자 하므로 교사도 내일을 준비하는 교사가 필요한 것이 아니라 지금을 펼치는 교사, 지금 행복한 교사를 필요로 한다.

여섯째, 조화로운 관계를 이루며 미적 체험을 하는 교사다. 생태유아교사는 조화와 공생이라는 자연의 관계를 아는 사람으로서 자연과 아이를 모실뿐 아니라 부모와 하나의 마음을 품고 그들과 합치하는 관계를 이루어 나가야 한다. 그리고 동료교사와 원만한 인간관계를 통해 서로 조화롭게 살아가는 삶의 양식을 풀어나가야 한다. 또한 생태유아교사는 아이와 함께 심미적 감수성을 일깨우며 사람과 사물을 감동시키는 미적 체험을 경험하도록 노력해야 한다.

Chapter 8

보육환경

1. 보육환경에 대한 이해
2. 보육환경의 구성 원리
3. 영역별 보육환경 구성

어린이집은 영유아가 거의 하루 종일 지내는 생활과 학습의 공간이다. 따라서 보육환경은 이곳에서 지내는 아이들의 지각, 인지, 감정, 실제 행동에 영향을 주며 타인과의 상호작용 생활을 성공적으로 하게 하는 데 결정적 역할을 한다. 이런 이유로 교사들은 영유아의 발달과 학습을 향상시키는 보육환경을 구성하기 위해 교사들이 할 수 있는 모든 것을 알아야 할 의무가 있다. 본 장에서는 보육환경의 의미와 구성 원리에 대해, 영유아의 발달에 적합한 보육환경을 구성하기 위해 실내 보육환경과 실외 보육환경, 기타 서비스 공간에 대해 살펴보고자 한다.

1 보육환경에 대한 이해

영유아가 활동하고 머무르는 보육환경은 영유아의 성장과 발달에 중요한 영향을 미치므로 단순한 물리적인 시설 · 설비로만 이해되어서는 안 된다. 이는 누구든지 영유아가 지내는 어린이집을 방문하여 둘러보는 순간 그 기관의 추구하는 바 즉 교직원들의 철학, 생각, 마음이 어우러져 이야기하고 있음을 감지하기 때문이다.

우리가 익히 알고 있는 레지오 에밀리아 접근에서는 물리적 환경이 사람 간의 관계를 촉진시키고 또 다른 환경을 창조하는 변화를 불러오며, 인지적 학습뿐만 아니라 사회 · 정서적 학습을 가능하게 하는 잠재력을 가지고 있기 때문에 제3의 교사로서 공간을 중요시하고 있다. 이런 의미에서 레지오 접근에서는 공간을 그 안에 살고 있는 사람들의 생각, 가치, 태도, 문화를 반영하는 수족관이라고 말한다. 이런 이유로 교사가 영유아를 위해 구성하는 공간은 영유아의 삶의 가치를 만들어 가는 공간이 된다. 그러므로 보육교사는 자신의 보육철학이 교실의 매체, 설비, 공간 배치에 어떠한 영향을 미치는지 그리고 아이들, 부모, 방문객들에게 어떤 메시지를 전달하고 있는지 신중히 생각해 볼 필요가 있다.

예를 들면, 신체를 움직이고 자유롭게 이동할 수 있도록 안전한 통로가 확보된 환경 속에서 영유아는 신체적 발달을 도모할 수 있지만, 지나치게 많은 교구나 좁고 폐쇄된 공간에서는 아이들의 움직임에 대한 기본적인 욕구가 충족되기 어렵다. 공간 내 적절한 영유아의 수, 적절한 개방과 폐쇄, 놀이하기에 적절한 놀잇감의 양, 지나치게 자극적이거나 현란하지 않은 벽, 커튼이나 카펫의 색깔, 계절이나 하루의 변화를 느낄 수 있도록 하는 채광 등은 영유아로 하여금 편안하고 안정감을 주어 사회적 행동의 발달을 이끌 수 있다.

또한 놀잇감이 잘 정비되어 있고, 영유아가 선택하여 놀이할 수 있도록 되어 있다면 영유아는 자율감을 느낄 수 있다. 놀이에 대한 필요한 안내 사항이 글과 그림으로 게시되어 있어 친구에게 물어보거나 성인의 지시를 받지 않고도 아이 스스로 할 수 있도록 구성되어 있다면 영유아는 성취감을 느끼고 통제감을 발달시킬 수 있다. 영유아의 발달 수준에 적합한 도서, 다양한 놀잇감을 비치하여 영유아가 흥미롭게 놀이할 수 있도록 함으로써 인지나 언어발달을 도모할 수 있으며, 또한 아이들의 신체 크기에 맞는 가구나 비품들은 영유아의 생활을 더욱 편안하고 안정감 있게 해주며 자존감을 느낄 수 있도록 해준다.

이처럼 보육환경은 영유아의 보호와 양육을 위한 공간으로, 교육을 위한 공간으로 영유아의 건강한 발달과 최상의 교육적 효과를 누릴 수 있도록 계획되어야 한다. 안락하고 쾌적한 공간 속에서 영유아가 원하는 놀이를 선택하고, 놀이 과정에서 친구나 교사와 상호작용하며, 자신의 경험을 재구성하고 확장하며, 명료화할 수 있어야 한다. 이러한 과정이 즐거운 일상 속에서 안전하게 이루어질 수 있도록 하기 위해 각 기관의 여건과 특성에 따라 실제 공간을 구성하되 일정한 주기를 바탕으로 변화를 주어 보육 목적과 목표, 주제에 맞도록 계획하고 운영되도록 한다.

결국 바람직한 보육환경이란 가정과 같이 편안하고 쾌적한 환경, 영유아의 일상생활이나 다양한 놀이를 적극 격려하도록 계획 · 구성된 환경, 영유아뿐만 아니라 성인인 교사에게도 일하고 싶은 편안한 보육환경을 의미한다.

2 보육환경의 구성 원리

영유아는 어린이집에 머무르는 동안 대부분을 보육실에서 보낸다. 보육실에서 놀이를 하고 휴식을 취하거나 간식을 먹고, 잠을 자거나 점심을 먹는다. 이렇듯 보육실은 영유아의 생활 공간이 되므로 안전하고 위생적이며 놀이 활동에 적합하도록 구성되어야 한다. 영유아기는 심신의 발달이 빠르고 호기심이 많지만 아직 성인들처럼 안전이나 위생에 대한 판단을 적절히 하지 못하며 자신의 의사를 언어로 잘 표현하지 못하는 경우가 많다. 따라서 교사는 다음과 같은 점에 주의하여 보육환경을 구성하도록 한다(육아정책개발센터, 2008).

|Tip|

보육 프로그램에 제시된 보육환경과 관련된 요소들을 확인해 봅시다.

구분	항목	○	×
1	• 가정과 같이 편안한 분위기가 나도록 한다. 가구, 커튼, 개인장, 동 · 식물 등을 이용하여 안정된 분위기를 만든다.		
2	• 공간을 구성하거나 놀잇감을 제공할 때 개인차를 고려한다.		
3	• 흥미 영역을 중심으로 환경을 구성하여 교육적이고 정서적으로 안정된 환경을 제공한다.		
4	• 청결하고 안전한 환경을 제공한다.		
5	• 온도나 습도 등이 영유아들이 하루 종일 활동하기에 적합해야 한다. 온도는 20~22℃를 유지하며 습도는 50~65%가 적합하다.		
6	• 공간은 보육실 크기와 유아 수에 기초하여 배치할 흥미 영역의 수를 정하고 활동에서 유발되는 소음이나 물의 사용, 활동의 움직임 정도나 자료 공유 등을 고려하여 배치한다.		

| 출처 | 육아정책개발센터(2008). 5세 보육 프로그램.

이외에도 어린이집 평가인증에 제시되어 있는 보육환경에 대한 평가는 크게 어린이집의 공간 구성과 영유아 발달에 적합한 교재 · 교구의 구비, 보육 지원 환경에 초점을 두고 있으므로 교사는 보육환경의 공간 구성 시 아래의 사항도 확인할 필요가 있다.

|Tip|

어린이집 평가인증의 보육환경 평가 지표를 확인해 봅시다.

- 어린이집 환경(3항목): 보육실의 공간 배치, 보육실 내 영유아의 휴식 공간, 옥외 놀이터와 놀이기구
- 보육 활동 자료(5항목): 신체 활동 자료, 언어 활동 자료, 자연탐구 활동 자료, 예술 활동 자료, 역할놀이 및 쌓기놀이 자료
- 보육 지원 환경(3항목): 비품과 활동 자료의 보관, 보육교사를 위한 공간, 보육교사용 참고 자료

구분	항목	○	×
1	• 보육실의 공간이 영유아의 연령, 발달 특성을 고려하여 흥미 영역으로 구성되어 있으며, 배치가 적절하다.		
2	• 영유아가 혼자 활동하거나 휴식을 취할 공간이 있고, 이를 쉽게 이용할 수 있다.		
3	• 옥외 놀이터 또는 대체 놀이터가 있고, 놀이 기구가 3종 이상 있다.		
4	• 발달 수준에 적합한 신체(대 · 소근육) 활동 자료가 다양하고, 양이 충분하다.		
5	• 언어 활동 자료가 듣기, 말하기, 읽기, 쓰기의 네 영역으로 마련되어 있고, 영유아 수에 따라 충분하다.		
6	• 자연탐구(수 · 과학) 활동 자료가 다양하고, 대부분 실물 자료로 구성되어 있다.		
7	• 예술(음악 · 동작, 미술) 활동 자료가 다양하고, 양이 충분하다.		
8	• 역할놀이 및 쌓기놀이 자료가 다양하고 충분하다.		
9	• 비품과 활동 자료를 보관할 장소나 자료실이 별도로 있으며, 자료가 체계적으로 정리되어 있다.		
10	• 교사를 위한 개인 사물함이나 개별 책상이 있고, 별도의 공간도 마련되어 있다.		
11	• 보육교사용 참고 자료가 충분하고, 이를 자유롭게 활용한다.		

| 출처 | 보건복지부 · 육아정책개발센터(2009). 보육시설 평가인증 시행의 평가와 추진 방안연구.

위에서 제시되고 있는 보육환경 구성 요소들을 인지한 다음에 교사는 먼저 보육실을 깨끗이 청소하고 난 후에 흥미 영역과 교구장 등 공간 구성을 어떻게 배치할 것인지, 영유아의 연령을 고려하고 시설 비품들을 잘 살펴본 후에 최대한 보육실을 넓고 효과

적으로 사용할 수 있는 방안을 모색하도록 한다. 너무 많은 교재 · 교구와 자료들의 배치는 자칫 영유아에게 심리적인 부담이나 혼란스러움을 줄 수도 있음을 유념하며, 다음의 과정을 통해 공간 구성에 대한 이해를 점검해 본다.

1) 점검 요인 1: 보육 대상의 발달적 특성

(1) 영아기 보육환경

영유아보육법에는 어린이집 입소 대상을 0~12세로 규정하고 있으나 우리나라의 어린이집 영아반은 대개 6~36개월까지의 영아를 보육하고 있다.

영아기는 인간의 발달과정 중 환경의 영향에 가장 민감한 시기로, 영아는 선천적인 호기심을 통해 주위 환경을 끊임없이 탐색하면서 세상에 대해 학습해 나간다. 따라서 영아를 위한 실내 보육환경은 영아의 생리적 욕구에 기초한 생활 공간의 기능이 중시되어야 하며, 영아의 기본적인 욕구인 건강과 안전, 탐색적 욕구, 움직임의 욕구, 정서적 안정감 등을 충족시킬 수 있는 놀이와 학습의 공간이 되어야 한다.

- 일상생활 영역과 놀이 영역을 함께 구성하며, 수유, 낮잠, 기저귀 갈이 등 일상생활이 편안하게 이루어지도록 환경을 구성한다. 2세반은 놀이 활동 영역을 중심으로 구성한다.
- 영아의 놀이 특성을 반영하여 탐색과 놀이 활동이 충분히 이루어지도록 다양한 놀이 영역을 구성하며 0세반에서 2세반으로 갈수록 놀이 영역의 수를 늘린다.
- 특히 영아의 특성상 신체 활동이 활발하게 일어나고 실내 · 외로 자주 이동하기 어려운 점을 감안하여 신체 영역을 보육실 내에 구성한다.
- 보육실을 포함한 실내 · 외 시설 설비는 영아의 신체 크기에 적절하고 안전하도록 구성한다. 책상과 의자, 침대 등은 영아의 신체 크기를 고려하여 선택 배치하며 특히 교구장이나 책상 등은 모서리가 날카롭지 않아야 한다. 또한 영아가 삼킬 수 있는 직경 3.5cm 이하 작은 크기의 놀잇감(예 블록, 구슬 등)은 제공하지 않는다.
- 영아가 안락하고 편안하게 쉴 수 있는 휴식공간을 제공한다. 조용한 영역에 카펫과 쿠션 등을 마련해주고 영아 눈높이의 벽면에 영아나 가족 또래, 친숙한 동물 사진 등을 붙여 준다.

❶ 0–1세 영아반의 영역 구성 배치의 예(중앙보육정보센터, 2009)

- 0세, 1세 영아반은 일상생활 공간(기저귀 갈기, 수유, 잠자기 등)과 놀이 공간을 적절히 마련하기
- 흥미 영역은 대·소근육 활동과 탐색 영역(감각놀이) 중심으로 구성하기
- 세면대나 화장실 근처에 기저귀 갈기 공간을 구성하고, 기저귀 갈이대와 영아 개인별 기저귀, 물휴지, 로션, 일회용 비닐장갑 등을 바구니별로 담아 보관하기

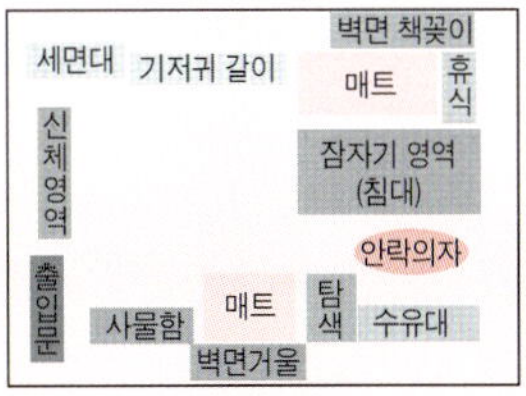

0–1세 영아반의 영역 구성 배치의 예

❷ 2세 영아반의 영역 구성 배치의 예

- 2세 영아반의 경우에는 몇 개의 영역을 통합하여 구성하기
  - 조작탐색 영역(수 영역, 조작 영역, 과학 영역)
  - 표현 영역(미술 영역, 음률 영역)
  - 역할 및 쌓기 영역(역할 영역, 쌓기 영역)
  - 기저귀 사용하는 영아가 있는 경우에는 기저귀 갈기 영역을 구성해주기

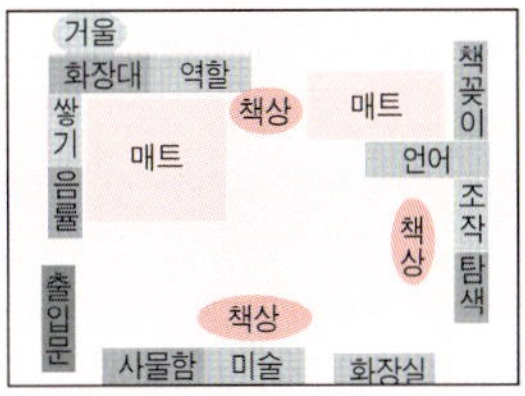

2세 영아반의 영역 구성 배치의 예

(2) 유아기 보육환경

영유아보육법에는 어린이집 입소 대상을 0~12세로 규정하고 있으나 우리나라의 어린이집 유아반은 대개 만 3~5세까지의 유아들을 보육하고 있다.

유아기로 들어서면서 어린이집에서의 일과는 놀이를 통한 학습의 비중이 점차 많아지게 된다. 그러므로 유아를 위한 보육환경은 영아들의 수유·이유 영역이나 기저귀 갈기와 같은 일상생활 영역보다는 수·조작 영역, 언어 영역, 과학 영역 등과 같이 보다 다양한 활동을 할 수 있도록 구성한다. 각 어린이집은 보육의 목적에 따라 흥미 영역을 다양하고 융통성 있게 구성할 수 있으나, 장시간 어린이집에 있어야 하는 영유아들이 많으므로 가정과 같은 정서적인 안락감을 주는 편안한 곳이 되도록 한다.

❶ 3세 이상의 유아반 영역 구성 배치의 예(중앙보육정보센터, 2009)

- 보육실이 충분히 넓은 경우
  - 출입문 가까이에 사물함, 역할, 쌓기, 음률 영역 구성하기
  - 사물함이나 세면대 가까이에 미술 영역 구성하기
  - 가장 조용하고 밝은 곳에 언어 영역 구성하기
- 보육실이 좁은 경우
  - 영역을 통합하여 배치하기
  - 조용한 영역: 언어 영역, 수 · 조작 영역, 과학 영역 등
  - 시끄러운 영역: 미술 영역, 역할 영역, 쌓기 영역, 음률 영역 등

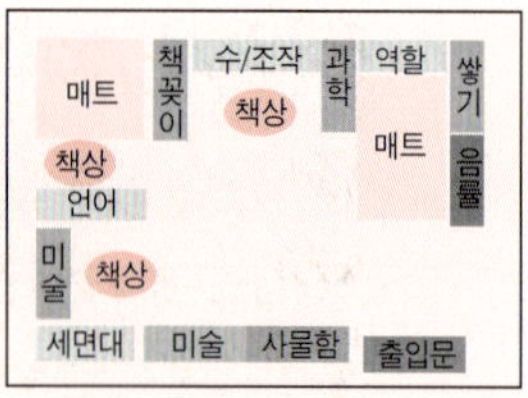

3세 이상의 유아반 영역 구성 배치의 예

2) 점검 요인 2: 프로스트(Frost)의 공간 구성 원리

보육실의 흥미 영역을 잘 구성하는 것은 영유아들 간의 갈등상태를 줄여주고 활동을 더욱 효과적으로 하도록 도와준다. 따라서 교사는 물리적 · 기능적인 면을 고려하여 효율적으로 교실을 구성해야 하는데, 이를 위해 교사는 교실의 평면도를 그려보고 흥미 영역의 배치 근거나 적합성을 점검해 보는 것이 필요하다.

영역 구성에 따라 영유아의 놀이 활성화 및 적절성은 매우 달라지므로 교사의 업무 중 영역 구성은 무척 중요하다고 볼 수 있다. 다양한 활동을 해볼 수 있도록 흥미 영역을 자율적인 공간으로 구성하되 낮은 분리대와 칸막이, 이동식 교구장, 가리개, 책꽂이 등으로 구분하여 각 영역별 특수성이 유지되면서도 다른 영역과의 연계나 통합이 이루어지도록 구성한다. 또한 영역 간의 통행이 잘 되도록 통로 공간을 확보해 주어 모든 영역이 교사의 시야에 들어올 수 있도록 한다. 일반적으로 프로스트와 키싱어(Frost & Kissinger, 1976)의 구성 원리를 이용할 경우에 흥미 영역의 공간 배치에 도움을 받을 수 있다.

건조함

조용함 ↔ 활동적임		
조용하고 건조한 영역 언어, 수 · 조작, 휴식 영역	**시끄럽고 건조한 영역** 쌓기놀이, 대근육 활동, 역할 영역, 목공놀이, 음률놀이
조용하고 물이 있는 영역 요리, 간식, 미술, 과학	**시끄럽고 물이 있는 영역** 물 · 모래놀이, 손 씻는 곳, 물감 활동, 과학실험

(왼쪽: 조용함 / 오른쪽: 활동적임)

젖은(물이 있는 곳)

| 그림 8-1 | 프로스트의 교실 공간 구성

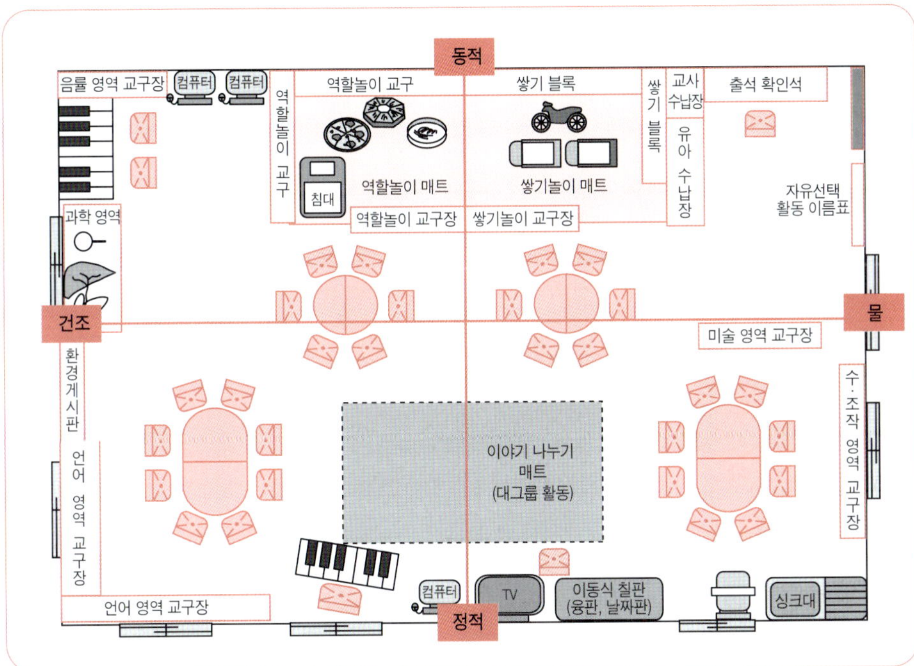

| 그림 8-2 | 보육실의 영역 구성

3) 점검 요인 3: 보육실의 물리적 특성을 고려한 교실배치도 구성

프로스트의 영역 구성 원리 외에도 각 보육실 공간이 지니는 물리적 특성 즉 보육실의 이용 가능한 공간 면적, 주 출입문의 방향, 출입문의 개수, 창문의 크기 · 개수 · 방향, 싱크대의 유 · 무, 채광, 전기콘센트의 위치, 시설물 및 세면대의 위치와 이동로 그리고 해당 보육 대상의 연령별 특성 및 교사의 철학 등을 고려하여 교사의 독특한 색깔(보육철학)을 지닌 보육실이 구성되도록 노력한다.

학기 초에 구성된 흥미 영역의 위치는 1년 내내 고정된 것이 아니라 주제에 따라, 계절에 따라, 때로는 교사의 의도로 얼마든지 재구성할 수 있다. 단, 흥미 영역을 재구성할 때에도 흥미 영역 구성의 기본 원리와 교실의 물리적 특성을 충분히 고려하여 보육의 효과를 증진시킬 수 있는 영역 배치를 하도록 한다.

4) 점검 요인 4: 보육실 공간의 전시 및 게시

교사는 교실 공간의 전시나 게시를 위해 영유아의 작품만으로 제한하기보다는 아이들의 작품과 이에 대한 교사의 생각, 작업하는 과정에서 드러나는 아이들의 사진과 이 과정 중에 이루어지는 아이들의 대화를 기록하여 전시하도록 하여 이러한 자료들이 영유아의 사고와 탐색의 과정을 이해하는 데 도움이 되도록 한다. 이처럼 영유아의 활동 과정과 표상물들을 기록화하여 전시함으로써 얻게 되는 전시의 힘은 교수와 학습을 위한 도구로 작용되는데(김은희, 2000), 이는 영유아의 의도를 읽는 방법을 앎으로써 가능해진다.

실내 공간에 대한 전시와 게시는 진행되고 있는 보육 주제와 연결되며 영유아의 작품이나 활동 진행이 포함되도록 한다. 작품의 용도와 특성을 고려하여 전시하는데, 일반적으로 교실 내 벽면이나 게시판, 교구장 윗면, 창문, 바닥 등을 이용하거나 전시대를 따로 마련하는 경우가 많다. 때로는 전시대에 교사가 미리 간단한 배경을 준비하여 유아의 작품이 돋보이도록 할 수도 있다. 이때 교사는 유아의 작품이 돋보이도록 공간의 위치나 배열 방법을 고려한다. 시각적으로 안정감 있고 리듬감 등을 느낄 수 있는 다양한 배열 방법을 활용하여 전시된 공간에서도 미적 요소를 경험하도록 한다.

■ 벽면을 효과적으로 구성하기 위하여 유의할 점(울산광역시 유아교육진흥원, 2013)

• 학습과 관련된 실물, 사진, 그림, 관련 도서 등을 함께 제시하여 주며, 학습이 진행됨에 따라 첨가한다.
• 게시판은 각 흥미 영역에서 나오는 결과물의 특성을 고려하여 다양한 형태 및 재질의 것을 제공한다.
• 자료를 게시하고 전시한다는 개념에서 탈피하여 다양한 질감의 재료를 활용한다.
• 작품을 획일적으로 붙이기보다는 붙일 것인지, 매달 것인지 등 입체적으로 고려한다.
• 무엇을 어떻게 구성할 것인가에 대해 유아의 참여를 유도하여 함께 토의한다.
• 유아 스스로 게시할 수 있도록 부착이 쉬운 게시판을 알맞은 높이로 제공한다.

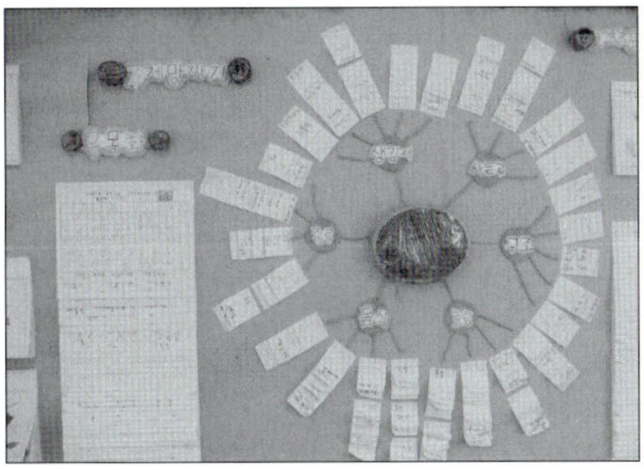

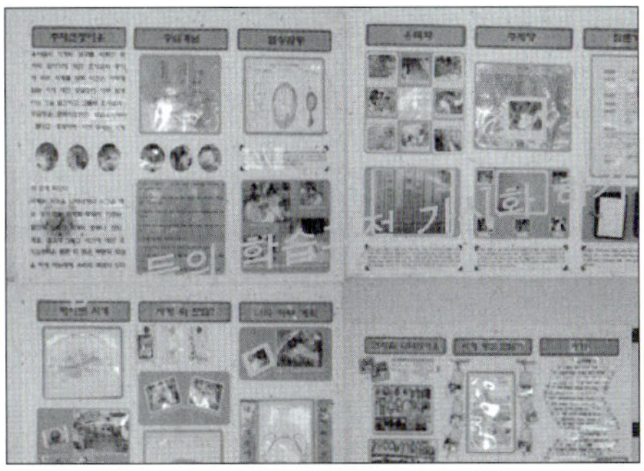

5) 점검 요인 5: 보육 주제에 따른 교재 · 교구 및 학습 자료 교체

교사는 보육 주제가 진행됨에 따라 각 주제에 맞게 교재 · 교구를 교체하여 주거나 환경을 재구성해 주어야 한다. 보육 주제(주제, 소주제 등)와 연관되어 제시될 수 있도록 각 흥미 영역의 교재 · 교구들을 검토하여 교체하고 나아가 벽면이나 실내 공간의 전시 및 게시 자료들도 이러한 점을 고려하여 재구성한다. 영유아가 얼마나 쉽게 교재 · 교구를 꺼내어 활용하는가는 교재 · 교구의 다양성이나 질보다 중요하다고 볼 수 있다. 영유아가 교재 · 교구를 활용하는 공간이 좁거나 다른 활동에 의해 방해받는지, 영유아가 교재 · 교구를 활용하는 정도를 관찰하여 배치에 문제점은 없는지를 점검하여 재구성해 주는 노력이 필요하다.

또한 교재 · 교구가 아무리 많다 하여도 정리 및 보관이 체계적으로 되어 있지 못하면 활용도가 낮아져 애써 준비한 학습 자료들의 가치가 충분히 발휘되지 못하는 것을 유념하여 관리 및 보관 방안에 대해서도 미리 준비되도록 한다.

3 영역별 보육환경 구성

영유아를 위한 보육환경의 영역은 크게 실내 보육환경, 실외 보육환경, 기타 서비스 보육환경으로 구분할 수 있다.

1) 실내 보육환경

잘 꾸며진 실내 보육환경은 영유아의 정서를 안정시키고 감각을 발달시키고 운동기술과 사회성 발달을 촉진시킨다. 이러한 환경은 아이와 교사 모두에게 편안하고 매력적이다.

실내 보육환경은 교실의 전체적인 환경과 흥미 영역으로 구분된다. 전체적인 환경은 폐쇄되고 분절된 공간이 아니라 통합된 공간으로 영유아가 자율적으로 활동할 수 있으며 편안하게 생활할 수 있는 공간이 되도록 구성할 필요가 있다. 보육실에는 기본적인 설비와 함께 영유아를 위한 보육 자료들이 배치되며 자연 소재와 자연물로 실내 공간을 구성하여 자연의 변화와 아름다움을 경험하게 하며 정서적 안정감을 느끼도록 한다.

흥미 영역이란 여러 형태의 교구장이나 뷰리대 또는 기타의 방법으로 여러 가지 놀이 영역을 구분하는 것을 말하는데 이를 활동 영역이라고도 한다. 보육실에 비치되는 흥미 영역은 연령의 특성을 반영하며 일반적으로 쌓기 영역, 역할 영역, 언어 영역, 수·조작 영역, 과학 영역, 음률 영역, 미술 영역 등이다(김영옥 외, 2010). 흥미 영역은 다양한 활동을 해볼 수 있도록 자율적인 공간으로 구성하며 낮은 분리대와 칸막이, 이동식 교구장, 가리개, 책꽂이 등으로 구분하여 각 영역별 특수성이 유지되면서도 다른 영역과의 연계나 통합이 이루어지도록 구성한다. 또한 영역 간의 통행이 잘 되도록 통로 공간을 확보해 주어 모든 영역이 교사의 시야에 들어올 수 있도록 한다. 이와 같은 흥미 영역의 구성은 고정된 것이 아니라 변경 가능하며, 1년을 단위로 4~5번 정도 위치를 재배치하는 것이 바람직하다. 학기 초에는 교사가 구성하여 제공하는 것이 일반적이나 점차적으로 영유아와 함께 흥미 영역 구성의 불편함이나 편리함에 대한 생각을 공유하고 이를 토대로 재배치해 보도록 한다. 이처럼 교실의 흥미 영역을 잘 구성하는 것은 영유아들 간의 갈등상태를 줄여주고 활동을 더욱 효과적으로 하도록 도와준다.

다음은 5세 보육 프로그램(육아정책개발센터, 2008)에서 제시된 실내 흥미 영역의 구성을 위한 유의 사항이다.

- 영유아의 흥미를 고려하여 영역을 구성하되 보육실의 공간 크기와 유아 수, 흥미 영역에 필요한 공간 크기 등을 함께 고려한다. 즉, 유아의 수가 20명이고 보육실의 공간이 20명 놀기에 적당하다면 한 흥미 영역에 3~4명이 들어가서 활동할 수 있도록 약 5~6개 영역으로 구성할 수 있다. 그러나 영역의 특성에 따라 공간 크기는 다소 다르게 정하는 것이 바람직하다. 예를 들어, 언어 영역은 다소 정적인 활동이 이루어지는 반면 쌓기놀이 영역은 넓고 높게 블록을 쌓는 동적인 활동이 주로 이루어진다는 점을 고려하여 공간 크기를 정할 필요가 있다.
- 흥미 영역으로는 미술 영역, 언어 영역, 수 · 조작 영역, 쌓기놀이 영역, 역할놀이 영역, 음률 영역, 과학 영역 등이 있다. 이외에 주제나 놀이 상황에 맞추어 각 반에서 새롭게 만든 영역을 구성할 수 있다.
- 흥미 영역을 배치할 때는 보육실 내의 공간 구조를 고려하여 소음이 많은 쌓기놀이 영역이나 역할놀이 영역, 음률 영역은 인접하여 배치하고, 언어 영역이나 과학 영역, 수 · 조작 영역 등 소리가 많이 나지 않는 영역은 조용한 곳으로 배치한다. 특히 언어 영역은 유아들의 왕래가 많은 곳을 피하며, 미술 영역은 물이 가까이 있는 위치에 배치하거나 세면대가 외부에 있는 경우에는 출입문과 인접한 곳에 배치하는 것이 바람직하다.
- 흥미 영역을 구분할 때는 낮은 교구장을 이용하면 공간의 크기나 형태를 쉽게 바꿀 수 있고 교구장 너머로 놀고 있는 유아를 교사가 늘 관찰할 수 있어서 바람직하다. 벽 쪽으로는 좀 더 높은 교구장을 배치하고 보육실의 중앙 쪽에는 낮은 교구장을 배치한다. 유아들이 흥미 영역에 들어가고 나갈 때 활용하는 입구(문이 따로 있는 것이 아니라 교구장과 교구장 사이의 열린 공간을 의미)는 그 영역에서 유아의 놀이나 옆의 흥미 영역에 있는 또래들을 방해하지 않도록 고려하여 배치한다.

- 유아들이 보육실의 흥미 영역을 오고 갈 때, 왔던 길을 두 번 지나가거나 영역을 뛰어넘거나 다른 놀이를 방해하며 지나지 않도록 보육실 내에 보이지 않는 통로(유아가 한 흥미 영역에서 다른 흥미 영역을 갈 때 사용하는 길)를 고려하여 영역을 배치한다. 또한 교사가 보육실을 전체적으로 살펴보며 유아들이 많아 서로 놀이가 방해되고 있거나 유아가 한 명도 없는 영역이 있는지를 관찰하여 필요하면 영역을 잠시 넓혀주거나 합하여 주는 등 융통성 있게 운영한다.
- 흥미 영역에 비치하는 교재 · 교구 등은 유아가 실제 늘 보아왔던 실물을 그대로 사용하는 것이 바람직하다. 그렇지 않을 경우에는 유아용으로 나온 작은 것을 사용한다.
- 벽에 붙이는 모든 부착물은 유아의 눈높이를 고려하여 낮게 붙이고 유리가 있는 시계나 액자 등은 겉면을 투명비닐로 싸거나 플라스틱으로 된 제품으로 교체하여 떨어지지 않게 고정하도록 한다.
- 교재 · 교구는 유아가 쉽게 선택할 수 있도록 잘 보이게 배치하며, 유아가 꺼내기 쉽고 낮아야 한다. 또한 유아가 놀고 나서 다시 정리할 때에도 쉽게 제자리를 찾을 수 있도록 그림이나 사진 등으로 자리표시를 한다.
- 모든 교재 · 교구는 안전해야 하며 자주 세척, 세탁하여 위생을 최대한 고려해야 한다.
- 기본적으로 매번 사용되어야 하는 교재 · 교구나 자료 등은 항상 비치해 놓고, 대부분 주제나 계절에 따라 주기적으로 교체를 한다.

이상의 유의점 외에도 보육환경 구성과 관련하여 중앙 및 지역보육정보센터에서 개발한 평가인증 조력 프로그램에서 제시하고 있는 보육환경 점검 사항들도 고려하여 보육실의 공간 배치에 대한 이해도를 높이도록 한다.

|Tip|

평가인증 조력 프로그램에서 제시된 보육환경 점검 사항을 확인해 봅시다.

구분	항목	○	×
1	• 사물함은 출입문 가까이에 배치되어 있는가?		
2	• 조용하고 움직임이 적은 활동(책읽기, 수 활동, 과학 활동 등) 공간과 시끄럽고 움직임이 많은 활동(음률 활동, 역할놀이, 쌓기놀이 등) 공간을 구분하여 배치하였는가?		
3	• 물이 필요한 영역(미술 영역 등)과 물이 필요 없는 영역(언어 영역, 쌓기 영역 등)을 구분하여 배치하였는가?		
4	• 영역 간에 구분을 하되, 영유아들의 동선이나 안전을 고려하고 있는가?		
5	• 0~1세 영아반의 경우, 일상생활 공간(기저귀 갈기, 수유, 잠자기 등)과 놀이 공간(대근육 활동, 탐색 활동 등)이 적절하게 구성되어 있는가?		
6	• 2세 영아반의 경우, 유아반처럼 흥미 영역이 너무 세분화되어 있지는 않는가?		
7	• 모든 영역에서 활동하고 있는 영아들이 교사의 시야에 들어오는가?		

| 출처 | 중앙보육정보센터(2009). 평가인증 조력 프로그램. 보육환경.

여기서는 실내 보육환경을 만 0~2세 영아반과 만 3~5세 유아반으로 구분하여 살펴보고자 한다.

(1) 영아반(만 0~2세)

표준보육과정이 고시된 이후 발간된 보육 프로그램(2008)에서는 실내환경을 일상 활동과 놀이 활동 영역으로 구분하고 연령에 따라 일상생활 영역을 포함하거나, 내용 및 용어를 다소 변화시켜 제시하고 있으며, 놀이 활동 영역도 연령이 증가함에 따라 세분화하고 있다. 각 연령별로 제시된 영역은 다음 | 표 8-1 | 과 같다. 영아반에는 비품 정리 공간, 휴식을 위한 개인 공간, 기저귀 갈이, 수유 공간, 온·습도 조절 기능을 위한 설비, 세면대와 같은 일상적 양육을 위한 놀이 공간이 필요하다.

|표 8-1| 표준 보육 프로그램(0~2세)에 제시된 영아의 연령별 실내 활동 영역

구분	영아반 보육 환경 구성							
	일상생활 영역		놀이 영역					
0세반	수유	기저귀 갈이	신체	언어	감각 · 탐색	–	–	–
1세반	수유	기저귀 갈이	신체	언어	감각 · 탐색	역할 · 쌓기	–	
2세반	–	–	신체	언어	감각 · 탐색	역할 · 쌓기	미술	음률

* 단, 가정어린이집은 각 연령반 영역을 기준으로 하되, 면적이 협소할 경우 어린이집 내에 나누어 배치 가능

** 0세는 영역을 구분 짓기보다는 영역에 해당되는 놀잇감을 충분히 배치하여야 함

위의 표를 토대로 영아반의 보육실에 구성할 수 있는 기본적인 실내 보육환경 구성의 예를 제시하고 이를 토대로 각 영역의 특징을 살펴보면 다음과 같다.

① 일상생활 영역

영아 보육에서는 먹이고, 화장실 다녀오고 잠재우기 등의 일상생활이 많은 부분을 차지한다. 이러한 일상생활을 위한 환경으로는 개인장, 화장실, 간식 및 점심, 낮잠 및 휴식 공간 등 영아의 기본적인 욕구를 충족시킬 수 있는 곳으로 가정 같은 따뜻한 분위기와 정서적 안정감이 중요하다. 또한 보육실 내의 일정한 공간을 확보하여 독립적이며 위생적이고 안전하게 관리하도록 한다.

■ 개인 사물함

영아가 개별적으로 사용하는 여벌옷과 비품을 정리하기 위한 사물함은 될 수 있는 대로 보육실 내에 설치하거나 보육실로 들어오는 입구 가까운 곳에 두어 부모가 수시로 확인하고 물품의 정리 · 정돈이 용이하게 한다. 사물함이나 개인 서랍에는 영아의 이름과 사진을 부착하여 자기 것을 다른 것과 구분하여 인식할 수 있도록 한다. 사물함에 교사가 각 영아의 상태를 기록한 수첩이나 부모에게 전달하는 통신문 등을 담아 두기도 하여 영아에게 필요한 정보와 물품이 잘 전달될 수 있도록 안내가 되어 있으면 교사의 손길을 덜 수 있다.

■ 휴식 영역

영아가 조용히 쉴 때 이용하는 공간으로 조용한 곳에 아늑함과 부드러움을 느낄 수 있도록 구성한다.

침실은 조용하고 아늑하며 따뜻한 공간이어야 한다. 영아와 종일반 영유아를 위하여 별도의 공간을 마련할 수도 있고 필요에 따라서는 보육실을 활용할 수도 있다. 별도의 낮잠 공간이 있는 경우에는 먼저 잠에서 깨어난 영아는 다른 보육실에 가서 활동하게 하므로 자고 있는 영아의 숙면을 방해하지 않는 장점이 있으며, 특히 영아의 경우에는 하루일과 중에도 여러 번 잠을 자야 하므로 숙면을 취할 수 있도록 배려한다.

낮잠 시간의 분위기는 조용하고 아늑하게 조성해주어 영아가 편안함과 안정감을 느낄 수 있도록 하며, 커튼이나 블라인드로 직사광선을 차단해주며, 침구를 위생적으로 관리한다. 영아의 옷은 잠자기 편한 복장으로 갈아입히고 자기 전에 기저귀를 갈거나 화장실에 다녀오도록 한다. 낮잠 시간에는 반드시 교사가 교실에 상주하여 영아가 자는 것을 점검하고 보살피며, 영아가 깰 때쯤 커튼을 걷어 밝게 한 후 창문을 열어 환기를 시킨다. 또한 영아에게는 집과 같은 느낌이 들면서도, 안정되고 편안한 휴식 공간에서 휴식을 취하기도 하며 개인적인 정적 활동을 할 수도 있다.

잠자기 및 휴식 영역에 구비되어야 할 자료

- 수유기 영아를 위한 요람
- 이유기 영아를 위한 난간이 있는 침대 및 개인용 매트
- 흔들의자, 편안한 의자나 쿠션, 카펫, 러그 등의 깔개

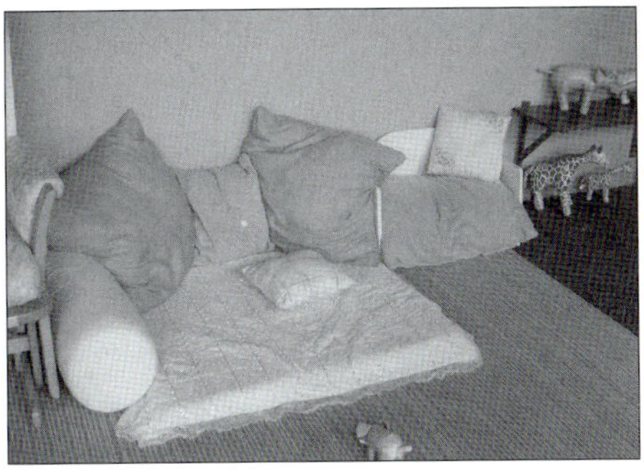 

■ 기저귀 갈이 영역

기저귀 갈기는 영아와 교사 간 긴밀한 상호작용이 이루어지는 중요한 시간이며, 교사와의 언어적 상호작용을 통해 영아의 언어발달을 촉진할 수 있는 시간이기도 하다. 기저귀 갈기 영역은 영아의 휴식 공간 가까이에 따뜻한 공간이어야 한다. 영아를 눕히기에 적당한 크기로, 청소하기 쉬운 마감재를 사용한 매트를 사용한다. 사용한 기저귀를 처리할 폐기용 비닐과 휴지통을 준비한다. 기저귀를 가는 데 필요한 도구를 수납할 장이나 선반을 비치한다.

기저귀 갈기는 영아에게 반복되는 중요한 일과이다. 영아의 배변은 대 · 소변 훈련 전까지는 대부분 개인 시간표에 따라 이루어지므로 교사는 수시로 기저귀를 점검하고 갈아주어야 한다. 영아가 잠자는 곳 가까이에 배치하고 기저귀를 가는 동안에는 영아와의 개별적 상호작용이 일어나도록 하며, 기저귀를 갈아 줄 때는 물휴지 등으로 깨끗이 닦아주고 대변 시는 물을 이용하여 닦아준다.

배변 훈련을 시작하는 영아를 위해 화장실을 안전하게 구성한다. 영아가 미끄러지지 않도록 바닥에 미끄럼 방지처리를 하고, 손을 씻을 수 있도록 수건, 물비누 등을 비치한다. 영아용 변기를 비치하여 영아의 배변 훈련을 돕는다. 성인용 변기일 경우에는 성인용 변기 위에 영아용 변기 뚜껑을 올려서 사용한다. 이동용 변기를 사용할 경우에는 항상 변기가 깨끗하게 비워져 있어야 한다.

기저귀 갈이 및 화장실에 구비되어야 할 자료

- 기저귀
- 물휴지, 비누, 로션, 수건
- 그림이나 사진
- 딸랑이, 모빌
- 안전거울

■ 수유 및 식사, 간식 영역

영아의 월령이 증가함에 따라 수유 및 식사 자세의 변화가 이루어진다. 모유 수유처럼 성인에게 안기어 수유하는 상태에서 우유병 혼자 잡고 마시기, 이유식 먹기, 의자에 앉아서 성인의 도움으로 먹기, 식탁에 앉아 혼자 먹기 등의 순서로 이어진다. 0–1세 영아의 이러한 발달 특성을 고려하여 위생적이고 편안한 수유 및 식사를 위한 공간의 확보에 노력한다.

영아 중 특히 수유기와 이유기의 영아들은 정해진 시간에 규칙적으로 먹는 경우가 드물기 때문에 개인적 필요에 따라 수유할 수 있는 공간과 식사와 간식을 할 수 있는 영역이 필요하다. 어린 유아일수록 일일수유 및 이유식 시간표를 가까운 곳에 두고 활용하는 것이 필요하며, 음식을 조리하는 곳과 가까이 배치하는 반면 놀이 영역이나 기저귀 갈이, 낮잠 자는 영역과는 분리하여 배치하며 청결 상태가 항상 유지되도록 한다.

수유, 이유 및 급식을 할 때에는 영아들 간의 혹은 교사와의 사회적 상호작용이 일어나도록 영아들이 서로 쳐다볼 수 있도록 탁자나 의자를 마련해주고, 교사가 수유기 영아를 안고 먹일 수 있도록 편안한 의자, 흔들의자를 마련하는 등의 배려가 필요하다.

또한 어린이집에서 보내는 시간이 많을수록 영아의 건강이나 영양이 우선적으로 고려되어야 하며, 간식과 식사 시간을 통해 음식 섭취가 즐거운 경험이 되도록 편안한 분위기를 만들어주며, 이를 통하여 영아의 식생활습관이 자연스럽게 형성되도록 한다.

수유, 이유 및 급·간식 준비를 위해 갖추어야 할 구비 자료

- 개인용 우유병
- 냉장고와 전자레인지, 오븐
- 살균 소독기
- 조리대와 싱크대

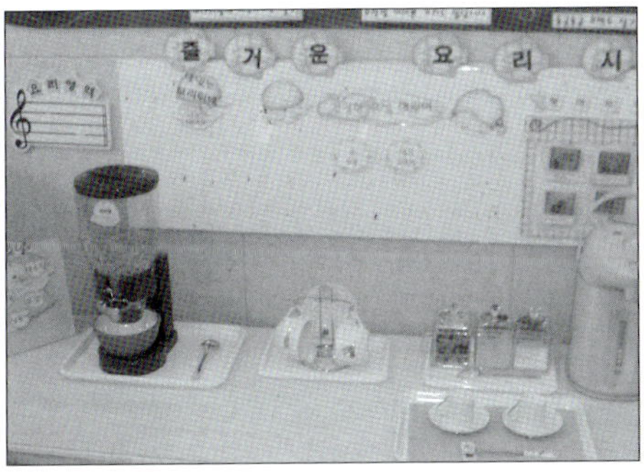

■ 화장실 및 욕실 영역

화장실 및 욕실은 보육실 내 혹은 가까이에 설치하여 영아가 자유롭게 배변할 수 있도록 한다. 화장실에는 세면대, 변기, 욕조 및 샤워기 등을 갖추어 청결하고 위생적이며, 사용하기에 편리하고 밝고 상쾌한 느낌이 들도록 구성하여 화장실에 대해 긍정적인 감정을 갖도록 한다. 화장실 및 욕실 내에 기본생활습관 지도를 위한 그림이나 사진 자료 등을 제시하여 올바른 습관이 실천될 수 있도록 지원한다.

세면대는 영아의 키 높이에 맞게 설치하며 그 위에 거울을 걸어둔다. 변기가 있는 공간은 문을 설치하지 않고 변기 사이에 낮은 칸막이를 설치하며, 주변에 세면대와 목욕시설이 있어 필요시 몸을 씻을 수 있도록 한다. 양치용품은 칫솔과 컵을 보관하는 장소(가능하면 살균 소독기 준비)를 마련하여 사용 후 개별적으로 정리할 수 있도록 한다. 바닥은 미끄럼 방지 시설을 해야 하며 세정 장치와 냉온수의 온도는 온수 사용 시 화상을 입지 않도록 고정 또는 조정 장치를 설치한다.

 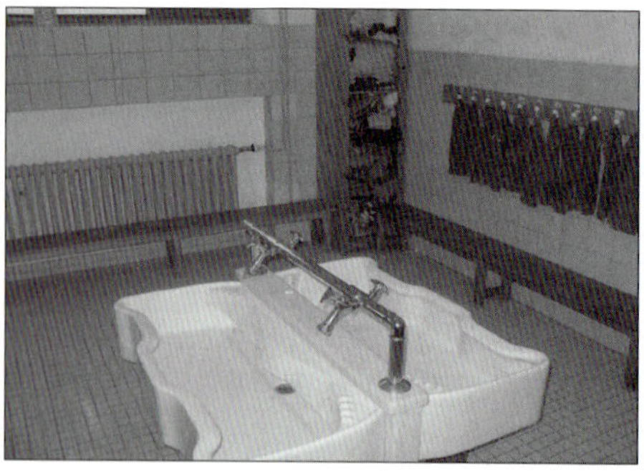

② 놀이 영역

■ 신체 영역

영아는 움직임에 대한 욕구가 강하여 끊임없이 움직이면서 에너지를 발산한다. 어린 영아는 실외 활동을 하기가 쉽지 않기 때문에 실내 보육환경에 신체 및 움직임을 위한 영역이나 대근육 운동 영역을 설치하는 것이 바람직하다. 보육실 내에 다른 활동에 방해가 되지 않는 일정 공간을 정해 영아가 오르고 내리고 타고 밀고 뛰고 길 수 있는 시설과 설비를 갖추어 영아의 탐색과 움직임을 위한 공간이 충분한지, 시설물과 자료들이 안전한지 수시로 영아의 동선과 상태를 확인한다.

이 영역은 다른 영역에 비해 넓고 개방된 공간으로 구성하며 움직임과 활동량이 많은 영아의 안전을 고려하여 충격을 흡수할 수 있는 카펫, 매트, 러그 등의 깔개를 마련해 준다. 놀이기구는 고정적으로 배치하기보다는 상황에 따라 융통성 있게 구성하는 것이 바람직하다.

대근육 활동 영역 구비 자료

- 영아용 침대에서 사용이 가능한 놀이기구
- 밀고 당기는 놀잇감(단순, 손에 쥘 수 있는 크기)
- 스펀지 블록, 종이 블록, 공(천이나 플라스틱)
- 노래하며 춤추며 사용하는 음률 자료
- 바퀴 달린 탈 수 있는 놀잇감
- 기어오를 수 있는 계단이나 경사로(부드러운 솜이나 스펀지를 넣은 것)
- 운동놀이 기구(손이나 발동작으로 이동 · 비이동 · 조작 운동을 할 수 있는 기구)

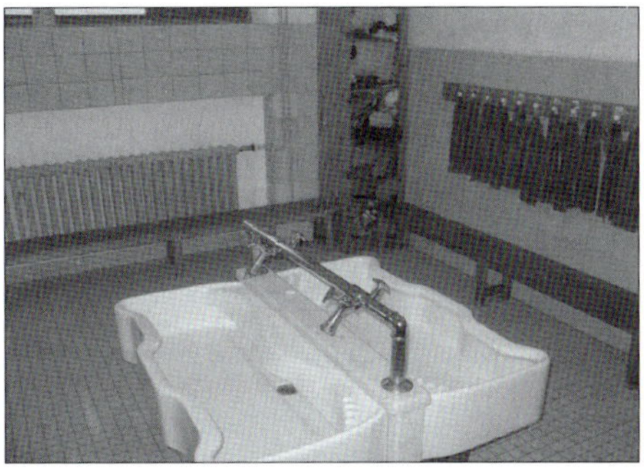

■ 언어 영역

언어 영역은 영아가 책을 보기나 교사가 책을 읽어주는 언어 영역으로도 활용될 수 있다. 따뜻하고 안정된 분위기에서 집중할 수 있도록 조용하고 빛이 잘 드는 곳에 배치하며, 바닥에는 카펫이나 매트를 깔아주고 편히 기댈 수 있는 쿠션이나 푹신한 의자를 마련해 주어 편안하고 매력적인 느낌을 주도록 하며 교사와 영아가 편안한 관계를 맺을 수 있도록 한다. 영아는 교사와의 책보기나 이야기 듣기를 통해 책에 대한 관심을 보이고 글을 읽지 못해도 책장 넘기는 것 자체를 보고 즐기는 때이므로 매일 책을 보고 놀 기회를 마련한다.

연령별 발달 수준을 고려하여 다양한 질감을 사용한 책(천, 비닐), 단순한 개념책이나 쉬운 책, 책 속의 캐릭터 인형을 비롯하여 부드러운 인형류를 제시해 줄 수 있고 이야기가 전개되는 그림이나 동시 자료, 동화가 담긴 동화 테이프 등을 비치해 주어 말하기, 듣기, 쓰기 경험을 모두 경험해 볼 수 있도록 한다.

언어 영역에 필요한 기본 자료

- 기본 자료: 안락한 쿠션이나 방석, 긁적거리기 판, 카세트, 동화 테이프
- 여러 가지 그림책–까꿍 놀이책, 가족, 친숙한 물건, 동물 그림책, 느낌이나 태도에 관한 책, 일상생활에 관한 책(예 먹기, 배변, 손 씻기), 자연에 관한 책, 촉감책
- 다양한 그림, 사진 등의 인쇄물
- 필기도구, 종이류
- 재질, 형태, 주제에 따라 다양한 그림책(예 촉감책, 헝겊책, 비닐책, 퍼즐책, 소리 나는 책, 구멍이 있는 가면놀이용 책 등)

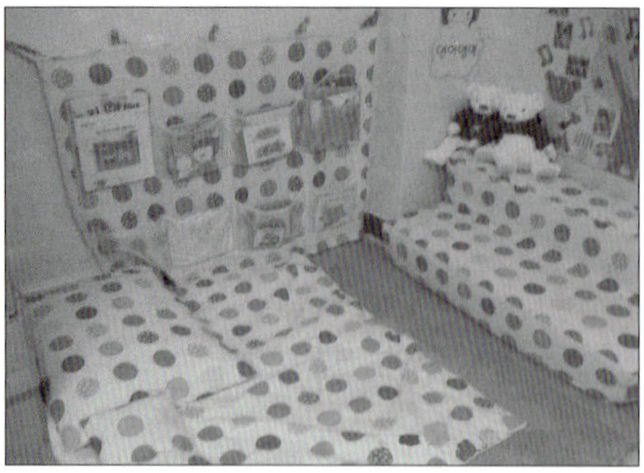

■ 감각 및 탐색 영역

영아기는 다양한 감각 운동 기능을 활용한 탐색의 즐거움이 주를 이루는 시기이며, 오감을 통해 사물에 대한 인식과 환경에 대한 지식을 발달시킨다. 따라서 교사는 영아에게 적합한 놀잇감과 활동을 마련해주며 소근육의 조작 경험을 충분히 할 수 있는 환경을 제공해주며, 영아가 작은 놀잇감을 가지고 놀 때는 반드시 곁에서 관찰하여 입이나 귀, 코에 넣거나 위험한 곳에서 사용하지 않도록 주의한다.

놀잇감은 영유아가 직접 만지고 조작해보는 자료이므로 손으로 만지고 놀 수 있는 적당한 크기이여야 하며, 유해 성분이 없으며 위생에도 주의를 기울이도록 한다. 놀잇감을 정기적으로 교환해주고 선호하는 것은 여러 개 준비하여 제공한다. 손으로 다양하게 탐색해보고 조작해 볼 수 있도록 여러 가지 자연물, 소형 블록, 퍼즐류 등을 준비한다. 2세가 되면 동 · 식물에 관심을 가지므로 집에서 기를 수 있는 동 · 식물, 주변에서 볼 수 있는 다양한 사물, 사진과 돋보기 등 관찰할 수 있는 재료를 별도의 영역을 마련해 주거나 조작 영역과 함께 마련해주는 것도 바람직하다.

탐색 및 조작 영역에 필요한 기본 자료

- 모양 블록 끼우기 상자, 소리가 나는 놀잇감, 누르면 튀어 오르는 놀잇감, 겹겹이 넣는 컵 블록
- 다양한 형태의 주머니와 한 손에 잡을 수 있는 다양한 감각 자료 등
- 손으로 조작할 수 있는 놀잇감류
- 동물, 식물, 여러 가지 자연물 등

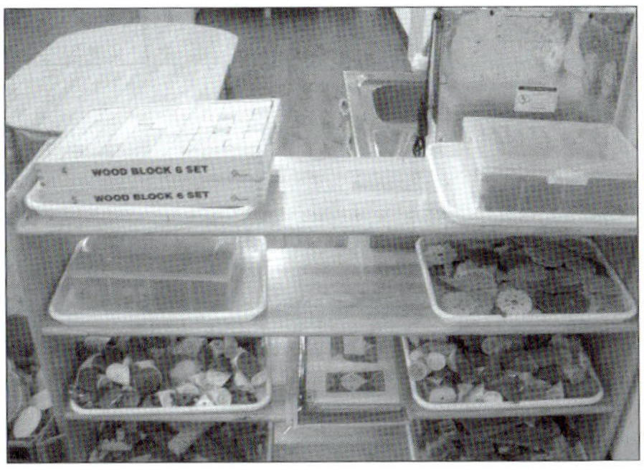

■ 역할 및 쌓기 영역

1세가 지나면서 영아는 자신의 경험과 생활을 흉내 내며 제법 상상놀이를 즐기게 되므로 다양한 역할놀이가 일어날 수 있도록 기본 설비와 자료들을 제시해 준다. 그러나 영아의 경우에는 친숙한 보호자와는 활발하게 상호작용하려고 시도하지만 다른 영아와는 적극적인 상호작용이라기보다는 쳐다보거나 또래 곁에서 놀잇감을 혼자 탐색하며 있으려고 한다. 따라서 교사는 영아의 단순한 흉내를 역할놀이로 확장시키며 일상생활 중에서 쉽게 경험할 수 있는 놀잇감(예 전화기, 유모차, 인형침대, 가방 등)을 이용하여 또래와의 상호작용의 기회로 활용하도록 한다. 쌓기 영역 등과 통합하거나 확장하여 운영할 수 있으며 이 시기의 영아는 밀폐된 공간을 좋아하므로 커다란 상자를 이용하여 집을 만들어 주거나 커튼을 이용하여 아늑한 공간을 만들어 주면 효과적이다. 가족놀이, 부엌놀이, 모자놀이, 아기놀이, 목욕놀이, 소방시놀이 등을 즐기므로 영아의 관심, 놀이 상황, 계절 등에 따라 적절하게 바꾸어준다.

쌓기놀이는 활동량이 많은 영역이므로 넓은 공간을 확보하도록 하고, 안전에 유의하고 블록을 나를 때 발생하는 소음 등을 고려하여 바닥에는 카펫을 깔아준다. 카펫은 털이 없고 단단한 것을 선택하여 영아가 안전하게 구조물을 구성하도록 하며 항상 청결하게 관리한다. 영아기에는 어떤 주제를 갖고 쌓기를 시작하며 쌓기 영역에서도 상상놀이가 일어나므로 동물, 자동차, 사람 등의 다양한 소품을 함께 제공한다. 쌓기 놀잇감은 플라스틱, 나무 등의 재질과 끼우기, 쌓기 등의 구성 방식에 따라 차이가 있으나 영아의 발달적 수준과 영아 수를 고려하여 다양한 종류로 충분한 양을 제공하며, 인기 있는 적목 같은 것은 충분히 준비하여 분쟁의 소지를 막도록 한다.

역할놀이 및 쌓기놀이에 필요한 기본 자료

- 영아들에게 친숙한 가정용품
- 세탁이 용이한 재료로 만들어진 다양한 크기와 촉감의 인형
- 교통기관 놀잇감, 주방놀이, 가게놀이 관련 도구와 소품
- 아기놀이 관련 놀잇감
- 여러 가지 직업과 관련된 유니폼과 소품
- 여러 가지 블록: 나무 블록, 종이 블록, 우레탄 블록, 스펀지 블록, 여러 가지 소품 인형 등
- 인형과 소품: 여러 종류의 인형, 인형침대, 안락의자 등 인형용 가구 등

■ 미술 영역

영아에게 창작 표현의 기회를 제공하는 다양한 자료와 공간을 마련해 준다. 영아의 경우에는 음률과 미술 영역을 통하여 창의적인 표현의 기회를 제공받을 수 있다. 연령이 어릴수록 표현 활동보다는 감각탐색 활동이 주가 되는 미술 활동이 이루어진다. 활동적이면서도 물이 필요한 영역이므로 주위에 싱크대와 화장실 등이 가까운 곳에 배치하며, 낮은 책상과 정리장에 색깔과 질감이 다른 여러 가지 다양한 재료를 준비하여 영아가 여러 가지 재료를 탐색하고 만들어 보도록 하되 입에 넣거나 얼굴에 묻혀도 무해한 재료들로 준비한다.

벽면에는 큰 종이와 함께 무독성 크레파스나 굵고 짧은 색연필을 끈에 달아 고정시켜 주어 영아가 마음껏 긁적거릴 수 있도록 하며, 1세 후반부터는 안전가위를 사용할 수 있으므로 다양한 종이류와 함께 내주도록 한다. 종이는 작은 것보다는 큰 것을 준비하며 바닥, 책상, 이젤 등 여러 곳에서 그려보게 한다.

미술 영역에 필요한 기본 자료

- 기본 자료: 그리기, 오리기, 만들기 도구를 항상 제시한다.
- 크기, 질감, 색깔, 모양이 다양한 화지류
- 크레파스, 색연필, 사인펜, 손가락 그림물감, 밀가루 반죽
- 가위, 풀, 테이프 등의 자르고 붙이는 재료 및 도구
- 재활용품(우유팩, 다양한 크기의 식음료 통)

■ 음률 영역

영아는 자신의 욕구에 따라 악기를 이용하여 소리를 내보며 음악을 통해 자신의 감정을 표현하는 경험을 할 수 있다. 또한 영아는 여러 가지 음악을 들으면서 그 속에 담긴 감정을 느껴볼 수도 있다. 영아가 스스로 예술적인 경험을 할 수 있도록 여러 가지 매개체(예 악기, 음악 테이프, 리본, 스카프, 의상 등)을 준비하고, 움직이는 모습을 볼 수 있도록 벽에 큰 거울을 비치하면 좋다.

음률 영역에 필요한 기본 자료

- 카세트나 녹음기
- 리듬악기(예 북, 트라이앵글, 마라카스, 탬버린, 캐스터네츠 등)

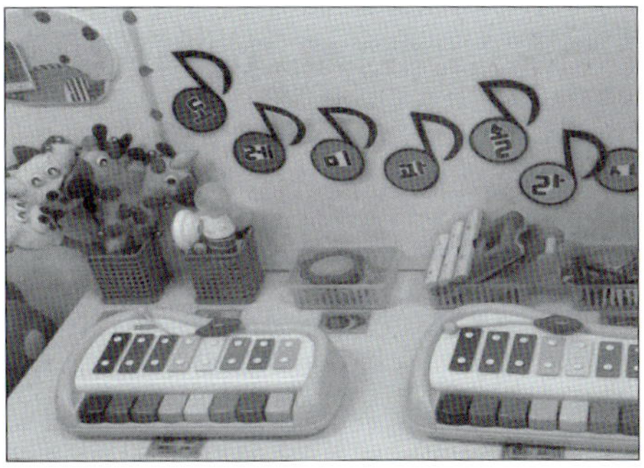

(2) 유아반(만 3~5세)

유아를 위한 실내환경은 영아에 비해 일상생활 영역보다는 놀이와 교육 영역에 더 많은 비중을 둔다. 유아의 발달 수준과 행동 특징, 흥미 등을 반영하여 유아가 안전하고

즐겁게 놀이할 수 있고, 개별 유아의 상호작용을 지지하고 격려할 수 있도록 각 공간의 기능을 충분히 고려하여 구성한다. 일반적으로 만 3~5세 유아의 보육실에서 기본적으로 운영되는 영역 구성의 예를 제시하고 이를 토대로 각 영역의 특징을 알아보면 다음과 같다(최애경 · 송연숙 · 남미경, 2007).

① 계획 영역

계획 영역은 유아가 등원 후 자유선택 활동을 시작하기 전에 유아 자신이 어떤 활동을 할 것인지 생각해보고 개별적으로 계획해보는 영역으로 교실 전체를 둘러볼 수 있도록 출입구 옆에 위치하는 것이 바람직하다. 교사는 계획판을 사용하여 자유선택 활동 영역을 나타내는 그림이나 사진, 영역 이름, 활동할 수 있는 인원수를 표시하여 계획판을 구성하고 새로 첨가되는 영역이나 활동도 그림 카드를 만들어 붙인다. 이러한 계획 영역에는 주로 오늘의 일과표나 날짜, 출석 도장 찍기, 오늘의 도우미 등에 대한 정보도 함께 제시하기도 한다.

계획 영역에 필요한 기본 자료

- 계획판(영역 안내판), 달력, 이름표와 판, 계획 용지 및 보관통, 필기도구, 날짜판, 요일 도장, 여러 가지 당번표 등

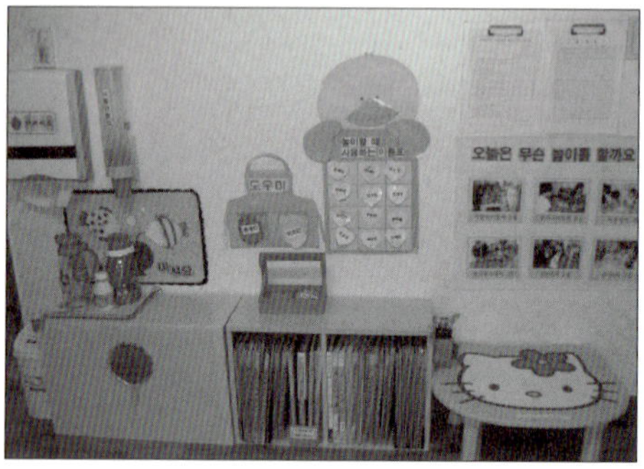

② 언어 영역

언어 영역은 유아가 책을 보거나 교사가 책을 읽어주는 영역으로 사용될 수 있다. 따라서 따뜻하고 안정된 분위기에서 집중할 수 있도록 조용하고 빛이 잘 드는 곳에 배치하며, 바닥에는 카펫이나 매트를 깔아주고 편히 기댈 수 있는 쿠션이나 푹신한 의자를 마련해 주어 편안하고 매력적인 느낌을 주도록 한다. 책꽂이는 책의 앞면이 잘 보이도록 교구장을 정리해주며, 유아가 현재 읽고 있는 책인 경우에는 바구니를 이용하여 담아둘 수도 있다.

유아를 위한 언어 영역은 듣기, 말하기 활동에서 나아가 읽고 쓰는 활동이 적절히 이루어지도록 구성하거나 독서를 위한 영역 혹은 읽고 쓰기를 할 수 있는 영역으로 분리하여 구성할 수도 있다. 연령별 발달 수준을 고려하여 다양한 책, 이야기가 전개되는 그림이나 동시 자료, 동화가 담긴 동화 테이프 등을 비치해주어 스스로 조작하여 활용할 수 있도록 도와준다.

듣기 활동을 위해서는 주위에 방해를 주지 않도록 카세트와 헤드폰을 준비하여 동화를 들을 수 있도록 배려하며, 학기 후반으로 갈수록 유아가 읽은 책에 대한 느낌이나 생각을 기록할 수 있도록 쓰기 관련 자료들을 준비해준다.

언어 영역에 필요한 기본 자료

- 듣기 자료: CD 플레이어와 CD, 헤드폰, 카세트 레코더와 테이프, 슬라이드, 다양한 책 등
- 말하기 자료: 이야기 꾸미기 자료, 융판, 그림 카드, 여러 가지 인형류
- 읽기 자료: 다양한 책과 책꽂이, 그림책, 주제에 따른 화보 모음책, 잡지류, 사전, 촉감글자, 이름 카드, 글자 카드, 게임 카드 등
- 쓰기 자료: 다양한 필기도구, 종이류
- 친숙한 일상생활 용품의 사진과 이름이 있는 단어 카드

③ 탐색 · 수 · 조작 영역

유아는 보고, 듣고, 만지고, 냄새 맡고, 맛보는 등의 감각을 사용하여 사물을 탐색하고, 직접 조작해보는 신체 접촉을 통해 사물에 대한 이해를 넓혀간다. 즉 탐색과 조작 활동을 통해 소근육, 눈과 손의 협응력, 시각과 촉각 능력, 논리적 사고력 등이 향상된다. 따라서 교사는 유아에게 적합한 놀잇감과 활동을 마련해주며 소근육의 조작적 경험을 충분하게 할 수 있는 환경을 제공해주며, 관찰을 토대로 필요한 시기에 개입하여 영유아를 격려하고 놀이를 확장시켜 준다.

개별적인 활동이 주로 이루어지는 곳으로 조용한 영역에 책상과 함께 배치하고 보육 주제에 맞추어 1~2주에 한 번씩 관련 교구들을 교체해 준다. 놀잇감은 유아들의 흥미를 끌 수 있도록, 잘 보이게 정리 · 정돈도 쉽게 할 수 있도록 바구니나 쟁반에 담아 제공한다. 상품화된 교구나 놀잇감 이외에 나들이나 실외 활동 시 유아들과 함께 수집하여 안전이 확인된 자연물도 특별한 관심을 불러일으킬 수 있다. 개별적인 탐색을 즐기는 조작 활동을 위한 교구와 유아 간의 상호작용을 유발하는 그룹 게임 등을 마련해 준다.

탐색 · 수 · 조작 영역에 필요한 기본 자료

- 보육 주제와 관련된 다양한 퍼즐류, 구슬을 조작하여 이동을 볼 수 있는 레일
- 일상생활 활동을 위한 자료: 열쇠, 자물쇠 맞추기, 볼트 · 너트 맞추기, 옮겨 담기, 바느질 카드
- 수학 활동을 위한 조작교구
- 보육 주제와 관련된 판 게임이나 카드 게임 자료
- 구성하기를 위한 자료: 블록 등

④ 미술 영역

유아는 다양한 매체를 통하여 자유롭게 표현해 봄으로써 재료 및 도구의 특성과 사용 기법을 익힐 뿐만 아니라 창의적인 자기표현과 감상의 기회를 가진다. 따라서 교사는 유아의 탐색, 표현, 감상의 발달적 수준을 고려하여 적절한 매체를 지원해 주어야 한다.

미술 영역은 그리기, 만들기, 꾸미기, 찍기, 구성하기 등의 다양한 활동이 이루어지는 곳으로, 평면 활동과 입체 활동에 필요한 다양하고 풍부한 재료를 비치하며, 유아의 필요에 따라 손쉽게 사용할 수 있도록 준비해준다. 또한 재료는 연령이나 주제, 시기에 따라 교체하거나 첨가해주되 일반적인 기본재료는 쉽게 활용할 수 있는 공간에 위치해 준다.

미술 영역은 자료 보관, 작업 공간, 전시 공간 등 많은 공간을 필요로 하며, 조용하고 밝고 개수대 가까운 곳에 위치하는 것이 바람직하다. 활동 유형에 따라 테이블 위에 비닐지를 깔아 지저분해지거나 파손되는 것을 예방하며, 유아가 편하게 활동할 수 있도록 작업복도 준비해준다. 바닥은 물이 떨어져도 청소가 용이한 바닥재를 사용하고, 물이나 물감을 흘렸을 때에 쉽게 닦을 수 있도록 스펀지나 마른 수건들을 준비해 두도록 한다.

유아의 경우에는 영아에 비해 그리기, 만들기 등의 표상이 좀 더 복잡하고 구체화되므로 정교한 소형물을 만들 수 있는 자료를 비치하도록 하고 개별 작업은 물론 또래와 협력하여 작품을 만드는 공동 작업을 할 수 있는 공간이나 자료 등을 비치해 주도록 한다.

미술 영역에 필요한 기본 자료

- 크기, 질감, 색깔, 모양이 다양한 종이류
- 풀, 재활용 종이류, 밀가루 등의 점토류
- 크레파스, 색연필, 사인펜, 손가락 그림물감, 수채화 등의 그리기 도구, 이젤
- 가위, 풀, 테이프, 스테이플러, 펀치, 본드 등의 자르고 붙이는 재료 및 도구
- 자연물, 재활용품, 명화 등 감상 자료
- 상자류, 병뚜껑, 플라스틱 병류, 다양한 천 조각 및 가죽 조각 등의 폐품류
- 작품 건조대, 작업 가운 등 기본 비품

⑤ 음률 영역

음률 영역은 유아가 마음대로 편하게 움직일 수 있는 공간과 다양한 종류의 소리와 움직임, 악기를 탐색하면서 즐기는 공간이다. 음률 영역은 활동적이고 소음이 많은 영역이므로 다른 영역에 방해가 되지 않도록 하며, 소음을 줄일 수 있도록 바닥에 카펫을 깔거나 교구장 등을 이용하여 분리된 공간을 마련해준다.

음률 영역의 벽면에는 그림으로 된 간단한 노래 악보나 악기 연주 악보를 붙여 놓아 유아가 보고 노래하거나 연주할 수 있도록 한다. 또한 유아기는 리듬뿐만 아니라 멜로디의 탐색도 가능하므로 음악의 다양한 측면을 경험하고 창의적인 음악 활동이 이루어질 수 있도록 준비해준다.

음률 영역에 비치하는 악기들은 음질이 좋은 것으로 선택하며, 악기도 다양하게 제시한다. 서양악기와 우리나라 전통악기를 포함하여 유아가 쉽게 다룰 수 있는 리듬악기나 타악기부터 시작해서 점차적으로 멜로디 악기로 확장해 가면서 균형 있게 경험할 수 있도록 제공한다. 악기를 처음 제시해 줄 때는 충분히 마련하여 유아들 간의 갈등이 일어나지 않도록 한다. 새로운 악기가 제시될 때는 기존의 악기수를 점차 줄이되 완전히 없애지는 않도록 하여 유아로 하여금 악기의 특성을 익혀가면서 점차 악기를 이용한 합주도 시도해보도록 한다.

음률 영역에 필요한 기본 자료

- 기본 교구: 녹음기, 헤드폰, 노래, 테이프, 음악가 및 악기에 관련된 사진 자료, 그림 악보 등
- 우리나라 전통악기류: 소고, 장구, 북, 징, 꽹과리, 가야금 등
- 서양악기류
  - 리듬악기류(예 탬버린, 캐스터네츠, 트라이앵글, 방울, 우드블록, 마라카스 등)
  - 멜로디 악기류(예 실로폰, 멜로디언, 목금, 피아노 등), 다른 나라 전통악기 등
- 신체표현을 위한 다양한 음악

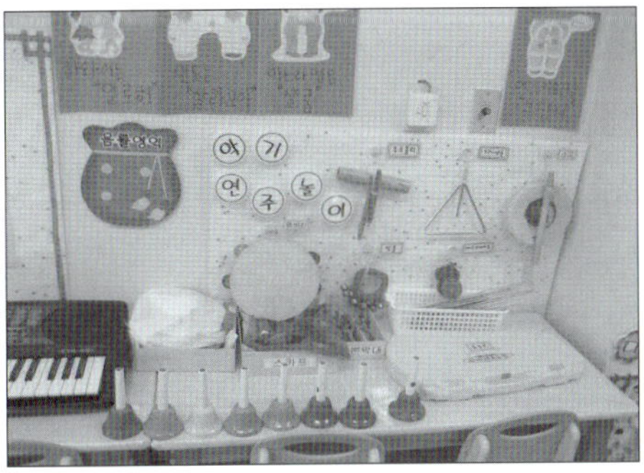

⑥ 쌓기놀이 영역

쌓기놀이 영역은 다양한 크기와 모양의 블록을 이용하여 생활 속의 경험을 재구성하는 공간으로, 보육실의 모든 곳에서 볼 수 있는 개방적이고 동적인 공간에 배치하도록 한다. 활동량이 많은 영역이므로 넓은 공간을 확보하도록 하고, 안전에 유의하고 블록을 나를 때 발생하는 소음 등을 고려하여 바닥에는 카펫을 깔아주는 것이 필요하다. 카펫은 털이 없고 단단한 것을 선택하여 유아가 안전하게 구조물을 구성하는 데 지장이 없도록 하며 항상 청결하게 관리하도록 한다.

쌓기놀이 영역을 역할놀이 영역과 인접해서 배치하면 서로 연계되어 놀이가 활발히 진행되기도 하며, 놀이를 위한 소품을 다양하게 준비하여 활동 유형에 따라 교체하거나 첨가해주면 심화된 놀이의 질을 높일 수 있다.

유아반의 경우에는 보육 주제와 관련하여 유아가 학습한 지식을 표상하거나 다른 영역들과 연계하여 종합적인 구성 활동이 이루어질 수 있도록 다양한 종류의 블록들과

소품들을 적절한 시기에 제공하도록 하며, 이를 위해 유아가 직접 만든 소품이나 모형을 놓아둘 수 있는 공간을 별도로 마련하는 것도 바람직하다.

쌓기놀이 영역에서 제시될 수 있는 기본 자료

- 다양한 종류의 기본 블록들: 단위 블록, 벽돌 블록, 우레탄 블록, 속이 빈 나무토막, 공간 블록, 널빤지, 스펀지 블록, 상자나 빈 통조림 깡통을 활용한 블록 등
- 각종 모형 및 소품
  - 인형류(모형 동물, 사람, 로봇, 공룡, 폐품을 이용하여 만든 인형 등)
  - 탈것류(육상교통, 해상교통, 항공교통 등)
  - 기타놀이 소품(소방관 모자, 경찰관 모자 등)
- 기타 보육 주제와 관련된 소품
- 교통표지판 및 교통기관 모형
- 기타 자료: 쌓기놀이하는 데 도움을 주는 책, 화보, 활동 제시 카드 등

⑦ 역할놀이 영역

소꿉놀이, 극화놀이, 역할놀이 등이 이루어지는 이 영역은 유아가 빈번하게 놀이에 참여하고 흥미를 보이는 영역이므로 충분한 공간을 확보하도록 하며 여러 역할을 모방해 볼 수 있는 자료를 제공하여 다양한 역할놀이, 상상놀이가 이루어질 수 있도록 한다. 움직임이 많고 활동이 다양하므로 동적인 영역 즉 쌓기 영역이나 미술 영역과 인접하여 배치하는 것이 바람직하다.

옷장이나 싱크대, 낮은 선반이나 교구장을 이용하여 다른 영역과의 경계를 지어주고 쿠션, 소파, 매트리스, 거울 등을 마련하여 가정과 같은 분위기를 경험하도록 한다. 학

기 초기에는 가정의 가족역할을 재현해 볼 수 있는 소꿉놀이 유형이 자주 일어나지만 후반으로 갈수록 다양한 사회극놀이를 해볼 수 있도록 다양한 역할에 적합한 자료들과 소품들을 교체하거나 첨가해 준다. 양성평등, 다문화 교육 등이 자연스럽게 이루어질 수 있는 장소이므로 소꿉놀이와 관련된 주제 이외에 여러 가지 주제가 전개될 수 있도록 소품을 제공한다.

연령이 많아질수록 가족이나 성역할뿐만 아니라 다양한 직업과 사회 구성원의 역할을 해볼 수 있도록 보육 주제와 관련된 교구를 비치하여 경험을 풍부하게 한다.

역할놀이 영역에 필요한 기본 자료

- 보육 주제와 관련된 각종 역할놀이 소품: 가족놀이 소품, 운송 기관놀이 소품, 가게놀이 소품, 병원놀이 소품, 우체국놀이 소품, 미장원놀이 소품 등
- 다양한 의상: 계절별 옷, 남 · 여 · 성인 · 유아용 옷, 세계 여러 나라의 옷 등
- 주방 관련 가구 및 소품: 주방 가구 및 요리 도구 및 소품
- 기본 가구: 거울, 소파, 옷장과 옷걸이, 안락의자 등
- 인형과 소품: 여러 종류의 인형, 인형침대, 안락의자 등 인형용 가구 등

⑧ 과학 영역

과학 영역은 유아로 하여금 동 · 식물 기르기, 다양한 수집물 관찰 · 분류하기, 과학도구 사용하기, 기계와 도구 탐색하고 사용해보기 등의 다양한 활동을 해볼 수 있는 곳으로 일상생활에서 경험할 수 있는 내용을 중심으로 직접적이고 구체적인 경험이 가능하도록 구성한다.

조작놀이 영역처럼 조용한 영역에 배치하며 동·식물을 키울 수 있으므로 햇볕이 잘 드는 곳을 택한다. 또한 소집단으로 집중하여 활동에 몰입할 수 있도록 유아가 관찰하기 쉬운 탁자 등을 구비한다. 과학 영역의 자료들은 계절, 주제, 유아의 흥미에 기초하여 다양한 자연물이나 실물을 제시한다. 열매, 식물, 꽃, 솔방울, 곤충, 조개껍데기 등 주변에서 볼 수 있는 것들로 한꺼번에 모두 제시하기보다는 꾸준히 바꾸어 주고 보충해주는 것이 바람직하다. 또한 유아가 감각 기관을 활용하여 자발적으로 탐색할 수 있는 자료를 제공하고 유아와 함께 찾아볼 수 있는 관련 과학그림책이나 사전, 비디오, 사진 등을 풍부하게 준비해준다. 과학적 탐색을 하면서 자료들을 벽에 부착할 수 있으므로 쉽고 안전하게 붙일 수 있는 작은 게시판을 제공하는 것도 좋다.

과학 영역에서 제시될 수 있는 기본 자료

- 거울, 자석, 확대경, 전기, 프리즘, 다양한 시계, 온도계 등 일반 자료
- 물체와 물질의 특성 및 움직임과 관련된 도구
- 생명체 관련 자료
  - 식물: 자연에서 수집한 자연물, 식물과 관련된 자료
  - 동물: 동물과 관련된 자료
- 자연현상과 관련된 자료: 자연현상과 관련된 사진, 온도계, 습도계
- 기타: 관찰 용지, 필기도구 등

⑨ 개인적 공간

유아들도 때로는 혼자 있고 싶어 한다. 보육실 내에 혼자 쉴 수 있는 조그마한 공간을 마련하고 편안한 쿠션이나 아늑한 분위기를 내는 커튼 등으로 공간을 꾸며준다. 이러

한 공간은 학기 초 영유아의 휴식 및 정서적인 안정을 도와주어 새로운 환경에 적응할 수 있게 해준다. 학기 말이 되면 혼자 있는 공간의 의미보다는 보다 편히 쉬고 따뜻하고 부드러운 공간을 좋아하므로 유아와 함께 꾸며볼 수 있다.

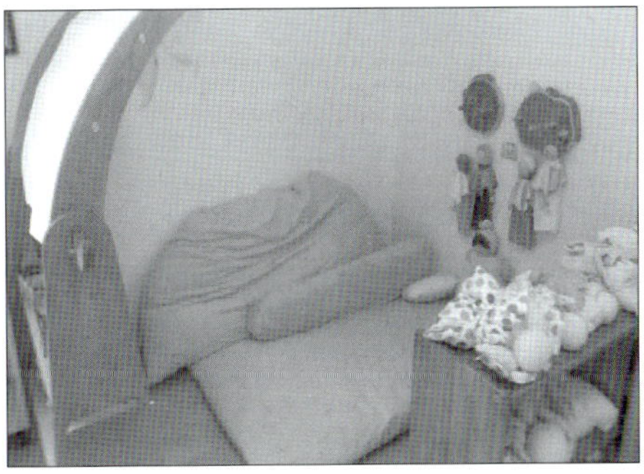

2) 실외 보육환경

일반적으로 실외 보육환경은 어린이집의 보육철학, 규모, 지형, 위치 등에 맞게 구성된다. 실외 공간은 중요한 삶터로 모든 영유아에게 꼭 필요한 공간이며, 특히 장시간을 어린이집에서 보내는 종일반에서는 더욱 그러하다.

영유아를 위한 실외환경 구성도 실내환경과 같이 영유아의 발달 수준에 적합하고 놀이를 지원해주는 기본적인 원칙을 고려하며, 빛, 채광, 그늘, 바람 등으로 분위기를 전환할 수 있거나 감각적 경험이 가능하도록 실외환경을 조성한다. 실내놀이실과 연결되도록 하여 영유아가 이동을 쉽게 할 수 있도록 하며, 대근육 활동뿐만 아니라 소근육 활동, 자연탐색, 물 · 모래놀이 등을 할 수 있는 기회를 제공한다. 실외 활동 면적 중에 1/3은 조용한 활동 공간으로 활용하고 나머지 2/3는 활동적인 놀이 공간으로 활용하면 좋으며, 외부의 차량이나 사람들로부터 보호하고 혼자 밖으로 나가지 않도록 울타리를 설치한다.

실외 보육활동은 넓은 공간과 신선한 공기를 경험하고 자연물을 탐색할 수 있는 시간이므로 매일 일과에 포함하도록 한다. 이러한 실외의 개방된 공간과 자유로움은 영유아의 긴장을 완화시키며 즐거움을 제공해준다. 또한 실외환경은 실내환경에서 얻기 어려운 다양한 경험을 제공해주기 때문에, 교사는 영유아가 대근육을 마음껏 움직이고 신체운동을 충분히 할 수 있도록 풍부한 실외 보육환경을 제공하도록 노력해야 하며,

계절에 따라 실외 활동의 시간을 조정하는 등 세심한 계획을 세워 운영한다.

그러나 실외 활동은 실내 활동에 비해 영유아를 위험에 노출시킬 가능성이 높으므로 실외환경의 안전에 대한 점검을 정기적으로 실시해야 하며, 바깥놀이 시 활용하는 놀이기구를 쉽게 꺼내고 함께 정리 · 정돈할 수 있도록 작은 창고를 마련해 주는 것도 필요하다. 한편 장애아 통합보육을 위한 실외환경의 구성에서는 실외놀이 영역을 자유롭게 다닐 수 있도록 턱을 없애고 통로를 평평하게 만들어야 하며, 테이블도 휠체어가 자리 잡을 수 있도록 테이블 한쪽에 의자를 비치하지 않는 등 세심한 주의를 기울인다.

다음은 실외 보육환경 구성과 관련하여 중앙보육정보센터에서 개발한 평가인증 조력 프로그램에서 제시하고 있는 실외놀이터와 놀이시설 관련 점검 사항들이다.

|Tip|

평가인증 조력 프로그램의 보육환경과 관련하여 제시된 실외 놀이시설 관련 요소를 확인해 봅시다.

구분	항목	○	×
1	• 실내에서 할 수 없는 다양한 신체 활동이나 물 · 모래놀이, 자연 관찰 등이 실외에서 이루어질 수 있도록 실외 놀이터가 있어야 한다.		
2	• 실외 놀이터나 인근 놀이터에 놀이시설의 종류와 수가 제한되어 있으면 영유아 간에 다툼이 일어날 수 있으므로 최소한 3종류 이상 갖추는 것이 좋다. 실외 놀이시설의 종류로는 기어오르기, 미끄럼틀, 그네, 탈 것, 시소, 모래밭 등이 있다.		
3	• 실외 놀이시설이 영유아의 신체조건 등에 적합해야 한다.		

| 출처 | 중앙보육정보센터(2009). 평가인증 조력 프로그램. 보육환경.

(1) 신체 활동 영역(대근육 활동을 위한 영역)

영유아가 활발히 신체 활동을 할 수 있는 충분한 공간과 시설이 필요하다. 신체 활동을 위한 시설로는 고정된 시설과 이동가능한 시설이 있다. 고정된 시설로는 그네, 미끄럼틀, 시소, 정글짐 등이 분리되어 설치되거나, 복합 종합 놀이시설로 배치할 수 있으나 놀이시설의 용도, 다른 시설물과의 관계를 고려하여 설치한다. 이러한 경우에는 안전을 위해 모래, 잔디나 충격을 흡수할 수 있는 표면처리가 되어야 한다.

이동가능한 시설로는 평균대, 타이어 등을 이용한 구조물이 있으며, 영유아의 흥미와 발달 수준에 따라 구조물의 위치, 높이나 간격 등을 조절한다. 놀이기구 외에도 공간이 좁다면 달리기, 공놀이, 술래잡기 등을 할 수 있는 자연적 공간으로 활용하거나 인접한 공원이나 산책로, 놀이터 등을 활용하는 것도 효율적이다.

(2) 구성놀이 영역: 물 · 모래놀이, 미술 활동 영역

지저분해지기 쉽거나 너무 축축하여 실내에서 실시하기 어려운 활동이나 공간을 많이 필요로 하는 활동은 실외에서 효과적으로 실시할 수 있다. 물놀이와 모래놀이는 함께 이루어지거나 자료들이 공동으로 사용되는 경우가 많으므로 인접하여 배치하는 것이 바람직하다. 모래밭 근처에 수도나 물을 얻을 수 있는 장소를 설치하여 모래놀이, 물놀이 공간을 구성하여 주고, 차양막이나 그늘막을 설치하고 안전하고 깨끗한 흙과 모래, 물을 유지하도록 점검한다.

상품화된 자료보다는 재활용 제품의 플라스틱 그릇, 주전자, 냄비 같은 소꿉놀이 기구, 다양한 크기의 통, PVC 수도관 등 영유아가 사용하기에 안전하고 개방적인 매체들이 적합하며 놀이 후 사용된 놀잇감을 정리 · 보관할 수 있도록 휴대용 수레나 찬장, 선반을 제공해준다.

화창한 날에는 미술 영역의 이젤과 준비물을 가지고 나와 영유아가 작업할 수 있도록 도와줄 수 있다. 이젤이 번거로울 경우에는 야외 탁자 외에 구석진 담장, 큰 나무 아래 등에서 미술 활동을 할 수 있도록 지원해준다.

(3) 탐구 활동 영역: 동 · 식물 기르기 영역

탐구 활동 영역은 영유아에게 자연의 아름다움과 질서의 개념을 배울 수 있는 기회를 제공하며 감각탐색 영역과 자연탐색 영역으로 구분할 수 있다(장영희, 2000). 감각 영역은 영유아의 시각, 청각, 촉각 등 오감각을 활용하여 자연의 바람, 공기, 햇빛, 하늘, 소리 등을 탐색하는 경험을 제공한다.

자연탐색 영역은 식물의 재배와 동물의 사육을 경험하는 기회를 제공한다. 영유아가 채소나 꽃, 나무 등의 식물을 심고 가꾸어 보는 경험을 통해 식물의 성장 변화를 관찰할 수 있으며, 자연에 대한 관심을 기를 수 있다. 어린이집과 인접한 거리에 낮은 산이나 공원이 있을 경우에는 최대한 이를 활용하도록 하고, 여의치 않을 경우에는 주말농장, 텃밭 가꾸기, 산책 등의 프로그램을 구성하여 이를 수시로 활용하도록 한다. 닭, 토끼 같은 작은 동물들은 사육장을 설치하여 돌봄으로써 영유아에게 동물의 생태에 대한 관심을 가질 수 있도록 한다. 또한 실외 탐구 활동 영역에서는 실내에서 하기 어려운 여러 가지 과학 활동들도 해볼 수 있다.

(4) 휴식 공간(조용한 영역)

실외 보육환경에는 동적인 활동만이 일어나는 것이 아니라 혼자 있거나 조용한 놀이를 하기를 원하는 영유아를 위한 편안히 쉴 수 있는 조용한 공간도 필요하다. 나무그늘, 파라솔, 야외용 텐트, 정자, 실내와 연결된 테라스 등이 이용될 수 있으며 간이의자, 테이블, 벤치, 돗자리 등을 준비하여 편안한 공간이 되도록 한다.

(5) 바닥, 울타리

실외 보육환경의 바닥은 배수가 잘 되어야 하며, 놀이 영역에 따라 다양하게 처리되는 것이 바람직하다. 잔디밭, 자전거 이용 도로, 포장된 길이 있는 딱딱한 바닥, 언덕, 꽃이나 나무를 심을 수 있는 곳은 흙 땅, 모래밭 등으로 다양하게 구성되어야 한다.

또한 영유아의 안전한 활동을 위해 울타리를 설치해야 하는데, 큰 길과 인접해 있는 경우에는 적어도 120cm 높이로 울타리를 세우도록 한다.

3) 서비스 보육환경

(1) 교직원을 위한 공간

영유아를 위한 보육 활동을 계획하고 서로의 의견을 교환하며 하루일과를 정리하고 내일을 계획하는 공간으로, 어린이집의 공간이 넓을 경우에는 원장실과 교사실, 사무실을 별도로 분리하여 둘 수 있으나 시설 공간이 좁을 경우에는 함께 구성하기도 한다. 시설 운영관리 제반에 관한 업무와 학부모와의 상담 장소로도 활용된다.

영유아나 외부 방문객들이 신뢰감과 환영받는다는 인상을 줄 수 있도록 정리 · 정돈이 잘 되어 있어야 하며, 출입구는 투명 창으로 구성해 드나드는 모든 사람들을 지원할 수 있도록 하며, 시설의 홍보 자료나 보육 관련 잡지, 전문서적, 프로그램 관련 패널 등을 비치하도록 한다. 또한 교직원을 위한 공간은 교사 간의 사회적 상호작용을 지원하며, 교사회의를 하거나 휴식을 취하기도 하는 공간이므로 휴식을 위한 공간 구성도 설비되어야 한다.

(2) 자료실

자료실은 교재 · 교구 등 보육 활동에 필요한 자료들을 보관하는 곳이다. 자료를 주제별, 내용별, 재료별, 계절별, 연령별로 체계적으로 분류하여 자료를 보관하고 진열하여 현황이 한눈에 들어오도록 한다. 자료는 보관뿐만 아니라 효율적인 관리가 중요한데 활동 자료를 쉽게 찾아볼 수 있도록 교재 · 교구대장과 목록표를 만들어 비치하도록 한다.

다음은 자료 보관과 관련하여 중앙보육정보센터에서 개발한 평가인증 조력 프로그램에서 제시하고 있는 비품과 활동 자료의 보관 장소와 관련된 점검 사항들이다.

ITipI

비품과 활동 자료에 대한 점검 사항을 확인해 봅시다.

구분	항목	O	×
1	• 현재 사용하지 않는 비품과 활동 자료를 보관할 장소가 별도로 있는가?		
2	• 별도의 자료실은 없으나 교사실 또는 상담실 등 영유아의 활동이 방해받지 않는 공간에 자료가 정리되어 있는가?		
3	• 자료를 쉽게 찾을 수 있도록 장이 정리되어 있는가?		
4	• 보관 장소가 부족하여 복도나 보육실에 교재장을 둘 경우에는 영유아의 이동이나 활동을 위한 공간이 협소하지는 않는가?		
5	• 보관 장소나 자료실에 곰팡이나 습기 등이 생기지 않도록 잘 관리하고 있는가?		
6	• 보관 장소나 자료실에 먼지가 쌓이거나 환기가 잘 되지 않아 냄새가 나지 않는가?		

| 출처 | 중앙보육정보센터(2009). 평가인증 조력 프로그램. 보육환경.

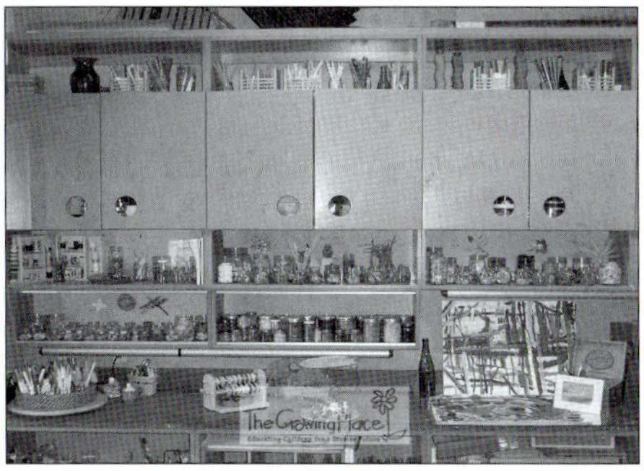

(3) 출입구 및 현관

현관은 영유아, 교직원, 부모 및 외부 사람들이 등원하면서 처음으로 접하는 공간이므로 누구든지 환영받는다는 기분이 느껴지도록 구성한다. 따라서 현관의 이미지는 그 기관의 보육철학이 담긴 메시지를 담아야 하며, 어린이집에서 이루어지는 보육내용을 전시하여 방문하는 이들에게 자연스럽게 시설을 알릴 수 있도록 한다. 또한 공간이 허락되면 편안함을 제공하는 의자와 테이블을 준비하여 만남과 기다림 속에서 부모들이 자녀 및 다른 부모들, 또는 교사와 이야기 나누는 곳으로 사용하도록 한다.

현관의 문은 성인과 영유아가 모두 손쉽게 사용할 수 있도록 너무 무겁지 않아야 하며, 한쪽 방향으로 여닫는 문이 안전하다. 현관문의 손잡이는 영유아의 허리와 눈높이 사이에 위치하도록 하며 가장자리에 도어 안전장치를 하여 영유아의 안전사고가 일어나지 않도록 한다.

(4) 벽, 창문, 복도의 계단

어린이집의 벽과 부분적 게시판은 영유아의 활동과정에 대한 기록물이나 정보 등을 전시하고 의사소통하는 곳으로 활용될 수 있다.

특히 벽은 영유아의 안전을 위해 영유아보육법 시행규칙 중 '어린이집 내부의 마감재료'에 관한 규정과 건축법 시행령 중 '건축물의 피난 방화구조'에 관한 규정 및 소방시설 유치 및 안전관리에 관한 규정 중 '방염'에 관한 규정을 준수해야 한다.

창문은 파손이 잘 되지 않는 안전유리를 사용하며 채광 및 영유아가 바깥 환경을 편안하게 볼 수 있는 조건을 고려하여 설치하도록 한다.

(5) 조리실

영유아의 식사 및 간식을 제공하는 곳으로 채광이 좋고 환기시설을 하여 청결하고 위생적인 환경을 유지하도록 한다. 식기를 소독하고 위생적으로 취사 및 조리할 수 있는 설비, 비품 도구(예 냉장고, 싱크대, 조리대, 세척기, 소독기, 환풍기, 조리기구, 식기류 등)들이 필요하며 조리실의 벽면과 바닥은 방수와 청소가 용이한 특수처리를 한다. 조리사는 위생복을 입어 깨끗한 이미지를 주도록 하고 조리실은 식당과 연결되는 문이 있어 영유아가 스스로 배식을 받거나 반납할 수 있도록 영유아의 허리 높이 위치에 배수대를 설치한다.

활동하기

◈ 다음의 사항을 참조하여 보육실의 공간 구성에 대해 연습해보자.

- 보육실의 공간을 떠올려보자.
- 먼저 출입구와 창문, 화장실 출입구, 세면대, 고정된 시설 및 비품 등을 표시해보자.
- 가르치게 될 영유아의 연령을 생각해보고 특정 연령을 떠올리자(5세반 혹은 2세반).
- 연령에 적합한 흥미 영역을 선정한 다음, 교실 내에 흥미 영역 배치도를 그려보자.
- 본 장에서 제시된 보육환경 점검 요인들의 기준에 따라 보육실의 환경 구성을 평가해보자.
- 내가 가장 자신 있게 할 수 있는 흥미 영역은 무엇인가? 그 이유는? 내가 하기 어려운(힘든) 흥미 영역은 무엇인가? 그 이유는?
- 필요한 경우 수정하거나 재구성해보자.

내가 구성하는 보육실 환경

Chapter 9

보육 평가

1 보육 평가의 이해

2 보육 평가의 영역

3 어린이집 평가인증

4 보육 평가의 활용

보육현장에서 교사들이 당면하는 커다란 과제 중의 하나는 보육 활동에 대한 평가이다. 보육 평가는 영유아의 발달 수준에 대한 정보뿐만 아니라 보육 프로그램, 보육환경과 같은 보육 활동 전반에 대한 자료를 수집하고 분석하여 보육 활동의 질적 수준과 효과를 평가하는 것이다.

이런 점에 입각하여 본 장에서는 보육 평가의 이해, 보육 평가의 영역, 어린이집 평가인증, 보육 평가의 활용 등을 알아보기로 한다.

1 보육 평가의 이해

Q

'평가' 하면 떠오르는 생각이나 느낌 또는 어린이집에서는 어떤 평가가 이루어지고 있는지에 대해 그룹별로 토의해보자.

일반적으로 평가라 하면 각종 시험을 떠올리고 그 결과로 얻어진 점수나 석차를 생각하는 경향이 있으나, 보육 평가는 이러한 학습자에 대한 판정이나 분류에 초점을 맞춘 협의의 개념에서 나아가 교육목표의 달성도를 확인하거나 의사결정을 위한 기초 자료를 얻고자 하는 보다 포괄적인 개념으로 인식해야 한다(김종서 외, 2003; Tyler, 1949). 이런 점에서 볼 때에 평가란 교육의 전반적인 과정의 효율성을 판단하고 선택하는 과정이라 할 수 있다.

이와 같은 평가의 개념을 보육현장에 적용해 볼 때 크게는 어린이집의 질적 개선을 위한 필수적인 작업인 반면, 작게는 영유아의 전인적 성장발달을 위한 실증적이고 과학적인 자료와 정보를 수집하는 작업으로서의 의미가 크다고 할 수 있다. 이러한 견해를 토대로 보육현장에서 평가의 필요성과 기능을 살펴보고자 한다.

1) 평가의 필요성

평가에 대한 올바른 이해와 접근이 보육의 질을 높이는 데 매우 중요한 역할을 한다는 것에 이견의 차이는 없지만 어린이집에서의 평가에 대한 관심은 근래에 더욱 증폭되고 있다. 이미 어린이집에 대한 평가인증 1주기가 완료되고 2010년 이후부터 평가 2 · 3주기가 적용되고 있으나 여전히 보육 현장에서는 평가 제반에 대한 어려움을 토로하고 있다.

그러나 보육의 질적 개선이라는 대명제 아래 어린이집의 서비스 수준을 향상하고 부모들에게 어린이집의 질적 수준에 대한 정보를 제공함으로써 합리적으로 어린이집을 선택할 수 있도록 마련한 평가인증제도의 시행은 보육 분야의 질적 향상을 위한 매우 고무적인 일이라고 할 수 있다.

평가인증을 포함한 보육 제반 영역에서 실시되는 보육 평가는 보육 프로그램, 어린이집 등에 관한 다양한 자료들을 수집 · 분석하여 영유아의 발달 수준과 발달적 진보를 확인하고 교사의 보육 활동계획에 도움을 주며, 기관의 질적 관리에 있어 필요한 정보를 주는 등 질 높은 보육을 위해서는 반드시 실시되어야 하는 필수적인 활동이다.

이처럼 보육현장에서 평가의 필요성을 강조하는 입장을 영유아, 교사, 부모 및 어린이집의 측면에서 살펴보면 다음과 같다(황해익, 2004). 첫째, 영유아가 연령에 맞게 발달하고 있는지, 각 영유아가 가진 장점과 단점은 무엇인지를 파악하여 영유아의 전인적 성장과 발달에 도움을 준다. 둘째, 교사는 자신의 수업이나 영유아와의 의사소통, 학급 운영이 어떻게 이루어지고 있는지에 대한 피드백을 받음으로써 잘못된 부분을 고쳐 나가고 더 나은 보육을 위한 정보를 얻을 수 있어 보육의 질적인 향상을 기할 수 있다. 셋째, 부모는 자녀가 어린이집에서 제대로 된 보육을 받고 있는지 등 그 효과를 알고 싶어한다. 또한 자녀 양육태도나 의사소통 유형과 같은 부모역할 수행에 대한 정보를 제공받음으로써 보다 나은 부모 자녀관계를 형성하고 영유아의 건전한 발달을 도울 수 있다. 넷째, 어린이집에서는 각 어린이집이 정하고 있는 보육목표가 달성되고 있는지, 어린이집의 운영에 있어 미비한 점이나 보완할 점은 없는지 등을 파악함으로써 어떻게 수정 · 보완해야 할 것인지에 대한 합리적이고 객관적인 정보를 얻을 수 있다.

이상의 견해를 종합해보면 결국 평가란 영유아의 전인적 성장 발달을 돕기 위해 이루어지는 모든 보육 활동들의 효율성을 알아보는 것으로, 보육 활동 중에서 영유아의 행동 변화와 보육과정 운영에 대한 자료를 수집 · 분석하여 영유아를 올바르게 지도하고 합리적인 의사결정을 내리는 데 도움을 받는 것이라고 할 수 있다.

2) 평가의 기능

보육현장에서 보는 보육 평가의 기능은 보는 시각에 따라 여러 가지로 구분될 수 있으나 가능한 모든 경우의 기능들을 요약하면 다음과 같다(오성삼 · 구병두, 1996; 이영석 외, 1987; 황해익, 2009, 황해익 외, 2008).

첫째, 보육의 목표 달성도를 파악하고자 한다. 평가의 주된 기능은 일정한 보육목표를 정해 놓고 그 목표의 달성을 위해 여러 가지 보육 활동을 전개해서 얻어진 보육 성과를 평가하는 데 있다. 즉, 보육목표의 달성도에 관한 증거와 정보를 수집하는 데 일차적인 관심이 있다.

둘째, 보육 활동의 개선방안을 모색하고자 한다. 보육 활동의 목표가 얼마나 성취되었는지를 밝히고 보육 활동의 전반적인 과정을 개선하기 위하여 평가가 필요하다. 또한 영유아 개개인에 따른 성취 결과를 분석하고 이 결과를 토대로 후속 활동을 계획하여 영유아 보육 활동의 개선방안을 모색하는 기능도 있다.

셋째, 영유아를 이해하기 위한 기초 자료를 수집하고자 한다. 보육 평가는 영유아의 잠재력, 성향, 기질, 능력 등의 개별적 또는 특수한 요구를 파악하여 그에 적합한 보육 활동의 지도방향을 설정하는 데 도움을 준다. 또한 학습자의 특수성을 반영한 개별화된 보육으로 영유아를 보다 잘 이해하게 한다.

넷째, 부모에게 필요한 이해 자료를 제공한다. 부모들은 자녀들을 어린이집에 보낸 후에는 자녀의 성취를 확인하기 원한다. 따라서 각 영유아에 대한 평가 결과를 토대로 부모와 면담하여 영유아에 대한 이해를 높이고, 가정에서도 영유아의 능력에 맞는 지도를 실시함으로써 보육의 효과를 증대시킬 수 있다.

다섯째, 영유아를 지도하는 교사의 교수-학습 방법을 개선하는 데 도움을 준다. 교사의 교수법은 과제의 특성이나 영유아의 수준에 따라 적절히 강구되어야 하는데, 장기간 교사직을 수행하다 보면 자신의 틀에 맞는 교수법으로 고정되기도 한다. 이러한 가능성을 배제하고 객관적이고 타당한 보육 평가의 결과는 교사 자신의 교수 방법에 대한 반성의 기회를 제공하여 교수-학습 방법을 개선하는 데 많은 도움이 된다.

여섯째, 영유아의 동기를 유발하고 학습을 촉진한다. 보육 평가의 결과에 근거하여 영유아의 발달 수준과 특성을 고려한 언어적 표현, 신체적인 접촉 등과 같은 피드백을 적절하게 활용하여 영유아의 동기를 유발함으로써 학습의욕을 촉진하는 데 도움을 제공한다.

일곱째, 제반 보육 활동에 관한 효과를 파악한다. 보육의 질적 개선을 위해서는 현재 실시되는 각종 보육 프로그램이 본래 의도하였던 목적을 달성했는지에 대한 평가과정이 요구된다. 이는 최근에 관심을 끌고 있는 기관 평가로서 여기에는 보육교사의 자질과 배치, 어린이집의 환경, 영양 및 건강, 제도 및 기관 운영 등 전반에 걸친 평가가 포함된다.

2 보육 평가의 영역

보육 평가의 대상과 영역은 상당히 광범위하나 보육에서 일반적으로 평가되는 영역으로는 영유아에 대한 평가, 교사에 대한 평가, 기관 및 프로그램 운영에 대한 평가 등으로 구분할 수 있다.

1) 영유아 평가

보육현장에서 어린 영유아를 평가한다는 것은 그리 쉬운 일이 아니며, 여러 가지 제한점들로 인한 어려움들이 있다. 우선 발달적 특성과 관련하여 영유아는 지필 검사로 평가하기 어려우며, 주의 집중력이 짧고, 주변 상황에 따라 자신의 능력을 나타내는 정도가 달라지므로 형식적인 평가를 적용함에 있어 어려움이 예상된다. 이외에도 영아에 대한 측정 및 검사가 가능한지, 사용되는 측정도구의 적절성 여부 등에 대한 계속적인 논의가 이루어지고 있는 상황이다.

이처럼 영유아를 평가하는 일은 단순하고 쉬운 일이 아니기 때문에 교육부(1998)는 영유아를 평가할 때에 유의할 점으로 다음 사항을 제시하고 있다. 첫째, 영유아의 행동이나 발달을 객관적으로 평가한다. 이를 위해 교사는 다양한 상황에서 자료를 수집해야 하는데 일상적인 관찰, 부모와의 면담, 일화기록, 체크리스트, 작품분석, 각종 표준화 검사의 실시 등을 통하여 수집한다. 둘째, 영유아 간의 상대적 비교보다는 각 영유아에 대한 개인 내 평가를 한다. 평가의 목적이 등급을 매기거나 성공 · 실패한 영유아를 구별하는 것이 아니므로 영유아 개인 내의 평가를 통해 현재의 발달이 미래에 어떻게 진전될 것인가를 평가한다. 셋째, 결과보다는 활동이 진행되는 상황 즉 과정에 초점을 맞추어 실시한다. 또한 영유아의 전인적인 발달을 위하여 신체적 건강 및 안전, 기본생활습관, 정서적인 안정감, 대인관계, 의사소통 능력 및 탐구심 등에 중점을 둔다.

다음은 제3차 어린이집 표준보육과정, 누리과정에서 제시된 영유아 평가와 관련된 평가 지침이다.

| 표 9-1 | 제3차 어린이집 평가 지침

제3차 어린이집 표준보육과정 평가 지침
나. 영유아 평가 1) 어린이집 표준보육과정의 목표와 내용에 근거하여 영유아의 특성과 변화 정도를 평가한다. 2) 지식, 기술, 태도 등을 평가한다. 3) 일상생활과 보육 활동 전반에 걸쳐 평가한다. 4) 관찰, 활동 결과물 분석, 부모면담 등 다양한 방법을 사용하여 종합적으로 평가하고, 그 결과 기록한다. 5) 평가 결과는 영유아에 대한 이해와 어린이집 표준보육과정 운영 개선 및 부모면담 자료로 활용한다.
누리과정 평가 지침
나. 유아 평가 1) 누리과정의 목표와 내용에 근거하여 유아의 특성과 변화 정도를 평가한다. 2) 유아의 지식, 기술, 태도 등을 평가한다. 3) 유아의 일상생활과 누리과정 활동 전반에 걸쳐 평가한다. 4) 관찰, 활동 결과물 분석, 부모면담 등 다양한 방법을 사용하여 종합적으로 평가하고, 그 결과를 기록한다. 5) 유아 평가 결과는 영유아에 대한 이해와 누리과정 운영 개선 및 부모면담 자료로 활용할 수 있다.

| 출처 | 한국보육진흥원(2014). 어린이집 평가인증 안내.

종합해보면 영유아를 평가할 때에는 영유아의 행동이나 발달을 객관적으로 평가하고, 영유아의 활동 결과보다는 과정에 초점을 두어 평가하여야 한다. 이러한 전제하에 어린이집에서 일반적으로 활용하고 있는 평가 방법인 관찰, 포트폴리오 평가, 표준화 검사 등에 대해 일아보고자 한다(황해익 · 송연숙 · 정혜영 · 유수경, 2013).

(1) 관찰

'아는 만큼 본다' 는 말이 있다. 사물에 대해, 자연에 대해, 세상에 대해 지식이 있어야 그 지식을 기초로 더 잘 알고, 더 잘 느끼고, 더 잘 대처할 수 있다는 뜻이다. 이는 보육현장에서 영유아와 함께 생활하는 우리들에게 더욱 적합한 말인 듯 싶다. 우리가 궁극적으로 원하는 아이들의 행복을 위해서는 영유아에 대한 이해가 필요하고, 이들을 이해하기 위해서는 영유아에 대한 정보를 수집해야 하며, 그 정보수집 방법 중에 하나가 많이 보는 것이다. 이 점이 바로 우리가 영유아를 관찰해야 하는 이유이다.

보육장면에서의 관찰은 의도적이고 체계적인 보육 활동으로 보육실에서 우리는 교사들이 다양한 방법으로 관찰 · 기록하는 모습을 자주 보곤 한다. 일상적인 관찰 점검은 교사에게 영유아의 현재 능력과 더불어 필요한 도움의 정도를 판단하기 위한 정보를 제공해 주는데(Katz & McClellan, 1977), 이와 같은 관찰 과정은 매일 일어나며 교사의 교수전략과 학습경험들을 풍부하게 하는 기초가 된다.

이처럼 보육교사는 매일, 주별, 월별, 연간 관찰 자료들을 토대로 기록하기, 평가하기, 계획하기, 의사소통하기의 반복 순환을 통하여 개별 혹은 집단아동들을 위한 관찰 과정에 참여한다. 때로는 하루하루의 기록이 쓸모없는 것 같아 보여 쉽게 낙심되기도 하지만, 어느 정도의 시간이 지난 후에는 비슷한 특성에 관한 관찰 자료들이 함께 묶여지면 행동의 패턴이 나타나게 되는데, 이를 토대로 실제 영유아가 무엇을 하고 있으며, 어떻게 발달해 가는지를 알게 되며, 이러한 작업들은 결국 보육교사 자신의 전문성을 함양하는 바탕이 된다.

다음은 객관적이고 계획적인 관찰을 하기 위한 참고 사항이다.

| 표 9-2 | 객관적 관찰 및 기록을 위한 지침

기록 지침	체크 항목
방해되지 않는 위치 선정	• 유아들의 행동과 말을 보고 들을 수 있으며, 그들의 행동에 방해되지 않는 위치를 선정한다.
특정 영유아, 행동, 상황, 교육목표에 초점	• 한꺼번에 모든 것을 다 볼 수 없음을 명심한다.
관찰 대상의 실제 행동만 기록	• 행복해 보인다. vs. 큰소리로 웃었다. (○)
관찰 대상의 말을 직접 화법으로 기록(잘못된 어휘도 그대로 기록)	• 종이를 달라고 한다. vs. 종이가 찢어졌어. 움직이기 힘들어서 그런데 종이를 좀 전해 줄래. (○)
관찰 대상의 행동을 구체적으로 기록	• 영석이가 친구를 때린다. vs. 자유선택 활동 시간에 영석이는 블록놀이를 하다가 민우가 "블록 좀 빌려줘."라고 말하며 블록을 가져가자 아무 말 없이 민우의 팔을 내리친다. (○)
관찰 대상 행동의 특성을 설명	• 영철이는 멍청하다. vs. 영철이가 고개를 갸웃거리며 교사를 바라본다. (○)
관찰 후 즉각적인 판단, 결론, 추론, 해석을 유보(관찰자의 추론이 개입되지 않도록)	• 영희가 철수를 때렸다. 철수가 영희를 때렸다. (○) vs. 영희가 철수를 때렸기 때문에 철수가 영희를 때렸다.

| 출처 | 황해익 · 송연숙 · 정혜영 · 유수경(2013). 영유아행동관찰법.

① 일화기록(anecdotal record)

일화기록이란 짧은 내용의 사건이나 우발적 행동에 대한 사실적인 기록이다. 일화기록 시 관찰자는 영유아의 행동 중에서 발달상에 중요하고 흥미 있다고 생각되는 행동 특징과 사건들을 객관적으로 기록하며, 신문기사 쓰듯이 사실적으로 무슨 상황이 언제, 어디서, 어떻게 일어났으며 영유아가 그 상황에서 무슨 말을 하고 어떤 행동을 했는지 기록한다.

일화기록은 일정한 형식 없이 그때그때 나타나는 행동과 사건을 관찰한 날짜와 시간과 함께 있는 그대로 서술식으로 기록하는 것으로, 단편적 사건으로 의미를 부여하기보다는 지속적이고 체계적인 일화기록을 통해 일반적인 해석을 하도록 한다.

|Tip| 일화기록할 때의 유의점

- 사건이 생긴 후 즉시, 기억이 선명할 때 기록한다.
- 하나의 사건에 대하여 사건이 일어난 순서대로 기록한다.
- 대상 영유아가 한 말과 행동을 사실 그대로 기록한다.
- 관찰 시간, 장면, 진행 중의 활동 등 상황에 대해서도 기록한다.
- 상황 내의 다른 영유아나 교사의 반응도 기록한다.
- 영유아의 전체적인 행동만이 아니라 목소리, 몸짓, 얼굴 표정 등과 같은 감정의 표현도 기록한다. 즉, 사건에 대한 거의 완전한 기술이 되도록 한다.

② 시간표집법(time sampling method)

시간을 표집해서 관찰하는 방법으로 관찰자가 특정한 시간의 길이를 정하고 이 길이를 일정한 간격으로 나누어 이 기간 동안 관찰하고자 하는 행동이 발생되었는지 발생되지 않았는지, 또는 얼마나 자주 발생되었는지의 행동 출현 빈도를 기록하는 방법이다. 즉, 시간표집법은 정해진 관찰 기간 동안 계속 관찰하는 것이 아니라 일정한 시간 간격을 두고 관찰 대상 영유아의 행동을 관찰하여 그 결과를 기록하는 것이다.

③ 사건표집법(event sampling method)

하나의 특정한 행동이나 사건이 생길 때에만 관찰하는 방법으로 측정단위가 시간 간격이 아니라 관찰하고자 하는 행동이라는 점에서 시간표집법과 구별된다. 사건표집법에서는 관찰자가 특정 행동이 나타날 때까지 기다렸다가 일단 그 행동이 발생하면 관찰하고 기록하기 때문에 언제 꼭 관찰해야 한다는 시간적 제약이 없으며 얼마 동안 행동을 관찰해야 하는가는 관찰의 초점이 되고 있는 행동의 특성에 달려 있다.

④ 행동목록법(checklist)

행동목록법(체크리스트)은 특정 행동이 존재하는지 아닌지를 표시하는 기록 방법으로, 관찰자의 주관적 평가를 가능한 배제하기 위해 사전에 영유아 발달이나 행동 특성의 목록(관찰 항목)을 미리 정한다. 관찰자는 단순히 그 항목이 발견되었는지 여부를 해당 항목 앞에 '예', '아니오'로 표시하거나 쓸 수 있다. 행동목록은 한 번 이상 기록될 수 있으며 다양한 행동의 관찰이 가능하고, 시간에 따른 변화를 체크할 수 있지만, 평정척도와 마찬가지로 행동목록이 너무 단순하면 정확한 판단이 어렵다.

|Tip| 행동목록표 작성할 때의 유의점

- 관찰 목록은 직접 관찰이 가능한 구체적인 행동들로 기술한다.
- 한 가지 행동만을 나타내는 간결한 표현을 사용한다.
- 관찰하려는 영역이나 행동을 대표하는 목록을 선택한다.
- 관찰 항목들은 상호배타적이어야 한다.

⑤ 평정척도법(rating scale)

평정척도법은 어떤 특성이나 특질, 성격을 미리 정해진 범주에 따라 평가할 때에 사용되는 관찰 도구이다. 평정척도법은 행동목록법처럼 관찰자가 사전에 관찰하려는 행동 영역에 대해서 미리 알고 있을 때에 사용된다. 그러나 이 방법은 어떤 행동의 출현 유무를 표시하는 데 그치지 않고 행동의 질적인 특성을 알고자 할 때에 유용하게 활용된다.

(2) 포트폴리오 평가

포트폴리오는 시각예술 및 문학을 하는 사람들이 자신의 최고 작품을 선별해 놓은 것을 의미했으나, 오늘날에 와서는 영유아의 학습을 사정하고 평가하는 관점에서 보육현장에서 활용되고 있다(최애경 · 송연숙 · 남미경, 2007; 황해익 · 송연숙 · 정혜영 · 유수경, 2013).

물리적으로 포트폴리오란 영유아의 작업 결과나 작품 혹은 어떤 수행의 결과를 모아 놓은 자료집이나 서류철을 의미하지만(McAfee & Leong, 1997), 포트폴리오 평가란 포트폴리오에 담긴 자료를 기초로 평가하는 것을 의미한다. 포트폴리오 평가에 있어 기억해야 할 점은 포트폴리오 수집과 포트폴리오 평가를 구분하는 것이다. 포트폴리오 수집은 개개인의 파일에 영유아의 작품이나 영유아에 대한 기록물들을 모으는 것이며, 포트폴리오 평가란 수집된 기록물들을 근거로 영유아의 학습 및 수행력을 향상시키거나 모니터하기 위해 고안된 평가의 한 유형이다. 또한 포트폴리오 평가는 단편적 · 일회적으로 영유아를 평가하지 않고 시간의 흐름에 따른 영유아 개개인의 성장 변화, 발달과정을 지속적 · 종합적으로 평가하는 방법으로 오늘날 이슈로 제기되고 있는 대안적인 참 평가이며 수행 평가의 한 유형으로 볼 수 있다.

어린이집에서 포트폴리오 평가를 적용할 경우에는 우리나라의 집단보육이라는 현실 속에서도 개별적으로 영유아 개개인의 단 · 장기간에 걸친 성장 변화나 발달 양상을 직접적으로 볼 수 있는 정보를 확보할 수 있을 뿐 아니라 발달 상태에 대한 궁금증에 대한 정보를 교류할 수 있는 이점이 있다. 교사, 영유아, 부모는 이러한 정보를 토대로 자기 평가를 할 수 있으며, 이는 결국 실제적인 보육과정의 운영과 개선에 긍정적인 도움을 줄 것이다. 마인스 등(Mindes et al., 1996)은 포트폴리오 평가가 취학 전 영유아의 보육이나 교육을 증진시키고 교수와 평가 사이를 연결시켜주는 가장 현대적인 방법이라고 제안하고 있다.

보육현장에서 포트폴리오 평가를 실시할 때는 포트폴리오 평가의 목적과 활용 방법, 구체적인 내용물, 평가준거, 자료수집 및 활용 등을 포괄하는 포트폴리오 평가를 위한 점검과정에 대해 교직원들 간의 이해와 합의가 전제된 후, 자료를 수집하는데 1년을 3번 정도로 나누고 영유아의 성취도를 확인할 수 있는 핵심 항목과 영유아의 개성을 알 수 있는 개별화 항목으로 나누어 수집하는 것이 바람직하다.

|Tip| 포트폴리오 평가를 위한 점검과정

- 포트폴리오 평가를 위한 계획
  - 평가 목적 설정
  - 평가 내용 및 준거 선정(보육과정을 토대로)
  - 수집 항목과 수량 결정(보육과정 영역별 평가 내용에 따른 핵심 항목과 개별화 항목)
  - 자료 분석 및 결과활용 방안 검토
  - 연간교육계획안에 평가계획 반영(연간 평가 항목을 포함)
- 자료수집 및 교사 논평(포트폴리오 구성)
- 자료정리 및 분석
  - 포트폴리오 요약서(종합발달보고서) 작성
- 활용 및 보고
  - 부모면담 및 종합생활기록부 반영
  - 다음 보육계획서에 반영

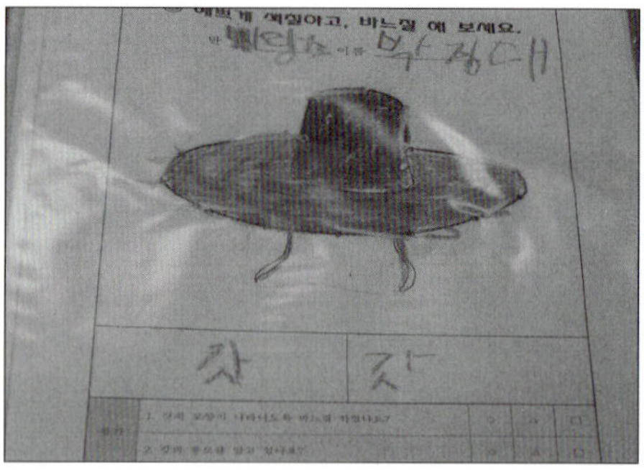

다음은 포트폴리오 평가를 위한 자료 수집 시 고려해야 하는 유의 사항이다. 첫째, 영유아의 보육 활동 결과물 자료(미술, 음률, 언어, 신체, 탐구, 사회극놀이, 구성하기 등의 기록이나 그림, 작품 등)를 개인 파일에 체계적으로 수집하여 정리한다. 둘째, 활동 결과물 중에서 수집이 어렵거나 보관이 어려운 경우에는 사진 자료를 활용한다. 신체 활동, 기본생활 및 사회생활 관련 행동 등은 사진 및 비디오 자료로 수집 · 정리한다. 셋째, 학기 초와 학기 말을 중심으로 초기 미완 작품부터 완성품에 이르기까지 다양한 자료를 수집한다. 넷째, 지속적이고 체계적으로 자료를 수집하며 자료에는 날짜, 상황에 대한 기록을 한다. 다섯째, 영유아에게도 스스로 자신을 판단하여 볼 수 있는 기회를 제공한다.

이처럼 포트폴리오에 포함되는 자료를 수집할 때는 항목을 정기적으로 수집하고 각 작업표본의 결과를 포트폴리오에 포함시킬 때의 날짜와 그 작업이 행해질 때의 배경과 맥락을 적어놓는 것은 매우 중요하다. 완성된 포트폴리오 평가는 부모들에게 제시할 수 있는 구체적인 정보를 담고 있으므로 이를 통해 부모들은 자녀들이 성장한 정도, 자녀들이 앞으로 발전해 갈 방향을 이해할 수 있으며, 어린이집의 보육과정이 어떻게 이루어졌는지에 대해 더 잘 이해할 수 있다.

| 표 9-3 | 영유아 평가 결과의 정리 요령

구분	내용
신체운동 · 건강 영역	• 연필 쥐기, 젓가락질하기 등의 눈과 손의 협응력이 필요한 활동에서 소근육 조절을 잘하고 있음 • 이동운동과 비이동운동 등에서 발달 단계에 따른 신체조절능력을 보이며, 신체 활동에 자발적이고 지속적으로 참여함
의사소통 영역	• 읽어주는 글의 내용에 관심을 가지고 경청하며, 최근 자신의 이름을 쓰려는 시도를 함 • 자신의 경험, 생각, 느낌 말하기를 즐기며, 정확하게 발음함
사회관계 영역	• 자신에 대해 긍정적으로 생각하고 있음 • 지역사회, 우리나라 및 세계 여러 나라 등과 관련된 사회과학적 지식에 대해 관심이 많음
예술경험 영역	• 미술 활동 중 색종이를 이용한 미술 활동을 즐기며, 일상생활의 경험이나 이야기들을 극놀이로 자주 표현함 • 주변의 재료들을 사용하여 창의적인 표현 활동을 즐김
자연탐구 영역	• 출생과 성장, 동 · 식물의 성장 등에 관심이 많으며, 궁금한 점을 알아보는 탐구과정에 관심을 가지고 참여함 • 주변의 다양한 물체와 물질의 특성을 살펴보는데 호기심과 탐구력이 높음
종합발달 상황	• 전체적으로 고루 발달하고 있으며, 특히 자신의 생각을 언어적으로 잘 표현하고, 주변에 대한 호기심과 탐구력이 높은 편임 • 침착하고 안정감 있게 행동하며 사교성이 좋아 친구가 많고 규칙 지키기와 같은 기본생활습관이 잘 형성되어 있음

(3) 표준화 검사

표준화 검사란 누가 사용하더라도 검사의 실시와 채점 그리고 결과의 해석이 동일하도록 모든 절차와 방법을 일정하게 만들어 놓은 검사를 의미한다(황해익, 2009; 황해익 외, 2008). 즉 검사 실시 조건과 채점 방법을 일정하게 정해놓고, 검사 결과의 해석을 표준화시키고, 규준에 비추어 비교할 수 있도록 한 규준지향 검사이다.

영유아 평가에서 표준화 검사를 사용하는 것은 다음과 같은 장점들이 있기 때문이다.

첫째, 표준화 검사는 전문가에 의해 제작되었으며, 신뢰도와 타당도가 검증되어 있다. 둘째, 검사의 실시와 채점을 위한 검사 실시 요강이 마련되어 있고, 원점수를 규준점수로 변환하는 방법이 있다. 셋째, 검사자는 한 아이의 현재 성취 수준을 이전의 것과 비교(개인내 비교)해 볼 수 있으며, 또한 연령과 배경이 비슷한 다른 아이들과 비교(개인 간 비교)해 볼 수도 있다. 넷째, 좋은 표준화 검사는 신뢰롭고 안정된 결과를 제공해준다. 다만 연령이 어릴수록 검사점수의 안정성이 낮아지는 경향이 있다.

이처럼 표준화 검사는 많은 장점을 가지고 있지만 그 대상이 영유아일 경우에는 보다 유의하여 사용해야 한다. 표준화 검사의 결과는 경우에 따라서 영유아에게 결정적인 작용을 할 수 있기 때문이다. 표준화 검사에 대한 이해가 불충분하고 검사를 남용하거나 오용한다면 개인에게도 부적절할 뿐만 아니라 사회적으로도 많은 문제를 일으킬 수 있음을 유념한다.

표준화 검사 도구 선정 시의 유의점(최일선 · 조운주, 2010)은 다음과 같다.

- 표준화 과정에 의해 올바르게 제작된 것이어야 한다.
- 제작 시기가 오래되지 않아야 한다.
- 검사의 타당도와 신뢰도가 높은 것인지를 알아야 한다.

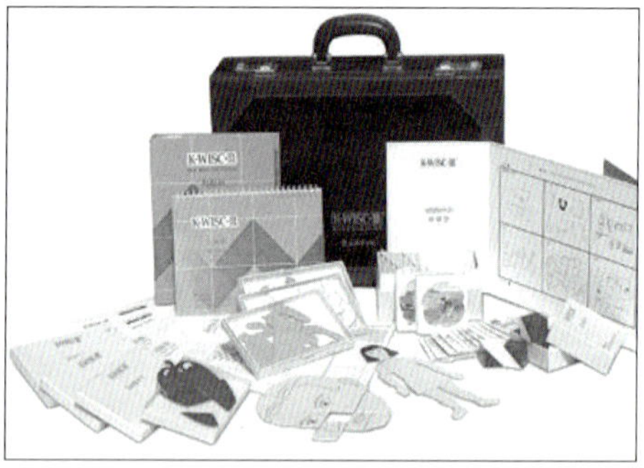

표준화 검사 도구

그러나 최근 검사 이론에 대한 발전과 기술적 증진은 검사에 대한 긍정적인 견해를 갖게 하고 있는데, 보다 양호한 심리 검사를 선정하고 검사가 지닌 제한점을 인식하면서 필요에 따라 활용하는 것은 적극적인 자세라 할 수 있다(이은해, 1995). 따라서 교사는 유아 발달 전문가와 연계하여 적절한 도구를 선정하여 보육에 활용하며, 검사 도구 자체에 전적으로 의존하기보다는 보완적인 방법으로 인식하는 것이 필요하다.

영유아를 위한 표준화 검사의 종류에는 지능 검사, 적성 검사, 성격 검사, 학력 검사, 태도 검사 외에 자아 개념 검사, 인지 양식 검사, 창의성 검사, 가정환경 검사, 흥미 검사, 욕구진단 검사 등이 있으며 살펴보고자 하는 목적에 따라 적합한 것을 선택한다. 다음 |표 9-4|는 국내에서 사용되고 있는 영유아용 표준화 검사들이다.

| 표 9-4 | 우리나라의 영유아용 표준화 검사

분류	검사명	저자 · 제작년도	대상	출판사
개별 지능 검사	유아지능 검사(A, B)	김재은(1965)	4~7세	중앙적성연구소
	고대-비네 검사	전용신(1971)	4~14세	문천사
	한국판-WISC	이창우 · 서봉연(1973)	5~16세	배영사
	표준화 피아제식 유아용 지능 검사 (A, B, C)	전윤식 · 임재택(1982)	4~7세	한국프뢰벨사
	한국판 그림지능 검사 (한국판 PTI)	서봉연 · 정보인 · 최옥순(1986)	4~7세	중앙적성출판사
	KEDI-WISC	한국교육개발원, 박경숙 외 4인 (1986)	5~6세	민족문화눈고간행회
	K-WISC-Ⅲ	곽금주 · 박혜원 · 김청택(2001)	6~16세	도서출판 특수교육
	유아지능 검사(KISC)	행동과학연구소(1993)	3~6세	한국행동과학연구소
	K-WPPSI	박혜원 · 곽금주 · 박광배(1995)	3~7세	도서출판 특수교육
	K-ABC	문수백 · 변창진(1997)	2~12세	학지사
	종합인지능력 검사 (A · B)	송인섭 · 문정화 · 박정옥(1995)	만 4~7세	학지사
집단 지능 검사	일반지능 검사 (가, 나형)	김호권(1964)	유치원, 초등 저학년	코리안테스팅센터
	지능진단 검사	이상로(1967)	유치원, 초등 저학년	중앙적성연구소
	표준화지능성숙 검사	김해옥 · 김란수(1963)	초등 1~3학년	배영사
	일반지능 검사(다형)	김호권(1964)	초등 2~3학년	코리안테스팅센터
	인물화 검사	김재은(1967)	5~12세	배영사
	인물화에 의한 간편지능 검사 (개정판)	김재은 · 김동극 · 여광은 (1973)	3~12세 일반아 및 정신지체아	교육과학사
학습 준비도 · 학업성취 검사 · 창의성	학습준비도 검사	이은해(1979)	학령전 아동	연세대 아동학과
	학습준비도 검사	이연섭 · 김성일(1980)	학령전 아동	한국교육개발원
	유아학습준비도 검사	한국교육개발원(1987)	2~6세	동아출판사
	기초학습기능 검사	한국교육개발원(1987)	5~12세	한국교육개발원
	유아용 종합 창의성 검사	전경원(1995)	유아	한국유아교육원
	유아발달수준 검사	국립교육평가원(1996)	만 5세	국립교육평가원

분류	검사명	저자 · 제작년도	대상	출판사
사회 · 정서 · 기타 영역 검사	아동용 주제통각 검사(CAT)	김태련 · 서봉연 · 이은화 · 홍기숙(1976)	3~10세	이화여대 인간발달연구소
	유아성격 검사	송인섭(1993)	4~7세	학지심리검사연구소
	한국아동인성 검사(KPI-C)	김승태 외(1997)	4~14세	한국가이던스
	유아음악적성 검사	한국가이던스(1994)	만 3~7세	한국가이던스
	그림좌절 검사(아동용)	김재은 · 김태련(1972)	유~초 6	중앙적성연구소
	사회성숙도 검사	이규성 · 김정희 · 이성진(1976)	0~12세	한국행동과학연구소
	사회성숙도 검사	김승국 · 김옥기(1985)	0~성인	중앙적성출판사
	가정환경 검사	한국행동과학연구소(1973)	3~6세	한국행동과학연구소

| 출처 | 황해익(2009). 유아교육평가.

2) 교사 평가

Q

자녀를 어린이집에 보낼 때 부모들은 어떤 선생님을 만나기를 기대할까?

보육의 질은 교사의 질을 능가하지 못한다는 말은 누구나 공감하는 부분이다. 이처럼 영유아에게 가장 직접적인 영향을 미치는 교사는 보육 평가에서 매우 중요한 위치를 차지한다. 아무리 좋은 어린이집과 훌륭한 프로그램이 있다 하더라도 그것을 운영하는 사람, 즉 교사에 따라 보육의 질이 결정되기 때문이다. 더욱이 초 · 중등교육과 달리 보육은 영유아의 발달적 특성이나 보육내용의 선정 · 조직에 있어 교사의 자율성이 많이 반영되는 보육과정 및 방법의 특수성 때문에 교사의 영향력은 더 크다고 할 수 있다.

그동안 우리나라의 교사 평가는 '교육공무원승진규정'에 의해 1960년대부터 근무성적평정이라는 형태로 시행되어 왔으나 공립학교체제 하의 승진을 위한 인사 자료로 제한되어 교사의 질을 관리하는 기제로는 활용되지 못하였다. 이에 대해 신교육체제 수립을 위한 교육개혁 방안으로 교사 평가 개선의 필요성이 제기되었고, 이후 정부는 교원능력개발 평가를 위해 교원평가제도를 도입하여 시범 적용 기간을 거쳐 2010년부터 전면 시행하였고, 이를 토대로 2011년부터는 각 초 · 중등학교에서 교원능력개발평가제 시행을 위한 기본계획을 수립하여 적용하고 있다.

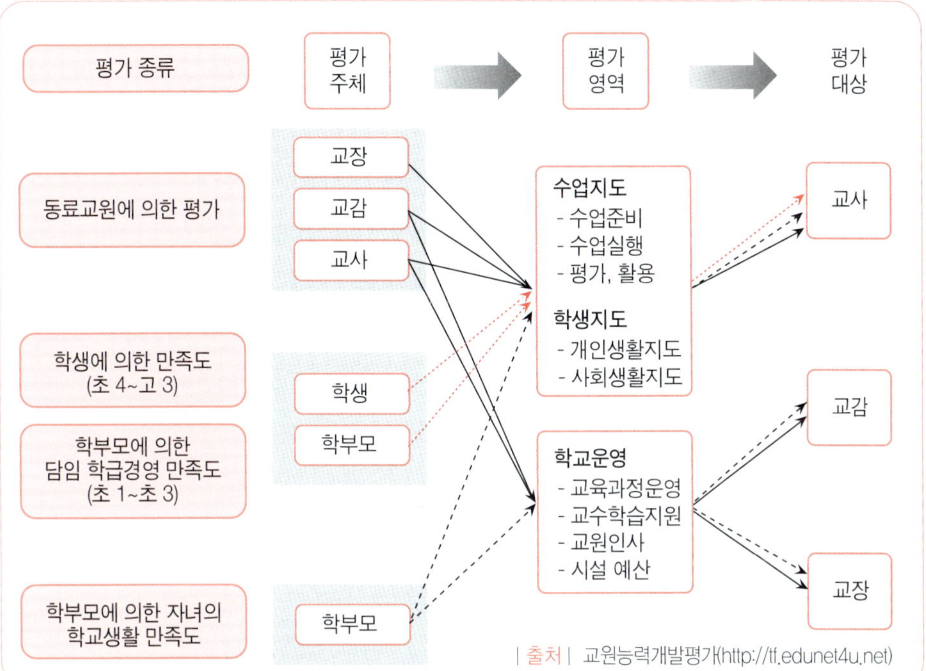

| 출처 | 교원능력개발평가(http://tf.edunet4u.net)

| 그림 9-1 | 초 · 중등학교에서 교원능력개발평가제 시행을 위한 기본계획

같은 맥락으로 유아교사를 위한 평가도 그동안 국 · 공립유치원에서 원장과 원감이 형식적으로 근무성적을 평가해왔는데, 유치원 교원 평가는 2007년부터 제도적으로 실행되고 있는 교원 평가의 일환으로 초등교원 평가 기준에 의하여 국 · 공립유치원에서만 부분적으로 시행해오고 있다. 그러나 유아교육선진화 추진계획(교육과학기술부, 2009) 등이 나오면서 유치원 교원 평가에 대한 논의가 계속 이루어지고 있는 실정이다.

교사 평가는 교사가 하는 일의 가치를 판단하기 위해 보육 활동에 관한 정보를 수집하고, 수집된 정보에 의해 해석하여 가치를 매기는 행위로 볼 수 있다(임승렬, 2001). 교사 평가는 평가하는 사람이나 받는 사람 모두에게 불안감을 갖게 하지만, 정기적인 피드백은 수행 능력을 향상시키고 발전을 촉진시키는 데 도움을 준다. 더욱이 체계적인 교사 평가를 통해 교사는 양질의 보육과정을 운영하기 위한 교사의 자질을 함양함으로써 전문성 개발-자기 계발 및 발전 촉구, 부족한 부분 발견, 업무 개선 등에 도움을 받을 수 있으며, 기관에서는 임용, 승진이나 봉급 등의 행정적인 문제와 관련하여 의사결정을 하는 데 도움을 받을 수 있다.

따라서 교사 평가는 보육교사의 능력 향상 및 전문직으로서의 역할 수행을 위해서 체계적이고 지속적으로 이루어져야 하며, 교사 평가가 보다 효과적으로 수행되기 위해서는 교사 자신의 자발적인 노력이 선행되어야 한다. 그러나 교사 평가는 교사들의 사기 및 동기유발과 관계가 깊고, 영유아 및 어린이집에 미치는 영향이 크므로 교사들이 어떤 준거로, 어떤 방법에 의해서 평가되는지를 분명히 알 수 있도록 하여야 한다.

최근 학교 교육력 제고를 위한 교원양성 체제 개선 방안으로 교육인적자원부(2006)에서 제시한 교사의 자질과 능력에 관한 일반 기준, 미국 일리노이 주와 켄터키 주 등에서 제시한 유아교사 자격 기준 및 평가 기준의 내용을 살펴보면 다음과 같다(최일선 · 조운주, 2010).

| 표 9-5 | 교사/유아교사의 자격 및 평가 기준

구분		교사/유아교사의 자격 및 평가 기준
교육 인적자원부(2006)	교사의 자질과 능력에 관한 일반 기준	• 기준 1: 교사는 건전한 인성과 교직 사명감 및 윤리의식을 갖는다. • 기준 2: 교사는 학생들의 학습과 복지를 위해 헌신한다. • 기준 3: 교사는 학생과 학생의 학습 · 발달을 이해한다. • 기준 4: 교사는 교과에 대한 전문지식을 갖는다. • 기준 5: 교사는 교과, 학생, 교육 상황에 적절한 교육과정을 개발 · 운영한다. • 기준 6: 교사는 수업을 효과적으로 계획 · 운영한다. • 기준 7: 교사는 학생의 학습을 모니터하고 평가한다. • 기준 8: 교사는 학습을 지원하는 환경과 문화를 조성한다. • 기준 9: 교사는 교육공동체 구성원들과 협력관계를 구축한다. • 기준 10: 교사는 전문성 개발을 위해 끊임없이 노력한다.
INTASC (Interstate New Teacher Assessment and Support Consoritium, 1992)	신규교사 자격 기준	• 기준 1: 교과에 대한 지식 • 기준 2: 인간발달과 학습에 대한 지식 • 기준 3: 개인적 요구에 맞는 교수 적용 • 기준 4: 다양한 교수 전략 • 기준 5: 학급동기와 운영 기술 • 기준 6: 의사소통 기술 • 기준 7: 교수계획 기술 • 기준 8: 학생 학습의 평가 • 기준 9: 전문적 위원회와 책임 • 기준 10: 협력
미국 켄터키 주 (2003)	유아교사 자격 기준	• 기준 1: 교수 구성/계획 • 기준 2: 환경 구성/유지 • 기준 3: 교수 실행 • 기준 4: 평가와 학습 결과 의사소통 • 기준 5: 전문적 실천 반성과 평가 • 기준 6: 동료/가족/다른 사람과 협력 • 기준 7: 전문적 발달 참여 • 기준 8: 가족 지원 • 기준 9: 테크놀로지 실행 입증
NBPTS (National Board for Professional Teaching Standard, 2001)	3~8세 현직 유아교사 평가 기준	• 기준 1: 유아 이해 • 기준 2: 평등, 공정함, 다양성 제공 • 기준 3: 다양한 평가 방법의 이해 및 효과적인 사용 • 기준 4: 유아의 발달과 학습 촉진 • 기준 5: 통합된 교육과정에 대한 지식 • 기준 6: 의미 있는 학습을 위한 다양한 교수 전략 • 기준 7: 가족과 지역사회와의 협력 • 기준 8: 전문가로서의 참여 • 기준 9: 반성적 실천

| 출처 | 최일선 · 조운주(2010). 유아교육 평가의 이론과 실제.

이상에서 제시된 교사 평가의 기준 내용을 종합해보면 일반적으로 교사의 개인 특성, 영유아 이해 및 지원, 교수 방법 및 전략, 학급 관리 및 학급 운영, 대인관계, 전문성 개발 영역으로 분류할 수 있다.

다음 |표 9-6|은 현재 국내에서 교사 평가로 사용되는 평가척도의 준거이다.

|표 9-6| 교사 평가의 준거

<table>
<tr><th>연구자</th><th colspan="2">하위 영역</th><th>문항 구성 내용</th></tr>
<tr><td rowspan="4">유해인
(1990)</td><td colspan="2">인성</td><td>• 아동 사랑, 유머, 관용, 자제력, 성실성, 봉사성, 건전한 인생관 등</td></tr>
<tr><td colspan="2">신체</td><td>• 용모, 건강</td></tr>
<tr><td colspan="2">교육적 태도</td><td>• 사명감, 개인차 고려, 교육관</td></tr>
<tr><td colspan="2">전문적 지식과 기능</td><td>• 지적 능력, 전문적 지식, 융통성, 예능 소질, 동기유발, 지도기술 향상 노력 등</td></tr>
<tr><td rowspan="4">이상봉
(1987)</td><td colspan="2">인성</td><td>• 사랑, 인내, 봉사, 공정성, 통찰력, 판단력, 명랑성, 근면성 등</td></tr>
<tr><td colspan="2">용모/몸가짐</td><td>• 건강, 용모, 예절 바른 태도, 바른 복장</td></tr>
<tr><td colspan="2">교직 태도</td><td>• 소명의식, 긍지와 자부심, 책임감, 교양과 품위</td></tr>
<tr><td colspan="2">전문지식/학습 지도 능력</td><td>• 전문지식, 프로그램 운용 능력, 예능지식, 상담지식, 정확한 언어 사용, 교재·교구 활용 능력 등</td></tr>
<tr><td rowspan="6">탁미경
(1996)</td><td rowspan="3">일반적 영역</td><td>신체</td><td>• 건강, 활동성, 용모, 자세, 태도</td></tr>
<tr><td>인성</td><td>• 적극성, 협동심, 성실성, 자제력, 정직성, 명랑함, 원만한 관계 등</td></tr>
<tr><td>교양/지적 능력</td><td>• 풍부한 지식, 순발력, 창의력 등</td></tr>
<tr><td rowspan="3">전문적 영역</td><td>교직에 대한 태도</td><td>• 신념, 책임감, 수용적 태도 등</td></tr>
<tr><td>교육기술</td><td>• 교육과정 재구성 능력, 교육과정 실천 능력, 활동에 대한 적절한 자극 및 개입 등</td></tr>
<tr><td>전문적 지식</td><td>• 생활 지도 및 상담지식, 발달 단계에 대한 지식, 교육 평가에 대한 지식 등</td></tr>
<tr><td rowspan="4">한명자
(1993)</td><td colspan="2">인성</td><td>• 사랑, 인내, 봉사, 공정성, 친밀성, 협조성</td></tr>
<tr><td colspan="2">신체 및 기타</td><td>• 건강, 언어, 음성, 바른 몸가짐 등</td></tr>
<tr><td colspan="2">교직에 대한 태도</td><td>• 아동 이해, 전문성 함양, 사명감, 전문성 성장</td></tr>
<tr><td colspan="2">전문지식 및 기능</td><td>• 전문지식, 프로그램 운용 능력, 동기유발, 교재·교구 활용 능력, 창의성, 융통성 등</td></tr>
<tr><td rowspan="3">백은주
·
조부경
(2004)</td><td colspan="2">지식과 기술 발달</td><td>• 물리적 환경 구성, 유아에 대한 이해, 교사-유아-유아의 상호작용, 교육과정계획·실시·평가</td></tr>
<tr><td colspan="2">자기 이해 발달</td><td>• 교사로서의 자신에 대한 태도, 자신감, 개인적 측면에서의 자신에 대한 태도</td></tr>
<tr><td colspan="2">생태적 발달</td><td>• 동료교사와의 관계 형성, 부모 및 지역사회와의 관계 형성, 물적 지원 환경 조성</td></tr>
</table>

연구자	하위 영역	문항 구성 내용
신민경 (2004)	일반적 특성	• 신체, 인성, 지도력, 교양 및 지적 능력
	전문적 특성	• 교직에 대한 태도, 전문적 지식, 장학 능력
	관리적 특성	• 행정 실무 능력, 안전 관리 능력
김은희 (2005)	교직에 대한 태도와 신념	• 신념, 태도
	교수 활동	• 교수 활동계획, 교수 활동 실행, 교수 활동 평가, 상호작용
	직무수행 능력	• 가정과 지역사회와의 연계, 행정적인 능력
이선정 (2006)	일반적 특성	• 건강, 인성, 교양
	전문적 특성	• 교직에 대한 태도, 창의력 및 문제해결 능력, 장학 지도 능력
	관리적 특성	• 행정실무 능력, 건강 · 안전관리 능력, 교직원 · 학부모 및 지역사회 관리 능력
Decker & Decker (1984)	개인적 특성	• 열성, 동료와 협동하고 좌절에 적응하는 능력
	신체적 특성	• 건강, 효과적인 역할 수행을 위한 생동감 등
	정신적 능력	• 아동과 교사의 욕구 및 역할에 대한 인식 능력
	전문가적 자질	• 교수 방법 및 교육 자료에 대한 지식

| 출처 | 황해익 외(2008). 영유아 프로그램 개발과 평가.

이들 척도에서 공통적으로 사용되는 준거로는 교사로서 갖추어야 할 바람직한 인성적 측면, 교사 역할을 수행하기 위한 건강이나 몸가짐 등의 신체적 측면, 교육에 대한 신념이나 책임감 등 교직태도에 대한 측면, 수업과 영유아 지도에 필요한 교수 방법이나 교구활용 능력과 같은 지식적 측면이 포함되고 있으며, 이는 앞서 제시된 정부의 교원 평가 기준이나 국외의 평가 기준에서 제시하고 있는 내용들과 유사함을 알 수 있다.

한편 교사 평가에는 교사의 자기 평가, 동료 · 주임교사 · 원장에 의한 평가, 외부 관찰자에 의한 평가 등 다양한 방법들이 활용된다. 자기 평가는 보육행위에 대한 자기반성과 고찰을 통해 교사 자신의 행동을 변화시키고 수업을 개선하기 위한 것으로 이는 결국 보육의 질적 수준을 향상시키는 것이며, 교사의 자기발전에 반드시 필요한 활동으로 볼 수 있다. 자기 평가 방식으로는 평가척도 양식, 반성적 교수, 수업사례 분석, 포트폴리오, 다른 교사와의 경험 비교, 저널쓰기 등을 활용할 수 있다. 동료 평가는 동료 및 주임교사에 의한 평가 방법으로 2회 이상의 직접적인 관찰을 통해 평가하는 것이 바람직하다. 동료 평가 시에는 자발적인 참여가 우선되어야 하며, 평가과정에 대한 계속적인 피드백이 교류되어야 한다. 사전에 동료교사와 협의하여 어떤 준거에 의해 자신이 평가되는지를 협의하는 것도 필요하다.

3) 기관 및 프로그램 운영 평가

Q

자녀를 어린이집에 보낸다고 가정할 때 어린이집을 선택하는 데 있어 일반적으로 어떤 요소들이 작용할까? 그룹별로 토의해보자.

영유아 프로그램 평가는 실시된 프로그램의 질적 수준과 효과를 평가하고자 하는 것으로 프로그램 운영에 대한 평가와 기관 평가로 이루어질 수 있다. 프로그램 운영에 대한 평가는 주로 그 프로그램이 영유아에게 미치는 장·단기적 효과에 대한 비교 연구의 형태로 이루어지며, 기관 평가는 주로 보육의 과정 변인들을 다루고 있다(박혜정 외, 1987; 이은해, 1995; 이은해·이기숙, 1983, 1987; 임재택 외, 1996; 허형 외, 1994; 황해익, 2009).

여기서 주지해야 할 부분은 프로그램이나 기관에 대한 평가가 어린이집을 통제하는 수단이 아니라 보육의 질적 개선을 위해 수행되어야 하며, 이를 위해 장기적으로는 자율적인 평가기구의 구성과 이에 대한 정부나 지방자치단체 관계 부서의 적극적 지원이 요청된다.

각 기관에서 프로그램을 평가하기 위해서는 프로그램을 평가하는 목적, 평가의 기준, 프로그램의 구성 요소, 평가 절차에 대해 고려해 보아야 하며, 프로그램 운영에 대한 자체 평가를 시도하고자 할 때는 다음과 같은 절차를 참고할 수 있다(이은해, 1995).

|Tip| 프로그램 향상을 목적으로 한 평가 절차

1. 어린이집에서 보육목표의 우선 순위를 검토해보고, 이를 영유아의 특성과 비교한다.
2. 부모를 대상으로 보육요구를 조사한다. 예를 들면, 어린이집에 대한 기대 수준과 현재의 만족도를 조사하여 둘 간의 차이가 큰 내용이 요구가 크다고 보는 것이다.
3. 보육계획안의 계획된 안과 실제 운영 사이의 차이를 비교한다. 일치 또는 불일치한 이유에 대해 논의하여 다음의 계획안에 반영시킨다.
4. 영유아의 흥미 영역별 참여도를 일정 기간 동안 조사하여 영유아별 또는 영역별 참여도의 분포를 검토한다. 이를 통해 흥미 영역의 배치 및 구성을 재고한다.
5. 흥미 영역별 교구와 자료에 대한 영유아의 반응을 관찰한다. 영유아가 모두 흥미 있어 하는 교구와 관심을 보이지 않는 교구, 활용 방법이 다양한 교구와 그렇지 못한 교구, 지속적으로 사용되는 교구와 그렇지 않은 교구에 관해 조사하는 것이다. 이 결과를 교사 간에 논의하고 수량, 배치, 활용 면에서 수정될 것이 없는지를 검토한다.
6. 경력 교사(예 원감)로 하여금 각 교실을 관찰하게 하여 교사와 영유아의 상호작용, 교사의 언어 유형, 학급 운영상의 특징 등을 검토한다.
7. 어떤 특정 모델(예 몬테소리)을 표방하는 프로그램의 경우에는 그 모델의 주요 특징이 실제에 나타나고 있는지, 실행과정을 교안, 보육환경, 영유아와의 상호작용 측면 등에서 검토한다.
8. 최근의 보육평가인증제의 평가척도를 사용하여 어린이집 스스로 자기 평가를 시도한다.

한편 프로그램의 질적 향상을 위해서는 교사 재교육, 어린이집의 질적 수준 평가, 정부 기관의 일관된 지원정책, 보육에 대한 부모들의 인식 고취 등의 다양한 노력이 필요하다. 이러한 노력들 가운데 최근에 부각되고 있는 것이 기관 평가이다.

미국의 경우에는 프로그램의 질적 수준을 향상시키고 관리하려는 노력의 일환으로 프로그램 실제를 객관적으로 평가하는 기준을 개발하고 활용하는 노력을 지속적으로 해오고 있다. 특히 미국 유아교육협회(NAEYC: National Association for Education of Young Children)의 인정주무부서에서는 수년간 유아교육 전문가들의 연구를 통해 다양한 영유아교육 프로그램에 대한 일반적인 질적 수준을 평가할 수 있는 평가 기준을 개발하였으며, 이 기준에 적합한 프로그램 실제를 운영하는 기관을 인정해주는 인정평가제를 운영하고 있다.

이처럼 기관 평가가 이루어지게 되면 질적으로 우수한 프로그램에 대한 기준이 명확하게 되므로, 각 기관에서는 이 기준에 맞추어 현장에서 운영하고 있는 프로그램에 대한 자체 평가를 실시하게 되어 평가 기준에 미달하는 부분을 발견하게 되고 이 부분에 대한 개선 노력을 기울이게 되어 궁극적으로 질적 발달을 도모하게 된다. 결국 기관 평가는 보육 관계자들에게 보육의 질을 제고해 볼 기회와 자신의 전문적 성장의 정도를 가늠해 볼 수 있는 지표를 제공해 준다고 할 수 있다.

우리나라의 경우에는 1980년내 이전까지 기관 평가는 프로그램의 포괄적 성격 측면보다는 영유아의 발달이나 성취 수준, 개별 프로그램이나 수업 방법, 보육의 질 등에 초점을 두어 왔다. 그러나 1980년대 이후부터는 질 높은 영유아보육의 중요성이 강조되기 시작하면서 최근에는 어린이집의 제반 구조와 요인이 기관의 보육목표 달성을 위하여 구체적으로 어떻게 기능하고 있는지를 점검하여, 이러한 결과를 토대로 어린이집의 질을 제고하고 어린이집의 경영개선을 위한 정보를 제공하고자 하는 방향으로 전개되고 있다. 즉, 영유아의 발달 성취뿐만 아니라 기관의 인적 · 물리적 요소 및 프로그램 등 제도적이고 운영적인 측면 즉 기관 운영 전반을 총체적으로 진단하려는 기관 평가 인증제로 초점이 맞춰지고 있다.

한편 기관 평가는 평가인증을 위한 기준을 제공하기 위하여 활용되기도 한다. 평가인증이란 특정 프로그램 실제가 전문가 집단이 이미 동의하여 선정한 기준에 합치하거나 도달하고 있음을 인정하는 과정으로 일치하는 정도에 따라서 프로그램의 전문성을 인정하는 평가를 의미한다. 평가인증제는 대표적인 학교평가체제 모형으로 인정받고 있으며, 영유아 보육에서도 이를 인정하여 미국, 호주, 벨기에, 독일 등 세계 여러 나라에서 적용하고 있다(김수영 외, 2003). 대표적으로는 앞서 언급된 미국의 민간단체인 미국유아교육협회(NAEYC)의 인증 기준과 국가 수준에서 재정 지원에 영향을 미치는 헤드스타트(Head Start) 수행 기준, 국가위탁으로 평가가 이루어지는 호주의 국립보육인준위원회(NCAC: National Childcare Accreditation Council), 국가 주관으로 평가가 이루어지는 영국의 교육기준청(OFSTED: Office for Standards in Education) 등을 들 수 있다. 현재 우리나라에서도 정부 주도하에서 어린이집을 대상으로 한 평가인증과 유치원을 대상으로 하는 유치원 평가가 실시되고 있다.

| 표 9-7 | 제3차 어린이집 표준보육과정 및 누리과정 평가 지침

제3차 어린이집 표준보육과정 평가 지침
가. 운영 평가 1) 어린이집 표준보육과정의 목표와 내용에 근거하여 보육내용이 적절히 편성 · 운영되는지 평가한다. 2) 어린이집 표준보육과정의 운영 내용 및 활동이 영유아의 발달 수준과 흥미 · 요구에 적합한지 평가한다. 3) 영유아의 발달 수준, 흥미, 요구에 적합한 경험 및 학습을 촉진할 수 있는 다양한 활동과 교수학습방법이 계획되고 통합적으로 운영되는지 평가한다. 4) 일과 운영 및 보육 활동 구성 시 놀이 활동과 일상생활 활동의 양과 내용이 영아 및 유아 각 연령의 발달에 적합하게 계획되고 운영되는지 평가한다. 5) 만 0~1세, 만 2세아는 집단 활동보다 개별적인 상호작용과 교수법을 중심으로 상호작용이 진행되는지 평가한다. 6) 어린이집 표준보육과정 운영 평가 결과를 수시로 반영하여 보육과정 운영계획을 수정 · 보완하거나 다음 연도의 계획수립 및 운영에 반영하는지 평가한다.
누리과정 평가 지침
가. 누리과정 운영 평가 1) 운영 내용이 누리과정의 목표와 내용에 근거하여 편성 · 운영되었는지 평가한다. 2) 운영 내용 및 활동이 유아의 발달 수준과 흥미 · 요구에 적합한지를 평가한다. 3) 교수 · 학습방법이 유아의 흥미와 활동의 특성에 적합한지를 평가한다. 4) 운영 환경이 유아의 발달 특성과 활동의 주제, 내용 및 효율성 등을 고려하여 구성되었는지를 평가한다. 5) 계획안 분석, 수업참관 및 모니터링, 평가척도 등 다양한 방법을 활용하여 평가한다. 6) 운영 평가의 결과를 반영하여 운영계획을 수정 · 보완하거나 이후 누리과정 편성 · 운영에 활용한다.

| 출처 | 한국보육진흥원(2017, https://www.kcpi.or.kr).

3 어린이집 평가인증

우리나라 어린이집은 많은 발전을 해왔음에도 불구하고 '믿고 맡길 어린이집이 부족하다' 는 현실의 문제점을 돌이켜보면, 보육공급 규모의 확대로 어린이집에 대한 양적 증가를 가져왔지만 이에 비해 질적 향상을 위한 제도적인 장치는 미흡하다고 볼 수 있다.

보육의 질에 대한 문제가 거론되면서 어린이집의 질을 개선하고자 하는 방안 중에 하나로 어린이집에 대한 평가인증을 적용하고 있다. 따라서 여기서는 평가인증에 대해 살펴보고자 한다.

1) 평가인증의 이해

어린이집 평가인증이란 영유아에게 전문적인 보호와 수준 높은 보육 서비스를 제공하기 위하여 평가인증 지표를 기준으로 어린이집이 현재 수준을 점검하고 개선한 후에 국가가 평가하여 인증을 부여하는 제도이다(한국보육진흥원, 2017).

정부는 어린이집의 서비스 수준을 향상하고 부모들에게 어린이집의 질적 수준에 대한 정보를 제공하여 합리적으로 어린이집을 선택할 수 있도록 어린이집 평가인증제도를 마련하여 시행해 오고 있다.

2005년부터 도입된 어린이집 평가인증제도는 지난 10년 동안 1, 2차 평가주기를 거치면서 어린이집의 전반적인 질적 수준을 향상시키는 데 기여하였으며, 효과적인 보육 서비스 질 관리 체계로 정착하였다. 그러나 최근 영유아교육과 관련되어 이루어지는 무상보육의 시행, 누리과정의 도입 등으로 보육 환경의 급격한 변화에 따른 보육 서비스 질 제고에 대한 사회적 요구가 더욱 증대되면서, 보육 서비스의 질적 수준 변별과 효과성 있는 질 관리 제도로, 개선 보완을 위한 어린이집 평가인증 3차 지표를 개발하여 적용하고 있다. 또한 서비스의 질적 개선을 유도하고 학부모의 시설선택에 필요한 정보의 제공을 위해 유치원과 어린이집의 평가 체계를 통합한 공통 지표를 개발하여 시범으로 적용하고 있다(한국보육진흥원, 2017).

평가인증은 어린이집에 불편을 초래하거나 순위 매기기에 있는 것이 아니라 영유아 최우선의 원칙에서 어린이집의 질적 수준을 향상시킬 수 있도록 조력하기 위해 실시하는 제도로, 질적 수준의 향상이 평가인증의 진정한 목적임을 유념해야 한다. 즉, 자발적으로 시행하는 평가의 준비과정과 평가과정에서 일어나는 관계자들의 상호작용 속에서 보육 서비스의 질이 개선 · 향상되도록 하는 것이다.

어린이집 평가인증(한국보육진흥원, 2017)에 제시된 평가인증의 목적을 살펴보면 첫째, 영유아에게 안전하고 질 높은 보육 서비스를 받을 권리를 보장하며, 건강하게 성장할 수 있는 환경을 조성하고자 하며 둘째, 부모들에게 보육 서비스의 질적 수준에 대한 정보를 제공하여 합리적인 어린이집 선택의 기준을 제공하며 셋째, 어린이집의 자발적인 노력으로 보육 서비스의 질적 수준을 높이고자 준비하고 노력하게 함으로써 어린이집 교직원의 전문성이 함양되며 넷째, 보육정책 수립 주체인 정부가 보육현장을 효율적으로 지원하고 관리하는 체계를 확립한다는 것이다.

이처럼 평가인증은 어린이집이 제공하는 질적 수준 정도를 측정하기 위한 표준을 수립하는 과정을 포함하며, 영유아의 건강과 안전을 보증하기 위하여 정부가 정한 기본적 수준으로 서비스가 운영되고 있는지를 평가할 뿐만 아니라 보육계에서 수립한 질적 수준을 충족하고 있는지를 확인하는 제도라고 할 수 있다(이옥, 2002).

| 출처 | 어린이집 평가인증(2013, http://kca.childcare.go.kr/).

2) 평가인증 과정

어린이집 평가인증은 신청 이후 참여 확정, 현장관찰, 심의 3단계로 진행되며 어린이집이 평가인증을 받는 데에는 약 4개월의 기간이 소요된다. 구체적인 평가인증 과정은 |그림 9-2|와 같다.

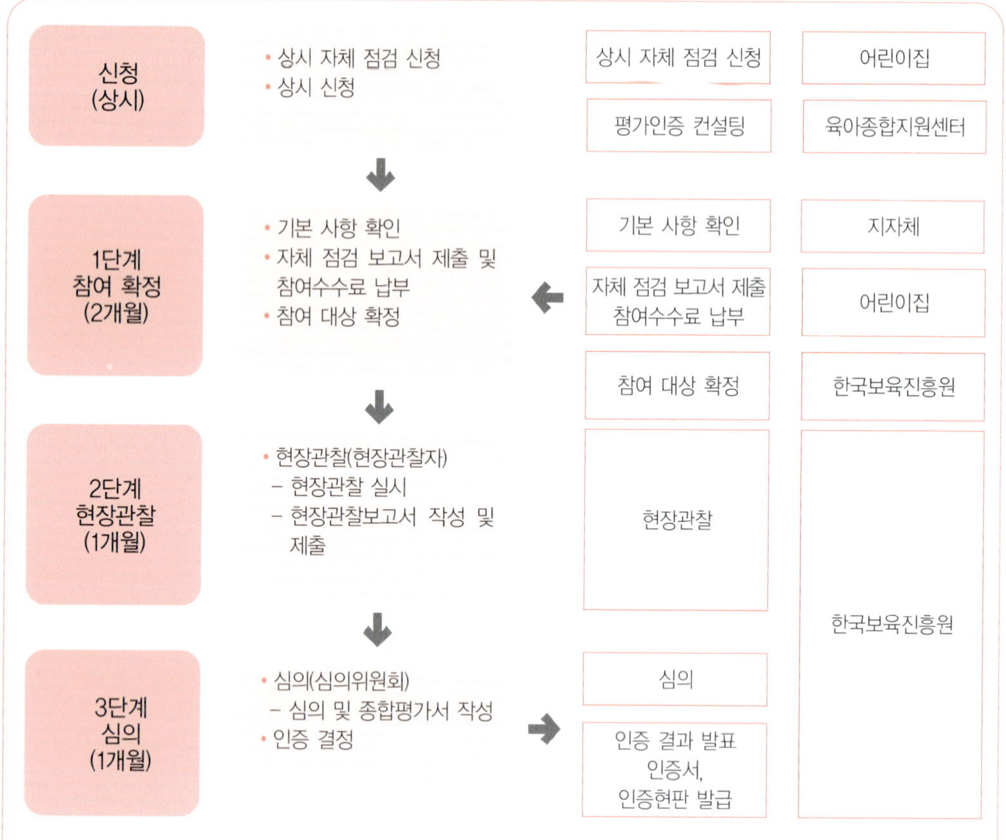

| 출처 | 한국보육진흥원(2017). 어린이집 평가인증 안내(3차 지표 시범사업용).

|그림 9-2| 어린이집 평가인증 운영 체계

먼저 신청 단계에서는 상시 자체 점검을 한 다음, 어린이집지원시스템 내 평가인증 메뉴에서 참여신청서를 작성 제출한다. 참여 확정 단계에서는 신청 어린이집의 기본 사항 확인과 자체 점검 보고서 제출 및 참여수수료 납부가 이루어지며 참여 확정 자격의 조건에 충족하는 어린이집은 참여 대상으로 확정된다. 현장관찰 단계에서는 현장관

찰자가 평가 대상 어린이집을 방문하여 평가인증 지표에 따라 어린이집의 질적 수준에 대한 관찰 및 보고가 이루어진다. 어린이집의 현장관찰 주간은 현장관찰월 1주일 전에 어린이집지원시스템(http://cpms.childcare.go.kr)에서 확인할 수 있다. 어린이집 규모에 따라 2인 혹은 3인의 관찰자가 파견되며 현장관찰은 하루일과 전반에 걸쳐 관찰, 면담, 기록 검토 등의 방법을 통해 1일간 진행된다. 심의 단계에서는 학계 전문가, 현장 전문가, 보육 담당 공무원으로 구성된 평가인증심의위원회가 구성되어 현장관찰이 완료된 어린이집의 기본사항확인서, 자체 점검 보고서, 현장관찰보고서 등을 토대로 심의가 진행된다. 인증 결과는 인증, 인증유보(신규인증), 불인증(재인증)으로 구분되며, 인증 결과는 어린이집지원시스템 내 평가인증 메뉴를 통해 확인할 수 있다.

3) 평가인증 지표

현행 평가인증 지표는 어린이집에 재원하고 있는 영유아가 어린이집의 규모 및 유형에 관계없이 최선의 서비스를 동일하게 제공받을 수 있는 기반을 마련하고자 육아정책개발센터에 의해 개발된 3종 평가 지표(40인 이상, 39인 이하, 장애아 전문)를 하나의 공통 지표로 통합하여 개발 · 적용하고 있다(한국보육진흥원, 2016). 단 장애아 전문, 소규모 어린이집(정원 20인 이하)은 운영 특성을 고려하여 일부 지표의 구성 요소에서 평정기준을 차별 적용하고 있다. 평가 지표는 그동안 평가주기에 따라 새로 개발되거나 일부 수정되어 적용되었기에 향후 보육진흥원사이트(한국보육진흥원, https://www.kcpi.or.kr/)를 참고하여 평가 지표의 변경 여부를 확인하도록 한다. 평가인증 지표를 살펴보면 |표 9-8|과 같다.

| 표 9-8 | 어린이집 평가인증 지표

영역		지표수
영역 1	보육 환경	8
영역 2	건강	8
영역 3	안전	8
영역 4	보육과정 운영	8
영역 5	보육 활동과 상호작용	10
영역 6	운영관리	8
6개 영역, 50지표		

*장애아전문, 소규모(정원 20인 이하) 어린이집은 운영 특성을 고려하여 평정기준 차별 적용

이상의 평가인증 지표의 하위 영역을 중심으로 평가 항목을 간략히 살펴보면 다음과 같다(한국보육진흥원, 2016).

영역 1. 보육 환경(8항목)

'보육 환경' 영역은 총 8개의 지표로 구성되어 있다. 보육실의 공간배치가 흥미 영역으로 구성되어 있는지, 실내 공간은 영유아와 보호자가 편리하게 사용할 수 있도록 조성되어 있는지 평가한다. 옥외놀이터는 다양한 놀이가 가능하도록 조성되어 있는지, 실내 · 외 설비와 가구는 영유아가 편리하게 사용하도록 마련되어 있는지, 보육교사를 위한 공간, 가구, 비품은 쉽게 이용할 수 있도록 마련되어 있는지 살펴본다. 또한 각 반의 보육 활동 자료가 영유아의 발달 수준과 흥미를 반영하고 있는지, 영역별로 다양하고 충분하게 구비되어 관리되고 있는지를 평가한다.

지표	내용
1-1	• 보육실은 영유아의 자율적 선택과 능동적 참여를 촉진하는 흥미 영역으로 구성되어 있다.
1-2	• 실내공간(보육실 외)은 영유아와 보호자가 편리하게 사용할 수 있도록 조성되어 있다.
1-3	• 옥외놀이터는 자연을 느끼며 다양한 놀이를 할 수 있도록 조성되어 있다.
1-4	• 각 반의 크기와 인원은 원활한 운영이 이루어지도록 적절하게 구성되어 있다.
1-5	• 실내 · 외 설비와 가구는 영유아가 편리하게 사용하도록 마련되어 있다.
1-6	• 어린이집의 보육 활동 자료는 영역별로 다양하고 충분하게 구비되어 관리된다.
1-7	• 각 반의 놀잇감과 활동 자료는 영유아의 발달 수준과 흥미를 반영하고 있다.
1-8	• 보육교사를 위한 공간, 가구, 비품은 쉽게 이용할 수 있도록 마련되어 있다.

영역 2. 건강(8항목)

'건강' 영역은 총 8개의 지표로 구성되어 있다. 영유아의 건강을 위해 보육실 및 실내 · 외 공간이 청결하고 쾌적하게 관리되는지, 보육교사와 영유아가 필요할 때마다 손 씻기 등의 위생습관을 실천하고 있는지 평가한다. 또한 보육교사는 영유아가 아픈지 살펴보고 적절하게 지원하고 있는지, 영유아가 적합한 건강관리와 식습관 교육을 받고 있는지 알아본다. 영유아가 양질의 급 · 간식을 제공받는지 알아보기 위해 식자재의 구입과 보관, 조리공간의 위생, 조리 및 배식과정의 청결에 대해 살펴본다. 마지막으로 급 · 간식의 내용과 양이 영유아의 건강증진에 충분히 도움이 되는지 평가한다.

지표	내용
2-1	• 보육실은 청결하고 쾌적하게 관리된다.
2-2	• 실내 · 외 공간(보육실 외)은 청결하고 쾌적하게 관리된다.
2-3	• 보육교사와 영유아는 손 씻기 등 위생습관을 실천한다.
2-4	• 보육교사는 영유아가 아픈지 살펴보고 적절하게 지원한다.
2-5	• 영유아와 보육교직원의 건강증진을 위한 예방관리와 교육이 이루어진다.
2-6	• 식자재의 구입 · 보관 및 조리공간은 청결하고 위생적으로 관리된다.
2-7	• 조리 및 배식과정은 청결하고 위생적으로 관리된다.
2-8	• 급 · 간식의 내용과 양은 영유아의 영양균형과 건강증진에 도움이 된다.

영역 3. 안전(8항목)

'안전' 영역 또한 8개의 지표로 구성되어 있다. 보육실과 실내 · 외 공간이 안전하게 구성되어 관리되고 있는지, 영유아를 위한 놀잇감이 안전한지, 위험한 물건은 영유아의 손에 닿지 않게 관리되고 있는지 살펴본다. 물리적 환경의 관리 외에 영유아가 등원에서 하원까지 안전하게 보호되고 있는지, 차량 이용 시에는 안전요건을 갖추었는지 등 영유아의 안전 사항이 늘 주시되고 있는지 평가한다. 또한 어린이집에서 비상사태가 발생할 경우 영유아의 안전에 치명적 위험이 있으므로 대피시설 및 설비와 인력이 준비되어 있는지 살펴본다. 이를 위해 영유아가 소방대피훈련과 안전교육을 받고 있는지 뿐만 아니라 보육교직원이 영유아를 학대로 부터 보호하고 있는지도 알아본다.

지표	내용
3-1	• 보육실은 영유아의 안전을 위해 위험요인 없이 관리된다.
3-2	• 실내 · 외 공간(보육실 외)은 영유아의 안전을 위해 위험요인 없이 관리된다.
3-3	• 실내 · 외 놀잇감이 안전하고, 위험한 물건은 영유아의 손에 닿지 않도록 보관한다.
3-4	• 영유아는 등원부터 하원까지 성인의 보호 하에 있다.
3-5	• 어린이집에서 차량을 운행할 경우, 안전요건을 갖추어 관리한다.
3-6	• 어린이집은 비상사태에 대비할 수 있는 시설, 설비와 인력이 있다.
3-7	• 영유아는 비상사태에 대비하여 대피훈련과 다양한 안전교육을 받는다.
3-8	• 보육교직원은 다친 영유아를 지침에 따라 처치하고, 영유아를 학대로부터 보호한다.

영역 4. 보육과정 운영(8항목)

우리나라는 영유아보육법에 국가 수준의 '어린이집 표준보육과정'을 규정하고 있으며, 주기적으로 개정되어 2014년 현재 제3차 어린이집 표준보육과정이 고시되고 있다. '어린이집 표준보육과정'은 0-1세 보육과정, 2세 보육과정, 3-5세 보육과정(누리과정)으로 구성되어 있으며, 영유아의 연령에 따라 계열성 있는 세부 보육내용을 제시하고 있다. 어린이집에서는 표준보육과정의 보육목표와 내용에 기초하여 영유아들을 위한 구체적인 보육계획을 수립하여 운영해야 한다.

'보육과정 운영' 영역은 총 8개의 지표로 구성되어 있다. 어린이집은 영유아의 연령에 적합한 보육과정을 계획하여 운영하되, 영유아의 흥미를 반영하여 통합적으로 운영하는지 평가한다. 보육교사는 균형 있는 일과를 계획하고 융통적으로 실행하는 가운데 영유아의 편안한 일과를 고려하고, 여러 영역에서 다양한 놀이와 보육 활동이 이루어지도록 운영하는지 살펴본다. 또한 영유아의 개별 활동과 놀이에서는 동기유발과 주도적인 참여가 지속되도록 격려하며, 대 · 소집단 활동에서는 연령에 적합하게 운영하는지 평가한다. 마지막으로 보육교사는 보육과정과 영유아에 대해 주기적으로 평가하는지 알아본다.

지표	내용
4-1	• 어린이집은 연령에 적합한 보육과정을 계획하여, 이를 운영한다.
4-2	• 어린이집은 영유아의 흥미를 반영하여 보육과정을 통합적으로 운영한다.
4-3	• 보육교사는 일과를 균형 있게 계획하고 융통적으로 운영한다.
4-4	• 보육교사는 영유아의 일상생활이 편안하게 이루어지도록 일과를 운영한다.
4-5	• 보육교사는 여러 영역에서 다양한 놀이와 보육 활동이 이루어지도록 운영한다.
4-6	• 보육교사는 영유아의 개별 활동과 놀이에서 동기유발 및 주도적 참여가 지속될 수 있도록 지도한다.
4-7	• 보육교사는 대 · 소집단 활동을 연령에 적합하게 운영한다.
4-8	• 보육교사는 보육과정 및 영유아에 대해 주기적으로 평가한다.

영역 5. 보육 활동과 상호작용(10항목)

보육교사는 다양한 보육 활동이 이루어지는 자유선택 활동 시간(자유놀이 시간)과 실외놀이 시간을 포함한 일과 전체에서 영유아의 일상적 양육과 보육 활동을 수행하는 동안 영유아의 생각이나 행동, 정서 상태, 표현 방식 등을 민감하게 파악하여 이에 적합한 반응을 해줌으로써 영유아가 충분한 경험을 할 수 있도록 해야 한다.

'보육 활동과 상호작용' 영역은 총 10개 지표로, 보육 활동 관련 6개 지표와 상호작용 관련 4개 지표로 구성되어 있다. '보육 활동'은 표준보육과정(누리과정 포함)에 기초하여 발달에 적합한 다양한 보육 활동과 놀이를 영유아가 자발적이고 자연스럽게 경험하고 있는가를 평가한다. 다양한 보육 활동과 놀이란 신체 활동, 언어 활동, 사회관계 증진 활동, 예술경험 활동, 자연탐구 활동 및 역할놀이와 쌓기놀이를 말한다. '상호작용'은 매일 반복되는 어린이집의 일과 전반(등원에서 하원까지)에서 보육교사-영유아 간 및 영유아-영유아 간의 상호작용이 바람직하게 이루어지고 있으며 이때 발생되는 문제 상황을 보육교사가 신속히 파악하여 적절히 지도하고 있는가를 평가한다.

지표	내용
5-1	• 영유아는 대 · 소근육 발달을 위해 연령에 적합한 신체 활동에 참여한다.
5-2	• 영유아는 연령에 적합한 다양한 언어 활동에 참여한다.
5-3	• 영유아는 연령에 적합하게 자신과 가족, 주변 사회에 관심을 갖는 경험을 한다.
5-4	• 영유아는 일상에서 예술을 자연스럽게 경험하고 표현할 기회가 있다.
5-5	• 영유아는 친숙한 주변 환경에서 자발적인 자연탐구 활동을 경험한다.
5-6	• 영유아는 발달 수준과 흥미에 적합하게 역할 및 쌓기놀이를 충분히 한다.
5-7	• 보육교사는 영유아와 신뢰로운 관계를 형성한다.
5-8	• 보육교사는 개별 또는 집단으로 영유아와 바람직한 언어적 상호작용을 한다.
5-9	• 보육교사는 영유아들간의 긍정적인 상호작용이 활발히 이루어지도록 격려한다.
5-10	• 보육교사는 영유아의 어려움과 문제 상황을 파악하고 이를 적절히 지도한다.

영역 6. 운영관리(8항목)

어린이집 운영관리는 운영 방침 수립부터 원아관리, 재정관리, 사무관리, 보육교직원 인사관리, 가족지원 등에 이르기까지의 업무에 대한 효율적인 관리방안으로, 어린이집의 설립 목적을 달성하기 위한 중요한 요소이며, 원장의 역할이 큰 비중을 차지 한다.

'운영관리' 영역은 총 8개 지표로 구성되어 있다. 질 높고 투명한 어린이집의 운영을 위한 방침을 수립하여 실행하고 있는지, 원장의 리더십은 어떠한지, 보육교직원의 처우 및 복지향상과 보육교직원의 전문성 향상을 위해 어떤 노력을 하고 있는지를 살펴본다. 또한 영유아의 초기 적응을 지원하고 개별 영유아의 기록을 관리하고 있는지, 어린이집과 가정 간의 의사소통이 원활하게 이루어지고 있는지, 가족을 지원하고 참여의 기회를 다양하게 제공하며, 지역사회와 활발하게 교류하고 있는지를 평가한다.

지표	내용
6-1	• 어린이집은 질 높고 투명한 운영 방침을 수립하여 이를 실행한다.
6-2	• 원장은 협력적 조직문화 조성을 위한 리더십을 갖추고 있다.
6-3	• 어린이집은 보육교직원의 적절한 처우와 복지 향상을 위해 노력하고 있다.
6-4	• 어린이집은 개별 보육교직원의 전문성 향상을 위해 노력하고 있다.
6-5	• 어린이집은 영유아의 초기 적응을 지원하고 개별 원아의 기록을 관리한다.
6-6	• 어린이집과 가정 간 의사소통이 원활하게 이루어진다.
6-7	• 어린이집은 가족을 지원하고 참여 기회를 다양하게 제공한다.
6-8	• 어린이집은 지역사회와 활발하게 교류한다.

4) 평가인증 결과

인증어린이집의 질적 수준을 유지 · 향상시키기 위한 사후관리를 위해 먼저 인증에 통과한 어린이집에는 인증서 및 인증현판이 발급되며, 어린이집 · 유치원 통합정보공시 사이트(www.childinfo.go.kr)를 통해 어린이집 평가인증 결과를 정보공시로 전 국민에게 공개하고 있다.

인증 유효 기간은 3년이며, 인증어린이집은 매년 연차별 자체 점검 보고서를 작성하여 정해진 기간 내에 어린이집지원시스템에 제출해야 한다. 또한 인증어린이집을 대상으로 인증관련 각종 정보를 교육(온라인)을 통해 제공해주며, 인증어린이집의 원장이 교체된 경우 신임 원장 대상으로 사후교육을 실시하고 있으며, 인증어린이집의 신청을 받아 보육컨설팅을 제공함으로써 질적 수준을 관리하고 있다.

한편 인증유보로 통보된 어린이집의 경우 평가인증에 재참여를 할 수 있는데, 이는 별도의 선정과정이나 참여설명회 없이 바로 재참여하여 단기간에 평가인증을 받은 과정이다. 인증 결과에 이의가 있는 경우에는 15일 이내에 이의 신청서를 평가인증국에

접수하여 재심의를 받을 수 있다.

또한 보건복지부(한국보육진흥원)에서는 인증된 어린이집이라 하더라도, 인증 후 어린이집을 매매하거나 임대할 경우, 인증 후 소재지 변경, 어린이집과 현장관찰자가 이해관계가 있는 경우, 원장이 현장관찰자에게 금품을 제공한 사실이 발견된 경우, 연차보고서를 기한 내에 제출하지 않았을 경우, 행정처분 사항이 발생한 경우와 같은 사유가 발생될 때 인증을 취소할 수 있다.

4 보육 평가의 활용

정부 주도의 어린이집에 대한 평가인증의 적용으로 평가의 중요성과 이에 대한 인식이 많이 개선되고는 있지만 여전히 보육현장에서는 평가에서의 어려움과 평가 결과의 활용에 대한 애로점을 토로하고 있다. 이에 대한 근본적인 이유로 평가에 대한 올바른 개념과 현장에서 왜 평가를 해야 하는지, 평가 자료를 모은 후 이를 어떻게 활용할 것인지 등 이에 대한 종합적인 이해가 부족하다고 한다. 이외에도 교사의 자질만의 문제만이 아닌 평가를 하기 어려운 근본적이고도 다양한 문제들이 현장에 산재하고 있다는 것이다.

그러나 보육의 주된 목적인 영유아의 전인적 발달과 보육과정의 질을 개선하고 프로그램 운영의 효율성을 높이는 것이라면, 교사는 보육 평가의 기본적인 구조를 이해하고, 이를 토대로 적절한 평가 도구와 방법을 선택할 수 있으며, 이후 평가 결과를 영유아 이해나 보육과정 개선에 관한 이해를 돕고 적합한 의사결정을 내리는 데 필요한 정보로 활용할 수 있어야 한다. 즉, 평가 결과가 적극적으로 보육 활동의 계획과 과정에 반영되어야 하는 것이다.

그러나 목적 없는 평가가 막연히 지속되거나 평가과정이 체계적이지 못할 때에는 평가 결과는 사장되기 쉬우며, 평가 결과를 보육과정에 반영한다 하더라도 영유아 개개인의 상대적인 비교나 등급 매기기에만 국한된다면 평가 결과가 올바르게 활용되었다고 할 수 없을 것이다. 따라서 평가 결과는 목적에 맞게 적절히 해석되고 사용되어야 한다. 특히 어린이집의 영유아들은 대개 종일반 운영을 기본으로 장기적으로 재원하는 것이 대부분이므로, 각 영유아별로 프로파일을 준비하여 평가 결과를 구비하고 기록하며, 영유아 간의 상대적 비교보다는 개인내 차에 초점을 두고 평가가 이루어지도록 한다. 또한 평가의 결과를 양화된 수치로 서열화하여 제시하기보다는 문장으로 서술하여 영유아 개개인의 독특한 발달 특징을 자세하게 진술하도록 한다.

이처럼 보육현장에서 영유아의 평가 결과를 기록하고 정리할 때에 고려해야 하는 점들을 요약해보면 다음과 같다(이은해, 1995). 첫째, 각 영유아별로 파일을 만들어 그 영유아에 대한 모든 평가 자료, 즉 관찰 자료, 건강기록부, 검사 결과, 작업표본, 면담 자료 등을 정리한다. 둘째, 모든 자료에는 날짜, 관찰자(검사자), 관련 사항에 대한 간략한 정보가 반드시 포함되도록 한다. 셋째, 1년간의 계획을 세우고, 지속적으로 자료를 수집하여 어느 한 시기에만 집중되지 않도록 한다. 넷째, 담당교사 외에 다른 교사가 관찰한 것 또는 한 상황에서 한 명 이상의 영유아가 관찰된 경우 등에서 파일을 상호 보완할 수 있는 체제를 만든다. 다섯째, 1년에 3회 혹은 2회 정도 영유아별로 평가 자료를 토대로 요약서를 작성하고 이를 근거로 해석해보도록 한다. 이때 영유아별로 자료에서 누락된 부분이 있는지 그 여부를 확인하고, 보육과정 영역별 혹은 발달이 잘 이루어진 영역과 덜 이루어진 영역을 중심으로 서술해본다. 이상의 유의점을 토대로 정리된 평가 결과는 부모면담, 보육과정 개선, 초등학교 진학, 교수-학습 방법 개선, 보육환경 재구성 등의 다양한 용도로 활용될 수 있다.

최근 유치원과 어린이집에서 공통으로 적용되는 3~5세 연령별 누리과정에 제시되어 있는 평가 결과의 활용에 대해 교육과학기술부 · 보건복지부(2012)는 크게 누리과정 운영 평가와 영유아 평가로 구분하여 다음과 같이 제시하고 있다. 먼저 누리과정 운영 평가의 결과 활용에 대해 살펴보면 첫째, 누리과정 운영 평가를 통해 교육 · 보육내용의 적절성과 타당성을 판단하고, 이를 다음 (학)연도의 편성 · 운영에 반영하도록 한다. 이를 통해 교사는 자신의 교수 · 학습방법을 개선하는 기초 자료로 활용하며, 나아가 교실 환경과 활동 자료를 보완하여 적절한 환경 제시 및 자료 제공방법을 모색할 수 있다. 둘째, 누리과정 운영 평가 결과를 부모면담이나 기관 운영의 효과에 대한 근거 자료로 활용하여 가정과 기관 간의 의사소통이 원활이 이루어지고 상호신뢰가 확보될 수 있도록 한다. 다음으로 영유아 평가의 결과 활용에 대해 살펴보면 첫째, 영유아 평가 결과는 각 영유아의 장점과 부족한 점, 발달 수준과 학습 수준의 발달 경향을 파악하여 유아를 이해하는 기초 자료로 활용할 수 있다. 둘째, 영유아 평가 결과는 누리과정 운영을 개선하고 교수 실제에 적용할 수 있다. 셋째, 영유아 평가 결과는 부모와의 면담 자료로 활용한다. 영유아의 발달과 학습에 대한 평가 결과는 부모와의 면담이나 의사소통 시 근거 자료로 활용하여 부모가 자녀를 더 잘 이해하게 하고 부모가 기관 및 교사에 대한 신뢰를 형성하도록 도와줄 것이다.

이처럼 평가 결과는 결과적으로 보육의 질적 향상에 도움을 주는 방향으로 활용될 수 있으며, 구체적으로는 대개 영유아, 교사, 부모 측면에서 활용할 수 있다. 영유아 평가 결과는 영유아의 발달 수준과 요구에 따른 보육내용과 계획을 수립하고 의사 결정을 하는 데 유용하게 활용할 수 있으며, 부모와의 면담 자료로도 활용되어 부모와 교사

간의 의사소통 기회를 제공할 수 있으며, 이는 결국 영유아에 대한 이해를 증진시킨다. 또한 평가 결과를 통해 전문가의 도움이 필요한 영유아를 조기에 발견하여 전문가에게 의뢰, 조치할 수 있는 기초 자료로 활용할 수 있다. 교사는 보육과정 운영 평가와 영유아 평가를 통해 영유아에 적합한 효율적인 교수·학습방법에 대해 이해하고 영유아의 동기를 유발시킬 수 있는 보육과정과 교수방법을 개발하거나 보육내용의 적절성과 타당성을 판단하고 이를 다음 교육계획에 반영하는 등의 교사로서의 전문성을 함양하는 데 도움이 된다. 부모는 보육과정 운영 평가와 영유아 평가 결과에 대해 교사와 소통함으로써 기관 운영에 대해 상호 신뢰할 수 있다. 즉, 자녀가 어린이집에서 어떻게 생활하고 있는지 평가 자료를 통해 자녀의 발달과 학습 측면에서의 변화하는 과정을 이해할 수 있으며, 기관과 연계하여 지원해 줄 수 있는 부분에 대한 도움도 받을 수 있다.

종합해보면 어린이집의 교직원으로서 혹은 보육교사로서의 역할은 영유아가 어떻게 행동하고 느끼고 생각하는지에 관한 신뢰롭고 타당한 실증적인 자료 수집에 관심을 기울여야 하며, 이는 영유아를 올바르게 이해하고 적절한 보육을 시행하는 데 있어 필수적인 요소라는 입장에서 평가의 계획 및 실행, 결과 활용에 임해야 할 것이다.

Q

평가인증 관련 정보는 어디서 얻을 수 있나요?

- 한국보육진흥원 홈페이지(www.kcpi.or.kr) 자료 찾기

[정보마당] 메뉴 GO! → [KCPI 자료] 메뉴 GO! → [평가인증 관련] GO!	
[평가인증 관련 자료]	• 어린이집 평가인증 안내(3차 지표 시범사업용) • 평가인증 관련 서식 – 3차 지표 체크리스트 양식/자체 점검 보고서 양식 – 재인증 사전 신청서, 평가인증서 및 인증현판 – 참여확인서 재발급 신청서
[참여마당] 메뉴 GO! → [평가인증] 메뉴 GO!	
[자주하는 질문] [묻고 답하기]	• 운영 체계, 지표, 사후관리 관련 FAQ (※ 평가인증과 관련된 잘못된 이해와 왜곡된 정보에 대한 해답문 등)

참고문헌

강기정 · 박혜성 · 계선자(2005). 맞벌이 가족 남편의 역할갈등 및 결혼만족도에 관한 연구. 한국가족복지학, 10(2), 5-25.

강숙현(2000). '발달에 적합한 실제' 에 대한 유아교사의 신념과 교육 실제의 질적 수준과의 관계. 이화여자대학교 대학원 박사학위논문.

강숙현 · 최미숙 역(1995). 발달에 적합한 유아교육 실제. 광주: 전남대 출판부.

강인애(1997). 왜 구성주의인가?-정보화 시대와 학습자 중심의 교육환경. 서울: 문음사.

강준렬(1997). 지역사회복지와 사회복지관. 서울: 동인.

공인숙 · 한미현 · 김영주(2005). 영유아보육론. 서울: 교육과학사.

교육과학기술부(2009). 유아교육 선진화 추진계획.

교육과학기술부(2011). 유치원 기본과정 내실화를 위한 인성교육 프로그램 개발.

교육과학기술부(2012). 교육과학기술부 고시 제2012-16호. 3-5세 연령별 누리과정. 서울: 교육과학기술부.

교육과학기술부 · 보건복지부(2012). 5세 누리과정 교사용 지침서. 서울: 교육과학기술부 · 보건복지부.

교육부(1998). 유치원 교육과정해설.

교육부(2005). (유아를 위한) 양성평등 교육활동 지도 자료.

교육인적자원부(2006). 학교교육력 제고를 위한 교원양성 체제 개선 방안. 서울: 교육인적자원부.

김경철 · 김영호 · 엄익명 · 조옥희(2002). 영 · 유아교육과정. 서울: 학지사.

김능근(1975). 중국철학사. 서울: 탐구당.

김대현 · 완경순 · 이경화 · 이은화(1999). 프로젝트 학습의 운영. 서울: 학지사.

김수영 · 김수임 · 송규운 · 정정희(2003). 영유아 프로그램: 이론과 실제. 서울: 양서원.

김숙자(2001). 유아교육 프로그램. 서울: 문음사.

김영옥(2002). 유아를 위한 다문화 교육-반편견, 세계이해 교육의 현장 적용-. 서울: 정민사.

김영옥 · 오숙현 · 임영숙 · 정경자(2010). 유아교육기관의 환경 구성. 경기: 공동체.

김은희(2000). 레지오 접근법의 이해와 현장 적용. 서울: 창지사.

김은희(2005). 유치원 교사의 전문성 자기평가준거 개발에 관한 기초연구. 부산대학교 교육대학원 석사학위논문.

김은희 · 홍순옥 · 임영심 · 하정희 · 황해익 · 정수경 · 이대균 · 김경철 · 유구종 · 유경숙(2006). 가르치기와 배우기. 서울: 창지사.

김정임(2006). 발도르프 유아교육에 대한 이해. 서울: 학지사.

김정환(1995). 페스탈로찌의 교육철학. 서울: 고려대학교 출판부.

김종서 · 이영덕 · 황정규 · 이홍우(2003). 개정판 교육과정과 교육평가. 서울: 교육과학사.

김태오 · 김병희 역(2006). 쉽게 풀어쓴 유아교육철학. 서울: 양서원.

김현희(2009). 보육시설-가정연계 그림책 읽기 프로그램이 영아의 읽기 흥미도와 의사소통 능력 및 모-영아 상호작용에 미치는 효과. 동아대학교 대학원 박사학위논문.
김혜신 · 김경신(2003). 맞벌이 부부의 부모역할 갈등과 심리적 복지. 한국가정관리학회지, 21(4), 117-131.
김혜경 · 유희정(2004). 영유아 프로그램. 서울: 창지사.
김희진(2006). 포괄적 보육 서비스 부모지원 프로그램-진행자 매뉴얼. 서울: 다음세대.
김희진 · 오문자(1997). 레지오 에밀리아의 유아교육. 서울: 정민사.
남미경(2011). 대구 지역 유아교육기관의 지역사회자원 활용실태 및 적용타당성 조사. 생태유아교육연구, 10(4), 51-69.
문미옥 · 이혜상(1995). 바른 부모교육 프로그램. 서울: 양서원.
박성은 · 오정숙 · 최선희(2003). Montessori 유아교육의 철학적 이론과 실제. 서울: 창지사.
박재환(2002). 유아교육기관의 경영관리. 서울: 양서원.
박혜정 · 강혜원 · 장명림(1987). 유아교육기관 평가준거 개발연구. 서울: 한국교육개발원.
방인옥 · 박찬옥 · 이기현 · 김은희(2009). 유아교육과정(제3판). 경기도: 정민사.
백은주 · 조부경(2004). 유치원 교사의 전문성 발달 수준 자기평가 도구개발. 유아교육연구, 24(2), 95-117.
백혜리 · 노은호 · 황성원 · 조미환 · 박종옥 · 이순영 · 곽혜경 · 최효영(2007). 보육과정. 서울: 창지사.
보건복지가족부(2009). 전국보육실태조사.
보건복지가족부 · 육아정책개발센터(2009). 보육시설 평가인증 시행의 평가와 추진방안 연구. 서울: 보건복지가족부.
보건복지부(1999). 유아 보육 욕구와 보육 프로그램 평가. 한국보육시설연합회.
보건복지부(2010). 표준보육과정의 구체적 보육내용 및 교사 지침. 보건복지부 고시 제2010-71호.
보건복지부(2011). 보건복지부 고시 제2010-71호. 표준보육과정의 구체적 보육내용 및 교사 지침. 서울: 보건복지부.
보건복지부(2011). 보건복지부 고시 제2011-106호. 5세 누리과정. 서울: 보건복지부.
보건복지부(2011). 표준보육과정 개정안 공청회 자료집. 서울: 육아정책연구소.
보건복지부(2011). 표준보육과정의 구체적 보육내용 및 교사 지침 워크북. 서울: 보건복지부.
보건복지부(2012). 보건복지부 고시 제2012-28호. 제2차 표준보육과정의 구체적 보육내용 및 교사 지침. 서울: 보건복지부.
보건복지부(2012). 2012 보육사업안내. 서울: 보건복지부.
보건복지부(2013). 만 3세 누리과정에 기초한 어린이집 프로그램. 서울: 보건복지부.
보건복지부(2013). 보건복지부 고시 제2013-8호. 제3차 어린이집 표준보육과정 고시. 서울: 보건복지부.
보건복지부(2013). 어린이집 표준보육과정 및 0~2세 영아보육 프로그램의 이해. 서울: 보건복지부.

보건복지부(2013). 어린이집 표준보육과정에 기초한 영아보육 프로그램(0~2세). 서울: 보건복지부.
보건복지부(2013). 어린이집 표준보육과정에 기초한 영아보육 프로그램 1세. 서울: 보건복지부.
보건복지부(2013). 어린이집 표준보육과정에 기초한 영아보육 프로그램 2세. 서울: 보건복지부.
보건복지부(2013). 제3차 어린이집 표준보육과정 해설서. 서울: 보건복지부.
보건복지부(2014). 어린이집 표준보육과정에 기초한 0~2세 영아보육 프로그램 워크북. 서울: 보건복지부.
보건복지부(2014). 제3차 어린이집 표준보육과정에 기초한 연령별 보육 프로그램의 활용. 서울: 보건복지부.
보건복지부(2016). 전국보육실태조사.
보건복지부 · 교육과학기술부(2012). 3-5세 연령별 누리과정. 서울: 보건복지부.
보건복지부 · 육아정책개발센터(2009). 보육시설 평가인증 시행의 평가와 추진방안.
보건복지부 · 한국보육진흥원(2012). 2012 어린이집 평가인증 문서 자료집(서식모음).
부산광역시유아교육진흥원(2010). 좋은 수업 만들기를 위한 2010 우수수업 지도안. 부산: 부산광역시유아교육진흥원.
삼성복지재단(2005). 삼성어린이집 유아 프로그램: 5세. 서울: 다음세대.
삼성복지재단(2006). 포괄적 보육 서비스: 지역사회연계 프로그램(삼성영유아 프로그램 2). 서울: 다음세대.
서영숙 · 서지영(2002). 레지오 에밀리아 접근법. 서울: 학지사.
손유진 · 김남희 · 남미경 · 손원경 · 이경화 · 정혜영 역(2008). 유아교육과정의 재개념화. 서울: 서현사.
신옥순(2005). 유아교육개론. 서울: 학지사.
심성경 · 조순옥 · 이정숙 · 이춘자 · 이선경 · 이효숙(1998). 유아교육개론. 서울: 창지사.
양승희 · 공병호 · 유지연 · 조현정(2007). 개정증보 보육과정. 서울: 동문사.
엄태식(2010). 영유아교육과정. 서울: 태영출판사.
여성가족부(2004). 2004년 보육실태조사.
여성가족부(2005). 보육통계.
여성가족부(2005). 표준보육과정 공청회 자료집. 서울: 여성가족부.
여성가족부(2007). 여성가족부 고시 제2007-1호. 표준보육과정의 구체적 보육내용 및 교사 지침. 서울: 여성가족부.
오성삼 · 구병두(1996). 교육과정 및 평가의 이해. 서울: 양서원.
유해인(1990). 유아교사 자질에 관한 부모들의 기대와 평가. 숙명여자대학교 교육대학원 석사학위 논문.
육아정책개발센터(2008). 0세 보육 프로그램. 서울: 육아정책개발센터.
육아정책개발센터(2008). 1세 보육 프로그램. 서울: 육아정책개발센터.
육아정책개발센터(2008). 3세 보육 프로그램. 서울: 육아정책개발센터.

육아정책개발센터(2008). 4세 보육 프로그램. 서울: 육아정책개발센터.
육아정책개발센터(2008). 5세 보육 프로그램. 서울: 육아정책개발센터.
육아정책연구소(2011). 연구보고 2010-14. 표준보육과정 활용도 제고 방안-표준보육과정 개정안 해설서 작성을 중심으로-. 서울: 육아정책연구소.
육아정책연구소(2012). 육아정책포럼, 제29호. 서울: 육아정책연구소.
이경화(2000). 유아의 프로젝트 학습 수행 능력에 영향을 미치는 제 변인 분석. 부산대학교 대학원 박사학위논문.
이경희(2002). 아동발달과 양육. 서울: 형설출판사.
이기숙(2005). 유아교육과정. 서울: 교문사.
이기숙 · 김정원 · 이현숙 · 전선옥(2010). 영유아교육과정. 경기: 공동체.
이기숙 · 이영자(1990). 유아교육 프로그램. 서울: 교문사.
이기숙 · 장영희 · 정미라 · 엄정애(2002). 유아교육개론. 서울: 양서원.
이상봉(1987). 자기평가를 통한 유치원 교사의 자질에 관한 연구. 연세대학교 교육대학원 석사학위논문.
이선정(2006). 유치원 원감 자기평가척도 개발. 배재대학교 대학원 석사학위논문.
이성호(2004). 교육과정 개발과 평가. 서울: 양서원.
이순형 · 권혜진 · 이혜승 · 이영미 · 이성옥 · 정윤주 · 황혜신 · 한유진 · 이완정 · 성미영 · 이소영(2005). 보육학개론. 서울: 학지사.
이순형 · 이성옥 · 이완정 · 권혜진 · 황혜신 · 이혜승 · 이영미 · 정윤주 · 성미영 · 권기남(2005). 영유아 보육 · 교육 프로그램의 이해. 서울: 학지사.
이순형 · 이성옥 · 권혜진 · 이소은 · 황혜신(2009). 보육과정. 서울: 학지사.
이연섭(1998). 레지오 접근법의 첫 걸음. 서울: 정민사.
이영석 · 권대도 · 최민수(1987). 유아교육개론. 서울: 양서원.
이옥(2000). 한국 영유아 보육사업의 이념적 방향과 과제. 한국영유아보육학 23집, 1-24.
이옥(2002). 보육시설 평가인증제와 보육의 질, 보육시설 평가인증제와 정책. 한국보육학회 추계학술대회 자료집, 9-22.
이은해(1995). 아동발달의 평가 및 측정. 서울: 교문사.
이은해 · 이기숙(1983). 유아교육 프로그램 유형에 따른 효율성에 관한 연구. 교육학 연구, 21(2), 89-104.
이은해 · 이기숙(1987). 유치원 교육의 효과에 관한 종단적 연구. 교육학 연구, 25(2), 119-137.
이재옥(1999). 유아의 성역할 인식과 양성평등교육에 요구에 대한 연구. 한국교사교육, 16(2), 217-237.
이정환(1999). 유아교육교수학습방법. 서울: 교문사.
임승렬(2001). 유아교사 평가의 새로운 접근. 유아교육연구, 21(1), 87-116.

임영심 · 김은희 · 홍순옥(2006). 레지오 방식의 가르치기. 서울: 정민사.
임재택(2006). 유아교육과정. 서울: 양서원.
임재택(2008). 생태유아교육개론(3판). 서울: 양서원.
임재택(2012). 한국생태유아교육학회 10주년 기념 학술대회 자료집.
임재택 · 김은주 · 하정연 · 권미량 · 조채영(2006). 생태유아교육 프로그램 운영. 경기: 공동체.
임재택 · 조희숙 · 황해익(1996). 영유아 보육 프로그램 진단평가 척도의 개발 연구. 성곡논총, 27(4), 401-500.
장영희(2000). 영유아교육과정. 서울: 양서원.
저출산고령사회위원회(2005). 제1차 저출산고령사회기본계획.
전예화 · 최미현 · 천희영 · 서현아 · 황해익 · 오경녀(2010). 유아사회교육의 이해. 경기: 양서원.
정금자(2001). 유아교육사상사. 서울: 교육과학사.
정범모(1996). 정보화 시대와 아동교육. 한국아동학회 춘계학술대회 자료집, 1-12.
정옥분(2005). 아동발달의 이해. 서울: 학지사.
정옥분 · 권민균 · 김경은 · 김미진 · 노성향(2009). 보육과정. 서울: 학지사.
정윤경(2004). 발도르프 교육학. 서울: 학지사.
조부경 · 남옥자(2008). 유치원 교육의 지역화를 위한 대학과 지역교육청 및 유치원 간의 협력방안 모색. 열린유아교육연구, 13(3), 339-364.
조성자(1994). 몬테소리 어린이의 신비. 서울: 창지사.
조성자 역(1995). 마리아 몬테소리의 어린이 발견. 서울: 창지사.
조옥희 · 권영자(1998). 몬테소리 유아교육. 서울: 중앙적성출판사.
조준오 · 강신영(2008). 유아 인터넷 및 온라인 게임 사용 실태조사. 유아교육논총, 17(1), 25-42.
중앙보육정보센터(2009). 평가인증조력 프로그램. 보육환경 40인 이상. 서울: 중앙보육정보센터.
중앙보육정보센터(2012). 2012년 어린이집 운영서식 및 문서 자료집(개정판).
중앙육아종합지원센터(2014). 2세 보육 프로그램 활용의 실제. 서울: 중앙육아종합지원센터.
중앙육아종합지원센터(2014). 3, 4세 보육 프로그램 활용의 실제. 서울: 중앙육아종합지원센터.
지옥정(1997). 프로젝트 접근법의 한국 유아교육현장 적용방안모색. 열린유아교육연구, 3(1), 289-316.
지옥정(2009). 유아교육현장에서의 프로젝트접근법. 서울: 창지사.
최애경 · 송연숙 · 남미경(2007). 보육학개론. 서울: 파란마음.
최애경 · 안부금 · 좌승화(2010). 영유아교육과정. 경기: 양서원.
최옥채 · 박미은 · 서미경 · 전석균 (2006). 인간행동과 사회환경. 서울: 양서원.
최일선 · 조운주(2010). 유아교육 평가의 이론과 실제. 서울: 창지사.
탁미경(1996). 유아교사 자기 평가 척도의 개발에 관한 연구. 부산대학교 교육대학원 석사학위논문.
팽영일 역(2003). 유아교육 사상의 이해. 서울: 창지사.
한국보육진흥원(2010). 보육교사 전문성 제고를 위한 표준보육과정의 이해와 적용. 서울: 한국보육진흥원.
한국보육진흥원(2010). 보육교사를 위한 표준보수과정. 서울: 한국보육진흥원.
한국보육진흥원(2011). 보육교사 승급교육 교재. 서울: 한국보육진흥원.
한국보육진흥원(2011). 표준보육과정의 구체적 보육내용 및 교사지침. 서울: 한국보육진흥원.
한국보육진흥원(2014). 어린이집 평가인증 안내. 서울: 한국보육진흥원.
한국보육진흥원(2014). 어린이집 평가인증 안내(3차 지표 시범사업용). 서울: 보건복지부.
한국보육진흥원(2017). 2016 어린이집 평가인증 안내(3차 지표 시범사업용). 서울: 한국보육진흥원.
한국인터넷진흥원(2009). 2009년 인터넷 이용실태조사 요약보고서. 서울: 한국인터넷진흥원.
한명자(1993). 유치원 교사의 자질에 대한 기대 수준과 자기 평가에 관한 연구. 한국교원대학교 대학원 석사학위논문.
한미라 · 전예화 · 신혜영 · 서현아 · 천희영 · 최미현 · 안부금(2005). 현대 유아교육의 이해. 서울: 양서원.
한미몬테소리협회(2004). 몬테소리 감각 영역. 서울: 창지사.
한미몬테소리협회(2004). 몬테소리 문화 영역. 서울: 창지사.
한미몬테소리협회(2004). 몬테소리 수학 영역. 서울: 창지사.
한미몬테소리협회(2004). 몬테소리 언어 영역. 서울: 창지사.
한미몬테소리협회(2004). 몬테소리 일상생활 영역. 서울: 창지사.
한성심 · 서지영 · 김현자(2007). 보육과정. 서울: 태영출판사.
한순미(1999). 비고츠키와 교육: 문화-역사적 접근. 서울: 교육과학사.
행정안전부 · 한국정보화진흥원(2011). 2011년 인터넷중독 실태조사. 서울: 한국정보화진흥원.
허형 · 이영석 · 김경성(1994). 유치원 교육 평가 연구. 서울: 국립교육평가원.
홍순정 · 곽노의 · 정미라(2004). 아동교육사. 서울: 한국방송통신대학교출판부.
홍지연(2002). 영유아교육 프로그램. 서울: 창지사.
황성하 · 남미경 · 서혜전(2009). 한국과 일본의 취학 전 유아 어머니의 육아 및 육아지원에 대한 인식과 실태 비교. 생태유아교육연구, 9(5), 105-125.
황해익(2004). 유아교육평가. 경기: 양서원.
황해익(2009). 유아교육평가의 이해. 서울: 정민사.
황해익 · 서정현 · 송연숙 · 이경화 · 최혜진 · 정혜영 · 김남희 · 이혜은 · 손유진 · 박순호 · 손원경 · 남미경 · 김인순 · 고은미 · 유수경(2012). 제2판 유아교육개론. 서울: 공동체.
황해익 · 송연숙 · 정혜영(2008). 2007년 개정유치원교육과정에 따른 유아행동관찰법. 서울: 창지사.

황해익 · 송연숙 · 정혜영 · 유수경(2013). 영유아행동관찰법. 서울: 창지사.

황해익 · 송연숙 · 최혜진 · 남미경 · 고은미 · 정명숙(2008). 영유아 프로그램 개발과 평가. 서울: 공동체.

Allison, J. (1997). The project approach. In P. Rillergo & J. Allison (Eds.). *Creative childhood experiences in mathmatics and science: Project, activty series, and centers for early childhood.* ERIC Document.

Berk, L. E., & Winsler, A. (1995). 홍용희 역(2000). 어린이들의 학습에 비계설정(scaffolding): 비고스키와 유아교육. 서울: 창지사.

Bodrova, E., & Leong, D. J. (2007). *Tools of the mind: The Vygotskian Approach to Early childhood Education* (2nd ed.). Columbus, OH: Merrill/Prentice Hall.

Bronfenbrenner, U. (1979). *The ecology of human development.* MA: Harvard University Press.

Brown, A. L., & Ferrara, R. A. (1985). Diagnosing zones of proximal development. In J. V. Wertsch (Ed.). *Culture, communication, and cognition: Vygotskian perspectives* (pp. 273-305). NY: Cambridge University Press.

Decker, C. A., & Decker J. R. (2005). *Planning and administering early childhood programs* (8th ed.). Upper Saddle River, NJ: Pearson Education.

Dewey, J. (1956). *The school and society.* Chicago & London: The University of Chicago Press.

Estacchini, T. (1993). A taste of Italy. *Child Education, 70.* 46.

Forman, G., Lee, M., Wrisley, L., & Langley, J. (1993). *The city in the snow: Applying the multisymbolic approach in Massachusetts.* Inc. Edwards. L.

Frost, J. L., & Kissinger, J. B. (1976). *The young child and the educative process.* NY: Holt. Rinehart & Winston.

Gestwicki, C. (2009). *Home, school, and community relations* (7th). Wadsworth: Cengage Learning.

Hart, C., Burts, D., Charlesworth, R., Fleege, P., Ickes, M., & Durland, M. (1990). *The teacher questionnaire: Preschool version. School of Human Ecology.* Baton Rouge, LA: Louisiana State University.

Hendrick, J. (1994). *Total learning: Developmental curriculum for the young children.* NY: Cambridge University Press.

Jaffke, F. (1991). 윤선영 역(2000). 발도르프 킨더가르텐에서의 놀이와 작업. 서울: 창지사.

Kadushin, A. (1980). *Child Welfare service.* NY: Macmillan publishing Co.

Katz, L. G., & Chard, S. C. (1989). *Engaging children's mind.* Norwood, NJ: Ablex.

Katz, L. G., & McClellan, D. C. (1977). *Fostering children's social competence: The teacher's role.* Washington, DC: NAEYC.

Kendall, F. (1996). *Diversity in the classroom: New approachesto the education of young children* (2nd ed.). New York: Teachers College press.

Kohlberg, L., & Mayer, R. (1972). Development as the aim of education. *Harrard Educational Review, 42(4).* 449-496.

Kramer, R. (1988). *Maria Montessori, A biography, Foreward by Anna Freud.* Reading, MA: Perseus Book.

Malaguzzi, L. (1993). For an education based on relationships. *Young Children, 49(1).* 9-12.

Mattessich, P., & Monsey, B. (1997). *Community building: what makes it work.* Minnesota: Amherst H. Wilder Foundation.

McAfee, O., & Leong, D. J. (1997). *Assessing and guiding young children's development and learning (2nd.).* Boston: Allyn and Bacon.

Mindes, G., Ireton, H., & Mardell-Czudnowski (1996). *Assessing young children.* Albany: Delmar Publisher.

NAEYC (1997). *Position Statement on Developmentally Appropriate Practice* (1997 ver.). www.naeyc.org.

NAEYC (2009). *Position Statement on Developmentally Appropriate Practice* (2009 ver.). www.naeyc.org.

Rinaldi, C. (1993). The emergent curriculum and social constructivism. Edwards. C. J., Gandini. L. L., & Forman G. G. (Eds.), *The Hundred Languages of Children: The Reggio Emilia Approach to early childhood education.* Norwood, NJ: Ablex Publishing Co.

Schwartz & Robinson (1982). *Desigining curriculum for early childhood.* Boston: Allyn and Bacon, Inc.

Suransky, P. V. (1993). 윤종희 · 이재연 역(2004). 아동기의 실종. 서울: 교보문고.

Tyler, R. D. (1949). *Basic principles of curriculum and instruction.* Chicago: The University of Chicago Press.

Vygotsky, L. S. (1978). 조희숙 · 황해익 · 허정선 · 김선옥 역(1994). 사회 속의 정신: 고등심리과정의 발달. 서울: 양서원.

「영유아보육법」. 〔법률 제11002호. 공포일 2011. 8. 4. 시행일 2012. 8. 5. 타법개정〕.
「영유아보육법 시행규칙」. 〔보건복지부령 제154호. 공포일 2012. 8. 17. 시행일 2012. 8. 17. 일부개정〕.

경상북도 보육정보센터(http://gyeongbuk.childcare.go.kr/)
교원능력개발평가(http://tf.edunet4u.net)
보육시설 평가인증사무국(http://www.kcac21.or.kr)
부산광역시교육청 유아교육(http://www.pen.go.kr/infant/index.php)
부산광역시 유아교육진흥원(http://child.pen.go.kr)
부산대학교 어린이집 홈페이지(http://www.ecochild.or.kr)
서울특별시 보육정보센터(http://seoul.childcare.go.kr/)
어린이집지원시스템(http://cpms.childcare.go.kr)
어린이집 평가인증(http://kca.childcare.go.kr)
여성가족부(http://www.mogef.go.kr)
울산광역시 유아교육진흥원(http://www.uskids.kr)
유니세프 한국위원회(http://www.unicef.or.kr)
(재)한국보육진흥원(보육인력국가자격증)(http://chrd.childcare.go.kr/)
중앙보육정보센터(http://central.childcare.go.kr/)
컴북스닷컴(http://commbooks.com)
통계청 홈페이지(http://kostat.go.kr/portal/korea/index.action)
통계청 e-나라지표(http://www.index.go.kr)
한국보육진흥원 홈페이지(www.kcpi.or.kr)
NAEYC(http://www.naeyc.org)
SBS 인터넷 뉴스(http://www.sbs.co.kr/)

송 연 숙

부산대학교 대학원 교육학박사 (유아교육전공)
현) 울산과학대학교 유아교육과 교수

최 애 경

부산대학교 대학원 교육학박사수료 (유아교육전공)
부산대학교 대학원 교육학박사 (특수교육전공)
현) 부산과학기술대학교 사회복지계열 교수

유 수 경

부산대학교 대학원 교육학박사 (유아교육전공)
현) 울산과학대학교 유아교육과 교수

보육과정

초판 1쇄 인쇄 2017년 2월 20일
초판 1쇄 발행 2017년 2월 27일

지은이_ 송연숙 · 최애경 · 유수경
펴낸이_ 황호철
펴낸곳_ 도서출판 파란마음

주소_ 04315 서울시 용산구 백범로90라길 47 | 전화_ (02) 3275-2110~1 | 팩스_ (02) 3275-2199
홈페이지_ http://paranmaum.co.kr/

등 록_ 2006년 4월 24일 · 제302-2006-00024호

ISBN 978-89-97982-58-5 93370
값 18,000원